思考の体系学

分類と系統から見たダイアグラム論

三中信宏

Nobuhiro Minaka

春秋社

思考の体系学——分類と系統から見たダイアグラム論　**目次**

思考の体系学——分類と系統から見たダイアグラム論

プロローグ

思考の体系化は「可視化」から始まる

「百聞は一見に如かず」――私たち人間は、生物学の観点からいえば、明らかに〝視覚的動物〟です。光の届かない洞穴に棲むコウモリたちが超音波による聴覚に頼るエコロケーションによって暗闇を飛び回ったり、地中にもぐるモグラたちが退化してしまった視力の乏しさを補う鋭い嗅覚を発達させたのとは対照的に、ヒトは可視波長領域の光の刺激を目によって受容し、その視覚情報に基づいて環境中を行動し敵から逃れ配偶者を見つけて生存してきました。

人類進化の過程で鋭い視覚を獲得できたことにより、現代の私たちもまた大きな利益を享受しています。文字や数字を用いた表現と伝達を日常的に使いこなしている私たちですが、それでも場合によっては絵や図による視覚的に〝より直感的〟な手段の方が情報を迅速かつ的確に伝えられることがあります。グラフやダイアグラムのような「図形言語」が文字や数字の言語とは別の有利さをもっていることを私たちはすでに日々実感しているはずです。

複雑な情報を表現しそして伝達できる図形言語の効率的な使用は、私たちの誰もがもっている直感

的能力を頼りにしているので、文字や数字による言語表現の習得に必要な時間と労力を節約することができるでしょう。場合によっては、たがいに言葉も通じない外国人どうしであっても図形言語ならばコミュニケーションができる状況さえあります。何万年も前の原始人によって洞窟に描かれた壁画の意味を現代人がほぼ正しく読み取れるというのはその証左にほかならないでしょう。また、ウィーン学団の中心にいた哲学者オットー・ノイラート（Otto Neurath: 一八八二－一九四五）は世界共通の視覚言語アイソタイプ（isotype）をつくろうと努力したことでも有名でした（Neurath 2010）。

さまざまな情報があふれている現代社会では、それらの情報をもたらす元データをどのように解析し、その背後にある一般性・規則性・パターンを的確につかむスキルが私たちに求められています（三中 2018）。しかし、データを構成する変数の数が増え、量的にも肥大するとともに、私たちが目の前にある情報をすなおに〝読み取る〟ことはよりいっそう困難になってしまうこともまた事実です。そこで登場してきたのが、統計データをうまく可視化するためのさまざまなツールです。この種の「統計グラフィクス（statistical graphics）」は近代統計学が生まれる前からさまざまな試行錯誤が繰り返されてきました（Funkhouser 1937, Tufte 2001）。

さらに言えば、情報の可視化は単に統計学にだけかぎったことではなく、さまざまな分野にまたがる「ヴィジュアル・コミュニケーション」の問題にも関連していることに気づかされます（杉浦・松岡 1976, 出原他 1986）。情報やデータの可視化を通してより広大な「ダイアグラム論（diagrammatics, Diagrammatik）」への道が拓かれているのです（Bauer and Ernst 2010, Schmidt-Burkhardt 2012）。

本書は、私たちが思考するときに図形言語（以下では「ダイアグラム」と呼ぶこともあります）がいかに大きな役割を演じているのかを中心テーマに置いて話を進めます。そして、文字や数字とともに図形

言語を使いこなすことにより、私たちの思考はより明快にそしてより簡潔に「体系化」されるという結論が最終のゴールです。

図形言語であるダイアグラムがとても重要だといくら文字で書いてもいまひとつ説得力がありません。そこで、以下では可視化の具体例を挙げることでダイアグラムのもつ効用を示すことにしましょう。

1　天気図記号——複数の情報を束ねるダイアグラムの基本機能

まず最初に取り上げる例は、私たちがいつも目にしている天気図の「天気記号」です(【図1】)。この図に示されているのは「日本式天気記号」と呼ばれていて、天候・風向・風速・気温・気圧の五つの気象情報を同時に示すダイアグラムです。

日常的に見慣れているはずの天気記号ですが、あらためてよく見なおしてみると、天候という〝質的〟な情報とそれ以外の〝量的〟な情報を同時に表示するとともに、風向と風速のふたつの量的情報については〝旗〟形式の可視化により一目で理解していることがわかります。残る気温と気圧については数字がそのまま記載されていますが、それでも天気図の右あるいは左の記載場所を固定することで直感的に把握しやすいように配置されています。

このように、複数の情報をヴィジュアル的に束ねることにより私たちの理解を助けることがダイアグラムの大きな役目です。日本というローカルな地域の気象を記述するのに必要最低限の情報を可視

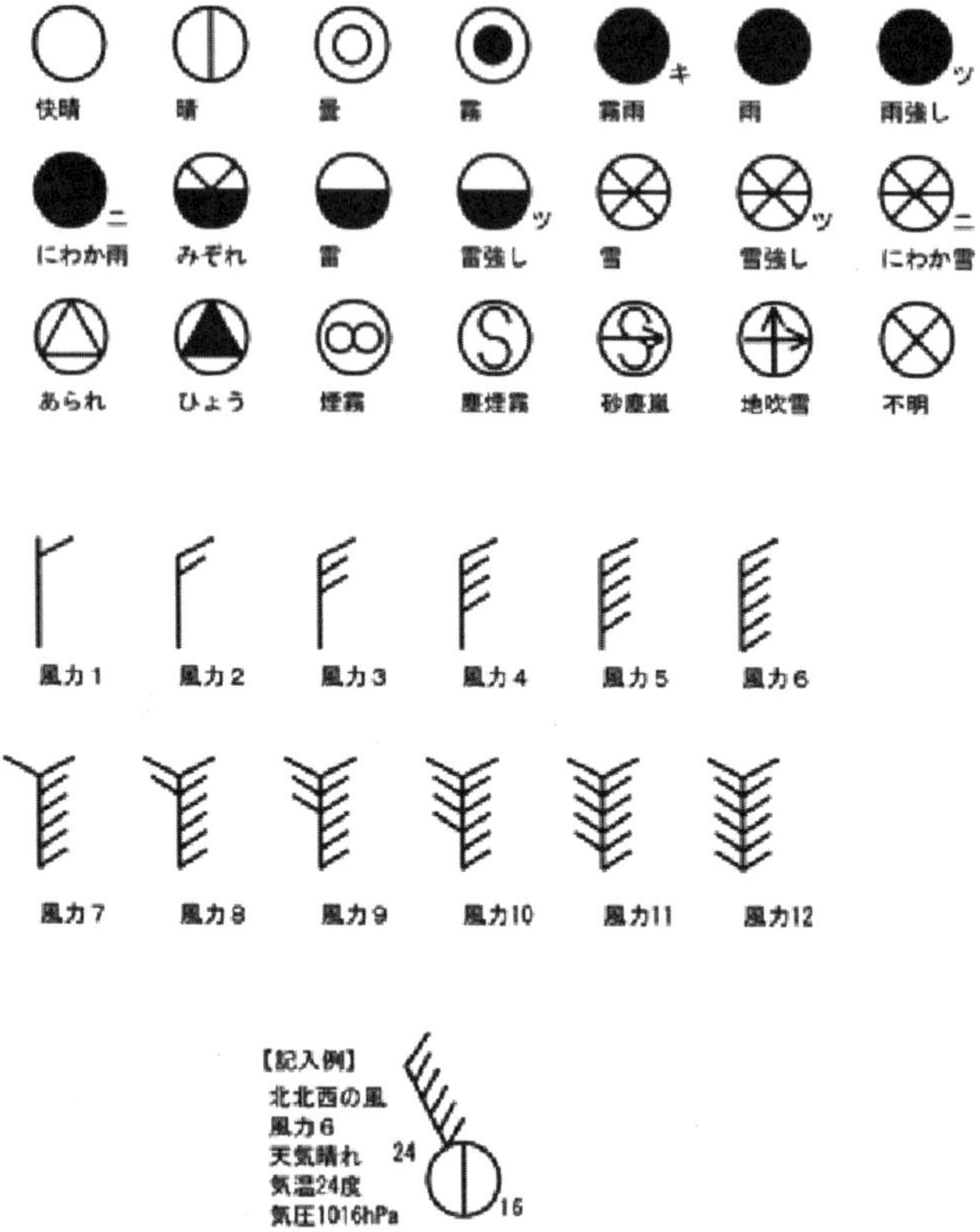

【図1】日本式天気記号。ひとつの天気記号には天候・風向・風速・気温・気圧の5つの情報が表示されている。出典：Wikipedia「地上天気図」。

化するのが日本式天気記号です。一方、気象庁ウェブサイトの「国際式の天気記号と記入方式」を見ると、世界共通の国際式天気記号では世界各地の気象を記述するためのもっと複雑な可視化がなされていることがわかります。

一般に、情報可視化はどのような情報があるのかという点で対象依存であるとともに、いかなる情報が求められているのかという点ではユーザー依存でもあります。日本式天気記号は日本の天気の可視化にとっては簡便で役に立つダイアグラムではあっても、世界各地の天気を記述するにはそれでは力不足だということです。ダイアグラムのもつ対象依存性とユーザー依存性は本書の続く章でも言及することになるでしょう。

2　イデオグラフとメトログリフ――ダイアグラムの試行錯誤

植物分類学者エドガー・アンダーソン（Edgar Anderson：一八九七－一九六九、Eisendrath 1972 と Erickson 1989 を参照）は、一九三〇年代半ばから一九五〇年代にかけて植物の複数の形態的特徴の可視化に関する研究を進め、「イデオグラフ（ideograph）」（Anderson 1936）および「メトログリフ（metroglyph）」（Anderson 1957）と呼ばれる新しいダイアグラム作図法を開発しました。最初に「イデオグラフ」から説明しましょう（【図2】）。

アンダーソンはアヤメ属（*Iris*）三種の花に関わる四形態形質――「外花弁長（sepal length）」「外花弁幅（sepal width）」「内花弁長（petal length）」「内花弁幅（petal width）」――に関する計測値を得まし

た（Anderson 1928, 1935, 1936）。この四変量データを可視化するために彼が編み出したのがイデオグラフでした。花の外花弁と内花弁それぞれの長さと幅の計測データから、それぞれの値を二辺とする長方形を描くことができます。【図2】の黒い長方形は外花弁の長さと幅によって定義され、白い長方形は内花弁の長さと幅によって定義されます。外花弁よりも内花弁の方が小さいので、外花弁の黒い四角形の中に内花弁の白い四角形を重ねると〝橋桁《はしげた》〟のような図形が得られます。アンダーソンはこの図形を「イデオグラフ」と命名しました（Anderson 1936, p. 489）。

このイデオグラフは四つの形態変量を平面上に表示できる可視化ダイアグラムです。アンダーソンはこのイデオグラフを用いることで、アヤメ属の種間の比較が行なえると考えました（【図3】）。アヤメ（*Iris*）属の三種 *setosa, versicolor, virginica* の平均イデオグラフを算出したアンダーソンは、そのイデオグラフの三次元オブジェを造り、黒い長方形と白い長方形をそれぞれ二本の糸で結んだとき、白い長方形を結ぶ糸が一直線になるようにオブジェを配置しました。アンダーソンはこのようにして最適化された相対的位置が種間のちがいを反映しているとみなしました。

このように、アヤメ属の四変量データについてはイデオグラフを用いれば可視化できることはわかったのですが、この手法はあまりに汎用性がなさすぎました。その後もアンダーソンはデータ可視化に関する研究を続け、二〇年後の一九五七年に発表したのが次に示す「メトログリフ」でした（【図4】）。

この【図4】にしたがってメトログリフの記法を説明します。いま四個体1〜4について五つの質的特徴A〜Eのデータがコード化されているとします（図左上）。このとき、ある個体のメトログリフは異なる方向の〝突起〟の長さによって表示されます（図右上）。このようにメトログリフ記法を定義

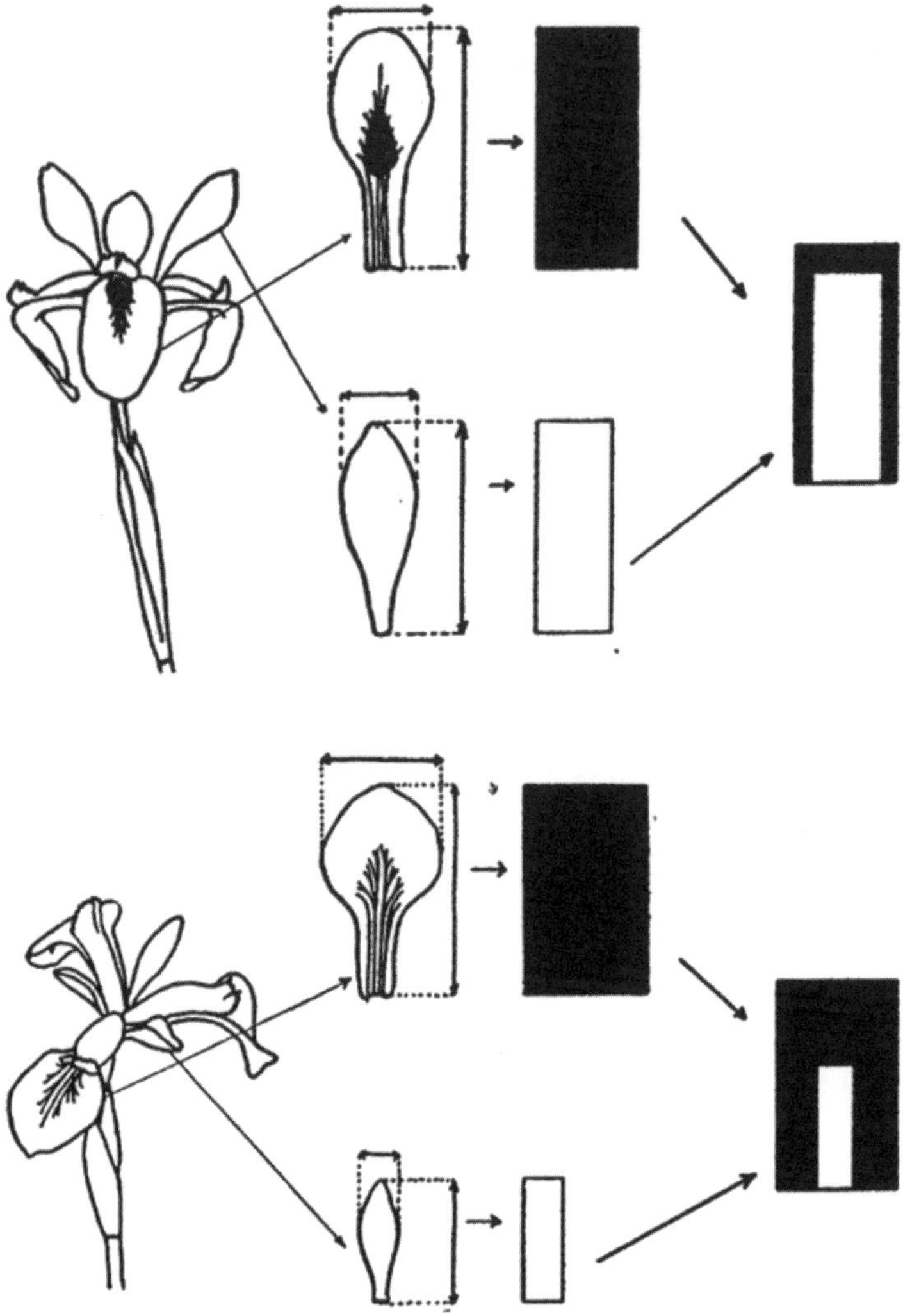

【図2】イデオグラフの作図法。出典：Anderson 1936, p. 488, figure 8.

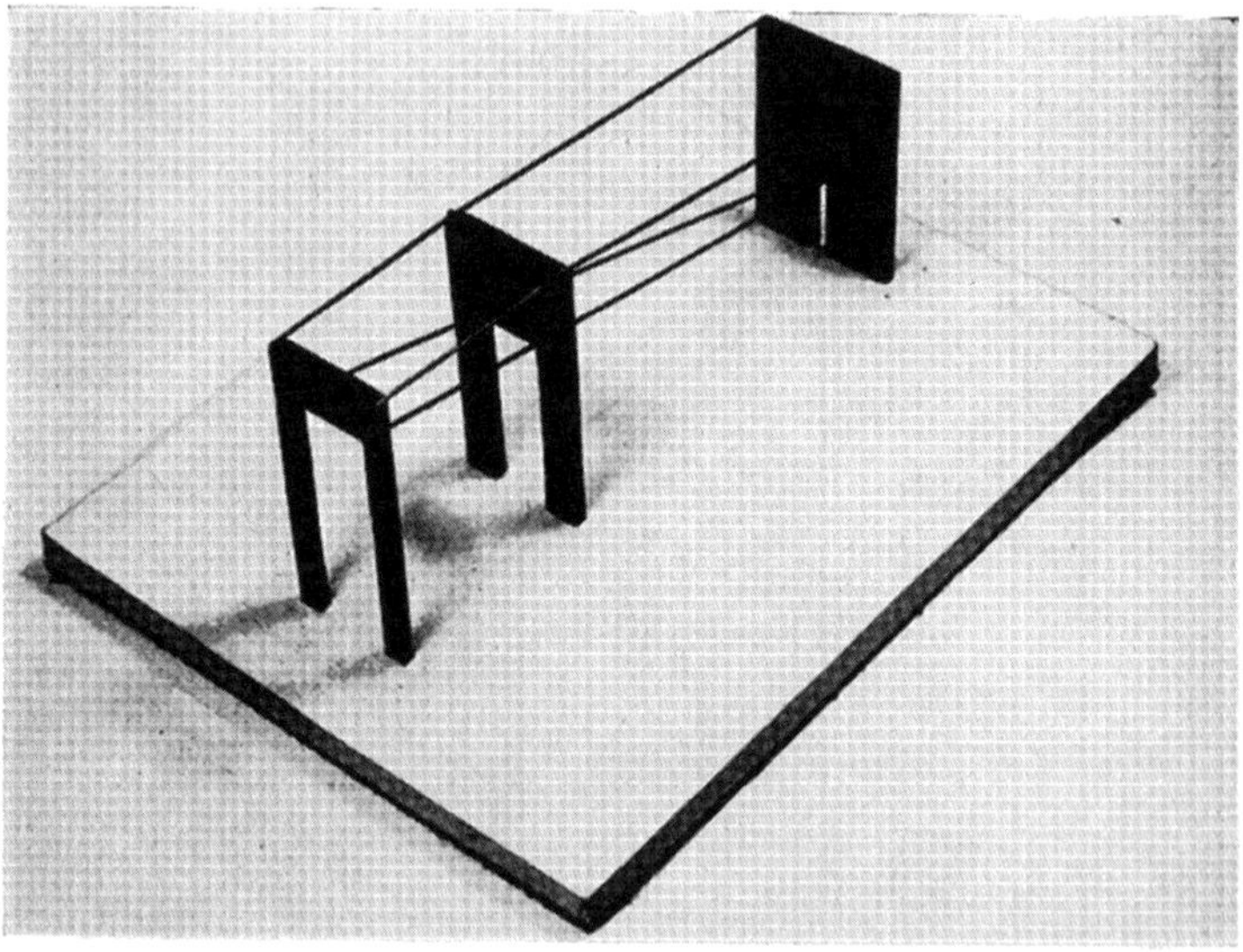

【図 3】イデオグラフを用いたアヤメ属 3 種の比較。出典：Anderson 1936, p. 488, plate 23.

することにより、散布図上（図左下）あるいは尺度図上（図右下）での個体のもつ複数の属性の組合せを一目で見分けることができます。

このように、複数の質的特徴は異なる軸の長さを変えることにより可視化できました。同様にして、アンダーソンは量的特徴についてもメトログリフを用いて可視化する方法を提示しています（【図5】）。この【図5】では、AとBの二属性に関して0〜10の数値コードが与えられています。このときメトログリフにはAとBに対応する二本の軸（左上方向と右上方向）が設定されます。各軸に付される〝旗〟の長さと本数を変えることにより各属性の値を視覚的に表示します。いま個体1〜5の属性A、Bを調べたデータが与えられたとすると、このメトログリフ記法により、二変量の組合せを平面上に表示することが可能です。変量の数がもっと多くても問題はありません。

アンダーソンが考案したイデオグラフやメトログリフの方法は高次元多変量データを可視化する汎用性を確かに秘めています。彼の共同研究者だった統計学者ジョン・W・テューキー（John W. Tukey：一九一五―二〇〇〇）はアンダーソンが考案したダイアグラム体系を全面的には支持はしなかったものの、統計データの可視化が重要であることを自分なりに認識しました（Kleinman 2002）。後年、テューキーが独力で発展させた「探索的データ解析（EDA：Exploratory Data Analysis）」の理論では、箱ひげ図（box-and-whisker plot）・幹葉表示（stem-and-leaf display）・散布図（scatter plot）など現在でも広く用いられている統計グラフィクスの手法が提示されました（Tukey 1977）。彼の探索的データ解析を特徴づけるヴィジュアル性に大きな影響を与えたのはほかならないアンダーソンのダイアグラム理論でした。

しかし、それと同時に、私たちはイデオグラフやメトログリフのもつある種の〝不自然さ〟に気づ

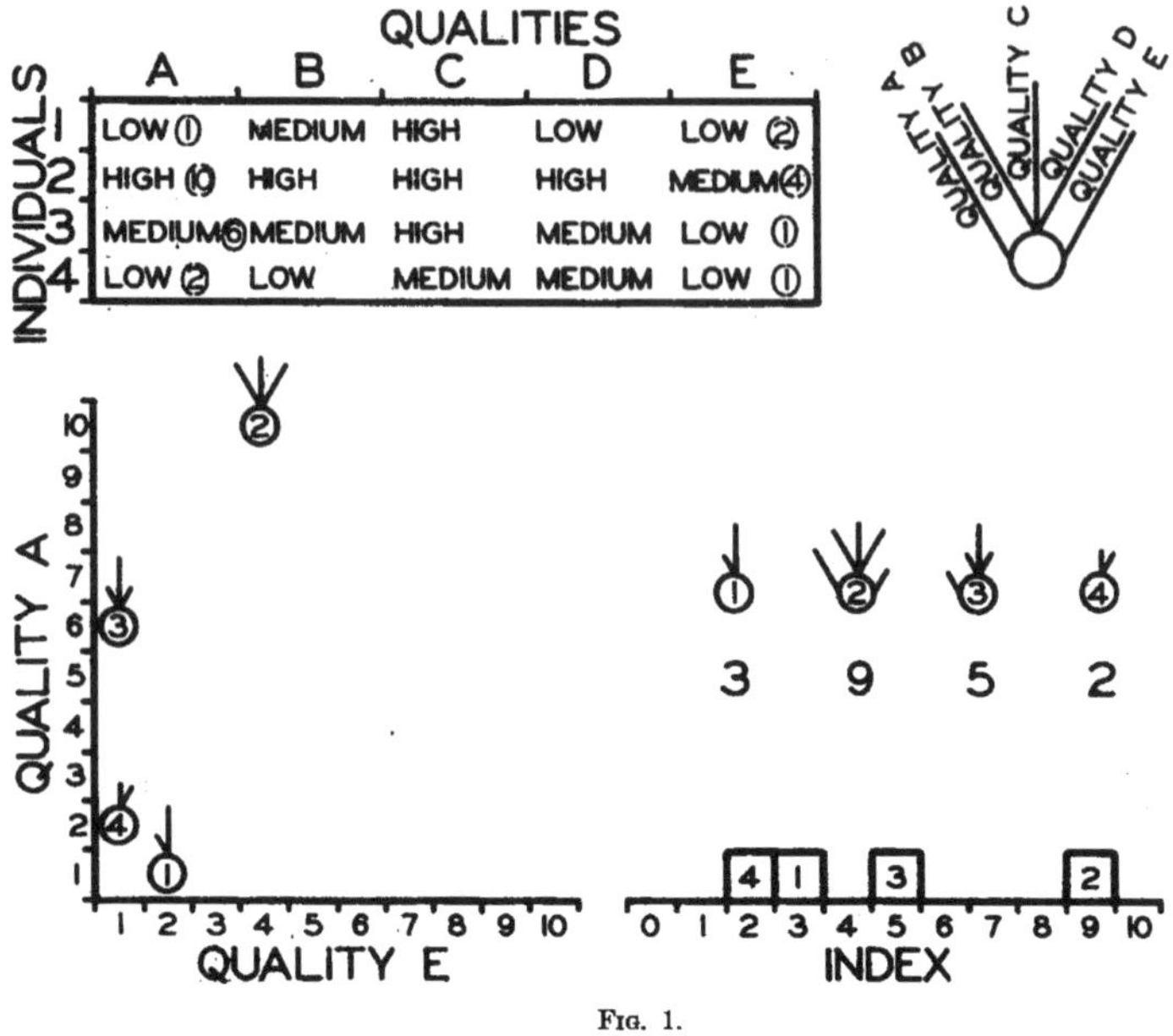

【図４】メトログリフを用いた質的特徴の可視化。出典：Anderson 1957, p. 924, figure 1.

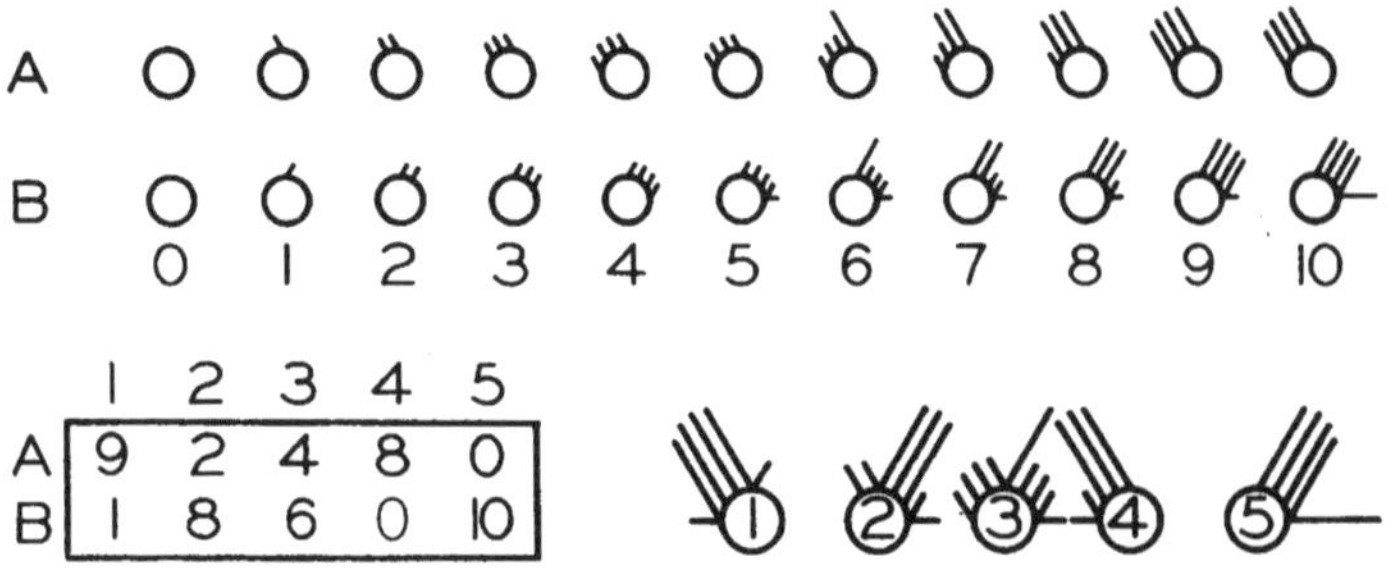

【図５】メトログリフを用いた量的特徴の可視化。出典：Anderson 1957, p. 926, figure 2.

かざるを得ません。多変量軸が二次元平面上のダイアグラムとして表示できたとしても、その図形言語が良質の〝可読性〟をもつことが保証されたわけではありません。私たちは複雑なデータを扱う際に可視性と可読性の双方を高める必要があります。そんなことがはたして可能でしょうか。

3 チャーノフの顔——ダイアグラムの視認性を改良する

もともと私たち人間にとって、高次元多変量データの世界はそのままでは理解できません。しかし、ただひとつ例外といえるのは〝かたち〟の視覚データです。視覚的生物であるヒトにとって、相手の顔の表情（顔の〝かたち〟）を読み取ることは社会生活を営む上できわめて重要な能力です。そのような〝かたち〟に含まれる膨大なデータを瞬時に見分けたり比較したりする能力がヒトに備わるようになった進化的背景にはたいへん興味深いものがありそうです。

数値としての複雑なデータはなかなか読み取れないのに、顔の〝かたち〟であれば容易に読み取れる——このことを逆手にとって統計グラフィクスのための新しいタイプのダイアグラムを考案したのが統計学者ヘルマン・チャーノフ（Herman Chernoff：一九二三—）でした。アンダーソンのメトログリフ記法のもつ欠点を回避するため、チャーノフはのちに「チャーノフの顔（Chernoff's face）」と呼ばれることになる多変量データ可視化のためのダイアグラムを開発しました。それは多変量データをそのまま人間の顔の〝かたち〟に置き換える方法でした（Chernoff 1973：【図6】）。

ダイアグラムとしての「チャーノフの顔」を用いれば、顔を構成する各パーツ（顔・口・目・鼻・耳

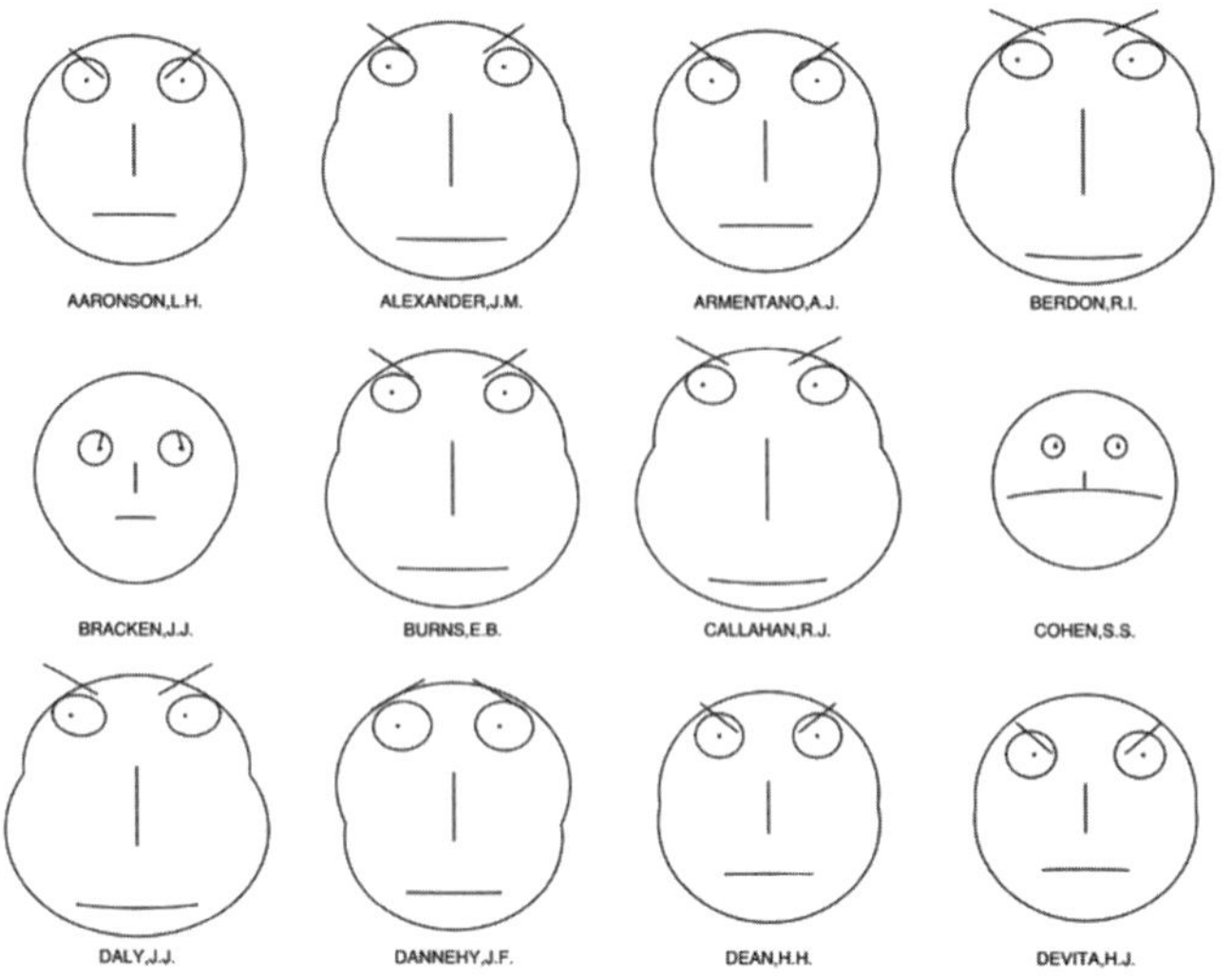

【図 6】チャーノフの顔。

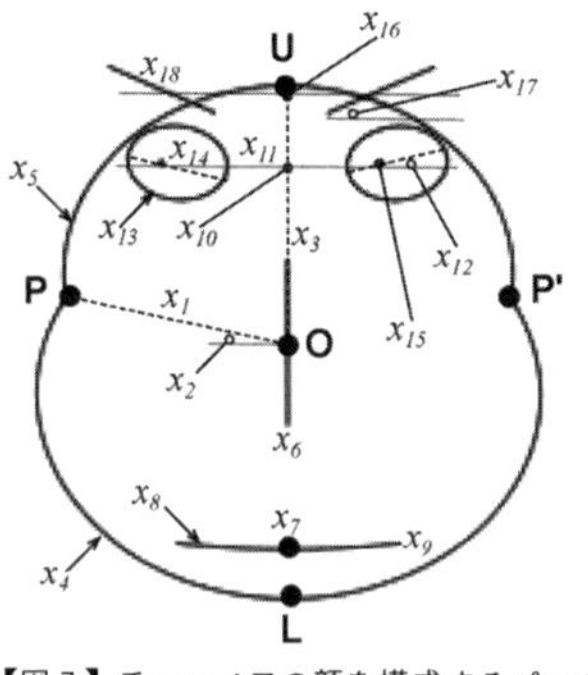

x_1	中心 O から輪郭上 P までの距離	x_8	口の曲率半径
x_2	線分 OP が水平となす角度	x_9	口の幅
x_3	縦方向のサイズ OU	x_{10}	目の縦位置
x_4	下側輪郭楕円の離心率	x_{11}	目の間の距離
x_5	上側輪郭楕円の離心率	x_{12}	目の傾斜角
x_6	鼻の長さ	x_{13}	目の離心率
x_7	口の縦位置	x_{14}	目のサイズ
		x_{15}	瞳の位置
		x_{16}	眉の縦位置
		x_{17}	眉の傾斜角
		x_{18}	眉のサイズ

【図 7】チャーノフの顔を構成するパーツ。

の縦横長、顔の形状、髪の多さなど）に複数の変量の値を対応させることにより、十数個の変量までならばひとつの「顔」として可視化することができます（Chernoff 1973 は一八変量までの多変量データを想定しました）。まず、「チャーノフの顔」の中心点Oを設定し、「顔」の上半分と下半分の輪郭は別々の楕円曲線によって描きます。輪郭の継ぎ目を点P、P'とします（左右対称性を仮定すればOP=OP'となります）。「顔」の上端と下端をそれぞれ点U、Lとします。鼻は点Oを中心とする線分で表します。口は円弧、目は楕円、眉は線分で示します。瞳は両目の中心を通る直線上に置かれます。このとき図7のような対応づけがなされています。これら計一八パーツのそれぞれに変量の値を対応づけることにより、「チャーノフの顔」が確定します。

アンダーソンが専門的に研究したアヤメ属（*Iris* 属）三種に関する四形態形質データ（Anderson 1935）を例にとって「チャーノフの顔」を描いてみましょう（【図8】）。この *Iris* 属データセットは、統計学者ロナルド・A・フィッシャー（Ronald A. Fisher：一八九〇―一九六二）が多変量解析の一手法である「判別分析（discriminant analysis）」（Fisher 1936）を開発する際のテストデータとして用いたことで有名です（三中 2018 参照）。これは、すでに説明したように、アヤメ三種 *Iris setosa, I. versicolor, I. virginica* 各五〇標本の四形態形質――外花弁長・外花弁幅・内花弁長・内花弁幅――を計測して得たデータセットです。

いま、「チャーノフの顔」を構成する各パーツに対して次のような形態形質との対応関係を設定します：

「顔長」「笑み」「髪型」→外花弁長

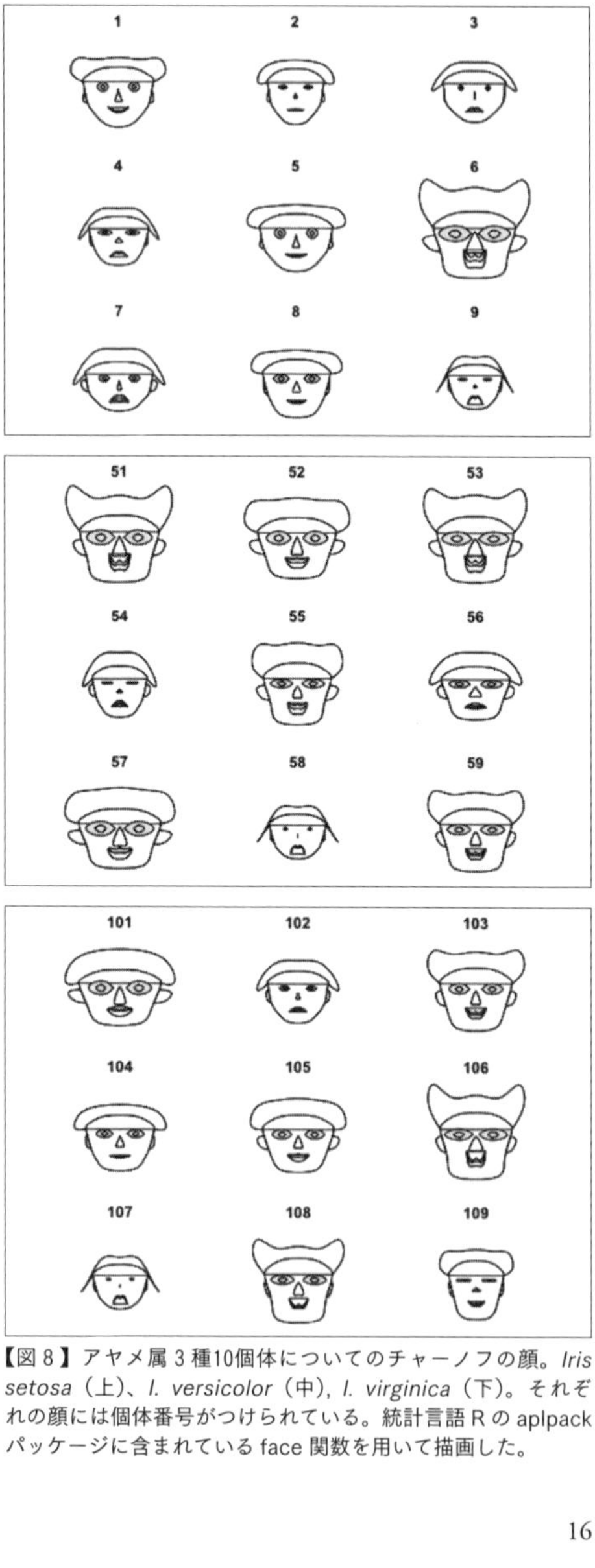

【図 8】アヤメ属 3 種10個体についてのチャーノフの顔。*Iris setosa*（上）、*I. versicolor*（中）, *I. virginica*（下）。それぞれの顔には個体番号がつけられている。統計言語 R の aplpack パッケージに含まれている face 関数を用いて描画した。

「顔幅」「目長」「鼻長」→外花弁幅
「顔形状」「目幅」「鼻幅」→内花弁長
「口長」「髪長」「耳幅」→内花弁幅

そして、種名に対しては「口幅」「髪幅」「耳長」という対応づけをします。

それぞれのアヤメの種間でチャーノフの顔を比較してみると、〝顔つき〟の種間差が直感的に感じ

取れるでしょう。この点がとても重要です。元の四変量データセットはそのままでは私たちには理解することができません。私たちの生活空間である三次元よりも高い次元はもともと認知できないからです（三中 2018）。しかし、このように仮想的な顔の各パーツに対応づけることにより、他の方法では直感的に把握できないような高次元多変量データを一目で把握できる図形表現が可能になることがわかります。しかも、顔の表情を検知・検出する高い能力が私たちには生得的に備わっています。複雑かつ大量の情報であったとしても適切な視覚化を行なえば、誰もが理解しやすくなり、さらにその先へと思考を進めることができるでしょう。

このプロローグでは、ダイアグラムを用いてデータを可視化することの大切さを知っていただくために、具体的な例をいくつか挙げて説明しました。続く章では論議の裾野を大きく広げ、私たちの思考の枠組みが可視化とどのように関わっているのかについて考えることにしましょう。

第1章

ダイアグラム博物館——思考の体系化の歴史をたどる

　プロローグでは、ダイアグラムを用いてさまざまなデータを視覚化し膨大な情報を可視化する試行錯誤の歴史の一端を読者のみなさんに話しました。日々の生活のなかでは気に留めない人がほとんどでしょうが、現代社会では実に多くのダイアグラムが用いられていて、言語の壁を超えるコミュニケーション手段として広く普及しています。

　しかし、ダイアグラムの世界全体を論じることはあまりに大きすぎて手のつけようがありません。本書では、とくに私たち人間の思考を「体系化（systematize）」する上で役に立つダイアグラムに焦点をしぼりましょう。プロローグで例として挙げた天気図記号、イデオグラフ、メトログリフ、そしてチャーノフの顔のように、主目的が知識の体系化であるダイアグラムがあります。とくに、以下の章でくわしく説明する「チェイン（鎖）」、「ツリー（樹）」、そして「ネットワーク（網）」は、データや情報がもつ構造を可視化する上でとても役に立つダイアグラムです。

　思考の体系化について考察するとき、これらのチェイン、ツリー、ネットワークは正面から取り組

むべき概念であると私は考えます。しかし、いきなりそう言われても戸惑ってしまう読者は少なくないでしょう。そこで、本章ではダイアグラムの過去千年に及ぶ歴史を振り返り、現代にも継承されているダイアグラムの系譜のごく一部をお見せしようと思います。これらのダイアグラムは文化史的には「生命の樹（the tree of life）」と呼ばれてきました。古今東西のさまざまな生命の樹とその文化史的背景をたどることにより、私たちは現代のダイアグラム論が長い歴史をもっていることを再認識するでしょう。

ものごとの多様性や変遷を、樹木が成長して葉を茂らせ花を開いて実を結ぶようすにたとえて視覚化する表現は昔からいろいろな場面で使われてきました。たとえば、私たち人間社会の歴史や多様な生物たちの進化の歴史、さらには芸術流派や建築様式の発展に至るさまざまな場面でこの生命の樹という伝統的なイメージが繰り返し登場します。以下では樹木や植物の姿形が私たちのものの考え方にどのような影響を及ぼしてきたかということを、生命の樹というイメージを通じて垣間見ましょう。そこには歴史と文化の奥深い背景が広がっていることがわかるでしょう。さらに詳細について知りたい読者は、三中・杉山（2012, 2014）やリマ（2015）の図録を参照してください。

1　画家ギヨーム・ヴルランが描いた家系図（一五世紀ベルギー、ブルージュ）

「生命の樹」という図像イメージは、現実世界の樹木が成長して葉を茂らせ花を開いて実を結ぶようすにたとえることにより、ものごとの多様性や変遷を視覚化するために昔からいろいろな場面で使

われてきました。たとえば、私たち人間社会の歴史の移り変わり、多様な生物たちの進化の歴史、さらには芸術流派や建築様式の発展に至るさまざまな場面で、この生命の樹という伝統的なイメージが繰り返し登場します。以下では樹木や植物の姿形が私たちのものの考え方にどのような影響を及ぼしてきたかを、生命の樹というイメージを通じて垣間見ましょう。そこには歴史と文化の奥深い背景が広がっていることがわかるでしょう。

私たちにとってもっとも身近な生命の樹といえば、それは家系図かもしれません。自分の父母、祖父母、曾祖父母とご先祖様をどんどんさかのぼれば直系の祖先の幹が現れます。さらに兄弟姉妹の傍系の親類縁者まで見わたせば、その全体像はあたかも枝分かれする樹木のように見えるでしょう。洋の東西を問わず、家系図はごく自然に生命の樹の代表例とみなされてきました。同時に、生命の樹というイメージはかぎりない成長と繁栄の象徴でもあります。大きく太く成長した樹木が何世紀にもわたって存続するようすは、祖先崇拝と子孫繁栄を祈念するとき格好のシンボルとなったことは容易に納得できるでしょう。

キリスト教の典拠である旧約聖書『創世記』には、エデンの園を出たアダムに始まる直系家系の記述が延々と続きます。血のつながりを重視する西洋社会では、血縁関係を生命の樹として視覚化する家系図はとても重要な意義を担ってきました。実際、今から千年以上も前の九世紀には、西洋社会でもっとも古い家系図が描かれ、その背景にはキリスト教がしっかり根付いていました。そして、一二世紀以降になると、親族の血縁をただ記述するだけにとどまらず、芸術的にもすぐれた家系図が数多く描かれるようになりました。

この【図1−1】に示す彩色図版は、ブルージュの画家ギヨーム・ヴルラン（Guillaume Vrelant：一

【図1－1】ギヨーム・ヴルランが描いた家系図（Klapisch-Zuber 2003）

四四九－一四八一）が描いた家系図（1469）です。ジャン・ブティリエ（Jean Boutillier）の著書『農村大全（*Somme rurale*）』（1479）に所収されたこの家系図は、ある家系の発展を一本の樹木になぞらえて視覚化しています。枝々には葉が茂り、親族の肖像画があたかも果実のように配置されています。しかも周囲にはさまざまな草花が描かれ、華やかな絵画に仕上がっています。現実の植物世界に埋め込まれたこの家系図は生命の樹の典型的な表現とみなされるでしょう。

2 作家ジョバンニ・ボッカチオが描いた神々の系図（一四世紀イタリア、フィレンツェ）

「生命の樹」という図像イメージは私たちの想像力をかきたてます。昔から私たちは無意識のうちに、現実世界での樹木を思い描きつつ、さまざまな対象物の〝血縁関係〟を「生命の樹」というダイアグラムとして図式表現してきたにちがいありません。前節で取り上げた家族の家系図はその代表的な例です。しかし、樹木として血縁性が表現される対象物は、現存するものばかりではなく、虚構の世界に属することもあり得ます。

そのひとつの例として、一四世紀に活躍したジョバンニ・ボッカチオ（Giovanni Boccaccio：一三一三－一三七五）に登場してもらいましょう。イタリア・ルネサンス期の代表的作家であるボッカチオは『デカメロン』という文学作品の作者として今なおその名を残しています。ここでは彼が著した『異教の神々の系譜（*Genealogia Deorum Gentilium*）』という特異な本を取り上げます。この本はボッカチオの

死後およそ一世紀経った一四七二年にイタリアのヴェニスでようやく出版されました（Wilkins 1923, 1927）。一三五〇年頃から書き始められ、彼が死ぬまで延々と書き続けられたという本書の中には、ギリシャ・ローマ神話に登場する神々の系図の彩色図版が何枚も含まれています。その一枚をここに示します。

この図版は、ギリシャ・ローマ神話の神々の始祖であるデーモゴルゴン（デミウルゴス）の子孫であるケーラム（図中央上の丸）をルーツとする子孫神たちの系図です。そのルーツから伸びる葉の一枚ごとに子孫の神々の名前が記され、蔦の葉が垂れ下がるように上から下へと親子関係が描かれています。ボラテン語の本文にも光り輝く金泥を用いたカリグラフィーにより唐草模様が書き込まれています。ボッカチオが採用したこの系図の描画スタイルの特徴は〝樹木〟というよりはむしろ〝唐草〟のイメージに近いことがわかります。下から上に枝を広げる「生命の樹」と、上から下に葉を茂らせる「唐草模様」とでは、一見まったく異なるデザインのように見えます。しかし、祖先（ルーツ）から分岐しつつ子孫が配置されるという点では両者の間には何のちがいもありません。

生命の樹と同様に、唐草模様もまた汎世界的なイメージとして広く浸透してきました（立田1997，伊藤 2005）。元をたどれば古代エジプトに源を発する唐草模様という意匠は、この地球上で形式を変容させながら分布を広げていきました。生命の樹と唐草模様は図像学的には同じものであり、どちらも系譜を視覚化するためのダイアグラムだったということです。

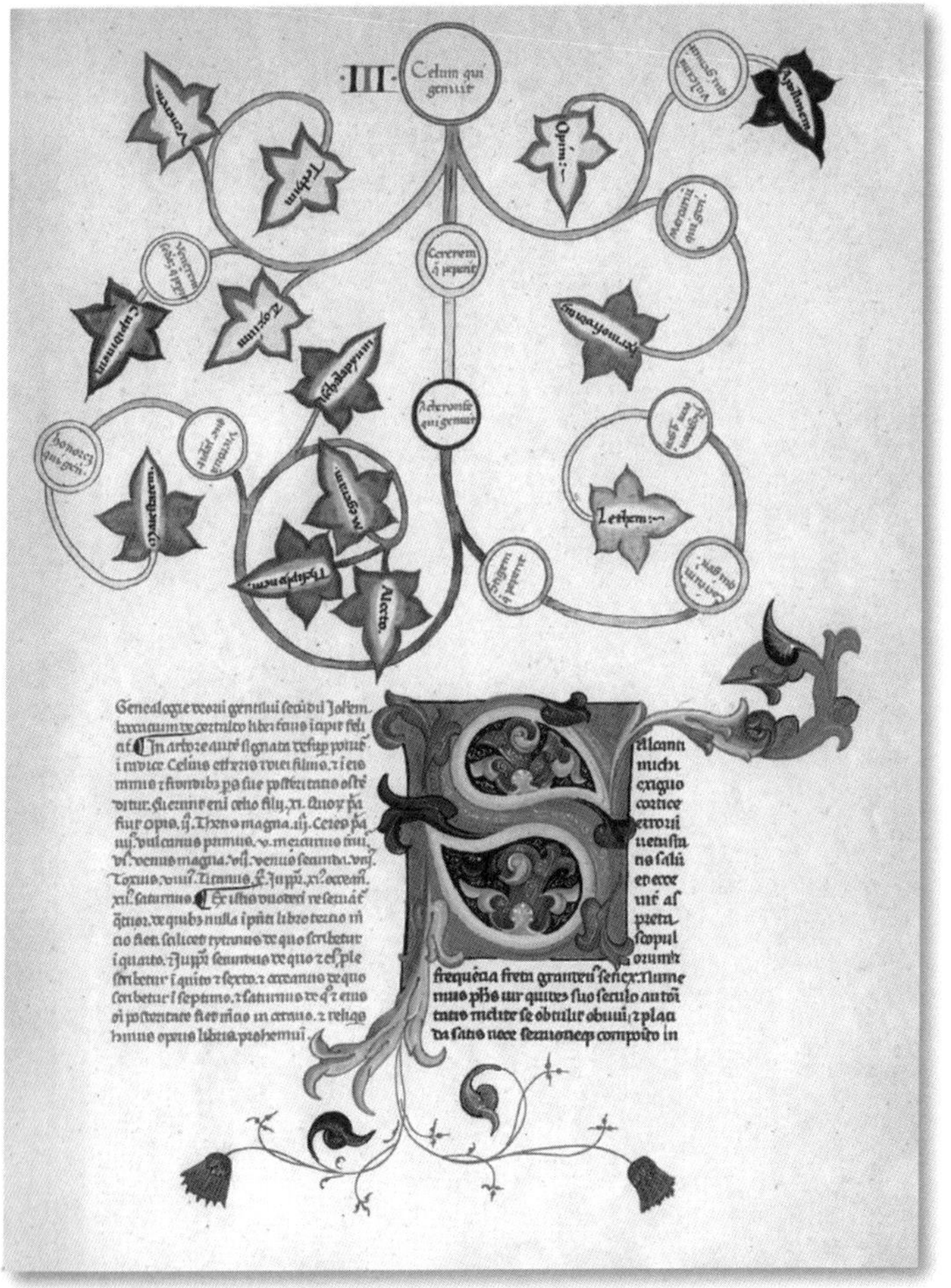

【図1－2】ジョバンニ・ボッカチオが描いた神々の系図（Wilkins 1923）

3 修道士ランベールが描いた善悪の樹（一二世紀フランス、サン=トメール）

上に挙げた系統樹の例はいずれも家族や神々の家系図です。家系図は、文字通り〝血のつながり〟を図示するという点で、イメージ的に系統樹という用語にふさわしいでしょう。しかし、系統樹が用いられてきた長い歴史を掘り下げていくにつれて、血縁を表現するというだけではおさまらないもっと広い用途で系統樹が用いられてきたことがわかってきました。系統樹がもつ視覚化の役割は〝血のつながり〟の表示を越えて、人間が獲得したさまざまな知識を理解しやすく図示するという役割をも担うことになりました。

次にお見せするのは、サン=トメールのランベール（Lambert de Saint-Omer）という一二世紀の修道士が描いた「善悪の樹」という図版です（【図1－3】）。ランベールはキリスト教ベネディクト会の修道士で、フランス北部のサンベルタン修道院をはじめさまざまなところで修行を積み、一〇九五年にはランベール修道院長に選ばれました。彼の名声が世間に轟いたのは、一〇九〇年から一一二〇年の間に書かれたとされる著書『花の書（*Liber floridus*）』です。この本は、中世盛期最初の大規模な百科事典として編まれ、膨大な資料や写本類に基づいて書かれました。この『花の書』には美麗な彩色図版が多く掲載され、ここに示した「善悪の樹」も本書から取りました。

ランベールの「善悪の樹」は、中央にある根から左右対称に伸びていく横向きの二本の樹木として描かれています。左側に伸びる樹形図は「美徳の樹（arbor bona）」と呼ばれ、枝のところどころにある円窓の中には擬人化された天上の倫理が描かれています。これに対して同じ根から右側に伸びる樹

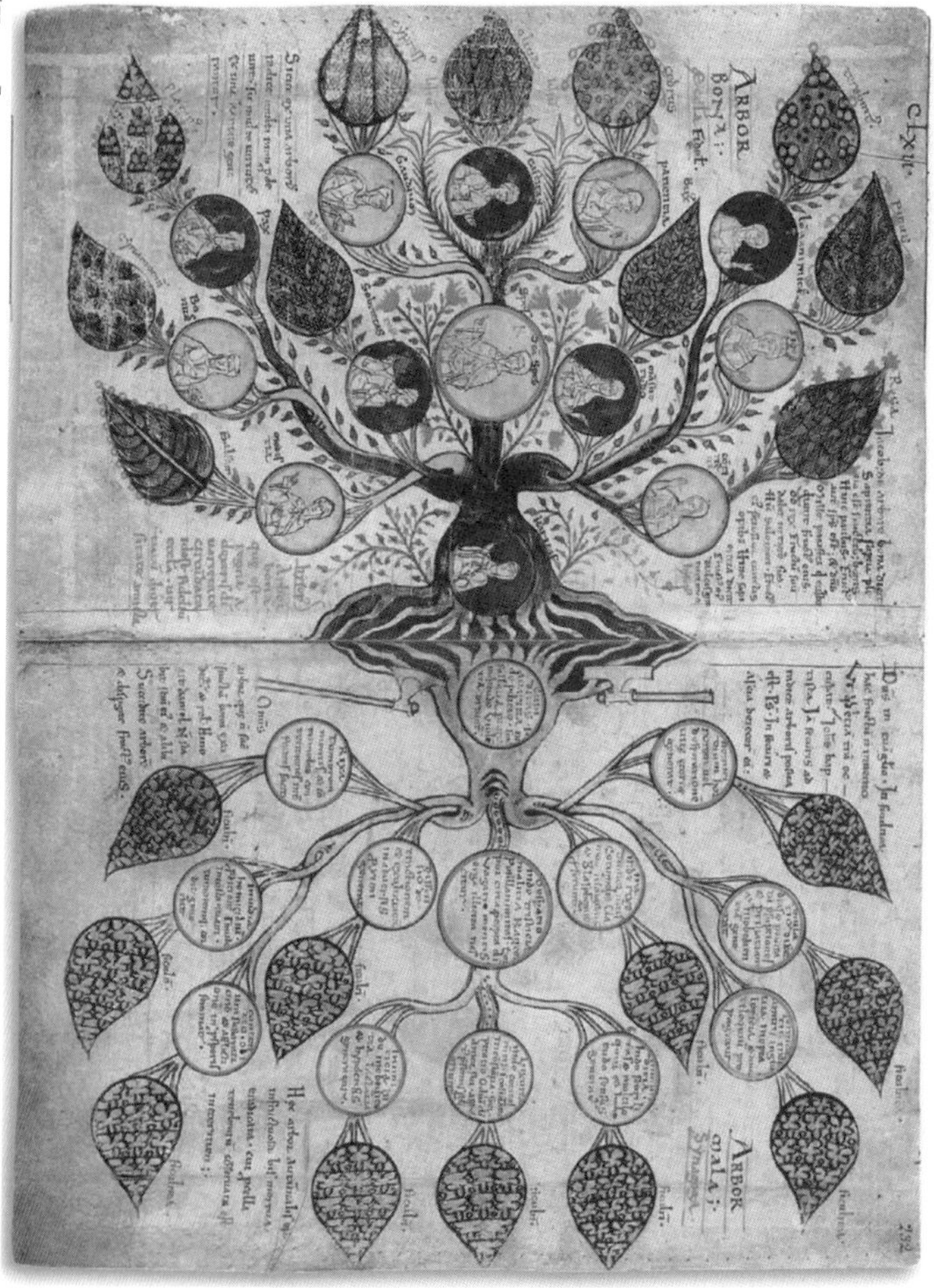

【図1－3】サン＝トメールのランベールが描いた善悪の樹（Klapisch-Zuber 2003）

形図は「悪徳の樹（arbor mala）」と呼ばれ、地上の不徳を象徴しています。美徳の樹のそこかしこから若葉が青々と萌え出て花が咲いて実が実っているのに対し、悪徳の樹の根元には二本の大きな斧が打ち込まれ、まるで枯れ果てた樹木のように見えます。このように美徳と悪徳とを並べて置くことにより、中世の修道士たちは最重要の美徳と忌むべき悪徳との関係を対応づけて説教に用いることができました。

見開きのページいっぱいに広がるこの善悪の樹は読む者に強い印象を残したにちがいありません。水平方向に伸びる樹木は現実世界には見られません。しかし、抽象化された樹形図はしだいに知識を体系化するためのツールとみなされるようになりました。

家族や親族の間の〝血のつながり〟を樹木の枝や葉に対応づけることにより家系図を樹木にたとえるやり方は、とても自然な比喩です。しかし、系統樹がもつ視覚化の機能はもっと一般的な「知識の樹（arbor scientiae）」として一二世紀以降、中世ヨーロッパでは頻繁に用いられるようになっていきました。

4　法学者ジャック・キュジャスによる最古の系図表
（九世紀フランス、トゥールーズ）

系統樹はもともと私たち人間の社会や文化の中にしっかりと根付いていた図像（イメージ）でした。ここではさらに時代をさかのぼり、九世紀末の彩色写本『西ゴート族のローマ法典（*Lex Romana Visi-*

gothorum)』にある現存する最古の系図表を紹介しましょう。古代から中世にかけての西洋社会では「ローマ法」は準拠すべき法律体系の根幹でした。西ゴート王国で五〇六年に編纂された『西ゴート族のローマ法典』は、伝統あるこのローマ法をキリスト教会ならびに一般社会すべてに適用された基本法でした。ローマ法は法体系ですから、ありとあらゆる項目に関する法律が網羅されています。家族と親族の血縁関係に関する法律ももちろん含まれていました。

法学者にして蒐集家のジャック・キュジャス（Jacques Cujas：一五二二－一五九〇）が一五六四年に公刊した「キュジャスの系図表」は、もともと九世紀末の『西ゴート族のローマ法典』所収の図版です。最古の系図表（stemma）とされるキュジャスの図版はたいへん興味深いものです。家系図のもっとも古い祖型である系図表は、時代的には「樹」よりも前に用いられていました。古代から中世にかけての聖職者や法律家は、法的な近親関係を確認する手段としてこの系図表を用いました。系図表が法樹（arbor iuris）あるいは親等樹（arbor consanguinitatis）とも呼ばれる理由はここにあります。

この系図表は数本の「柱」によって支えられています。それらを橋渡しする「梁《はり》」にあたる横棒には「*Lege hereditatis quemadmodum redeant*（法律が定める通り継承すべし）」とラテン語で記されています。当時の家系図が法的な家督継承権と密接に関係していたことがわかります。

父系主義にしたがって家系をたどるこの系図表の中央の縦の柱は直系の親子関係を図示しています。「私（ego）」のすぐ上に位置するのは「父（pater）」です。さらにその上には「祖父（avus）」「曾祖父（proavus）」「曾曾祖父（abavus）」と記されています。また、「私」の下には次世代以降の「子（filius）」や「孫（nepus）」がずらりと並んでいます。また横方向には傍系の親類縁者たちが示されています。

「キュジャスの系図表」は、祖先から子孫へのつながりを父系中心に表形式で図示する法律上の補

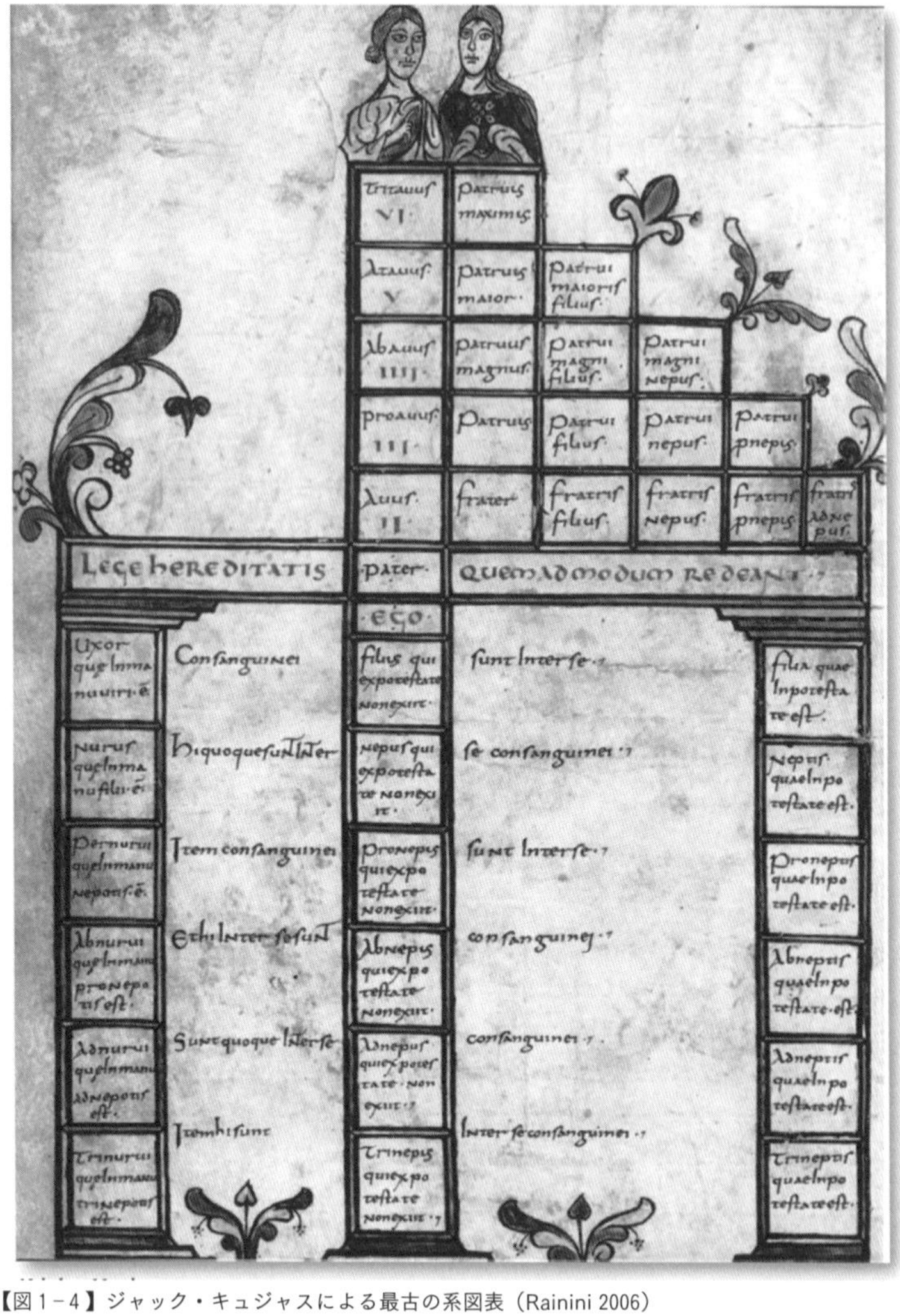

【図１－４】ジャック・キュジャスによる最古の系図表（Rainini 2006）

助手段にすぎません。ところが、よく見ると至るところに緑の葉が萌え出て、花が咲き、実がなっています。もとは生命の樹とは無関係の図表であっても、人々の抱くイメージとしては、家系は一本の「生命の樹」にほかならなかったということです。末広がりにどこまでも繁栄していく希望を託して、家系の「樹」はその後もさらに広く用いられることになります。

5 神学者フィオーレのヨアキムが描く歴史の樹（一二世紀イタリア、フィオーレ）

祖先から子孫につながる家系や系譜は、時を超えて世代を結ぶ血脈として描かれてきました。キリスト教を例に取るならば旧約聖書や新約聖書のいたるところに過去からの系図がことばで述べられてきました。かつての神学者や修道士たちは文字で書かれた聖書の系図を可視化するためにさまざまな試みを繰り返してきました。次に示すのはそのような「聖なる系図」のひとつです。

一二世紀のキリスト教神学者フィオーレのヨアキム（Gioacchino da Fiore：一一三五頃－一二〇二）は、三位一体説にしたがって、世界の歴史は父の時代と子の時代そして精霊の時代に分けられるという独自の説を主張しました。ヨアキムの教説は異端とみなされた時期もありましたが、南イタリアのコラッツォのシトー会修道院長に選ばれたのち、歴代のローマ法王の庇護のもとに、彼は多くの聖書講釈書を執筆しました。しかし、のちに権威を捨て、弟子たちとともに山にこもって隠棲の道に入ったヨアキムは、聖書を綿密に研究する一方で、詩作や美術の才能をも開花させました。

彼の主著である『形象の書（*Liber figurarum*）』や『系譜論（*Genealogia*）』において、ヨアキムの叙情的

な視覚的想像力は十全に発揮されました。ヨアキムの死後、一二〇二年に出版されたにもかかわらず、七〇〇年あまり後の一九三七年になってやっと発見された本書には、中世における想像を越えた象徴派神学の数々の図像が並んでいます。神秘主義者としての彼の画才は花が咲き乱れる生き生きとした樹形図の連作を見れば一目瞭然でした。

ここに示す印象的な彩色樹形図は奇書『形象の書』に所収され、「アドヴェントの樹」と呼ばれています。この樹形図は精霊の降誕を待ち望むアドヴェント（待降節）を象徴的に表現するダイアグラムです。真ん中を貫く太い幹は、旧約聖書に記された聖なる家系、すなわち根元のアダムから始まって、ノアを経て、頂上のイエス・キリストにいたるまでの直系のつながりが細かく刻まれています。また、幹から細かく分岐する枝は血縁のあるイスラエル氏族の広がりを視覚化します。ヨアキムの手になるこの樹形図を見れば、キリスト教の系譜を一目で理解することができ、入り組んだ血のつながりの理解がより深まるでしょう。

一二世紀のヨアキム以降の中世において、キリスト教の聖人や聖書の神々の系譜を樹形図として表す神聖家系図は、現実世界の家系図とは異なる精神世界において「生命の樹」という観念がいかに広まっていたかの証拠となります。生い茂る葉、咲き乱れる花、そして豊穣な果実は、末広がりの繁栄を示唆し、宗教的栄華を象徴するのにふさわしいシンボルであったにちがいありません。

【図1－5】フィオーレのヨアキムが描く歴史の樹（Klapisch-Zuber 2003）

6　画家ピエール・カタッチが描くメディチ家の系図
（一六世紀イタリア、フィレンツェ）

前節ではキリスト教神学での聖書家系図について取り上げました。祖先から子孫に至る系譜を可視化する系統樹は、その後、中世を通じてしだいに世俗化し、家系図という樹形ダイアグラムはさらにその裾野を広げていきました。そこで、次に中世の王侯貴族たちが自らの家系をみごとな装飾家系図として描いたひとつの代表例を示しましょう。

一二世紀ロマネスク期以降、一六世紀にいたるまでの中世ヨーロッパの広い地域では「生命の樹（the tree of life）」として描かれた家系図が広まっていきました。キリスト教の聖書やギリシャ・ローマ神話に描かれた聖なる家系図がなぜ俗世の人間の家系図として用いられるようになったのかは、中世の社会的・文化的・宗教的な文脈の中に分け入って初めて理解できるでしょう。しかし、その要因のひとつとして「生命の樹」がもつ図像学的なパワーは無視できません。繁栄する家系を「樹」として描くとき、現実の植物としての樹木のもつたくましい生命力と伝統あるキリスト教家系図のもつ宗教的威厳を重ねあわせる意図があったことは明白だったからです。

【図1－6】に示した画家ピエール・カタッチ（Pier Cattaci）の手になる極彩色の華やかな家系図は、中世イタリアのメディチ家の家系図です。メディチ家といえば、一五世紀から一八世紀に至る長期にわたってトスカーナ地方に君臨し、その中心都市フィレンツェで栄華を極めた一大家系でした。メディチ家の文化的遺産の数々は今でもウフィツィ美術館などに遺されています。

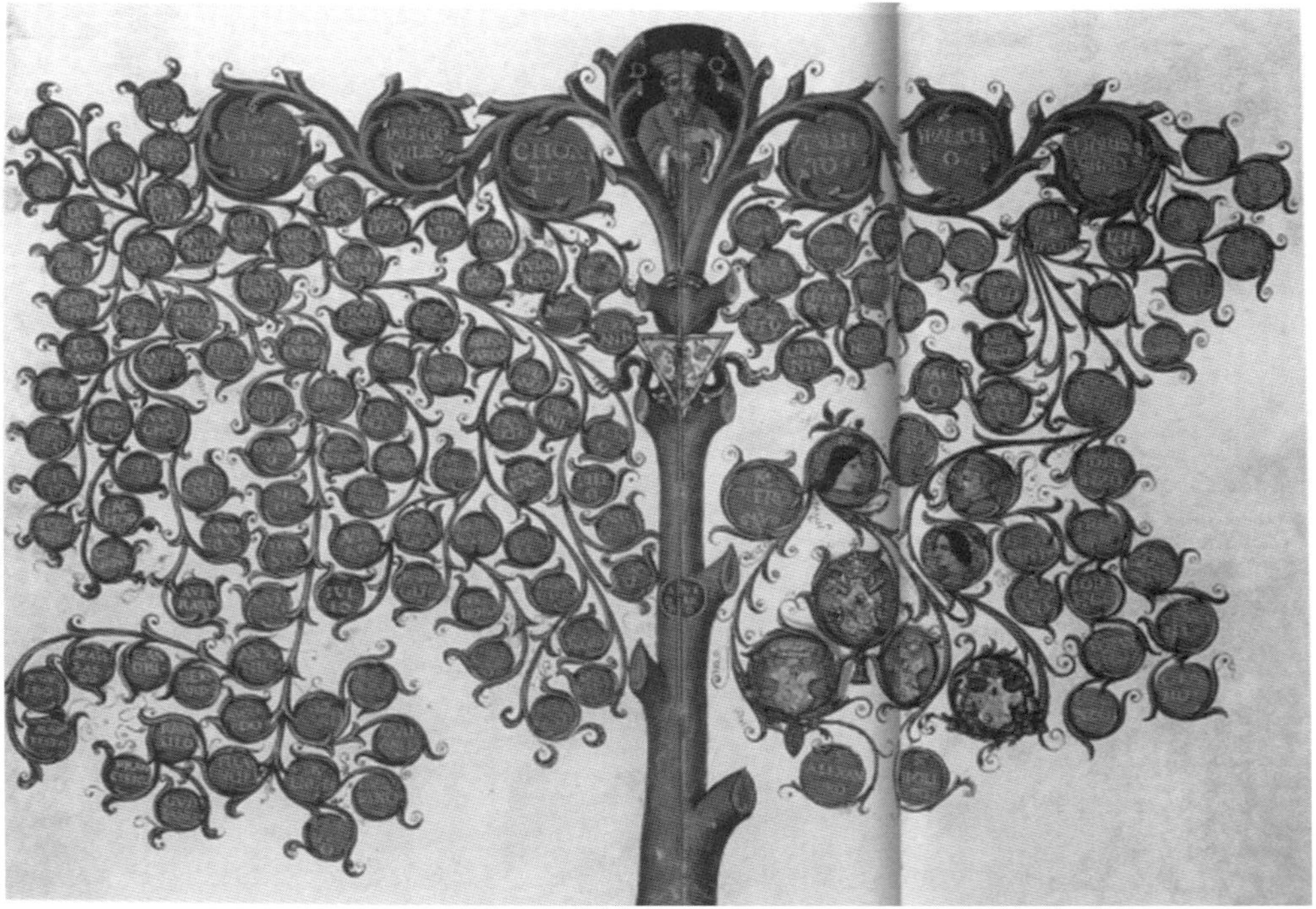

【図1－6】ピエール・カタッチが描くメディチ家の系図（Klapisch-Zuber 2003）

この家系図は、中央の太い幹の中央部に一四世紀の祖先アベラルド・ド・メディチを配し、一六世紀までの家系の広がりを樹形図として描いています。教皇クレメンス七世をはじめ、トスカーナ大公国の君主たちが配置されたこのゴージャスな家系図は見る者を圧倒したことでしょう。その図像表現にも注目しましょう。まるで生花をフラワーアレンジメントしたように、みずみずしい緑色の樹木が小奇麗に剪定され、偉大なる祖先のルーツを出自とする子孫たちの名前が真っ赤な薔薇の花のように小窓に記されています。このようなアートとしての家系図は当時数多く制作されました。

家系図が単に親子関係を示すだけなら、無味乾燥な事務文書として書き残しておけば十分だったでしょう。ところが、祖先からの血縁を表す樹形ダイアグラムは、それが宗教的であっても世俗的であっても、それが「樹」であったからこそ、太古の「生命の樹」としての図像的伝統が意識的あるいは無意識的に発現したのでしょう。中世初期の一二世紀も末期になると、家系図といえば「生命の樹」を指すまでになっていました。イコンとしての「生命の樹」は、宗教世界から現実世界へ、さらにその先へと、より広範な意味づけがされるようになりました。

7 進化学者エルンスト・ヘッケルが描く生物の系統樹

（一九世紀ドイツ、イェナ）

これまでは、「生命の樹」という観念がもともとキリスト教神学や古代ギリシャ・ローマ時代の文芸に遠いルーツをもっていたこと、そして中世の西欧社会のなかでは親族の血縁関係を示す家系図と

して用いられるようになったことを図版とともに示してきました。さらに時代が下り、一八〜一九世紀の近世に入ると、生命の樹は自然界の構造と生物界の秩序を可視化するために科学の世界で新たな展開を見せるようになりました（Lam 1936, Voss 1952, O'hara 1991,1992）。

地球上にはそれぞれの地域ごとに多様な生物が存在しています。学問としての生物学や博物学が成立するはるか前から、私たち人間にとって、身のまわりにいる生き物たちを的確に分類することは食料を調達したり薬草を探索したりする上で必須の知識でした。紀元前四世紀の古代ギリシャで、アリストテレスが取り組んだのが生物分類学だったことは偶然ではありません。

中世が終焉した一七世紀以降、西洋列強の威信をかけて全世界をまたにかけた探検博物学者たちは、なじみのない異国の生き物を次々に本国にもたらしました。新奇な生物の知識が際限なく増大するとともに、どのような論理で生物分類をすればいいのかという議論が起こりました（Ogilvie 2006）。そして、一八世紀半ばにスウェーデンの植物学者カール・フォン・リンネ（Carl von Linné：一七〇七－一七七八）が近代分類学の基盤を築いたのです。

しかし、当時はまだキリスト教神学の影響が強く、すべての生物は創造主たる神によって造られたとみなされていました。一九世紀に入って進化思想が提唱されるとともに、生物多様性を進化という観点から説明しようという機運が高まってきました。イギリスのチャールズ・ダーウィンが一八五九年に出版した著作『種の起源』（Darwin 1859）をきっかけに、生物進化理論はまたたく間に国境を超えて広がっていきました。

ダーウィン進化理論の余波をドイツで最初に受容したのはイェナ大学の動物学者エルンスト・ヘッケル（Ernst Haeckel：一八三四－一九一九）でした。ヘッケルは、天性の豊かな画才を存分に発揮して、

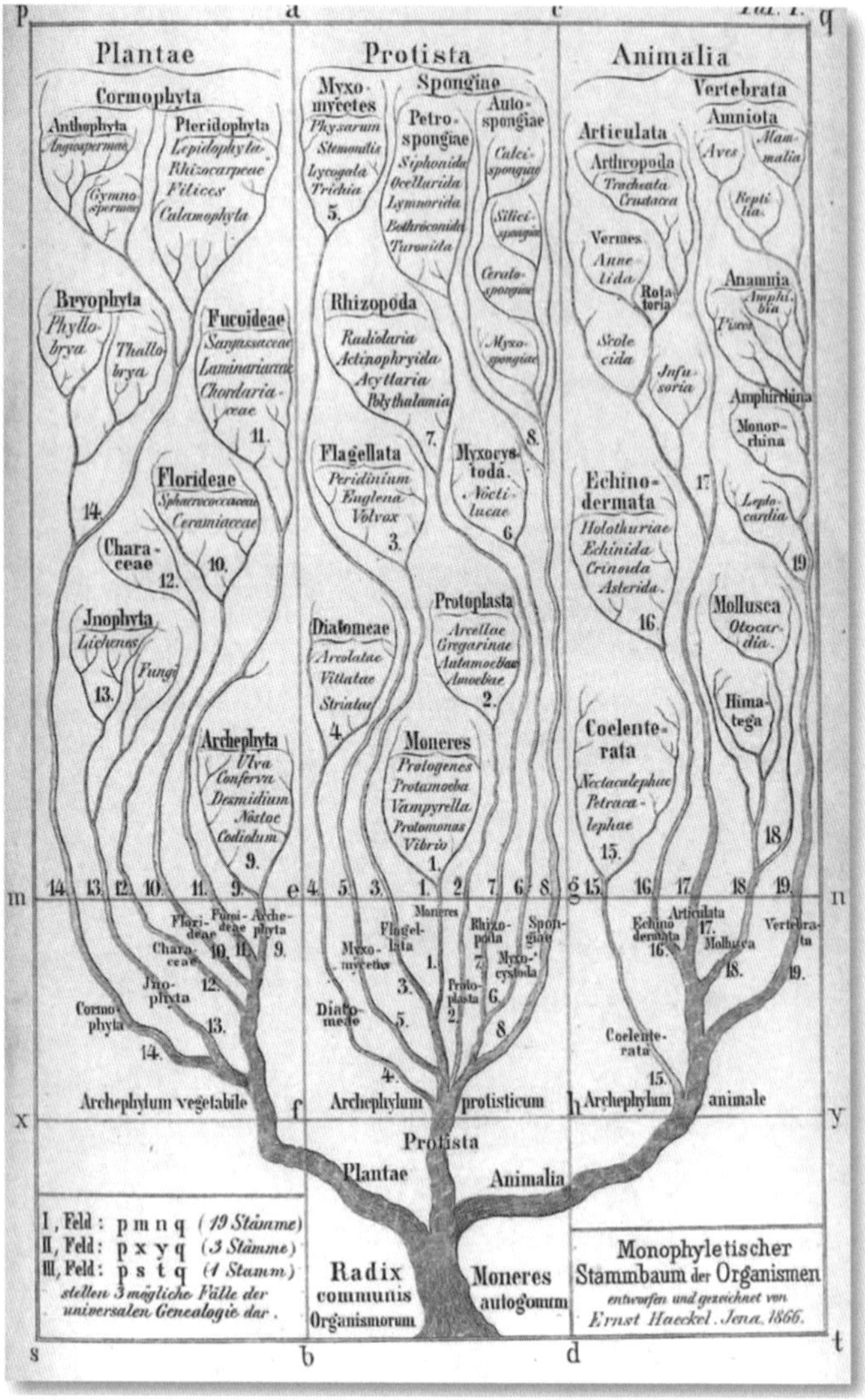

【図1－7】エルンスト・ヘッケルが描く生物の系統樹（Haeckel 1866）

動植物のもつかたちの多様さをみごとな図版として描きました。放散虫をはじめ海産無脊椎動物の専門家だった彼は、海中深くにいる誰も知らない生き物たちの驚異的かつ芸術的な姿形を描くことで、生物の世界に対する一般読者の関心を高めました。

ヘッケルが残したもうひとつの重要な功績は、動植物を美麗に描いただけではなく、生物界全体の体系をも可視化したという点です。ヘッケルは科学者としてデビューした最初期の著作『生物の一般形態学』(Haeckel 1866)の巻末に、全生物の「系統樹」の図版を描きました(【図1-7】)。ダーウィンの進化思想に惚れ込んだ彼は、生物の系統関係に基づく壮大な体系を系統樹という図像を通して可視化したわけです。

8 進化学者エルンスト・ヘッケルが描く人類の進化地図(一九世紀ドイツ、イェナ)

チャールズ・ダーウィンは主著『種の起源』(1859)の中で、創造主たる神による天上からの大いなる力に頼らなくても、地上の自然界の中で生物は進化できると述べました:「同じ綱に属する全生物の類縁関係は、ときに一本の樹木で表されてきた。この直喩は大いに真実を語っていると思う」(渡辺政隆訳、上巻、p. 227)。進化学の祖としてあまりにも有名なダーウィンの名声に比べれば、エルンスト・ヘッケルは影が薄くなってしまいます。しかし、前節でお見せしたヘッケルの全生物の系統樹を見ればわかるように、生物界の壮大な体系を描き出す画才という点ではヘッケルはダーウィンをはる

かに凌駕しています。生物の系統発生は進化的な樹になるというダーウィンの進化思想は、ヘッケルによって初めて可視化されたわけです。

生物多様性を系統樹というグラフィック・ツールによって進化的に可視化することは、私たち人間のもつ直感的な認知的理解能力に頼りつつ、多様性の分類パターンと系統プロセスへの理解を深める機能を果たします。その意味で、現代的なインフォマティクス（情報学）は想像以上に長くて深い歴史を背負ってきたといえるでしょう（López Grüninger 2011, Lima 2011, 2014, 2017）。同時に、生物の多様性のさまざまな可視化がもつアーティスティックな表現様式に惹かれる人は多いでしょう。科学における「美」を文字として書き出す行為が博物学という生物を対象とする分野を構成したのであれば、多様性を図像的に表現した系統樹もまたその「美」を別のやり方で表出しているにちがいありません。画家ヘッケルの手にかかれば、個々の生物が〝芸術的〟であるのとまったく同じ意味で、生物全体の系統的体系もまた〝芸術的〟となります。

ここで取り上げる図版（【図1－8】）は、ヘッケルの著書『自然創造史』（Haeckel 1868）の巻末に付けられた折り込み彩色図版です。この図は、私たちヒトがその発祥地からどのような経路を経て全世界のすみずみにまでその分布を拡げていったかを、世界地図上にヒトの系統樹をマップすることによって視覚化したきわめて斬新な様式で描かれています。

今から一世紀半前には、人類進化に関する化石などのデータはほとんどありませんでした。ヘッケルが人類の起源地は中東にある（図中の○印の地域）と憶測したとしても彼を責めることはできません。むしろ注目すべきは、人類が現在分布している地域を地図上で系統樹によって結びつけることにより、ヘッケルがヒトという生物の時間的な変遷と空間的な移動を一枚の図によって可視化したという点で

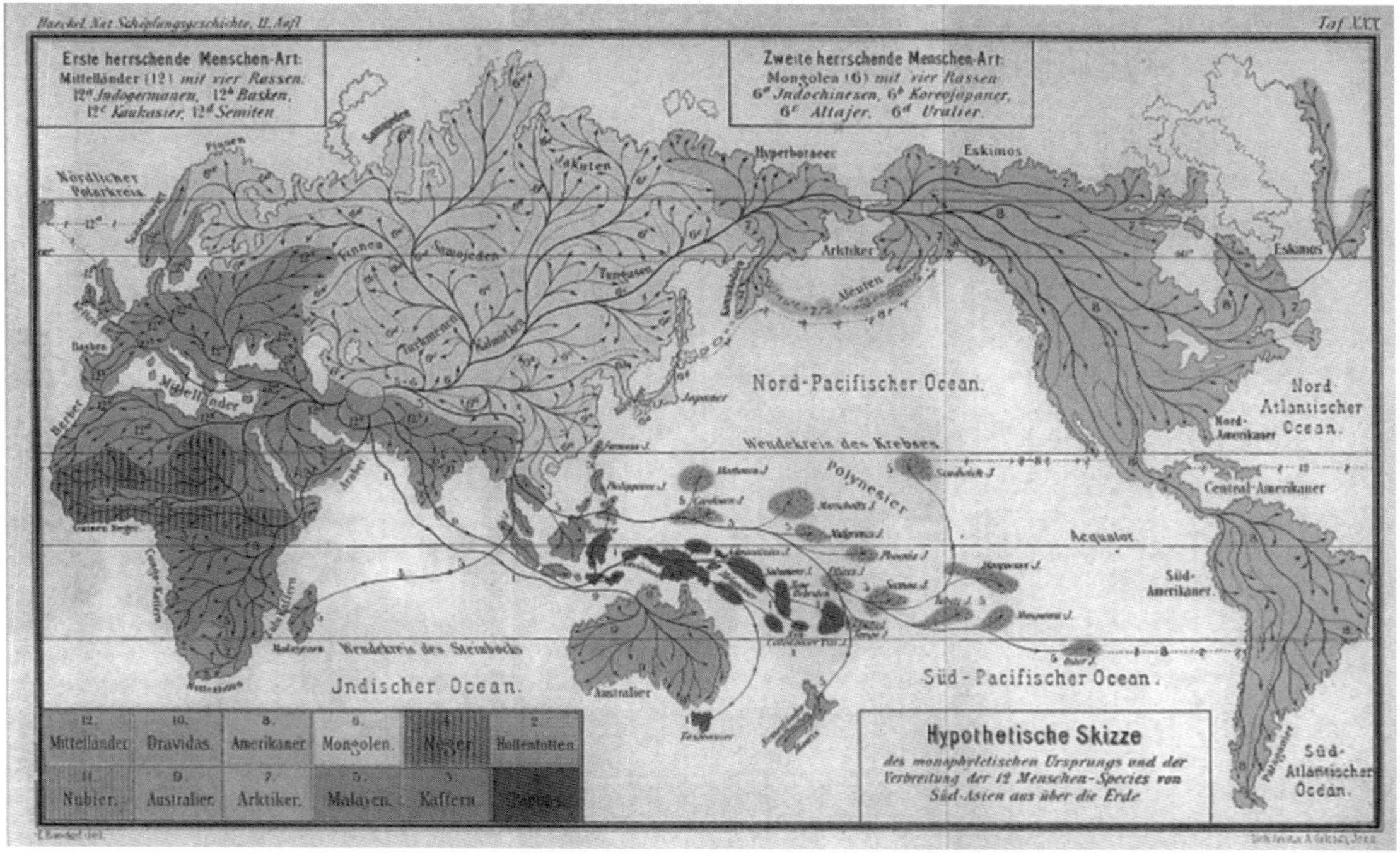

【図１－８】エルンスト・ヘッケルが描く人類の進化地図（Haeckel 1868）

す。ヨーロッパ、アフリカからユーラシアに広く分布を広げるとともに、ベーリング海峡を越えて南北アメリカの末端に到達する一方、海を越えてオセアニアの島々にもわたっていった人類の長く遠い旅路をヘッケルは描いたのです。

9 神学者ライムンドゥス・ルルスの知識の樹（一三世紀スペイン、マヨルカ島）

これまでお見せしてきた数々の「生命の樹」は、どこかで現実世界の〝生き物〟とつながりをもつ樹でした。その生き物は私たち人間であることもあれば、すでに絶滅してしまった生物かもしれません。しかし、「生命の樹」がもつダイアグラムとしての可能性は、生き物の血のつながりを図示するだけでなく、もっとちがった場面で花開くことがありました。その例をお見せしましょう。

ランベールの「善悪の樹」では、人としての善悪の倫理を学ぶ目的で樹形図が用いられた例を挙げました。善とは何か、悪とは何かを知るための教材として、善悪の樹は当時のキリスト教会にとって役に立つダイアグラムでした。もともと知識を樹として図示するアイデアのもっとも古い原型は、紀元三世紀の新プラトン学派の哲学者だったテュロスのポルピュリオス（Porphyrius：西暦二三四−三〇五頃）が編み出した「ポルピュリオスの樹（arbor porphyrii）」にまでさかのぼることができます。ポルピュリオスの樹は、古代ギリシャの哲学者アリストテレスの著作『範疇論』に表された全知識の体系をポルピュリオスが樹形ダイアグラムによって可視化したものです。【図1−9】には、一四八六年にヴェネチアのパウルス・ペルグレンシス（Paulus Pergulensis）が描いたポルピュリオスの樹を示しまし

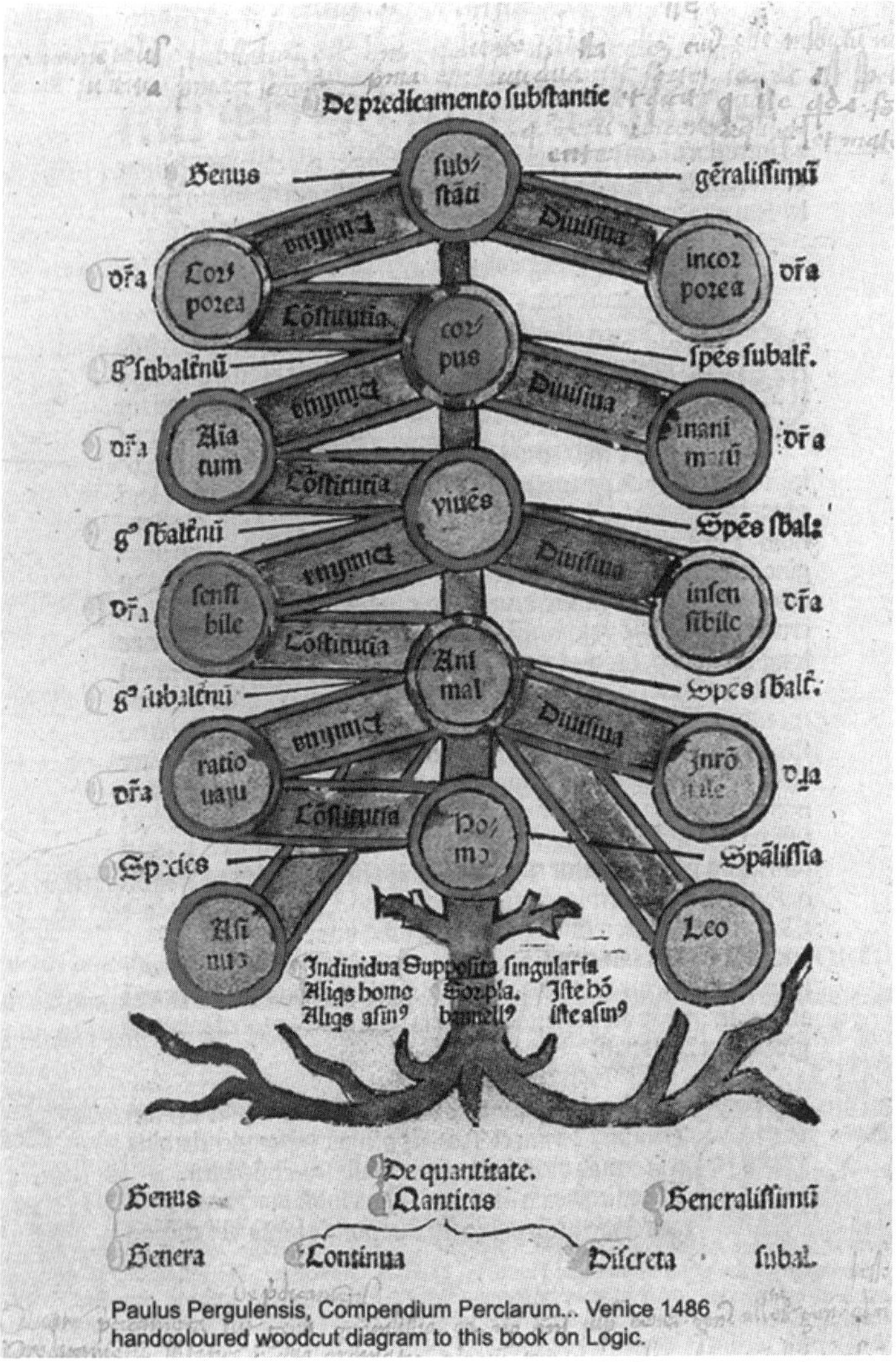

【図1－9】パウルス・ペルグレンシスが描いたポルピュリオスの樹（Pergulensis 1486）

た。中央を貫く幹には属と種のカテゴリーが記され、隣接する列には二分岐的な分割された下位のカテゴリーが配置されています。

このポルピュリオスの樹は中世に入って広く世に知られることになりました。とりわけ、一三世紀マヨルカ島出身の神秘主義者にして神学者ライムンドゥス・ルルス（Raimundus Lullus：一二三二頃－一三一五頃）は、このポルピュリオスの樹を彼なりの独自の様式で発展させ、後世「知識の樹（arbor scientiae）」と呼ばれることになる樹形ダイアグラムとして人類の知識を体系化しようと試みました。【図1－10】は一二九五年に公刊されたルルスの「知識の樹」です。彼の描く知識の樹を支える一八本の〝根〟を左から反時計回りに見ると、九つの絶対的品格（善・偉大・永遠・力・叡智・意志・美徳・真実・栄光）ならびに九つの相対的原理（相違／一致／対立、端緒／中間／終局、多数／同等／少数）を指しています。また、知識の樹の一六本の枝先を左から時計回りに見ると、元素・植物・感覚・想像・人間・道徳・皇帝・使徒・天界・天使・永世・聖母・キリスト・神樹・範例・問題を表します。

このように人間のもつすべての知識を一本の樹形ダイアグラムとして体系化することにより、知識全体の連続性・一体性・統一性のイメージが醸成されます。さらに、根を起点とすれば知識の樹の末端にいたるまでのすべての項目が階層的に分類されます。ルルスの知識の樹は、その後の中世ヨーロッパにおいて「記憶術（ars memorativa）」として大流行するに至りました。

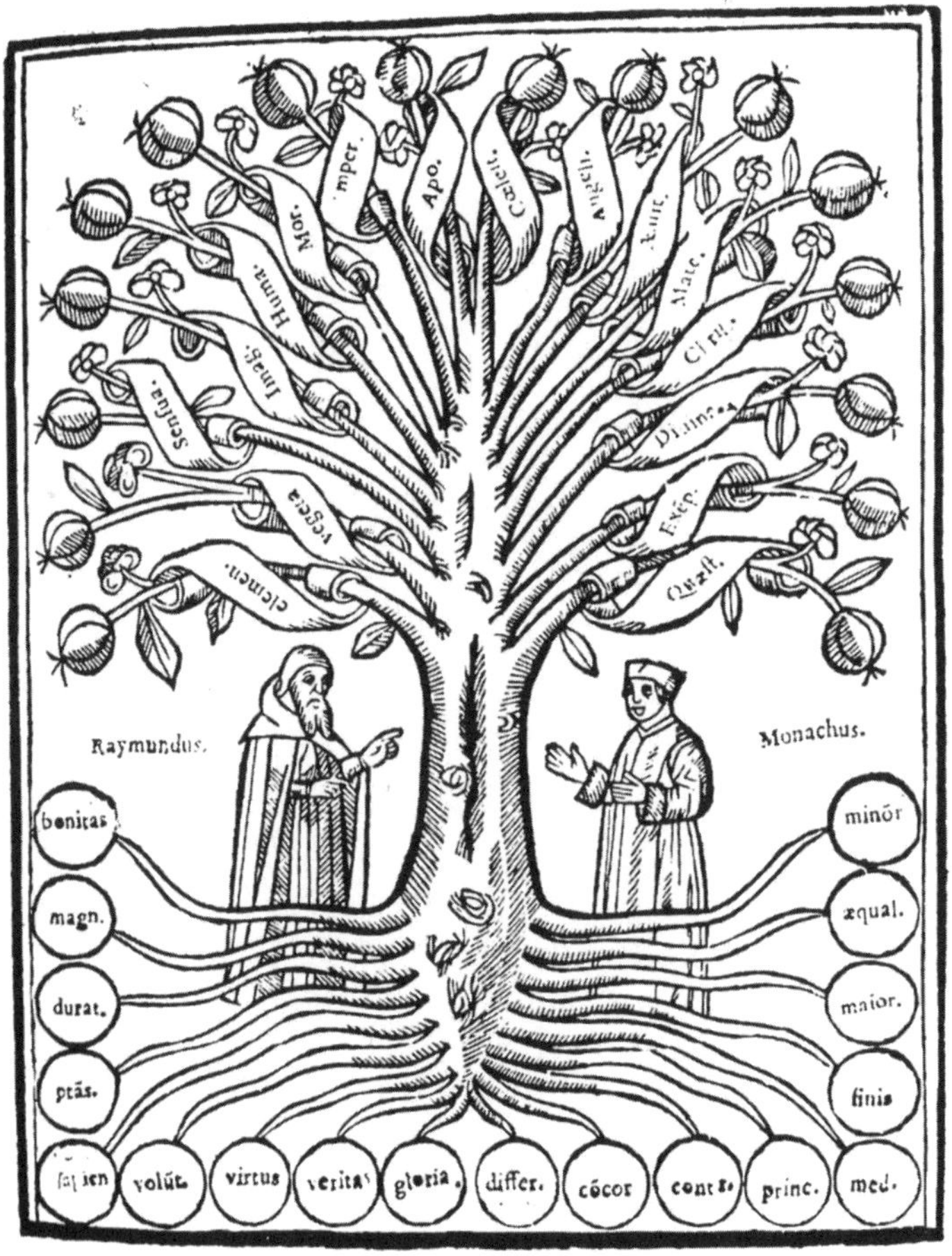

【図1-10】ライムンドゥス・ルルスが描いた知識の樹（Lullus 1295）

10 百科全書派クレティエン・ロートが描いた知識の樹

（一八世紀フランス、パリ）

ライムンドゥス・ルルスの手になる「知識の樹」は後世にはかりしれない思想的影響を残しました。たとえば、一七世紀の哲学者ルネ・デカルト（Rene Descartes）は主著『哲学原理』（1644）の中で「哲学全体は一つの樹木のごときもので、その根は形而上学、幹は自然学、そしてこの幹から出ている枝は、他のあらゆる諸学」であると述べています。また、同時代のイギリスで活躍した思想家フランシス・ベーコン（Francis Bacon）もまた『学問の進歩』（1605）のなかで、諸学問を記憶に基づく「歴史」、想像力に基づく「詩」、そして理性に基づく「哲学」の三つに分類しました。

人間の知識体系を「知識の樹」として分類するスタイルは一八世紀フランスの合理的精神のもとで大きく花開きました。一八世紀のパリで活躍したドゥニ・ディドロ（Denis Diderot：一七一三－一七八四）とジャン・ル・ロン・ダランベール（Jean Le Rond d'Alembert：一七一七－一七八三）は最新の知識体系を集大成した『百科全書』（1751-1780）を刊行しました。フランス啓蒙時代の象徴となったこの『百科全書』は当時としては最大級の全三五巻の百科事典で、三二二〇もの挿絵を含む七万一八一八項目が記載され、本文の文字数は計二〇〇〇万語を越えました。

この『百科全書』のなかでディドロとダランベールが採用した知識の体系化の基本方針はまさに「知識の樹」でした。彼らは、『百科全書』の「序論」で、すべての学問と知識は「系統樹」として体系化し、その起源を明らかにすべしと明言しています：「私たちの知識のさまざまな部分とそれらを

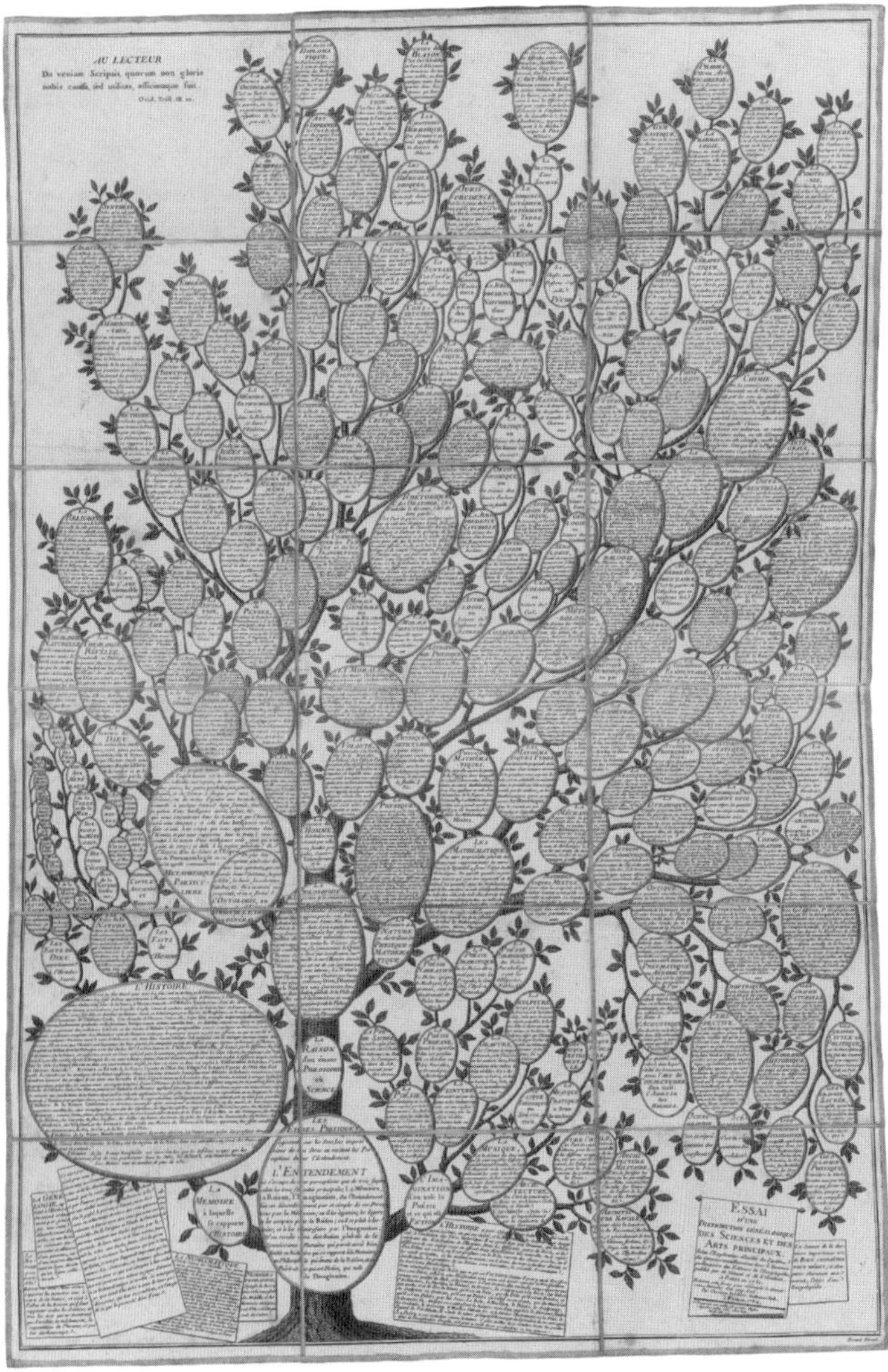

【図 1-11】クレティエン・ロートが描いた知識の樹（Roth 1769）

区別する諸特性についての細目をのべてきた後には、もはや私たちのせねばならぬことは、一本の系統樹すなわち百科全書の樹――これはそれらを同一観点の下にまとめ、また、それらの起源とそれらが相互に持つつながりをはっきりさせる役をするものである――を形成することだけである」（ディドロ、ダランベール　一九七一：訳書p.64）。

『百科全書』に盛り込まれた知識の総体を真の意味での「知識の樹」として描いたのは、百科全書派クレティエン・フレデリック・ギローム・ロート（Chrétien Frederic Guillaume Roth）の『主要な科学ならびに芸術の血縁分布論』（一七六九年作成、一七八〇年出版）に添付された一メートル四方もの巨大な「百科全書樹（arbre encyclopédique）」でした（【図１－11】）。シカゴ大学図書館からインターネット（https://encyclopedie.uchicago.edu/content/arbre-g%C3%A9n%C3%A9alogique）を通じていつでも閲覧できるこの図では、歴史・哲学・詩の主要三分野を根元で分かれる三本の太枝によって表現しています。左の枝は記憶と知識、中央の枝は理性と哲学、そして右の

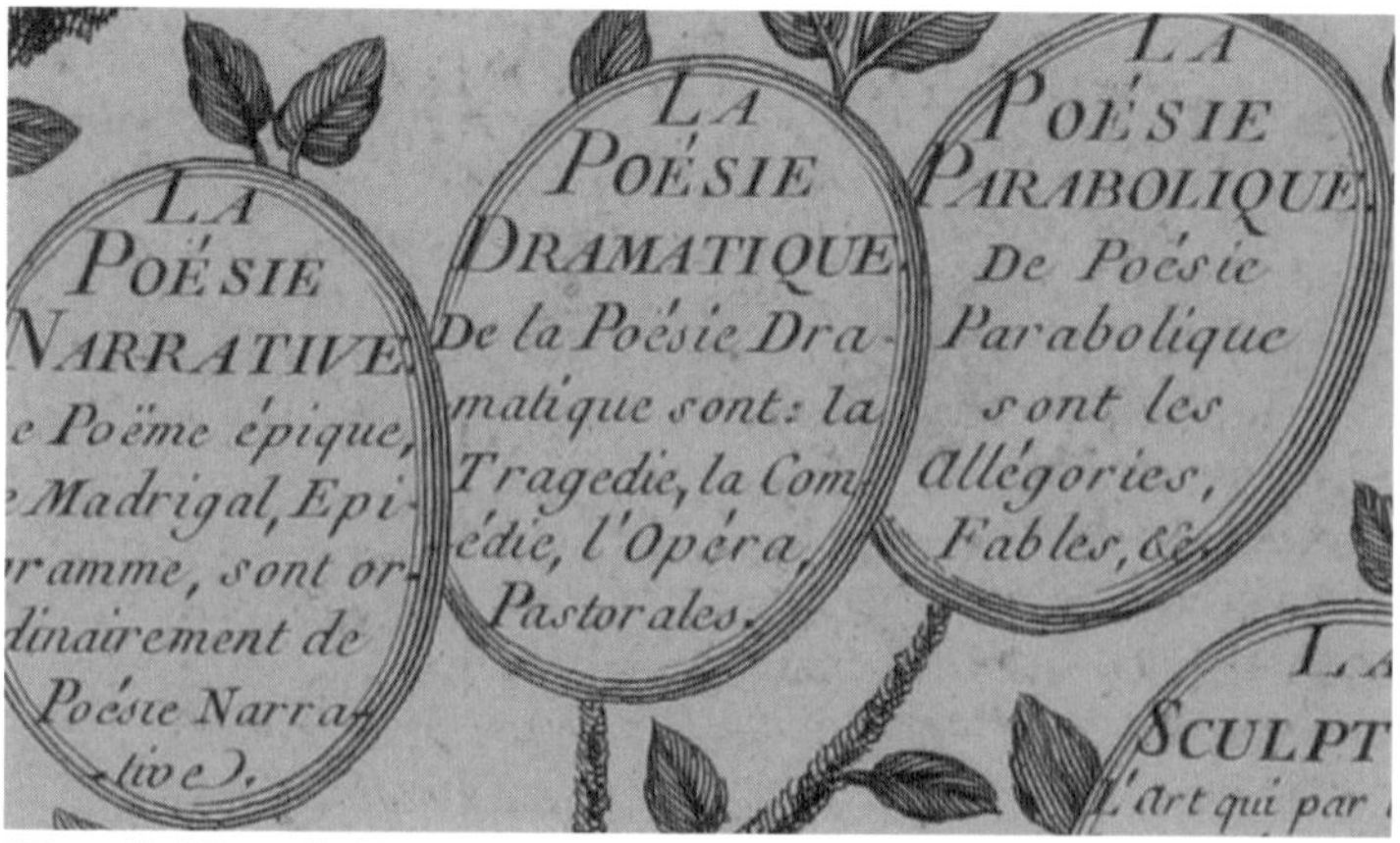

【図１－12】［図１－11］の拡大図

枝は想像と詩です。

また、拡大図（【図1－12】）を見るとよくわかるように、樹上に実る鈴なりの果実で図示された大小さまざまな円窓のひとつひとつには、人間が獲得し『百科全書』に所収された知識項目がびっしりと書き記されています。新しい時代の到来を告げる「百科全書の樹」はこのように大きく成長しましたが、それでもなお五世紀前のルルスの「知識の樹」の知的精神が連綿と受け継がれていることがわかります。

11 比較宗教学者ジェイムズ・フォーロングの世界宗教系譜

（一九世紀イギリス、ロンドン）

これまで取り上げてきた系統樹は、いずれも「樹形」をもったダイアグラムでした。樹形であることは、根元から分岐をひとつひとつたどることにより末端にいたるまでの階層的な表現を可能にします。確かに、階層的な樹形ダイアグラムやもっと単純な構造をもつ直線的な連鎖ダイアグラムは私たち人間が効率的に記憶したり検索する上できわめてわかりやすい形式の体系です。しかし、現実の複雑な世界は必ずしも直線的な連鎖や階層的な樹形では正確に表現できないことがあるでしょう。そういうときに登場するのが網状ネットワークです。

いったん分岐した枝がふたたび融合するような網状ネットワークは、連鎖や樹形が特徴とする階層性をもっていないので、読み取って正しく解釈するのが難しくなります。しかし、ネットワークのも

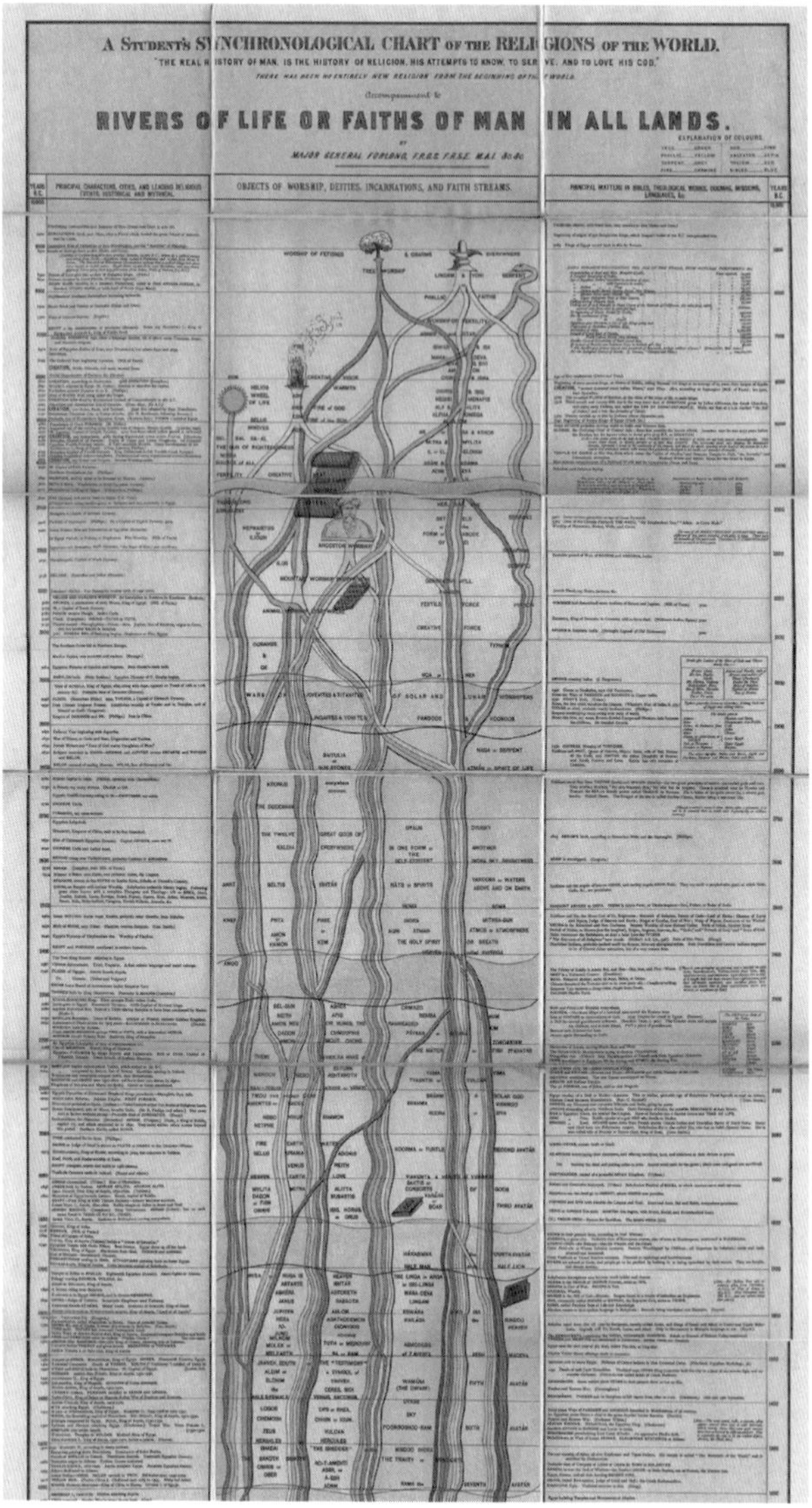
A STUDENT'S SYNCHRONOLOGICAL CHART OF THE RELIGIONS OF THE WORLD.
RIVERS OF LIFE OR FAITHS OF MAN IN ALL LANDS.
MAJOR GENERAL FORLONG, F.R.G.S. F.R.S.E. M.A.I. &c &c
EXPLANATION OF COLOURS.
PRINCIPAL CHARACTERS, CITIES, AND LEADING RELIGIOUS EVENTS, HISTORICAL AND MYTHICAL.
OBJECTS OF WORSHIP, DEITIES, INCARNATIONS, AND FAITH STREAMS.
YEARS B.C.

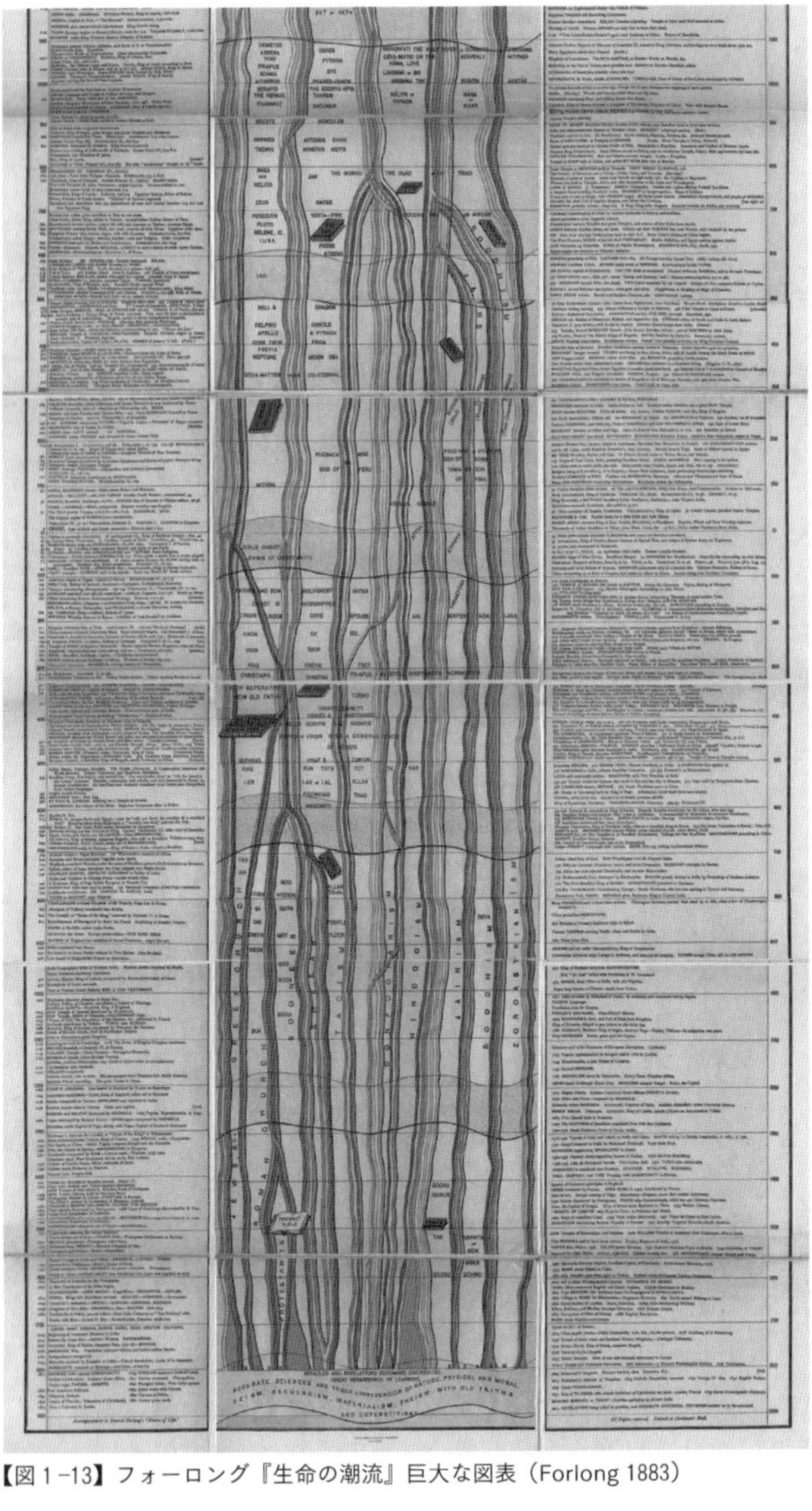

【図1-13】フォーロング『生命の潮流』巨大な図表（Forlong 1883）

つ非階層的な構造をうまく利用すれば、階層的な樹形ダイアグラムでは表現できないような複雑な関連性を視覚化することができます。そのような網状ネットワークの例をお見せしましょう。

【図1－13】に示したカラフルな図版は、ジェイムズ・G・R・フォーロング（James G. R. Forlong：一八二四－一九〇四）が一八八三年にごく少部数だけロンドンで予約出版した大著『生命の潮流：地球上の人類による信念の源泉と系譜——原始象徴主義から現代精神にいたる信念の進化（*Rivers of Life, or Sources and Streams of the Faiths of Man in All Lands; Showing the Evolution of Faiths from the Rudest Symbolisms to the Latest Spiritual Developments*）』に添付された巨大な図表（縦二・三メートル×横〇・七メートル）です。

フォーロングは、英国陸軍の少将として英領インドに長期赴任した期間に、人類のもつさまざまな宗教的信念の起源とその変遷に強い関心をもち、クリスチャンとしての自らの宗教的先入観を捨てるに至りました。帰国後、フォーロングは収集した膨大な資料をふまえて、全二巻一二〇〇ページを越えるこの『生命の潮流』を執筆しました。全世界的視野のもとで宗教思想の発展を論じた本書は比較宗教学の古典とみなせるでしょう。

この図の最上部には、原初的な宗教の源泉となる五つのルーツとして、樹木崇拝・男根崇拝・火崇拝・太陽崇拝・祖先崇拝が挙げられています。太古から現代に至る宗教の系譜をたどっていくと、それらの原始的な信念は、分岐的な系統ダイアグラムではなく、網状のネットワークによって分裂と融合を繰り返してきたことが一目でわかります。ダイナミックな川の流れのようにも見えるこの図版は、過去から現代に至る多様な宗教の様相を系統ネットワークとして可視化した稀有の事例です。

さまざまな事物をうまく分類し、得られた膨大な知識を体系化するという行為を私たち人間は昔から飽くことなく続けてきました。その過程で試されてきたさまざまな形式のダイアグラムを用いた視

覚化の方法は、現代最先端のインフォグラフィクスが目指すデータ可視化の最新技法にも直結しています。過去一千年に及ぶダイアグラムの歴史的な繁栄の背後にあるものについて、次の章で考察しましょう。

第2章

知識の樹の体系――チェイン、ツリー、ネットワーク

プロローグでみなさんに紹介したダイアグラムを思い出してください。天気図記号にしてもメトログリフやチャーノフの顔にしても、情報を束ねて可視化するダイアグラムとしてはかなり洗練された部類に入ります。一方、第1章でお見せした歴史的なダイアグラムはもっと素朴な図式化であって、たとえば家系の血のつながりとか概念や言葉の整理のように、取り散らかった情報の断片をまとめて見せるという単純極まりない目的が背後にありました。

情報可視化ツールとしてのダイアグラムに関する一般論を展開するとき、どこに焦点をあてて考察を進めるのかが問題になります。素朴で単純なダイアグラムはいつでもどこでも使える便利さはありますが、表現力には難があるかもしれません。他方、特定の目的のために特化したダイアグラムの体系は、その目的以外では汎用性に欠けるでしょう。

さらに言えば、プロローグで挙げた例はいずれも、あるオブジェクトすなわち対象物（天気図の地点やアヤメの個体など）に付随する複数の属性（天候のデータや花弁の計測データ）を同時に可視化して表示す

るのが目的でした。一方、第1章で列挙した例では、複数のオブジェクト間の関係性（家系図ならば血縁関係、生物進化であれば系統関係、宗教系譜では派生関係）をまとめて表示するのがツリーなどのダイアグラムに求められる機能でした。つまり、ある単一オブジェクトがもつ複数の属性を可視化するダイアグラムと、複数のオブジェクト間の関連性を可視化するダイアグラムとでは、要求される機能がそもそも異なっています。したがって、両タイプのダイアグラムは別々に考察を進める必要があるでしょう。

ダイアグラムに関する先行研究（たとえば、Bertin 2011, リマ 2012, 2015, 永原 2016）を参照すると、ダイアグラムの構造的特徴に基づく「分類」がなされています。そこで、以下では、オブジェクト間の関係性を可視化するダイアグラムを、そのグラフ理論的な構造上の特徴に着目して、「チェイン（chain）」、「ツリー（tree）」、そして「ネットワーク（network）」というダイアグラムの三つのカテゴリーに分けます（【図2－1】）。

本章で導入するこれらのカテゴリーはダイアグラムの構造と機能を考える上で基本となります。はじめに、ダイアグラムの構造を記述するいくつかの一般的な概念と用語を定義します。その後に、【図2－1】の各カテゴリーについてくわしく説明しましょ

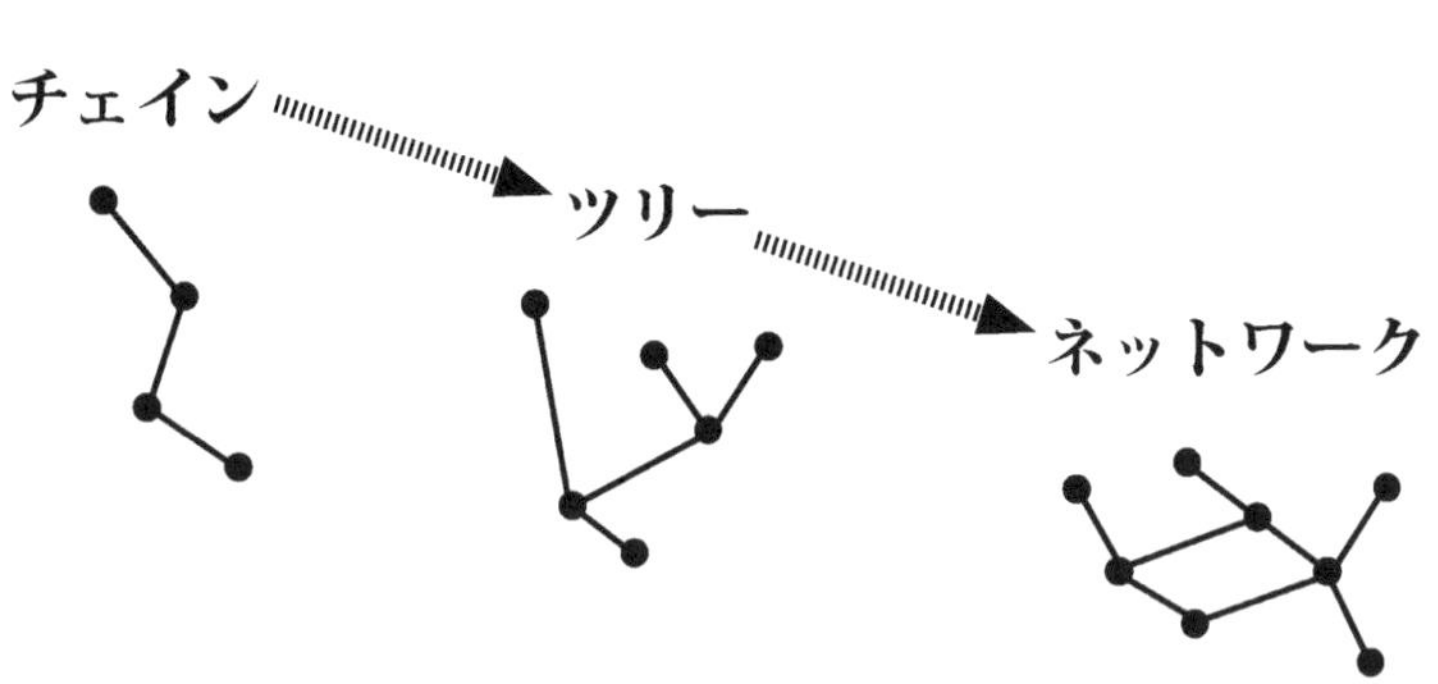

【図2－1】チェイン、ツリー、ネットワークとそれらの相互関係

う。

1 関係の構造を可視化する――順序関係と順序集合

【図2－1】に示したチェイン、ツリー、ネットワークは、ダイアグラムとしての〝形状〟がそれぞれ異なっていることは一目見ればわかります。では、そのちがいをどのように言葉で表現すればいいでしょうか。本節では、ダイアグラムの〝形状〟の特徴と差異をオブジェクト間の「関係（relation）」を定義することによってその点を明らかにしましょう。以下の説明はいささか抽象的かもしれませんが、その具体的な肉付けはあとで補足しましょう。

まず、あるオブジェクト集合Pに属するふたつのオブジェクト間の「二項関係（binary relation）」を考えます。二項関係とはたとえばPの要素x，yに関して「xはyよりも小さい」とか「xはyの子孫である」というような二要素間の関係を意味します。この二項関係に関して「順序関係（order relation）」を次のように定義します。

【定義2－1：順序関係】
オブジェクト集合Pに属する任意のオブジェクトx，y，zに関する二項関係Rがもつ次の性質を考える。

(1)「反射律（reflexivity）」：xRx が成り立つ。
(2)「推移律（transitivity）」：xRy かつ yRz ならば xRz である。
(3)「反対称律（antisymmetry）」：xRy かつ yRx ならば $x=y$ である。
(4)「比較可能律（comparability）」xRy または yRx が成り立つ。

このとき以下のように定義する：

「擬順序（preorder）」—反射律と推移律を満たす二項関係。
「半順序（partial order）」—反射律・推移律・反対称律を満たす二項関係。
「全順序（total order）」—反射律・推移律・反対称律・比較可能律を満たす二項関係。

順序関係に関するこれらの形式的定義はグラフ化すると理解が格段に深まります。そのために、「被覆関係」という概念を追加しましょう。

【定義2−2：被覆関係】
二項関係Rが定義されたオブジェクト集合Pに属する任意のオブジェクトx，yが以下の二条件を満たすとき、xとyは「被覆関係（covering relation）」にあると定義され、x^*Ryと表される。

(1) xRy かつ $x \neq y$

——(2)　Pの任意の要素zに対してxRzかつzRyは成立しない。

ある二項関係Rから導き出される被覆関係$^*R$とは、他のオブジェクトを介在させない直接的な関係を意味します。言い換えれば、〝隙間がなく〟しかも〝重複もない〟二項関係だとイメージしてください。たとえば、オブジェクト集合｛x, y, z｝がある全順序Rをもつ全順序集合であるとしましょう。全順序関係をすべて書き下せば$xRy, yRz, xRz, xRx, yRy, zRz$となるとき、$xRx, yRy, zRz$は〝自分自身〟を指すので重複しています。また、$xRz$は$xRy$と$yRz$の推移律によって説明できるので重複とみなされます。したがって、隙間も重複もない被覆関係$^*R$にあるオブジェクト対のみを取り出せばx^*Ryとy^*Rzだけになります。

この被覆関係$^*R$を矢印記号（↓）を用いて「$x \downarrow y$」と図示したグラフを「ハッセ図（Hasse diagram）」と呼びます。

いま、集合｛$a, b, c, p, q, r, s, t, x, y, z$｝をある擬順序が導入された「擬順序集合（preordered set）」と仮定しましょう。擬順序の定義によれば反射律と推移律が成り立ちますが、この擬順序をすべて書き下したとき、次のようになるとしましょう。

$xRy, xRz, yRa, zRa, aRb, aRc, pRq, pRr, pRs, pRt, xRx, yRy, zRz, aRa, bRb, cRc, pRp, qRq, rRr, sRs, tRt, xRa, xRb, xRc, yRb, yRc$

このうち反射律による順序関係

$xRx, yRy, zRz, aRa, bRb, cRc, pRp, qRq, rRr, sRs, tRt$

および、推移律による順序関係

xRa, xRb, xRc, yRb, yRc

は被覆関係の条件を満たしません。したがって、この擬順序から導かれる被覆関係は

$xRy, xRz, yRa, zRa, aRb, aRc, pRq, pRr, pRs, pRt$

のみとなります。この被覆関係をハッセ図によって表示すると【図２－２】のようになります。

擬順序では反対称律が成立しなくてもいいので、xRy かつ yRx のとき $x \neq y$ でもかまわないという「同値関係（equivalence relation）」を許します。その同値関係によりオブジェクトの「同値類（equivalence class）」が形成されます。【図２－２】を見ると、

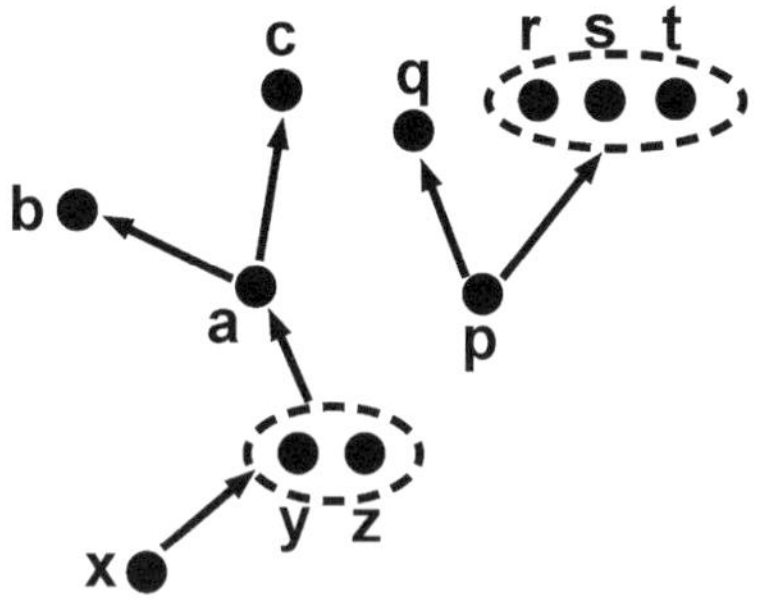

【図２－２】擬順序集合のハッセ図。擬順序に基づく被覆関係を矢印（→）で示した。破線の丸枠は同値類である。

yとzは「yRzかつzRyのとき$y\neq z$」という同値関係にあります。同様に、r, s, tについても同値関係が成り立ちます。

次に、半順序関係を考えましょう。半順序関係が定義された集合（「半順序集合（partially ordered set）」）では、反対称律が成立しているので、擬順序集合のような同値類は存在しません。しかし、比較可能律は必ずしも成立していないので、順序関係が定義できないオブジェクト対があってもよいことになります。【図2－3】のようなハッセ図で示された半順序集合を見れば比較可能性の有無がわかります。

この【図2－3】の半順序集合は大きくふたつの部分集合$\{x, y, z, u, v\}$と$\{p, q, r\}$に分割されていて、このふたつの部分集合の間ではどのオブジェクトの間にも順序関係はありません。つまり、比較可能ではないということです。さらに、大きな部分集合$\{x, y, z, u, v\}$の内部でもuとvは比較不可能であり、小さな部分集合$\{p, q, r\}$についてもqとrは比較不可能です。

たとえば、「xはyの祖先である」という二項関係Aを考えましょう。このAで表される「祖先関係」は通常の意味よりも弱く、「xAy」と書けば「xはyに等しいかまたはyの祖先である」という意味をもつとします。このとき、反射律「xAx」と推移律「xAyかつyAzならばxAz」と反対称律「xAyかつyAxならば$x=y$である」がすべて成立するので、祖先関係Aは半順序であることがわかります。しかし、オブジェクトの配列が【図2－3】のように〝分岐的〟である場合を考えれば任意のふたつのx, yの間では必ずしも祖先関係が成り立つ必要がないことはすぐにわかるでしょう。

もっともわかりやすい順序関係は全順序によって関係づけられた集合（「全順序集合（totally ordered set）」）です。たとえば、数の大小関係を考えましょう。不等号「≦」は任意の実数間で定義される二

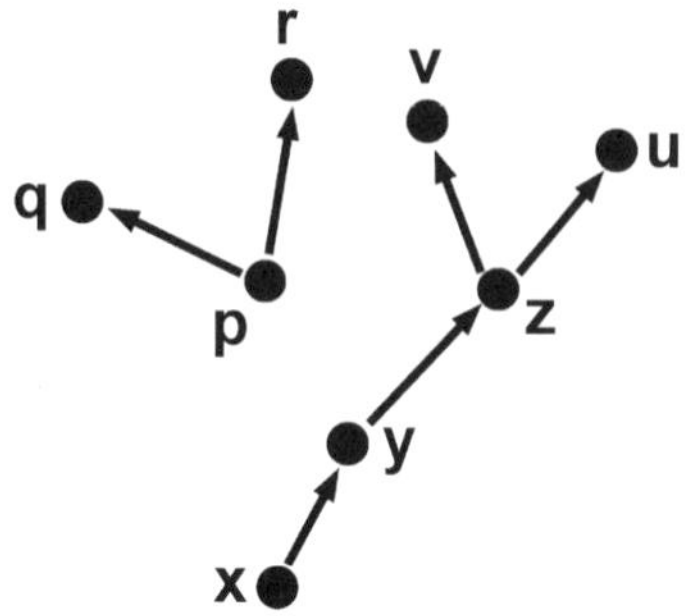

【図 2－3】半順序集合のハッセ図。

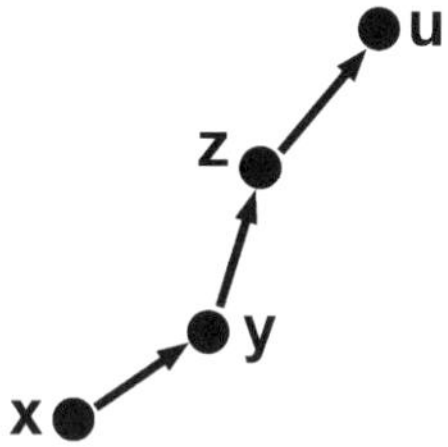

【図 2－4】全順序集合のハッセ図。

項関係です。そして、反射律「$x \leqq x$」と推移律「$x \leqq y$ かつ $y \leqq z$ ならば $x \leqq z$」さらに反対称律「$x \leqq y$ かつ $y \leqq x$ ならば $x = x$」の成立は自明ですから、不等号「≦」で表される二項関係は少なくとも半順序であることが示されます。さらに、任意の実数 x, y に対して比較可能律「$x \leqq y$ または $y \leqq x$ が成り立つ」も成立しますので、全順序であることもわかります。全順序から導かれる被覆関係のハッセ図（【図2－4】）をごらんください。

この【図2－4】を見れば、全順序集合 $\{x, y, z, u\}$ のその全オブジェクトがまさに〝数直線〟のように一列に並べることができるというイメージがぴったりです。

以上、擬順序・半順序・全順序という三つの順序関係の定義、そしてそれらの順序関係が導入された順序構造のハッセ図による可視化を説明しました。私たちがダイアグラムの論理を議論するとき、ここで説明したような順序に関する数学理論をふまえた考察ができます。幸いなことに、順序理論はグラフィックな可視化がいつでもできるのが強みで、本章でもその利点を十分に利用しています。

擬順序集合よりは制約が強いが、全順序集合に比べれば制約が弱いのが半順序集合の特徴です。この半順序集合についてはもう少し概念的な補足をしておきましょう。

【定義2－3：上界と上限、下界と下限】

半順序関係 R をもつある半順序集合 P のオブジェクト x と y に対して：

(1) x と y の「上界（upper bound）」とは集合 $U = \{z \mid z \in P, xRz$ かつ $yRz\}$ である。上界 U の任意の z に対して $z_0 R z$ となる z_0 を x と y の「上限（least upper bound）」と呼び、$\sup\{x, y\}$ と書く。

(2)　xとyの「下界（lower bound）」とは集合$L = \{w | w \in P, wRx$かつ$wRy\}$である。下界Lの任意のwに対してwRw_0となるw_0をxとyの「下限（greatest lower bound）」と呼び、$\inf\{x, y\}$と書く。

たとえば、【図2－3】の半順序集合では、yとzの対の上界は$\{z, v, u\}$であり、上限はzです。また、このyとz下界は$\{x, y\}$で、下限はyとなります。この【定義2－3】に基づいて、「束」と「半束」という重要な半順序集合を定義することができます。

【定義2－4：束と半束】

Pの任意のオブジェクトxとyに対して：

(1)　上限$\sup\{x, y\}$が存在するとき、Pを「上半束（upper semilattice）」と呼ぶ。
(2)　下限$\inf\{x, y\}$が存在するとき、Pを「下半束（lower semilattice）」と呼ぶ。
(3)　上限$\sup\{x, y\}$と下限$\inf\{x, y\}$がともに存在するとき、Pを「束（lattice）」と呼ぶ。

上半束の例を【図2－5】に示します。この半順序集合に属する任意のオブジェクト対に対してその上界と上限が存在します。たとえば、yとzであれば上界は$\{u, s, t\}$で上限$\sup\{y, z\} = u$です。また、xとqに対しては上界$\{s, t\}$で、上限$\sup\{x, q\} = s$です。任意のオブジェクト対に対して上

限が必ず存在する上半束では、すべての上界の「最大元（maximal element）」が一意的に存在します。この例ではtが最大元です。

上半束と双対的に対称な下半束の例を【図2－6】に示します。下半束では任意のオブジェクト対の下界と下限が存在します。たとえば、qとuに対しては下界$\{y, x\}$、下限$\inf\{y, x\} = y$となり、sとrに対しては下界$\{p, y, x\}$、下限$\inf\{s, r\} = p$です。下半束については「最小元（minimal element）」が一意的に存在し、この例ではxが最小元です。

上半束と下半束の条件をともに満たす半順序集合が束です（【図2－7】）。任意のオブジェクト対は上限と下限をもち、その結果、最大限と最小元が一意的に存在します。【図2－7】ではwが最大限、xが最小元です。

束《そく》の直感的なイメージは束《たば》です。オブジェクト間の半順序関係の組を〝上で束ねた〟のが上半束、逆に〝下で束ねた〟のが下半束、そして〝上下両方で束ねた〟のが束というふうに考えればわかりやすい

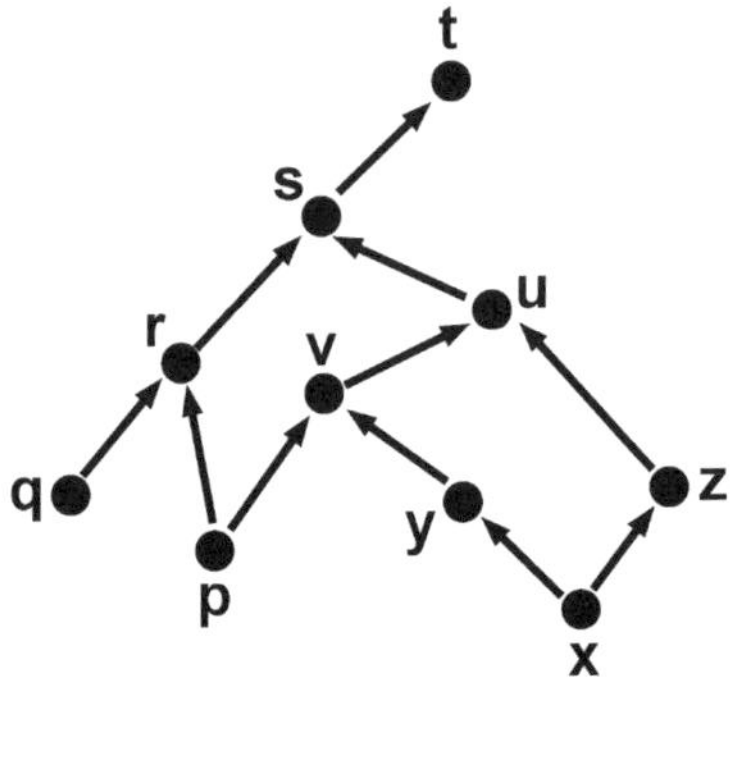

【図2－5】上半束のハッセ図。

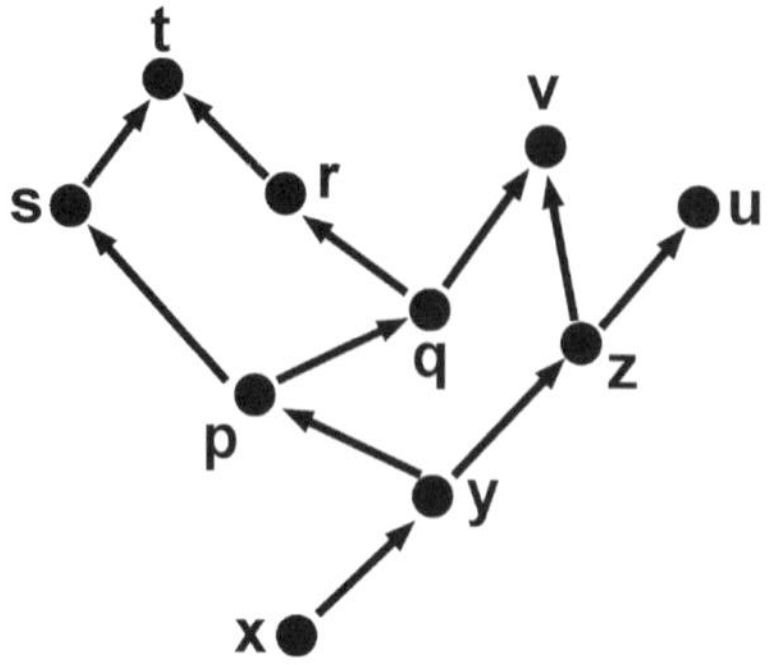

【図 2−6】下半束のハッセ図。

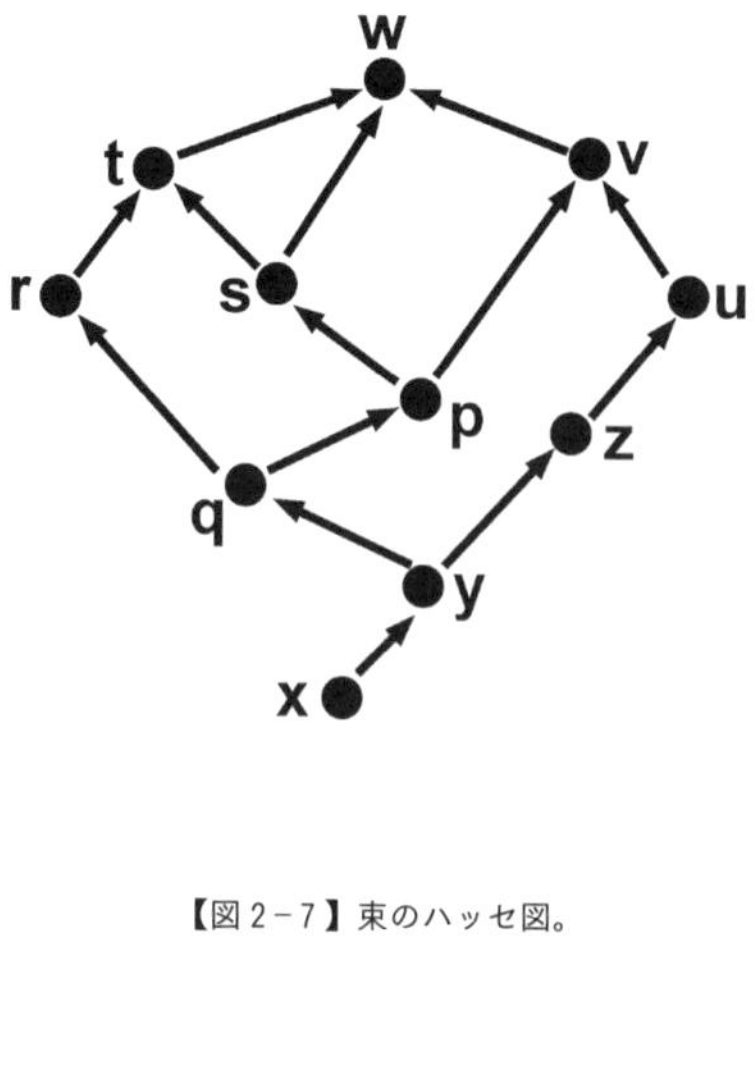

【図 2−7】束のハッセ図。

でしょう。また、全オブジェクトが一列に整列される全順序集合（【図２－４】）もまた束であることが確認できれば、全順序集合の両端を束ねたまま中間部分を〝ほどいた〟のが束であるということも感覚的に理解していただけるでしょう。

擬順序集合や半順序集合では、【図２－２】や【図２－３】に示したように、全体集合の中で複数のつながりのない部分集合が存在することがあり、それらの部分集合間では順序関係がないためハッセ図が〝分断〟される場合があり得ます。しかし、半束や束では最大元または最小元が必ず存在するため、ハッセ図が切断されることはありません。

以上の内容は、多くの順序理論の教科書でもくわしく解説されています（Stanley 1986, Abe and Papavero 1992, Papavero *et al.* 1997, Davey and Priestley 2002, Papavero and Llorente 2008）。しかし、ここではもう一歩踏み込んで、半順序集合としてツリーとネットワークをどのように定義すればいいかを考察しておきましょう。

すでに見た通り、全順序集合のハッセ図（【図２－４】）は直線状ですから「チェイン」は全順序によって定義できるとみなして問題はありません。より制約の緩い擬順序集合（【図２－２】）や半順序集合（【図２－３】）では直線ではなく分岐が生じたり、場合によっては網状構造（【図２－５，６，７】）も許容されます。つまり、ツリーやネットワークは半順序構造として定義するのがもっとも自然であるということです。このうち、ネットワークについては半束（【図２－５，６】）あるいは束（【図２－７】）の定義で十分だと考えられますが、ツリーについてはもう少していねいな定義が必要になります。

植物分類学者ジョージ・エスタブルック（George F. Estabrook：一九四二―二〇一二）は、数学者としての教育を受けたのち（Schwartz 2012）、一九七〇年代はじめに順序理論に基づく生物体系学の研究を進

めました。その成果として、彼は、生物の分岐的な系統関係は「樹状半順序」という関係を導入すれば定義できると主張しました（Estabrook 1972a, b）。以下では、彼が提唱した「樹状半順序」と「樹状半束」を示します（Estabrook *et al.* 1975, 1976a, b）。

【定義2－5：樹状半束】
次の条件を満たす半順序関係Rを「樹状半順序（tree partial order）」と呼び、樹状半順序をもつ集合を「樹状半順序集合（tree poset = tree partially ordered set）」と呼ぶ。

・「樹状律（treeness）」：aRc かつ bRc ならば aRb または bRa である。

樹状半順序集合が以下の条件を満たすとき「樹状下半束」が得られる。

・任意のオブジェクトx，yが下限$\inf\{x, y\}$

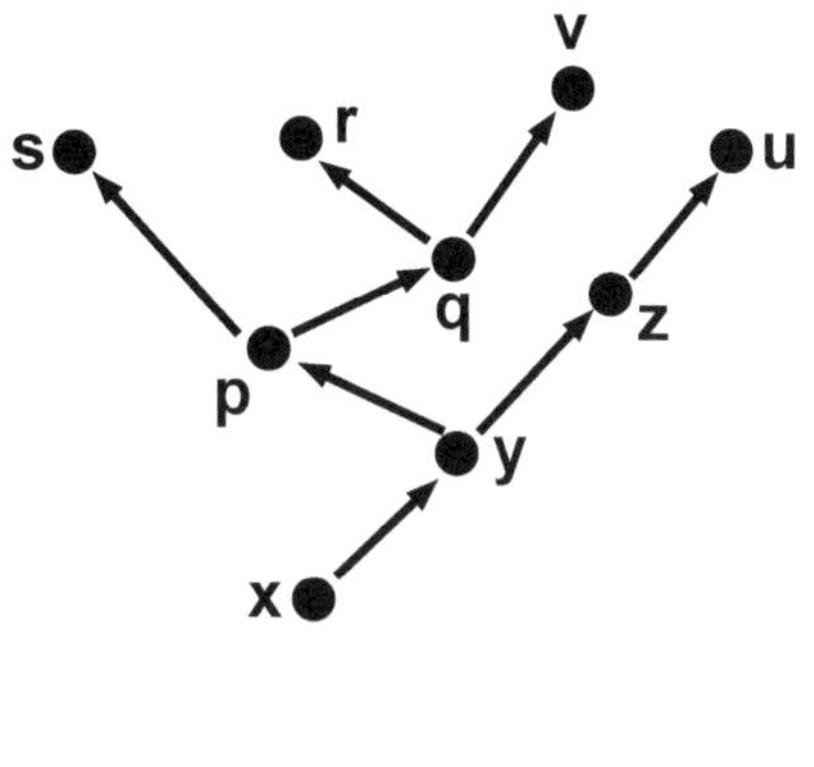

【図2－8】樹状下半束のハッセ図。

――をもつ樹状半順序集合を「樹状下半束（tree lower semilattice）」と呼ぶ。

ここでいう「樹状律」の条件はハッセ図の枝がいったん分岐したのちに再融合して〝網状〟になることを禁じる条件です。その結果、ツリーを樹状律を満たす半順序集合（樹状半束）として定義すれば、一般にネットワークとなる通常の半束と区別することができます。【図2-8】に樹状下半束のハッセ図を示しました。

ここまでの説明で、ようやく本書のキーワードである「チェイン」「ツリー」「ネットワーク」を順序理論の枠組みの中に定位することができました。本節では数多くの定義や概念が飛び交いましたので、総まとめとして【図2-9】を示すことにします。私たちが直感的に見ているこれらのダイアグラムが、実は順序理論という数学の一分野の概念と言葉を用いることでより正確に理解することができることを知っていただければ幸いです。

次節以降ではチェイン、ツリー、ネットワークの具体例を挙げながら、本節で論じた内容を肉付けしていきましょう。

2 チェイン――全順序の一本鎖

私たちが自分の父系の先祖をたどるとき、父から祖父へ、祖父から曽祖父へと一代ずつさかのぼると一本の直鎖を描くことができます。たとえば、第1章第4節で説明した紀元九世紀の「キュジャス

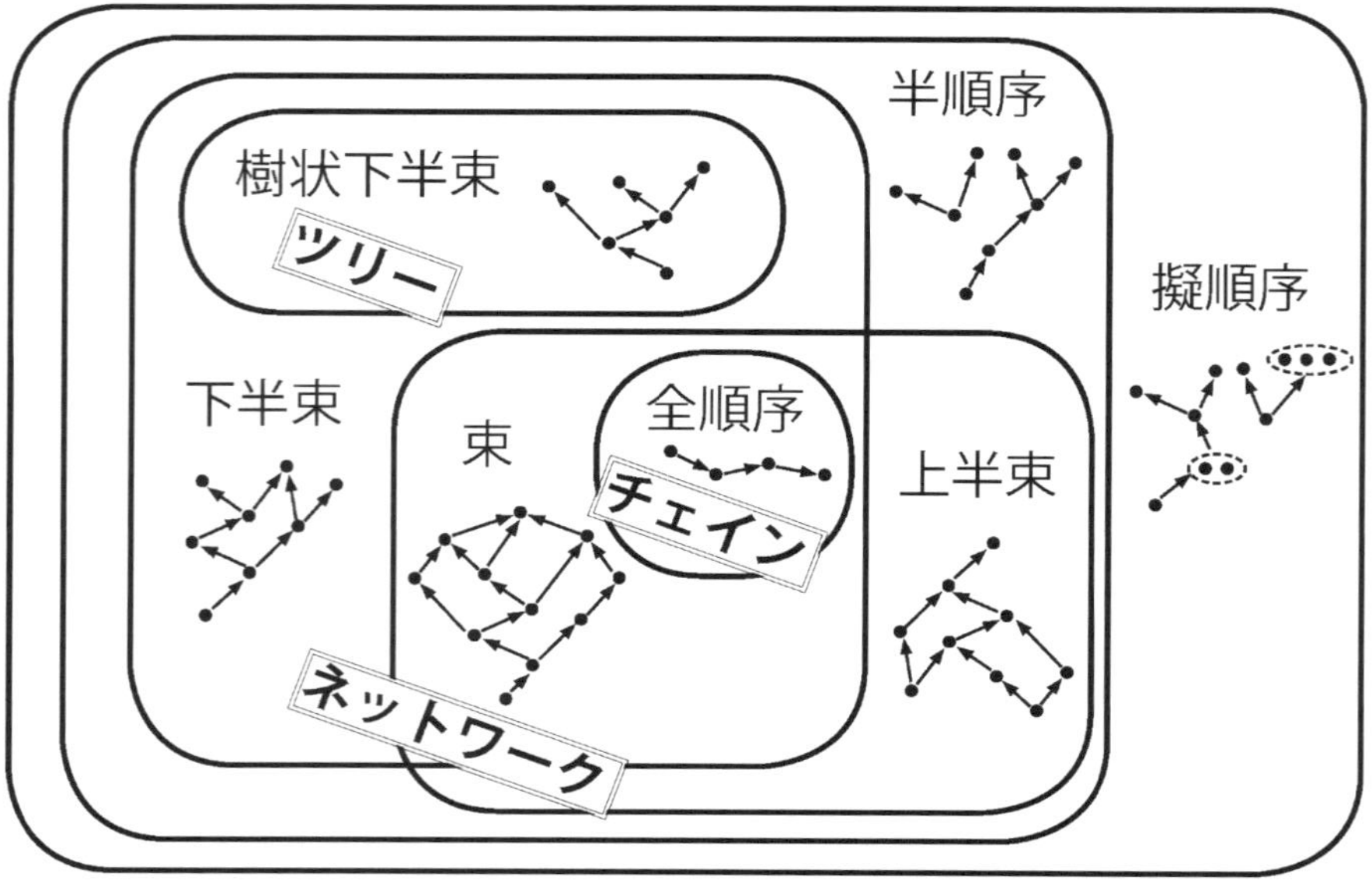

【図2−9】チェイン、ツリー、ネットワークなどの概念関係図

の系図表」を見ても、まったく同様の父系のつながりが直線状に描かれていることがわかります。家系図はおおもとの祖先から見れば多くの子孫へと分岐していきますが、自分を起点とするとき直系の祖先たちが直線状に連なることはすぐに理解できるでしょう。家系図を現代から過去に向かってさかのぼると、必ず一本鎖の血縁関係が見えてきます。

オブジェクト間の関係性を可視化する際にこのような鎖（チェイン）をダイアグラムとして用いることができれば私たちの目から見てとても単純な表示が可能になります。ギリシャ時代に源をもつこの直線連鎖のイメージは「存在の連鎖（the chain of being）」あるいは「存在の階梯（the ladder of being）」、「自然の階梯（scala naturae）」などと呼ばれ、二千年に及ぶ歴史を経てなお現代にまで継承されてきました（Lovejoy 1936, Kuntz and Kuntz 1987, パトリディーズ他 1987, Barsanti 1988, 1992, Klapisch-Zuber 2000, 2003, Zerubavel 2012, Archibald 2014）。

ラヴジョイ（Lovejoy 1936）によれば、この「存在の連鎖」の観念は、自然界は考えられ得る万物によって埋め尽くされているとみなす「充満の原理（principle of plenitude）」ならびにそれらの被造物は継ぎ目なくつながっているという「連続の原理（principle of continuity）」によって支えられていました。たとえば、一八世紀の博物学者シャルル・ボネ（Charles Bonnet：一七二〇－一七九三）は、存在の連鎖の考えを生物界にあてはめました【図２－10】。

ボネが描いたこの「自然物の階梯の観念（idée d'une échelle des êtres naturels）」は、梯子状に長く伸びる存在の連鎖にさまざまな動植物さらには無生物まで配置されています。その最上段にはもっとも〝高等〟な人間（L'homme）がいて、直下に霊長類、その下に哺乳類、鳥類と梯子を降りていくと、魚類、爬虫類、貝類を経て、より〝下等〟な昆虫類へと続きます。動物の下には植物、菌類が連なり、

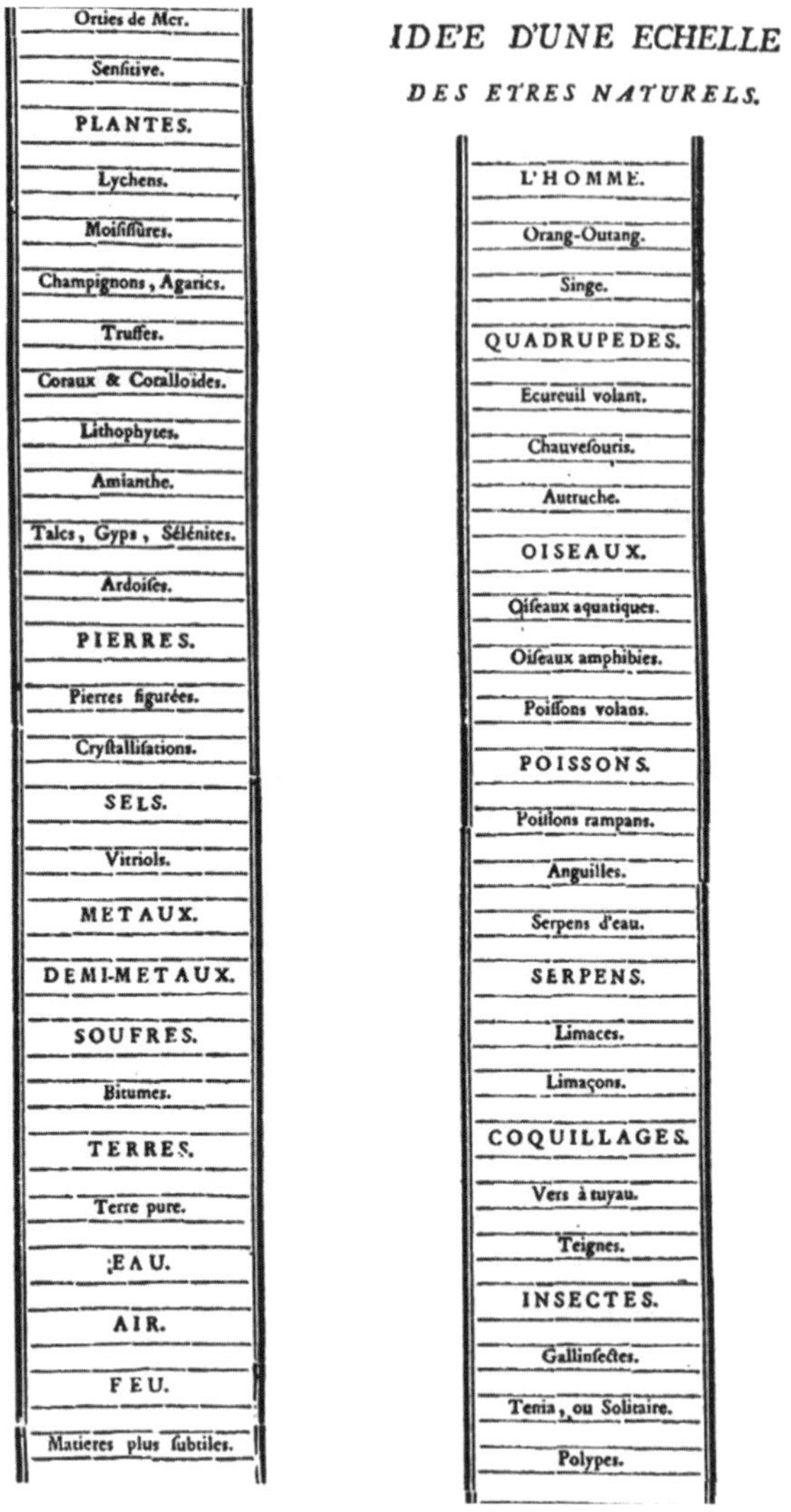
IDE'E D'UNE ECHELLE
DES ETRES NATURELS.
L'HOMME.
Orang-Outang.
Singe.
QUADRUPEDES.
Ecureuil volant.
Chauvesouris.
Autruche.
OISEAUX.
Oiseaux aquatiques.
Oiseaux amphibies.
Poissons volans.
POISSONS.
Poissons rampans.
Anguilles.
Serpens d'eau.
SERPENS.
Limaces.
Limaçons.
COQUILLAGES.
Vers à tuyau.
Teignes.
INSECTES.
Gallinsectes.
Tenia, ou Solitaire.
Polypes.
Orties de Mer.
Sensitive.
PLANTES.
Lychens.
Moisissures.
Champignons, Agarics.
Truffes.
Coraux & Coralloïdes.
Lithophytes.
Amianthe.
Talcs, Gyps, Sélénites.
Ardoises.
PIERRES.
Pierres figurées.
Crystallisations.
SELS.
Vitriols.
METAUX.
DEMI-METAUX.
SOUFRES.
Bitumes.
TERRES.
Terre pure.
EAU.
AIR.
FEU.
Matieres plus subtiles.

【図 2-10】シャルル・ボネの「自然物の階梯の観念」（Bonnet 1745, vol. 1）

梯子の下の方には岩石と鉱物始原物質があり、最後はギリシャ自然科学でいう四元素（土・水・空気・火）とその素になる始原物質（matières plus subtiles）で終わっています。

現代の私たちは、このような直線的な配置を見ると、つい〝下等〟なものから〝高等〟なものに至る変化（あるいは進化）であると過剰に解釈してしまいがちです。しかし、ボネの時代にはそのような意味で存在物が変わるという観念はまだ広まっていませんでした。万物は創造主が造った〝被造物〟なのだから変化するはずがなく、互いに移行することもないと考えられていた時代でした。

この存在の連鎖がキリスト教的な背景をもっていたことは言うまでもありません。たとえば、ギリシャ教父のひとりであるヨアンネス・クリマコス（Ioannes Climacus：五七九－六四九）は「天国への階梯」を直線的な存在の階梯として描いています（【図2－11】、【図2－12】）。この図像は旧約聖書に基づく「ヤコブの梯子（Jakob's Ladder）」を描いたもので、いずれの図も梯子の最上段にはキリストのいる天国の門が開かれています。修行者たちはこの梯子を一段ずつ登ることが求められているのですが、さまざまな忌むべき誘惑に負けてひとりまたひとりと梯子から脱落していくようすが教訓的です。

クリマコスの「天国への階梯」は、オブジェクトの直線的配置というチェインのグラフ理論的特性を活かして、知性の階段を一歩ずつ上がることにより高みに達するというメッセージを伝えています。階梯というチェインがもつ構造的特性はそのメッセージにとってまたとない利点でした。

ラヴジョイは、上述の「充満の原理」と「連続の原理」に加えて、もう一つの原理「漸次移行の原理（principle of gradation）」を置くことで存在の連鎖の観念を次のように説明しました：

「存在物の階梯というとらえどころのない観念は、アリストテレスが示唆したようなもっと理解

しやすい動物学的あるいは心理学的な階層の観念と結びつける必要があった。こうして、私が言う直線的な漸次移行の原理（principle of unilinear gradation）なるものを、自然界に存在する形態系列の充満性と質的な連続性の仮定に付け加えることになった。その結果、中世以降一八世紀末にいたるまで、多くの哲学者や科学者そして教養ある人々が疑うことなく受け入れるようになった世界の構想と構造に関するある観念、すなわち「存在の大いなる連鎖（Great Chain of Being）」という世界観ができあがった。この世界観によれば、下はないも同然の取るに足らない存在物から、上は完全無欠のもの（ens perfectissimum）にいたるまで、伝統的な物言いをするならば、もっとも高等な被造物にいたるまで（それでも絶対者（the Absolute Being）との隔たりは無限であると考えられたのだが）、階層的な順序をもつおびただしい（あるいは、無理な話だが連続性の原理を文字通りあてはめるならば無限の）数の鎖の輪によって結び付けられ、隣接する鎖の輪どうしの差異は「かぎりなく小さい」とみなされた」（Lovejoy 1936, p.59）

このように、存在の連鎖という世界観は、充満・連続・漸次移行という三つの原理を置くことで直線的なチェインの構造と結びついたわけです。前節で説明したように、全順序集合であるチェインはもっとも制約が厳しい半順序集合です。その理由は任意のオブジェクト間に「比較可能律（comparability）」という条件を科しているためです。この比較可能律があるために、すべてのオブジェクトは順序的な「上位」あるいは「下位」がつねに確定します。

上で例示したボネが描いた「自然物の階梯の観念」では、梯子の最上位に位置する人間は全順序の最大元であり、最下位の始原物質は最小元となります。また、クリマコスによる「天国への階梯」で

【図 2-11】ヨアンネス・クリマコスの「天国への階梯」(1081)

【図 2-12】ヨアンネス・クリマコスの「天国への階梯」（1081）。出典：Princeton University Library, Garrett MS. 16: Fol. 194r

は、梯子の最上段で両手を広げて待ち受けるイエス・キリストが最大元であり、修行僧たちはさまざまな背徳や誘惑と戦いながら唯一の最大元を目指して全順序の梯子をひたすら昇っていきます。

このように、ギリシャ時代に淵源をもつ哲学的かつ神学的な「存在の連鎖」は、被造物の上下関係を厳格に規定する全順序の構造的特性をうまく利用して可視化しています。歴史的なダイアグラムの背後には、そのダイアグラムがもつグラフ理論的・順序理論的な特徴を意識してあるいは無意識のうちによりどころにしていることがあります。次に説明するツリーやネットワークの事例もその例外ではありません。

3 ツリー――半順序の樹形構造

生物進化に興味をもつ読者にとっては「ツリー」と言われれば反射的に「系統樹」を連想するのがふつうでしょう。前章では生物のみごとな系統樹を後世に遺したドイツの進化学者エルンスト・ヘッケルの図版をふたつ挙げました（第1章【図1－7】と【図1－8】）。前節で論じた「存在の連鎖」は古代ギリシャ以来の伝統がありましたが、それと負けないくらい長い歴史をもつ観念が「生命の樹（the tree of life）」でした（Barsanti 1992, Gontier 2011, 三中・杉山 2012, Pietsch 2012, Archibald 2014, Lima 2014）。ヘッケルが描いた系統樹はいずれも現実世界の樹木を模したフォルムをしていて、見る者に未来永劫にわたる繁栄を連想させる「生命の樹」のイメージ――それは生物進化という考えが生まれるはるか前から広まっていた観念――そのものでした。

一方で、ヘッケルが心酔した現代進化論の祖であるチャールズ・ダーウィンは、ヘッケルほどの画才に恵まれなかったことは差し置いても、生物の進化や系統をどのように可視化するかについてはかなり慎重でした（Bredekamp 2005, Voss 2007）。たとえば、彼の『種の起源』には次のような一節があります。

「いかなる種でも、変異した子孫は構造を多様化すればするほどうまく生存できる可能性が高くなり、他の生物が占めている場所に侵入できるようになる。そこで次は、形質の分岐によって大きな利益が得られるというこの原理が、自然淘汰の原理や絶滅の原理と組み合わさることで、どのような作用を及ぼすかを検討しよう。これはかなり込み入った問題なので、理解を助けるために図［原文では「diagram」と書かれている※三中註］を用いて説明しよう」（ダーウィン『種の起源』上巻、p. 208：渡辺政隆訳）

ダーウィンの言う「図」を【図2－13】に示しましょう。『種の起源』で唯一の図版であるこの「図」は、ダーウィンが提唱する「分岐の原理（principle of divergence）」という生態学的特殊化の原理を説明するためのダイアグラムであり、必ずしもヘッケルのように具体的な生物群の系統発生を可視化するという目的で描かれたものではありませんでした。つまり、生命の樹を連想させる具体性（分類群名）をあえて排除し、生物進化が生じる一般的なメカニズムを可視化するのがダーウィンの意図だったということです。

具体性ではなくむしろ一般性を求めるダーウィンの姿勢は、『種の起源』の元になった『種の大著

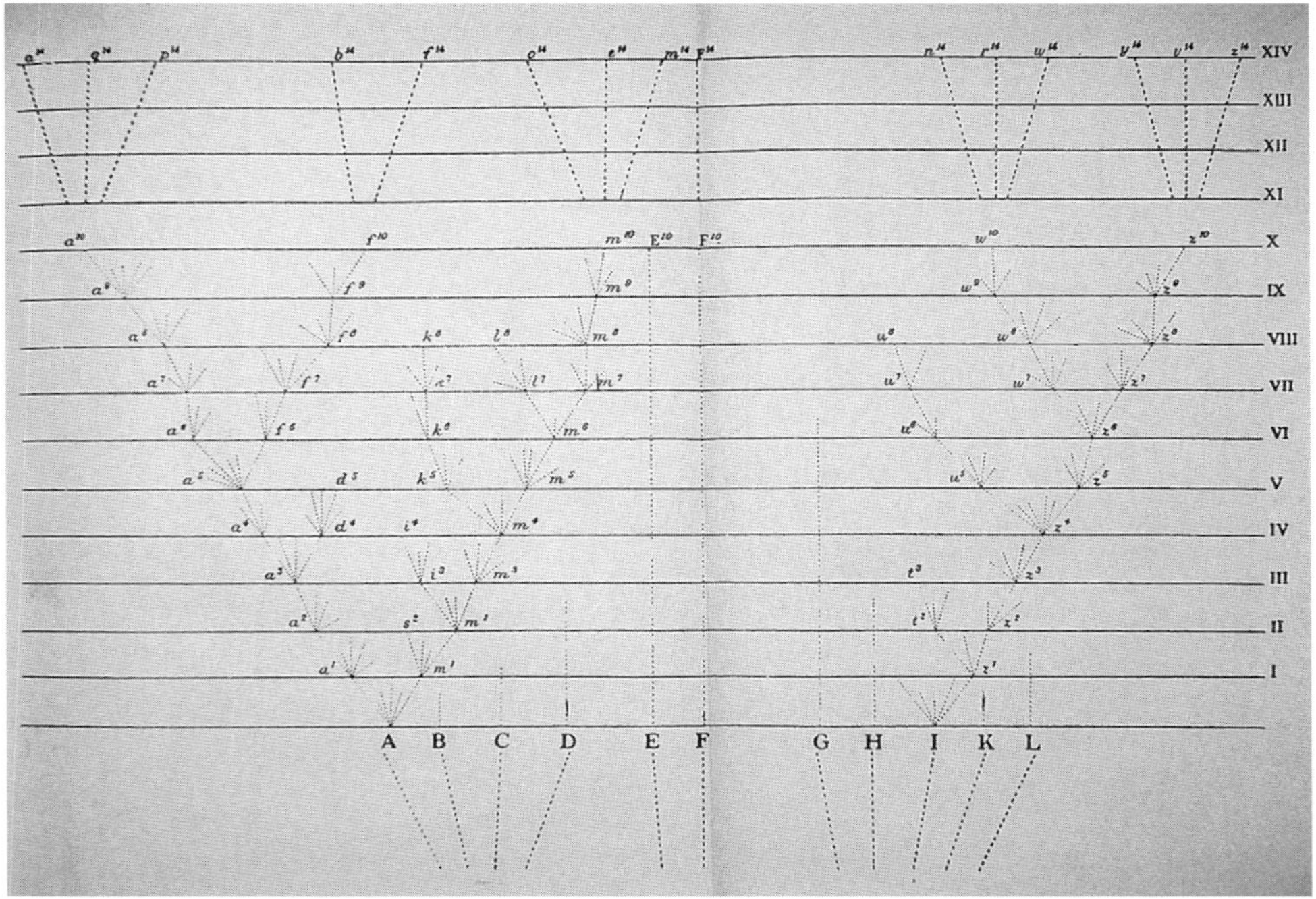

【図2-13】チャールズ・ダーウィン『種の起源』の「図」

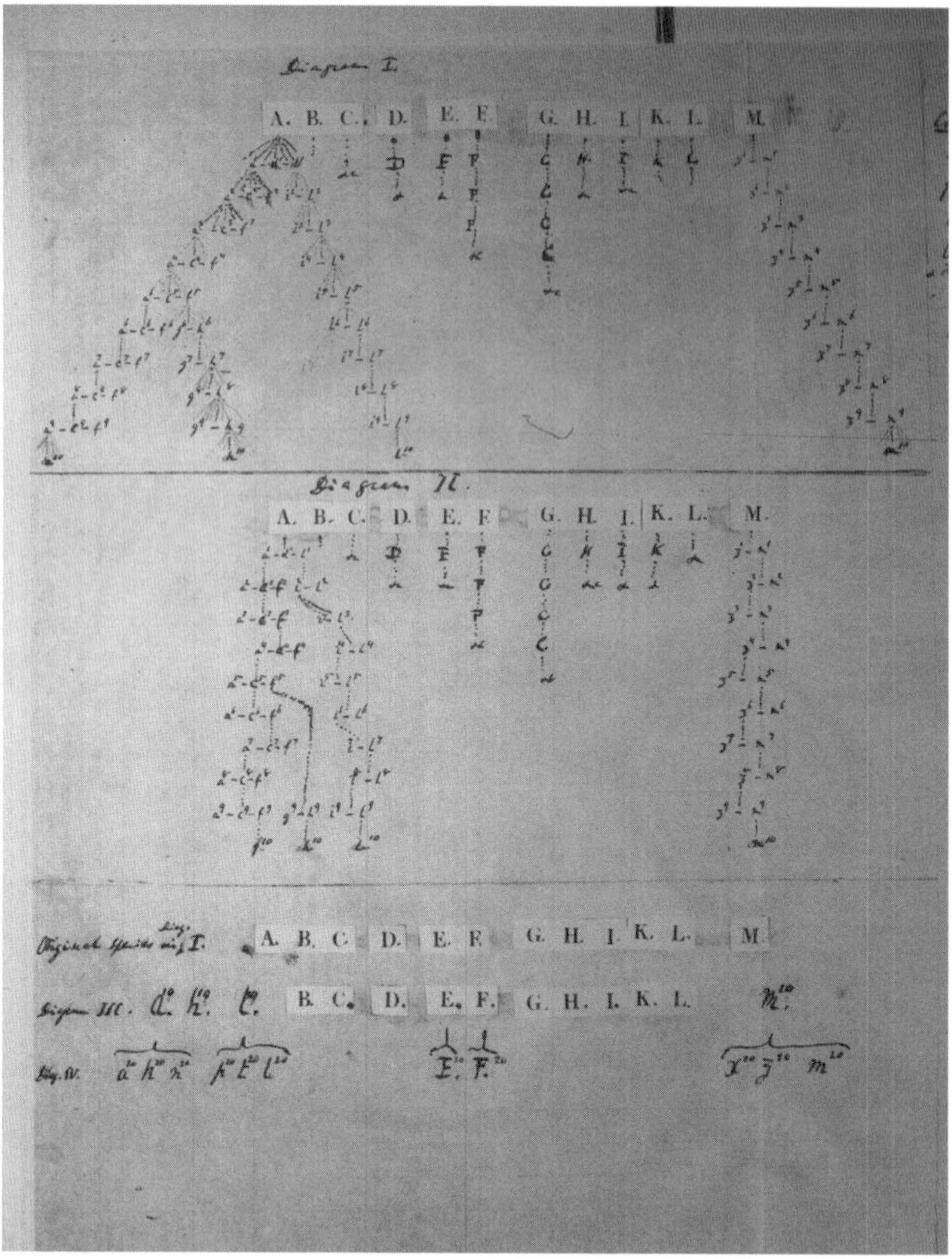

【図2-14】チャールズ・ダーウィン『種の大著』の元図版。出典：Darwin Online http: //darwin-online.org.uk/content/frameset?itemID=CUL-DAR10. 2. %281-77%29&viewtype=image&pageseq= 1 [image 66]

(*Big Species Book*)』(Stauffer 1975) の元図版 (【図2-14】) からも推察することができます。この元図版はのちの『種の起源』の「図」とは上下が逆転しています。『種の起源』の「図」はヘッケルの系統樹と同じく、根 (祖先) を最小元とする樹状下半束として描かれたのに対し、『種の大著』の対応する元図版では祖先を最大元とする樹状上半束として〝倒立〟したダイアグラムが描画されています。

生命の樹あるいは現実の樹木を模した系統樹であるならば、もちろん『種の起源』の樹状下半束の方がより自然なかたちにちがいありません。しかし、ダーウィンはその描画形式には必ずしもこだわらなかったようです。『種の大著』の樹状上半束による〝倒立〟した系統樹は前節で定義した「樹状律」を満足するという点では共通しています。つまり、どちらもハッセ図が分岐的なダイアグラムになるという点では変わりがないということです。ダーウィンにとっては生物の系統が〝分岐する〟という点こそがもっとも主張したかったことなので、その可視化様式にはあまりこだわりがなかったといえるでしょう。

ダーウィンがあえて「生命の樹」という表現を使うのはもっと審美的な文脈にかぎられていました。たとえば、上記の「図」が出てくる『種の起源』第4章「自然淘汰」の節の結びをダーウィンは次のような詩的な文章で締めくくっています。

「同じ綱に属する全生物の類縁関係は、ときに一本の樹木で表されてきた。この直喩は大いに真実を語っていると思う。芽を出している小枝は現生種にあたる。前年以前の古い枝は歴代の絶滅種にあたる。成長期を迎えるごとに、元気な枝はあらゆる方向に芽を伸ばそうとし、周囲の枝や小枝を覆い隠して殺してしまう。それはまさに、生きるための大いなる戦いにおいて、種や種の

グループが他の種を圧倒しようとしてきたのと同じである」（ダーウィン2009, 上巻、p. 227：渡部訳）

「芽は成長して新しい芽を生じていく。そして生命力に恵まれていれば、四方に枝を伸ばし、弱い枝を枯らしてしまう。それと同じで、世代を重ねた「生命の大樹」も枯れ落ちた枝で地中を埋め尽くしつつも、枝分かれを続ける美しい樹形で地表を覆うことだろう」（ダーウィン2009, 上巻、p. 228：渡部訳）

前章で説明したように、「生命の樹」というイメージは進化思想とはまったく無縁の出自をもっていました。ダーウィンにとってもまた、「生命の樹」という表現は「取扱注意」であったことはまちがいないでしょう。文芸批評家フランコ・モレッティ（Franco Morretti）は、ダーウィンがなぜ『種の起源』の「図」を系統樹（tree）ではなくダイアグラム（diagram）と呼んだのか、そして『種の起源』の唯一の図版として「かけがえのない（indispensable）」ものであると版元ジョン・マレーに強調したのかを考察しました（Morretti 2005, p. 67, note 1）。ダーウィンにとっての樹状ダイアグラムは、キリスト教的な色合いを帯びた比喩的な「生命の樹」ではなく、生物進化のメカニズムに関する確実な知識を得るためのグラフィック・ツールだったと考えるのが妥当でしょう。つまり、樹状律を満たすダイアグラムは文字通り「知識の樹（tree of knowledge）」となり得るということです。

前章に示したルルスの「知識の樹（arbor scientiae）」を思い出してください。千年以上にわたって、樹状図は知識を体系化するツールとして重宝されてきました。知識の樹は樹状半束と密接な関係がある——この点は次節でさらに説明しましょう。

4 ネットワーク——非階層の網状構造

全順序のチェインである「存在の連鎖」と樹状下半束のツリーである「知識の樹」がなぜ私たちにとってわかりやすいのか——この問題は次章以降の中心テーマのひとつですが、ここではもうひとつのタイプのダイアグラムであるネットワークと関連づけて考えてみましょう。

前章ではネットワーク構造をもつダイアグラムの例として、比較宗教学者ジェイムズ・フォーロングの宗教系譜（第1章の【図1－13】）を挙げました。この巨大な図版は人類史に出現したさまざまな宗教の五つの源流（樹木崇拝・男根崇拝・火崇拝・太陽崇拝・祖先崇拝）がその後の分離と融合の宗教史のなかでどのような経緯をたどったかを描いた系統ネットワークです。ヘッケルやダーウィンの生物系統樹が祖先からの分岐によって子孫が生じたと仮定するツリーであるのに対し、フォーロングの宗教系譜ネットワークでは宗派の分岐だけでなく融合もあり得ます。したがって、その変遷を描いたダイアグラムは必然的に錯綜し、見る者にとってはとても複雑な印象を与えます。また、半世紀前には、クリストファー・アレグザンダーがツリーとネットワークとの構造上のちがいを彼の「パタン・ランゲージ」理論とからめて論じたことがあります（Alexander 1965a, b, アレグザンダー 2013）。

生物進化の分野でもツリーではなくネットワークを用いて描かれることがあります（Ragan 2009, Huson *et al.* 2010, Morrison 2011）。たとえば、細胞内共生による生物進化を最初に提唱したロシアの植物学者コンスタンチン・S・メレシュコフスキー（Constantin S. Mereschkowsky：一八五五－一九二一：佐藤 2016 参照）の一世紀前の論文にはとても興味深い図が掲載されています（【図2－15】）。

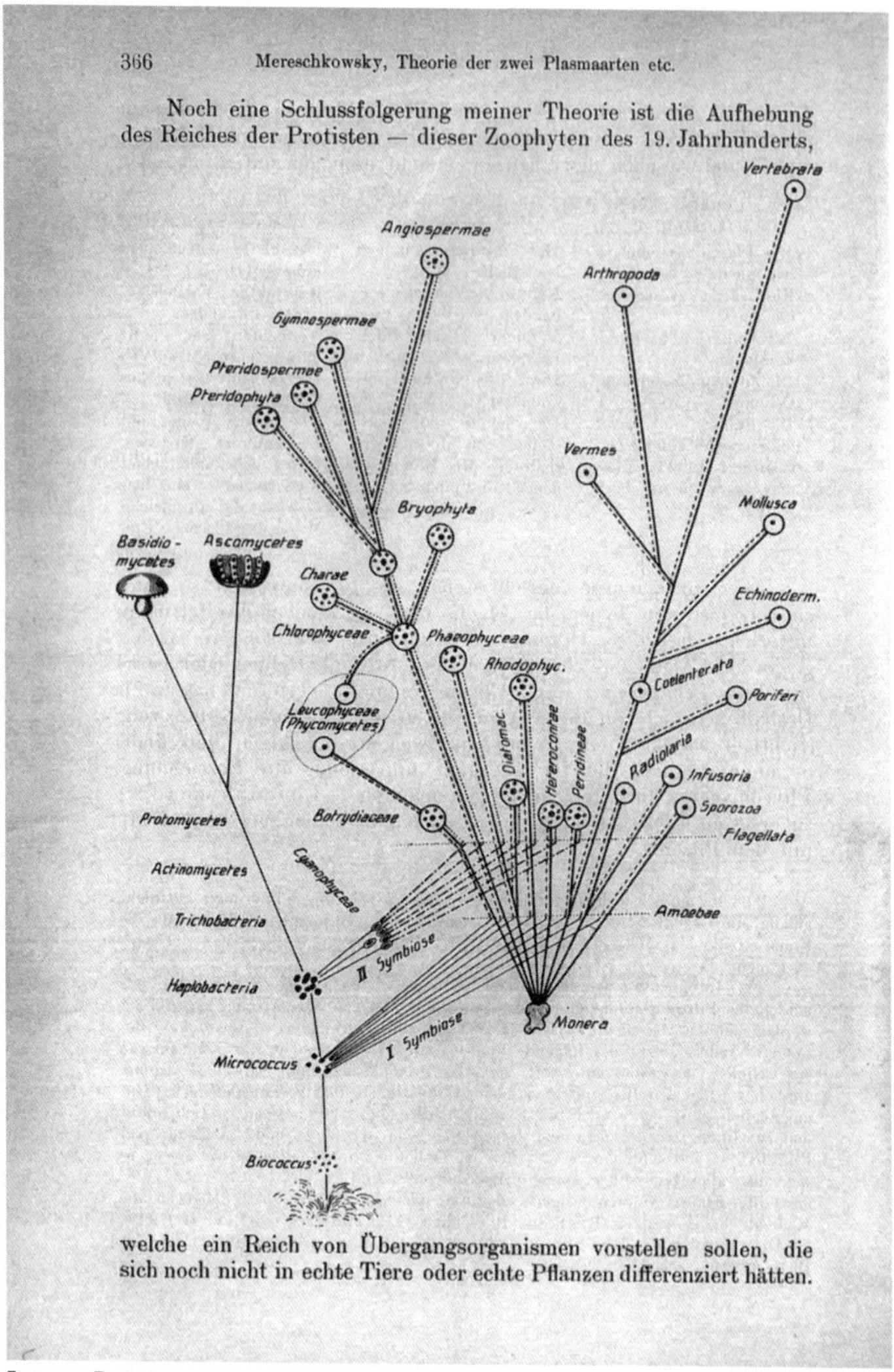

366 Mereschkowsky, Theorie der zwei Plasmaarten etc.

Noch eine Schlussfolgerung meiner Theorie ist die Aufhebung des Reiches der Protisten — dieser Zoophyten des 19. Jahrhunderts,

welche ein Reich von Übergangsorganismen vorstellen sollen, die sich noch nicht in echte Tiere oder echte Pflanzen differenziert hätten.

【図 2-15】生物の細胞内共生進化を示す系統ネットワーク。出典：Mereschkowsky 1910, p. 366。

この複雑な生物系統樹はふたつの部分から構成されています。右側の仮想祖先生物「モネラ(Monera)」を根とする系統樹には、私たちヒトを含む脊椎動物・節足動物・軟体動物をはじめ被子植物や蘚苔類まで含まれています。一方、左下には仮想的な原細菌類「ビオコックス(Biococcus)」を根とする系統樹が描かれています。メレシュコフスキーの考えによれば、生物進化のもっとも初期の段階で、細菌類との細胞内共生が生じ、その結果、現在の動植物はモネラからの系譜とビオコックスからの系譜を二重にもっていることになります。この図で右側の動植物の枝がすべて二重線となっているのは、この細胞内共生の結果だと彼は主張しました。

ここでは、メレシュコフスキーの細胞内共生説の是非を論じるのが目的ではありません。私たちが注目したいのは、細菌の系統樹から横方向に系統の枝が伸び、動植物の系統樹のそれぞれの枝に入り込むという融合の結果、彼が描いた細胞内共生系統樹が枝の融合を含む系統ネットワークであることです。上述の順序理論の用語で言えば、半順序集合と呼ぶのがふさわしいでしょう。

半順序集合としてのネットワークのもっとも大きな特徴は「樹状律」を満たさないことがあるという点です。樹状律が保証するのは集合構造の「階層性(hierarchy)」です。全順序のチェインと樹形半束のツリーはどちらも樹状律を満たすので階層性が保証されます。ところが、一般の半順序集合であるネットワークは樹状律を満たさない「非階層性(non-hierarchy)」をもつ可能性があります。

たとえば、二項関係Rが「祖先子孫関係(ancestor-descendent relation)」であると仮定しましょう。つまり、オブジェクトx, yに対して「xRy」は「xはyの祖先である」と解釈されるとき、樹状律すなわち「aRcかつbRcならばaRbまたはbRaである」が満足されるならば、子孫cに対する祖先a, bについてはaRbすなわち「aがbの祖先である」かまたはbRaすなわち「bがaの祖先であ

る」のどちらかが成り立つことになります。すなわち、祖先は必ず同じ〝枝〟の上にあることが樹状律によって保証されるわけです。図で表すならば、aRc かつ bRc という樹状律の前提が満たされているとき（【図 2－16】上）、aRb かつ bRc（【図 2－16】下左）であれば（a（b c））という入れ子の階層関係が得られ、bRa かつ aRc であれば（b（a c））という階層関係になります（【図 2－16】下右）。

ところが、この樹状律が成り立たないネットワークの場合、「aRc かつ bRc」であったとしても、祖先 a, b が比較不能である可能性が許容されます。これは祖先 a と b が相異なる別々の〝枝〟にあって、その融合により子孫 c が生じたという意味になります。このとき、たとえ aRc かつ bRc という樹状律の前提が満たされていたとしても（【図 2－17】上）、a, b, c の間に階層的な関係は成立しません（【図 2－17】下）。

ダイアグラムの階層性と非階層性は知識の体系化

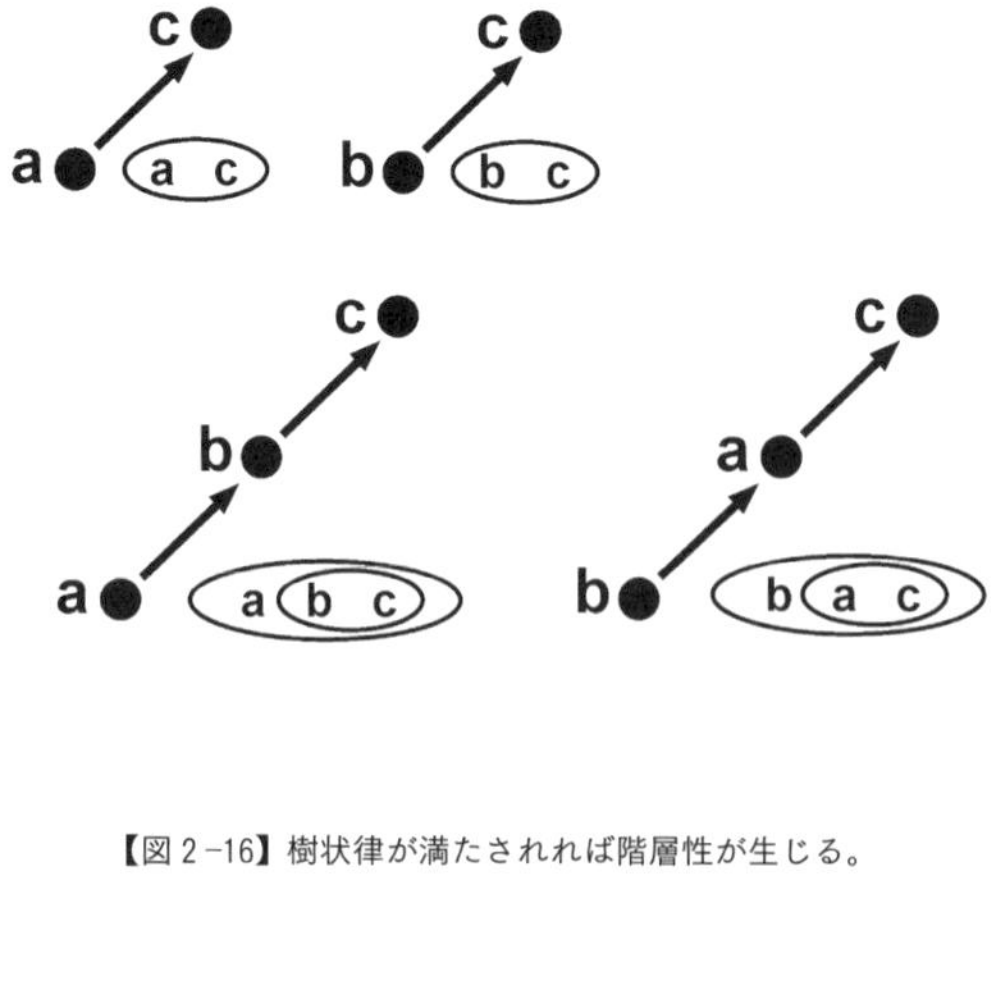

【図 2－16】樹状律が満たされれば階層性が生じる。

に深く関わる論点のひとつです。ティム・インゴルド（Tim Ingold）は「線（ライン）」のもつ思想的意味について論じた一冊の本を次のように締めくくりました：

「私がこの本で示してきたのは、糸を束ねることとは世界のなかにひとつの場所を築く方法であるということだけではなく、束ねられた糸はそれぞれが相変わらず伸び続ける先端をもち、それらが今度は別の糸とともに別の結び目をつくるということである。ラインとは無限なものである。そしてその無限性——生命、関係、思考プロセスの——こそ、その価値を感じて欲しい。人々が思いのままにそのあとを追いかけ、つかまえられるようなたくさんの緩やかなラインの端っこを、私は残すことができただろうか。私の望みは蓋を閉じることではなく、蓋をこじ開けることだ」（インゴルド 2014, p. 256：工藤晋訳）

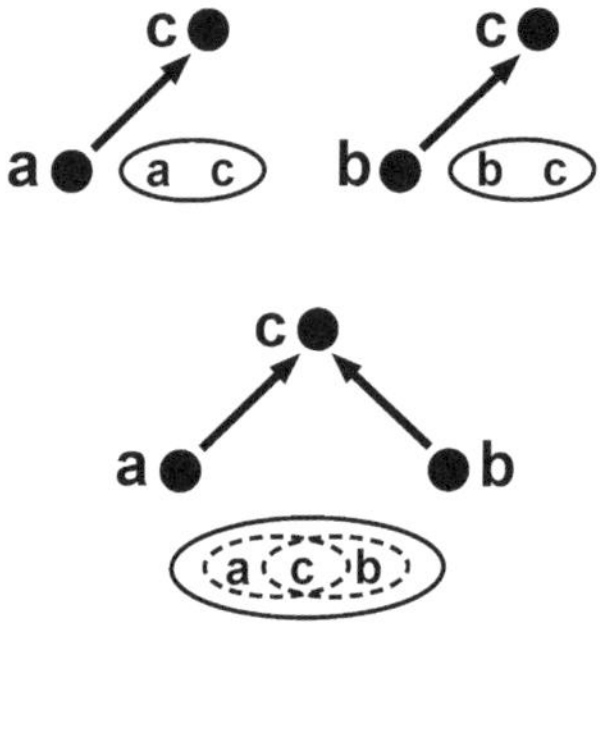

【図 2-17】樹状律が満たされなければ階層性が生じない。

本章で論じてきたさまざまなタイプのダイアグラムはすべて「点」を結ぶ「線」が形成する構造として定義できました。順序に関する数学理論もまたこれらの点と線がなす構造をどのように理解すればいいのかという目的をもって研究が進められてきました。ここで私たちはいったん立ち止まって考えてみましょう。ある意図をもって描かれるダイアグラムは私たち人間が思考するときにどのような利益があるのでしょうか。私たちにとって役に立つからこそそれらのダイアグラムは有史以来ずっと現代にいたるまで継承され生き延びてきたことは確かです。次章からはダイアグラムと思考の体系化との関わりについて考えてみましょう。

インテルメッツォ（1）――「分ける」と「つなぐ」

第2章では、複数のオブジェクト間の関係を図示するダイアグラム（チェイン、ツリー、ネットワーク）のもつ構造的特徴を順序関係の観点から説明しました。順序関係の理論はもちろん厳密な数学ですが、ハッセ図を用いて図示すれば順序集合の意味をいつでも視覚的に理解できるという点ではとてもわかりやすい分野でもあります。しかし、そもそもダイアグラムの論議をするときに、なぜこのような〝数学〟の理屈を持ち出す必要があるのかをここで説明しておいた方がいいでしょう。

私たちが前著『系統樹曼荼羅』（三中・杉山 2012）を書くに先立っては、さまざまな分野からダイアグラムの実例を蒐集する作業に多くの時間を費やしました。その結果、私たちが予想した以上に多種多様なダイアグラムが手元に集まってきました。生物学であれば進化を図示する系統樹、言語の変遷や写本の伝承を表す系図、キリスト教美術での家系図やエッサイの樹（the tree of Jesse）、そして知識や法律を体系化するポルピュリオスの樹や観念体系である存在の連鎖など、第1章で挙げた数多くの実例も含めて、一千年以上も前から現代にいたるまで、さまざまな文化的あるいは社会的・宗教的な

背景を背負ってダイアグラムは使われ続けてきました。

私たちの『系統樹曼荼羅』もその一つですが、古今東西のこれらの事例をふまえてダイアグラムやマップなどの図表の意味とその役割について考察した論考は過去に数多くあります。これまでもたびたび引用してきたリマ（2012, 2015）は、現代のインフォグラフィクスの歴史的な源流をたどって世界史を一千年以上もさかのぼりました。統計グラフィクスの大家であるエドワード・R・タフティ（Tufte 1997, 1999, 2001, 2006）もまた数値情報や量的情報がさまざまなダイアグラムを用いて視覚化されてきた歴史を探りました。また、日本に目を向けると、杉浦康平と松岡正剛がグラフィック・デザインの立場から、西洋と東洋をまたいだ独自のダイアグラム論を展開していたことを忘れるわけにはいきません（杉浦・松岡 1976）。

ダイアグラムを一般的に議論するときに私がとくに注目してきたのは、ダイアグラムのもつ幾何学的・グラフ理論的な性質です。前章でくわしく説明したように、私たちがチェイン、ツリー、あるいはネットワークと呼んできたダイアグラムは順序関係に着目するならば数学的に厳密な定義をすることができます。順序理論あるいは束論と名づけられてきたこの分野の概念や用語は、ダイアグラムについて考察する上できっと強力なツールとなるでしょう。

ヴィジュアルな造形や意匠は、ともすれば悪い意味で〝感性〟的にのみ語られてしまう懸念がつねにあります。本書の主題であるダイアグラムもまた幾何学的なかたちをもつという点でヴィジュアルであることにはちがいがありません。しかし、ダイアグラムが〝図形言語〟としてもっている機能やコミュニケーション手段として果たしてきた役割を考えるとき、ヴィジュアルな外見の背後にある〝論理〟をしっかり見据える必要があるでしょう。さまざまなダイアグラムが長年にわたって廃れる

ことなく使われ続けたという点ひとつをとっても、これらのダイアグラムが私たち人間にとって役に立っていることは明らかです。では、どういう点で役に立っていたのでしょうか。その〝論理〟について私は本書の続く章で明らかにしたいと考えています。

ここではダイアグラムの論理を「つなぐ」と「分ける」というふたつの対極的なキーワードを手がかりにして探ってみましょう。

1 ウィリアム・ヒューウェルの視点から

今の私たちが見知っている科学（science）という営みには何千年もの長い歴史があります。しかし、その科学を支えてきた人々を科学者（scientist）ということばで呼ぶようになったのはほんの二世紀ほど前のことにすぎません。イギリスの思想家ウィリアム・ヒューウェル（William Whewell：一七九四－一八六六）が、それまで用いられてきた古めかしい「自然哲学者（natural philosopher）」あるいは「科学する人（man of science）」という呼称の代わりに「科学者（scientist）」という簡潔な新造語を編み出したのは一八三三年のことでした（Snyder 2012）。

さまざまな学術分野に通じていたヒューウェルは、その博識ぶりをいかんなく発揮して、当時の科学の全貌を見わたす浩瀚《こうかん》な著作を書きました。彼の代表作のひとつは一八三七年に刊行された『帰納諸科学の歴史（*History of the Inductive Sciences*）』（Whewell 1857［1837］）であり、もうひとつは一八四〇年に出版された『帰納諸科学の哲学（*The Philosophy of the Inductive Sciences*）』（Whewell 1847［1840］）です。『帰

納諸科学の歴史』は全三巻から成る計一五〇〇ページの大冊であり、『帰納諸科学の哲学』も全二巻を合わせれば一四〇〇ページを超える厚さがあります。

以前、スウェーデンのある高名な老古生物学者が私の研究室に滞在していたとき、たまたま書棚でヒューウェルの著作を手にした彼が一言「耐えられないくらい長ったらしいね」とつぶやいたことを今でも覚えています。確かに、敬虔な神学者でもあったヒューウェルの大著にはいたるところに創造主への言及と聖書の称賛が散りばめられていて、それらをはてしなく読まされるのは現代の読者にとってはとてもつらいものがあるでしょう。

しかし、近代科学の全体像を鳥瞰しようとしたヒューウェルの著作群は、地質学者チャールズ・ライエル（Charles Lyell：一七九七－一八七五）、進化学者チャールズ・ダーウィン（Charles R. Darwin：一八〇九－一八八二）、天文学者ジョン・ハーシェル（John F. W. Herschel：一七九二－一八七一）、そして物理学者マイケル・ファラデー（Michael Faraday：一七九一－一八六七）ら当時の名だたる「科学者」たちに大きな影響を及ぼしました。

そのようなヒューウェルの著作をあえて今ひもとく意義はどこにあるのかと問われれば、何よりもまず、現代風に言えば「科学史」と「科学哲学」にあたる分野を彼が独力で切り拓いた点を挙げなければなりません。一六世紀の哲学者フランシス・ベーコン（Francis Bacon：一五六一－一六二六）以降のイギリス経験論の伝統を汲むヒューウェルは「帰納諸科学（inductive sciences）」というキーワードを手がかりにして、実験や観察に基づく経験科学の体系を確立しようとしました。それぞれの分野がたどってきた歴史そしてその哲学と方法論を振り返ることにより、来たるべき新たな時代を迎える科学のあり方を提示することが彼の目標だったのでしょう。

『帰納諸科学の歴史』の書名の後半に『太古から現在にいたる（*From the Earliest to the Present Time*）』と付記されているように、この本はギリシャ時代の科学から始まる各分野の歴史を網羅的にたどります。第一巻では物理学と天文学の歴史をたどり、続く第二巻では工学、光学、そして音響学を取り上げます。そして最後の第三巻では残る科学諸分野について考察されます。最初の二巻に登場する科学分野はいずれも長い伝統をもっているので、その科学としての分類あるいは位置づけは異論がないでしょう。ところが、第三巻で取り上げられる近世以降に発達した科学分野について、ヒューウェルは独自の科学分類体系を提唱します。

2 分ける分類科学、つなぐ古因科学

『帰納諸科学の歴史』第三巻の前半に登場するのは化学と鉱物学です。それらに続いて、「分類科学（classificatory sciences）」というカテゴリーの科学分野が立てられています。ヒューウェルの言う「分類」とは「分ける（classing）」および「名づける（naming）」というふたつの行為を含んでいます（Whewell 1857［1837］, Book XV, p. 164）。たとえば、化学という科学には自然界に存在するあるいは人為的に合成されたさまざまな化学物質の「分類」という作業があります。同様に、鉱物学という科学も地球上に存在する多くの鉱物を「分類」しなければなりません。化学と鉱物学は実験観察をふまえた分析的な側面とともに、「分類」という博物学的な側面をもあわせもっています。そこで、彼は化学と鉱物学に対しては「分析的分類科学（analytico-classificatory sciences）」という名前を与えました。

第三巻の続く章で分類科学として登場するのは「動物体系学（systematic zoology）」と「植物体系学（systematic botany）」です（Whewell 1857［1837］, Book XVI, pp. 215-311）。分類科学とは「類似と差異に関する科学」であると定義するヒューウェルは、生物分類学がたどってきた歴史を考察することにより、生物の形態の類似（likeness）と差異（difference）がどのような博物学的手法すなわち比較形態学的手法によって研究されてきたかを解明しようとしました。動植物などの対象が何であるかにかかわらず、「分類」という共通属性をふまえて科学分類をした彼の姿勢は注目されます。

ヒューウェルの科学分類の基本方針は、従来からの科学の分け方をそのまま踏襲するのではなく、どんな目的をもっていかなる方法論によってその科学が実践されているのかという点から新たなカテゴリー化を試みました。たとえば、動物学と植物学のなかには博物学的方法ではなく実験観察的方法によって明らかにできるテーマが含まれています。彼は生理学や発生学のような実験生物学的な研究分野については「有機体諸科学（organical sciences）」という別の名前で括ろうとします（Whewell 1857［1837］, Book XVII, pp. 313-393）。

そして、『帰納諸科学の歴史』第三巻の最後に出てくる科学のカテゴリーが「古因科学（palaetiological sciences）」です（Whewell 1857［1837］, Book XVIII, pp. 395-520）。ヒューウェルの手になる新造語「古因学（palaetiology）」——すなわち現在の状態から過去の原因を推論する科学——は、残念なことに、彼の「科学者（scientist）」のように後世に広まることはなく、現在ではほとんどまったく使われない廃語となってしまいました（O'Hara 1996a, b, 三中 1997, 1999, Tucker 2004）。

ヒューウェルがわざわざ耳慣れない「古因科学」なる科学分類のカテゴリーを提唱した背景には過去の原因を研究する科学分野を総称するカテゴリーがそれまではなかったという事情がありました。

彼は次のように「古因学」なる科学の属性を論じています：

「私たちがここで念頭に置いている科学は、知性ある原因により過去の状態から現在の状態が生じた過程を探る研究のことである。因果を研究する科学はこれまで「因果学（aetiological）」と呼ばれてきた（ギリシャ語 αιτία は「原因」という意味）。しかし、この言葉では、私たちが指す諸科学をうまく表せないだろう。因果学には、前進的な因果の研究だけでなく、工学のような永遠不滅の因果に関わる研究も含まれるからである。私たちがいまひとまとめにしようとしている諸科学は、あり得たかもしれない過去だけではなく、現実にあった過去を研究対象としている。実際、地質学（geology）に属する一つの分野は、過去に実在した事物を研究することから、「古生物学（Palaeontology）」と呼ばれている（ギリシャ語「Παλαι（原始の）」と「ὄντα（存在）」）。したがって、ギリシャ語「Παλαι（原始の）」と「αιτία（原因）」の二つの概念を融合し、現実の過去の現象を因果によって説明しようとする研究を指す「古因学（Palaetiology）」という言葉を造語してもかまわないだろう。古因学が指しているのは、単なる物質界に関する研究だけではない。昔の芸術や業績、風俗や言語、山脈や岩石の形成、海底で堆積した化石を押し上げる地層の隆起もその範囲に属する。これらの研究は、現在得られる証拠に基づいて過去の状態に遡るという共通点によって互いに結び付けられている」（Whewell 1857［1837］, Book XVIII, pp. 397-398）

古因科学は複数形で定義されてはいますが、『帰納諸科学の歴史』の中で取り上げられているのは地質学だけです。しかし、上の引用文の最後に記されているように、ヒューウェルは地質学以外でも

古因学と呼べる研究分野があるだろうと予言的に述べています。

3 科学の分類と科学の営為

ヒューウェルにとって、『帰納諸科学の歴史』が科学史の著作だとすれば、続く『帰納諸科学の哲学』は科学哲学の著作です。彼は『帰納諸科学の哲学』において科学の各分野がたどった歴史をふまえ、それぞれの科学の哲学と方法論について議論を展開します。以下では、この本の中で分類科学（Whewell 1847［1840］, Book VIII, pp. 466-542）と古因科学（Whewell 1847［1840］, Book X, pp. 637-708）がどのように論じられているかを見ていきましょう。

『帰納諸科学の哲学』の第一巻では『帰納諸科学の歴史』の登場順に各科学の哲学と方法論が吟味されます。そして、続く第二巻では各論をふまえた一般的な科学論・科学哲学へと考察が広げられます。第二巻の総論の中で提示されたヒューウェルによる科学分類表（【図1】）をごらんください。

この科学分類表の中央下に「分類科学」として植物体系学（Systematic Botany）、動物体系学（Systematic Zoology）、および比較解剖学（Comparative Anatomy）がひとまとめにされています。そして、この表の最下部に「古因科学」のカテゴリーがあり、地質学（Geology）とともに、動植物の分布（Distribution of Plants and Animals）、語源学（Glossology）、そして民族学（Ethnography）が挙げられています。現代ならば当然「進化生物学」がこのカテゴリーに含まれてしかるべきですが、ダーウィンの『種の起源』（1859）が出版される前のイングランドでは生物進化という考えそのものが浮かばなかったとして

CLASSIFICATION OF SCIENCES. 117

Fundamental Ideas or Conceptions.	Sciences.	Classification.
Space . . .	Geometry . .	Pure Mathematical Sciences.
Time . . .	. . . . .	
Number . .	Arithmetic . .	
Sign . . .	Algebra . .	
Limit . . .	Differentials . .	
Motion . . .	Pure Mechanism .	Pure Motional Sciences
	Formal Astronomy	
Cause		
Force	Statics . . .	Mechanical Sciences.
Matter . . .	Dynamics . .	
Inertia . . .	Hydrostatics .	
Fluid Pressure .	Hydrodynamics .	
	Physical Astronomy	
Outness		
Medium *of Sensation*	Acoustics . .	Secondary Mechanical Sciences. (Physics.)
Intensity *of Qualities*	Formal Optics .	
Scales of Qualities .	Physical Optics .	
	Thermotics . .	
	Atmology . .	
Polarity . .	Electricity . .	Analytico-Mechanical Sciences. (Physics.)
	Magnetism . .	
	Galvanism . .	
Element (*Composition*)		
Chemical Affinity		
Substance (*Atoms*)	Chemistry . .	Analytical Science.
Symmetry . .	Crystallography .	Analytico-Classificatory Sciences.
Likeness . .	Systematic Mineralogy	
Degrees of Likeness	Systematic Botany	Classificatory Sciences.
	Systematic Zoology	
Natural Affinity	Comparative Anatomy	
(*Vital Powers*)		
Assimilation		
Irritability		
(*Organization*) .	Biology . .	Organical Sciences.
Final Cause		
Instinct		
Emotion . .	Psychology	
Thought		
Historical Causation	Geology . .	Palætiological Sciences.
	Distribution of Plants and Animals .	
	Glossology . .	
	Ethnography	
First Cause . .	Natural Theology.	

【図１】ヒューウェルによる科学分類表（Whewell 1847［1840], Book XI, p. 117）

もしかたなかったでしょう。

この表をさらによく見ると、分類科学の共通属性として「類似の程度（Degrees of Likeness）」が挙げられているのに対し、古因科学は「歴史的因果（Historical Causation）」という共通点があると記されています。つまり、分類科学とは対象物（動植物や鉱物など）の類似と差異によって「分ける」ことを目指すのに対し、古因科学は現在から過去への遡及によって復元された歴史的な因果過程を介して対象物を「つなぐ」ことが目標であると明確に区別されています。ヒューウェルの科学観によれば、「分ける分類科学」と「つなぐ古因科学」とは探究の目的だけでなく哲学や方法論の点でも別タイプの科学として捉えられていたということです。

しかし、分類科学と古因科学は互いに何の関係ももたないわけではありません。それどころか、ヒューウェルの見解を読むかぎり、両者の間には密接な関係があることが浮かび上がってきます。『帰納諸科学の哲学』第一巻の最終部（Whewell 1847［1840］, Book X, pp. 637-708）は古因科学の哲学の分析に当てられています。その中でヒューウェルは、対象物の因果関係を究明する「因果学（Aetiology）」を実行するためには、対象物の性質や様相を解明する「現象学（Phenomenology）」が必須であると述べています（同上、p. 643）。では、ここで彼が言う現象学とは何を意味するのでしょうか。彼は地質学を例にとって次のように説明します：

「それぞれの科学がもつ現象に関わる側面は分類を必要としている。なぜなら、膨大かつ多様な現象の記載は、分類しないかぎり理解することはできないし、何の役にも立たないからである。その科学の目的を達成するためには現象を体系的に表現できなければならない。したがって、植

物の分類が植物体系学（Systematic Botany）と呼ばれているように、現象的あるいは記載的地質学に対して私は『地質体系学（Systematic Geology）』という名称を与えよう。さらに言うならば、すでに論じたように、分類とはけっして好き勝手に分けることではなく、同じ類（class）に属する対象物間の自然な関連づけをつねに行なうことである。そのわけは、もし自然な関連づけが存在しなかったとすると、その類は真剣な検討に値しないだろうからである」（Whewell 1847［1840］, Book X, p. 645）

ヒューウェルは、分類の科学の名称として、植物学者オーギュスタン・ピラム・ド・カンドル（Augustin Pyramus de Candolle：一七七八－一八四一）による造語「分類学（taxonomie）」――ギリシャ語τάξις（taxis＝配列）とνομός（nomos＝法則）の複合語（de Candolle 1813）――ではなく、ドイツ語に由来する「体系学（Systematick）」という言葉を提唱しています（同上、p. 486）。この体系学という言葉には個別目的ごとの人為的分類を越えた、もっと自然な究極の分類というニュアンスがこめられています。ヒューウェルは、分類科学には体系学的方法による対象物の自然な関連づけという任務を与え、その知見をふまえて古因科学には現在から過去への因果過程の推論と復元という別の任務を割り当てたといえるでしょう。

本書のふたつのキーワードである「分類」と「系統」をそれぞれ「分類科学」と「古因科学」に対応づけるならば、二世紀前にヒューウェルが構築した科学分類体系は本書の中心テーマであるダイアグラム論にとってきわめて重要な歴史的意味をもつとみなせるでしょう。第一に、分類科学と古因科学は対象物が何であるかに関係なく、類似と差異が判別できれば分類でき、現在から過去への推論が

できれば歴史をたどれます。第二に、たとえ同じ対象物を扱う科学であっても、分類科学と古因科学では目標の設定もちがえば使われる方法論も異なります。しかし、このふたつの科学は車の両輪のように互いにもちつもたれつの依存関係にあると考えられます。

本章で論じた分類と系統の科学としての位置づけをふまえつつ、以下の章ではそれぞれの科学における可視化の様相とそのために用いられてきたダイアグラムについて考察を進めることにしましょう。

第3章

分類思考と系統樹思考（1）――記憶術としての修辞学

「インテルメッツォ（1）」では、一九世紀の哲学者ウィリアム・ヒューウェルの科学分類体系をとりあげ、「分ける科学」と「つなぐ科学」という異なるふたつのタイプの科学分野をヒューウェルが区別していたと述べました。本章ではそれを足がかりにして、同じ対象（オブジェクト）を見ていたとしてもつねにふたつの対極的な視点すなわち思考法があることを示しましょう。

1　分ける思考とつなぐ思考

まず単純な仮想例を考えてみましょう。さまざまな植物の葉はそれぞれ異なるかたちをもっています。葉の形状を示すもっともわかりやすい尺度は「長さ」と「幅」でしょう。このふたつの尺度をそれぞれ横軸と縦軸にとれば、どんな葉の形状であってもこの二本の軸が張る平面上の長さと幅の座標

値によってその位置を示すことができます。【図3－1】には、全一二枚の仮想上の葉の長さと幅を計測したときの平面上の位置が示されています。

いまこの一二個の点を私たちが考察すべき対象（オブジェクト）としましょう。長さと幅の二軸が張る平面上のどこに点があるかによって、その葉の形状を特徴づけることが可能です。たとえば、横軸（長さ）の左ほど短く、右に行くほど長いと仮定しましょう。また、縦軸（幅）については上方ほど狭く、下方ほど広いとします。このとき、図の右上の領域は「長くて狭い葉」を意味し、左上は「短くて狭い葉」となります。一方、左下は「短くて広い葉」、そして右下は「長くて広い葉」という形状に対応します。

測定された値を（長さ、幅）という座標によって数値化すれば、もっと正確に葉の形状を表すことができるでしょう。数値化により、平面上の位置が示されるだけではなく、ある葉の形状が別の葉の形状とどれくらいちがっているのかも簡単に数値化する

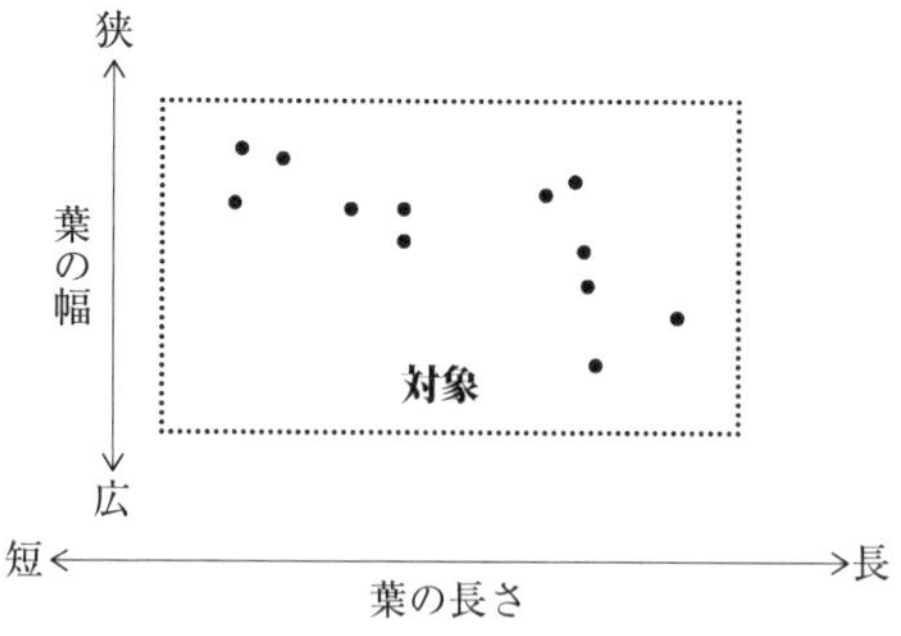

【図3－1】12枚の仮想的な葉について長さ（横軸）と幅（縦軸）のふたつの変数データを計測し、両軸が張る平面上の位置の座標を黒点で示した。

ことができます。たとえば、長さと幅を変数軸xとyによって表すならば、二枚の葉の形状は（x_1、y_1）と（x_2、y_2）と座標表示できます。そして、これらの葉の形状のちがいは二点間のユークリッド距離、すなわち各変数軸に沿った座標値の差の平方和の平方根：

$$\sqrt{\{(x_1-x_2)^2+(y_1-y_2)^2\}}$$

によって簡単に計算することができるでしょう。こうして【図3－1】に見られる点どうしの遠近の程度は距離というひとつの数値によって客観的に表現できます。

しかし、このような数値化をあえてしなくても、【図3－1】のような複数個の点の〝配置〟が視覚的に与えられれば、私たちは点と点との位置関係から直感的に遠近を判断できるにちがいありません。さらに言うならば、【図3－1】の点の可視的な〝配置〟はあくまでも「表層」に現れた現象であって、その「深層」は私たちには不可視であるという立場もあり得るでしょう。つまり、【図3－1】をどのように解釈し、どのように意味づけするかはけっして一通りではないということです。

上述のような距離という概念を手がかりにして複数の点からなる〝配置〟を解釈するとしましょう。このとき、距離が数値として計算されていてもあるいは直感的な遠近の判断だけであっても、〝配置〟の中での点間の遠近によって、近い点どうしを一括りにまとめるという操作を施せば、〝配置〟のもつ構造的特徴を表すいくつかの点群に「分ける」ことができるでしょう。たとえば、【図3－1】の〝配置〟に基づいて【図3－2】に示されるような複数の群に「分ける」ことが可能です。

まずはじめに距離的にもっとも近い点どうしを群にまとめ、続いて他の点とすでにある群との距離

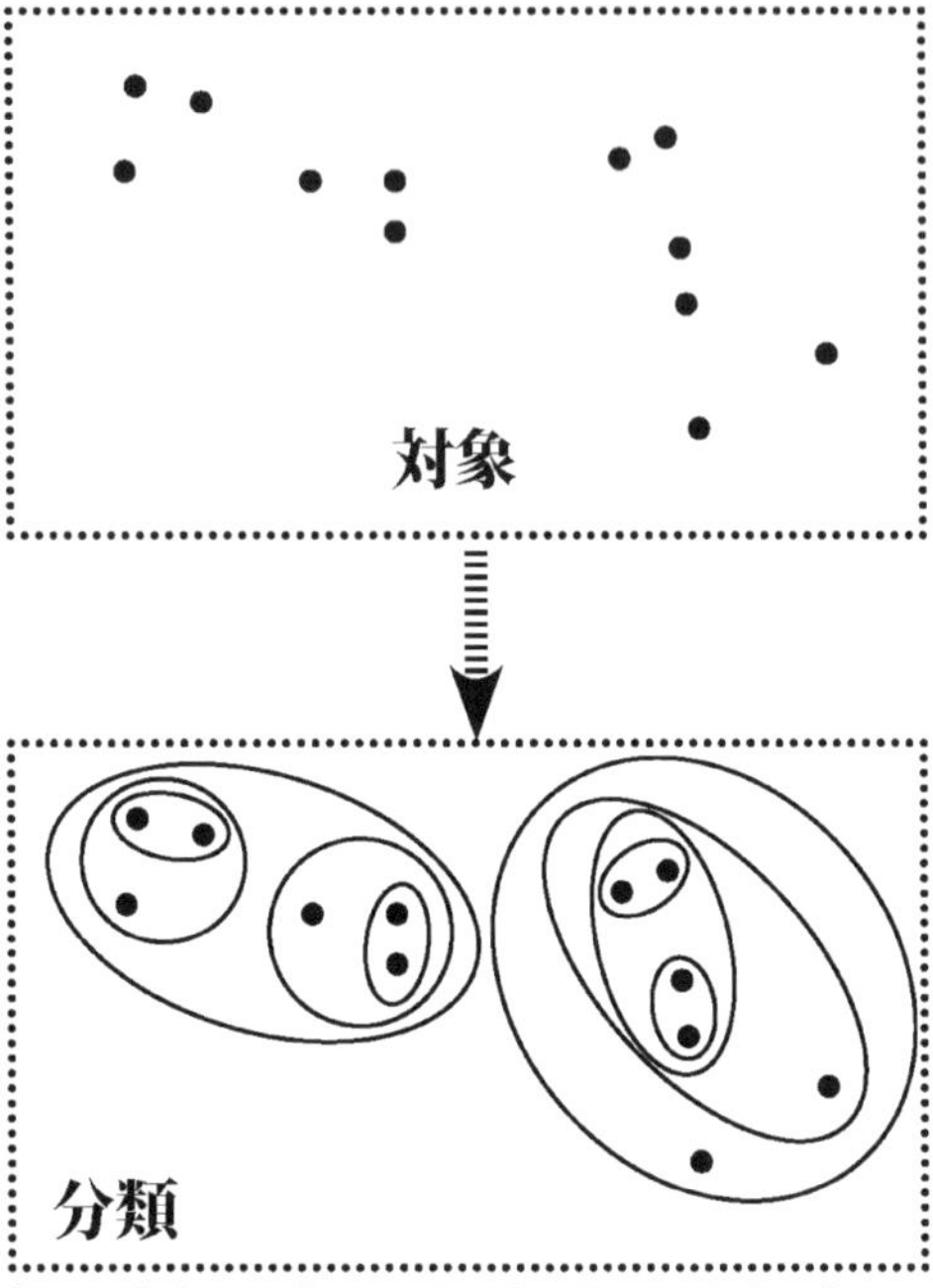

【図3－2】［図3－1］の点の“配置”に基づいて対象を「分ける」操作をした。

が近ければより大きな（包括的な）群を新たに作成するという手順を繰り返します。その結果、この【図３－２】に示されるような階層的な入れ子状の構造をもつ複数の群が生成されます。後述するように、多変量解析の統計手法のひとつである「クラスター分析（cluster analysis）」はこの手順をアルゴリズム化したものです。

近い点どうしを群として入れ子状にまとめることは「階層分類」の基本です。【図３－２】に示した群構造を見ると、左側と右側のふたつの大きな群に分かれ、それぞれの内部にはロシア人形（マトリョーシカ）のように入れ子状になった複数の小さな群が形成されていることがわかります。階層を下った先にある、より小さな群ほど互いによく似た対象を含んでいます。

「分ける」という作業の根底には「似ている」対「似ていない」を見分ける認知的基準が横たわっています。私たちヒトはその基準に基づく対象の群形成（カテゴリー化、グルーピング、あるいはクラスタリングと呼ばれる）を主体的に行なうことで、初めて多様な対象の〝配置〟の見取り図（鳥瞰図）を自分なりに描くことができます。

類似性あるいは非類似性に基づいて群を「分ける」という作業は「分類思考」（O'Hara 1988, 三中 2009）を支える根底です。この分類思考はいま目の前に見えている対象をその属性（形質）に基づいていかに「分ける」かに関心を向けます。【図３－２】に示した入れ子パターンの構造図は数学の集合論では「オイラー図（Euler diagram）」と呼ばれます（Edwards 2004）。分類パターンに関する数学理論が歴史的に集合論を中核として展開されてきたことは（Gregg 1954）、上で述べてきた「分ける」という行為の性質を考えればごく自然な帰結であると考えられます。

私たちが「分ける」対象はあくまでも目に見えるものに限定されます。対象が見えているからその

属性を観察することにより分けられるからです。したがって、見えないものはもともと分けられません。これは分類の基本であり、同時に宿命でもあります。

ここで、目の前に見えている対象の背後に目には見えないものが隠れていて、それらが目に見える対象のつながりを支配していると仮定してみましょう。このとき私たちは分類とはまったく別の思考をしていることに気づきます。たとえば【図3－3】を見てください。

この【図3－3】は【図3－2】とまったく同一の対象群の〝配置〟を見ています。しかし、【図3－2】では対象間の類似性（または非類似性）に基づいて「分ける」という分類操作をしたのに対し、【図3－3】では、対象の背後に存在すると仮定される不可視のもの（図中ではそれらを「分岐点」として示しました）を介して可視的な対象を線によって「つなぐ」という別の操作を示しています。つまり、見ているものは同じであっても、操作の目的が異なっているということです。

【図3－3】に示された「つなぐ」とはどういう操作なのかをくわしく考えてみましょう。いま、任意のふたつの対象を選んだとします。このとき、それらの背後に（不可視の）分岐点をひとつ仮定してそれぞれの対象との関連づけをすることにより、ふたつの対象をたがいに「つなぐ」ことができます。対象どうしを直接的に結びつけるのではなく、隠れた分岐点を介在させて間接的に「つなぐ」わけです。

どこに分岐点を仮定して置くかは「つなぐ」基準をどうするかによって変わるでしょう。もっともわかりやすい例として生物の進化的な系統関係を考えてみましょう。たとえば、【図3－3】に示された対象群を私たちヒトを含む霊長類とみなしましょう。この場合は進化的近縁性が「つなぐ」基準となるので、霊長類の中でもっとも近縁なものから順に「仮想的共通祖先（hypothetical common ances-

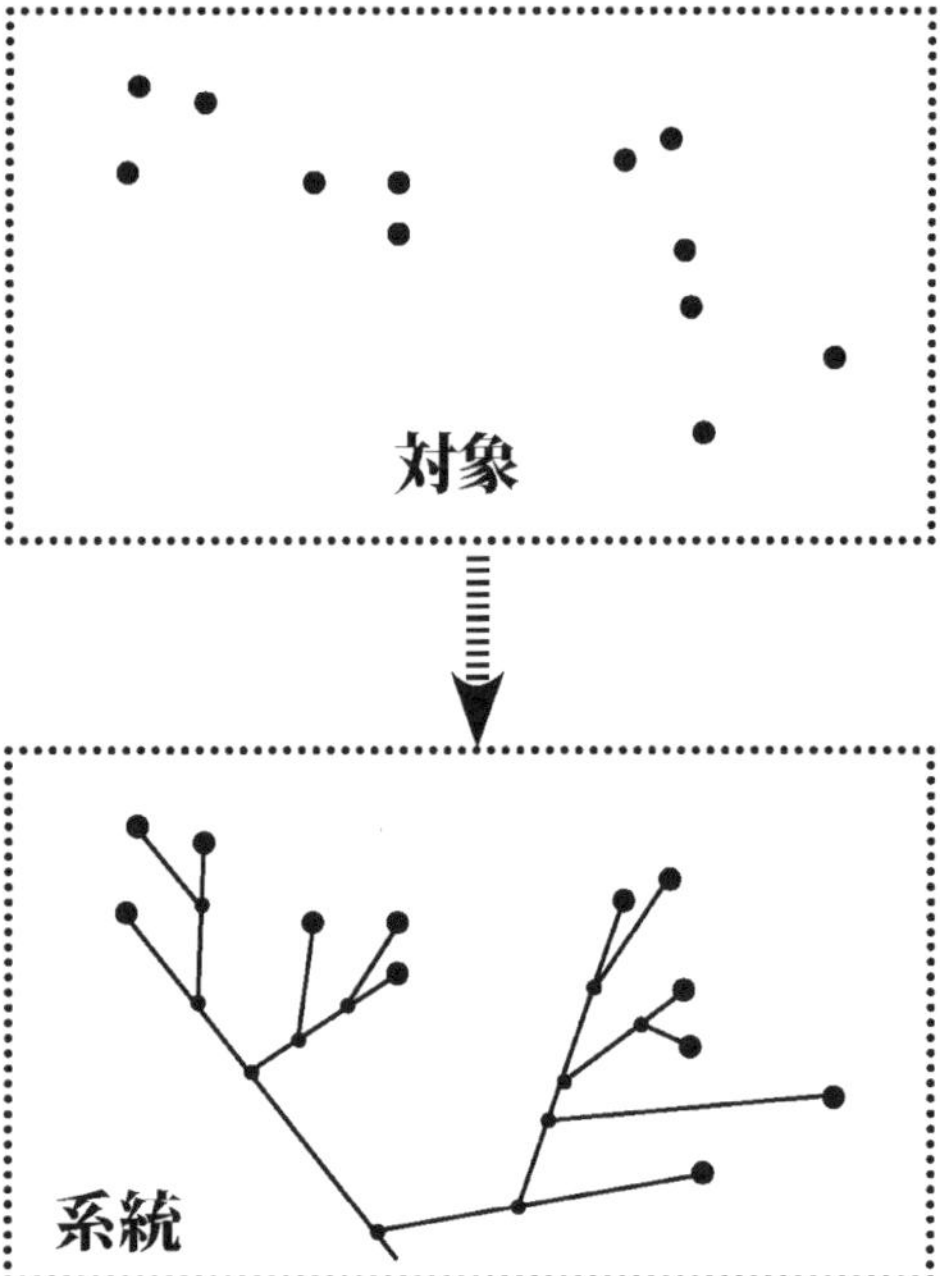

【図3－3】［図3－1］の点の“配置”に基づいて対象を「つなぐ」操作をした。

tor)」という「分岐点」を仮定することにより現存する霊長類を「つなぐ」ことができます。

生物の系統関係として解釈したとき【図3－3】に示された対象群を「つなぐ」線の集合体は、前の章で例示した「系統樹（phylogenetic tree）」をかたちづくります。何百万年も前に絶滅した霊長類全体の共通祖先を「根」とするこの系統樹は、複数の仮想的共通祖先を介することで、現存する霊長類を互いに「つなぐ」ことがわかります。

もちろん、この例の仮想的共通祖先は私たちがその存在を単に仮定しているだけであって、不可視の存在にすぎません。しかし、その不可視性にもかかわらず、現存する対象を間接的に「つなぐ」ためにその存在を仮定する必要があるわけです。目に見えない仮想的つながりを仮定することで目に見える対象を「つなぐ」という「系統樹思考」（O'Hara 1988, 1993, 1997, 三中 2006, Baum and Smith 2013）の特徴が明らかになります。

「分ける思考」としての分類思考と「つなぐ思考」としての系統樹思考を対比してみると、私たちが経験的に得た知識の体系化をするには相異なるふたつの視点があること、そしてこれらふたつの思考法はたとえ同じ情報源であっても問題設定がまったくちがっていることを意味します。次節からは、これらの思考法がそれぞれ何を目指しているのかについて修辞学（レトリック）の観点から考えてみましょう。

2 類似性のメタファーと隣接性のメトニミー

前節では、「分ける思考」である分類思考と「つなぐ思考」である系統樹思考は、現実の世界を体系化するための相異なるふたつの視点であると述べました。フランスの哲学者パトリック・トール（Patrick Tort：一九五二－）は、このふたつの体系化の思考枠を修辞学（レトリック）の観点から論じました。彼の考察は本章の内容と関連してとても示唆に富むので、ここでくわしく取り上げましょう。

トールの著書『分類する理性：15の事例から（*La raison classificatoire : quinze études*）』（Tort 1989）は、歴史学の観点から私たち人間が科学思想や文化のさまざまな文脈の中でどのように分類を行ってきたかを掘り下げ、その背景に流れる共通理念を明らかにしようとした労作です。トールは広義の体系化の歴史を修辞学と絡めて検討している点が注目されます。彼が念頭に置く近代修辞学とは、一八世紀前半のセザール・デュマルセ（César Chesneau Du Marsais：一六七六－一七五六）『転喩論（*Traitédes tropes*）』（1730）の修辞分類に始まり二〇世紀のローマン・ヤーコブソン（Roman Osipovich Jakobson：一八九六－一九八二）による修辞の認知理論へと連なるひとつの知的伝統を指しています（修辞学については佐藤1992, 野内1998, 佐藤他2006を参照）。

分類や系統という現象世界の体系化がなぜ古めかしい修辞学などと関わりをもつのかといぶかしく思われる読者は少なくないでしょう。確かに、現代社会では、修辞学ということばは、上っ面だけの言葉をもてあそんで、相手を煙に巻くためだけの有害無益で非生産的な言語技術という悪いイメージが広まっているようです。

しかし、現実の世界と人間の言語とを結びつけるインターフェースである修辞学が提示する技法の数々は、実は私たちが複雑で多様な現象世界をうまく理解しそれを確実に伝達するための〝体系化〟の手段として今なおその実用性を失ってはいません。中世にルーツをもつ「記憶術（ars memoriae）」は修辞学の一部門として流行しましたが、この記憶術こそ現代にまで連綿と続く情報体系化とデータ可視化の淵源にほかなりません（三中・杉山 2012, Lima 2014）。私たちの眼前に広がる現実を効率的に理解する記憶術が修辞学と深くつながっていることを再認識させたのがトールの研究だったということです。

トールは、私たちがこれまで行ってきた分類の基本構造は、デュマルセやヤーコブソンが定義する「メタファー（métaphore）」と「メトニミー（métonymie）」という修辞学上のふたつの概念を用いれば解明でき、分類学の歴史はこのメタファーとメトニミーの両極間の往復を繰り返してきたと主張します。

> 「自然あるいは歴史の事物を包括する分類体系の大半は、類似性（すなわちメタファー）に基づく分類か、あるいは隣接性——連続性・関連性・血縁性——（すなわちメトニミー）に基づく分類のいずれかである」（Tort 1989, p. 11）

この引用文に含まれているメタファーとメトニミーの定義を簡単に説明しておきましょう。佐藤（1992）は次のように定義しています：

「あるものごとの名称を、それと似ている別のものごとをあらわすために流用する表現法が《隠喩》――メタフォール（メタファー）――である」(p. 101)

「隠喩が類似性にもとづく比喩であったのに対して、《換喩》とは、ふたつのものごとの隣接性にもとづく比喩である。換喩に該当するヨーロッパ語はメトニミー（メトニミー）――かたかなでは仏語・英語同形となる――」(p. 140)

このように、修辞学では「隠喩（メタファー）＝類似性」に対して「換喩（メトニミー）＝隣接性」という定義が与えられてきました。この修辞分類についてトールはデュマルセを踏襲しつつ次のように説明しています：

「デュマルセによる比喩表現のカタログを見ると、対立する紛らわしい分類原理がふたつ立てられている。一方は表層的かつ可視的だが、他方は根本的かつ不可視的だ。第一の分類原理によれば、比喩表現は誰にでも理解できる型の類似性による表層的な序列づけがなされている。第二の分類原理によれば、比喩表現は生成的近縁性による隠れた序列づけがなされていて文彩間での関連づけが求められる。この第二の原理こそもっとも重要であり、そこではメタファーは意味を覆い隠すという本来の力を発揮するのに対し、メトニミーは一貫して隣接性と透過性を維持する」

(Tort 1989, pp. 16-17)

本書が目指すゴールが何かを考えれば、ギリシャ時代以来の長い歴史と広大な分野を包括する修辞学にこれ以上深入りするのは本筋からはずれるかもしれません。しかし、分類に直結する修辞学の概念について確認しておくことはとても意味のあることです。トールの主張の要点は次の通りです：

「修辞学の言葉をそのままあてはめるならば、類似性による対象の分類はメタファーであり、系譜や類縁による分類はメトニミーである。現実世界の理解にもとづくこれらの自然発生的な構造は修辞学におけるふたつの比喩によって成立している」(Tort 1989, p. 17)

前節の例を用いてトールの主張をたどってみましょう。【図3－4】は【図3－2】と【図3－3】をひとつにまとめたものです。

デュマルセの言う「メタファーは意味を覆い隠す」のに対し「メトニミーは一貫して隣接性と透過性を維持する」というちがいは着目する時空平面のちがいに起因します。対象間の類似性による分類は、眼前の時空平面上での〝配置〟の遠近（すなわち類似性の大小）によって対象を「分ける」ことができる可視的な構造（【図3－4】左のオイラー図）を決めようとします。言い換えれば、見えないものについては〝沈黙〟するというのが分類思考の大きな特徴です。一方、対象の類縁性に基づく系統は見えている対象の〝配置〟の背後に不可視の構造（【図3－4】右の系統樹）の存在を仮定します。つまり、見えているものを見えないものによって「つなぐ」わけです。オイラー図と系統樹という異なるダイアグラムがそれぞれの思考法を図的表現するツールとなっています。

また、デュマルセのもうひとつの論点である「類似性による表層的な序列づけ」と「生成的近縁性

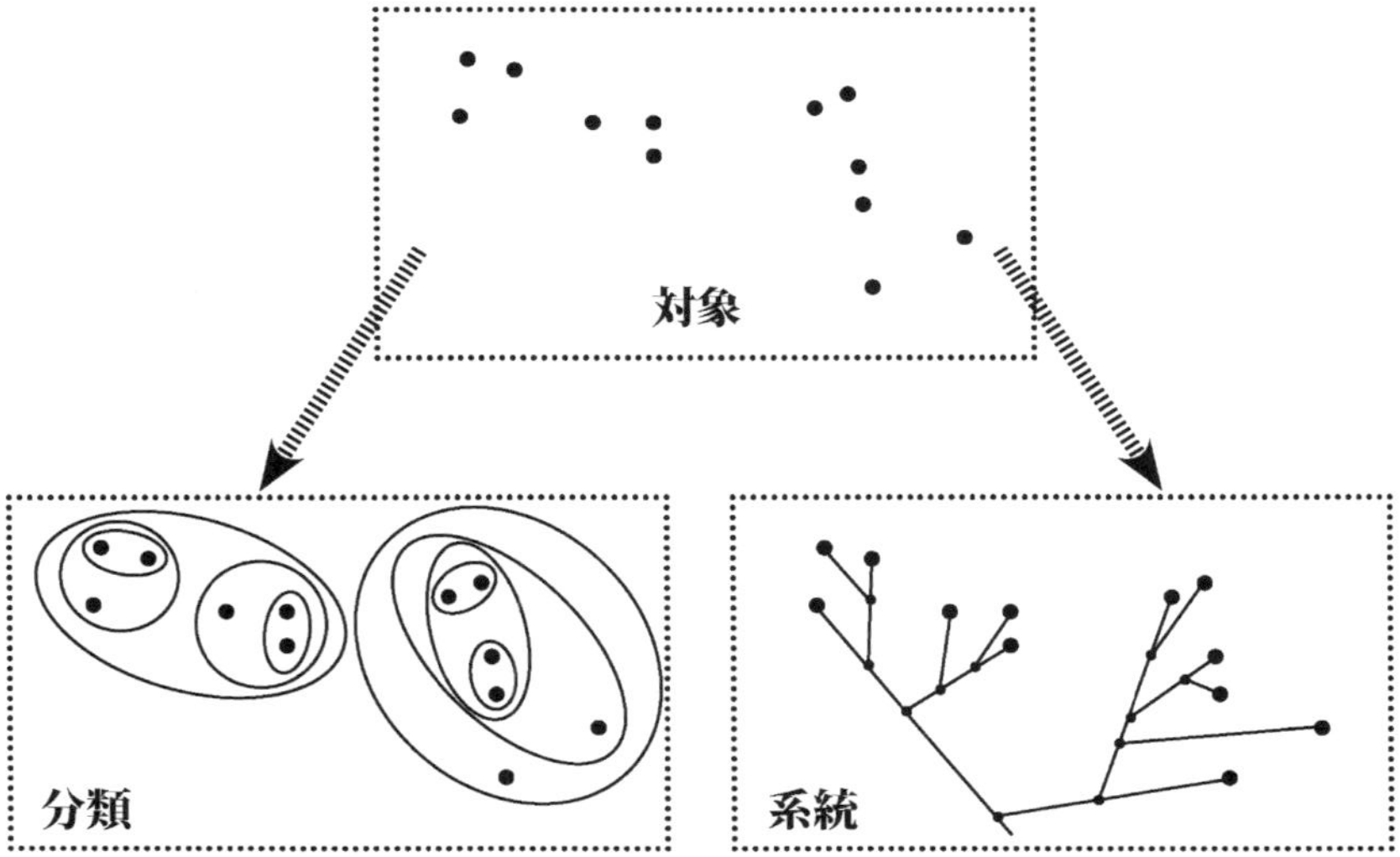

【図3－4】対象の“配置”（[図3－1]）に基づく分類（[図3－2]）と系統（[図3－3]）を対比する。

による隠れた序列づけ」というふたつの分類原理は、メタファーとメトニミーという修辞学の二大概念を通じて、それぞれ分類思考と系統樹思考に正確に対応しています。「分ける思考」である分類思考はある時空平面の中での類似性にもとづく群構造を認知するのに対し、「つなぐ思考」である系統樹思考は時空軸に沿っての類縁性を系譜として推定するものと考えられるからです。系統樹思考にとっては対象の可視的な〝配置〟は、背後に隠された〝全体〟から見れば、時空断面に現れた〝部分〟にすぎません。したがって、系統樹思考が描く〝全体〟のある時空断面である〝部分〟の構造のみに注目するのが分類思考であると言うことができます。

次節では、分類思考についてさらに掘り下げて考察しましょう。他方の系統樹思考については次章にまわすことにします。

3 分類の直感と論理——数量分類学のクラスター分析を例として

前著『分類思考の世界』（三中 2009）で論じたように、生物としてのヒトは対象を分類するという認知行為の能力を人類進化の過程で獲得してきました。食べられるものと食べられないものを分類したり、有害な動植物を分類する能力を有することは、かつては私たちの生死に関わる重大事だっただろうからです。

サイエンス・ライターのキャロル・キサク・ヨーン（Carol Kaesuk Yoon）は私たちが進化的に獲得した直感的な自然観や生物観を「環世界センス（umwelt）」と呼びました（ヨーン 2013）。ドイツの理論生

物学者にヤーコプ・フォン・ユクスキュル（Jakob von Uexküll：一八六四－一九四四）はそれぞれの生物の目から見た世界の様相を「環世界（Umwelt）」という新造語によって表現しました。ヨーンはこの環世界センスが万人に共有されているからこそ、生物という対象のもつ可視的な属性（形質）の情報に基づいて直感的に分類する能力があるのだと主張します：

「イヌやハチだけでなく、あらゆる動物には独自の環世界センスがあり、それは人間も同様である。わたしたちはそれを現実と呼ぶかもしれないが、それは人間の環世界センスであり、人間独自の知覚によって周囲の世界を捉えたものなのだ。そして、そこに答えがあった」（ヨーン 2013, p. 17）

ヒトにかぎらずあらゆる生物にとって分類という知識の体系化が生存上必須の能力であることを考えれば、生物ごとに異なる「環世界センス」があることもまたすぐに納得できるでしょう。ヒトにかぎったとしても、世界中のいたるところにすむヒトの集団（部族、社会、国家）がそれぞれの自然環境のもとで固有の社会・文化・民俗をもちつつも、民俗的な生物分類体系（「民俗分類（folk taxonomy）」）に関して通文化的な共通特性をもつことは、文化人類学の過去半世紀に及ぶ研究の蓄積により明らかにされてきたことです（Atran 1990, Berlin 1992, Medin and Atran 1999, Atran and Medin 2008）。

「アフリカからアジア、アメリカにいたる言語も文化も習慣も異なる社会で、同じような生物の分類がなされているのは、この環世界センスゆえだということをわたしは悟った。どこに暮らし

ていたとしても、わたしたちは皆、同じ環世界とともに生きているので、自然界に同じ秩序を見て、生物を同じように分類しているのだ」（ヨーン 2013, p. 17）

私たちが進化的に獲得してきた分類能は、それが生存上必要であったからこそ自然淘汰によって磨きをかけられてきました。それと同時に、生死を分ける淘汰圧がもはや深刻ではなくなった現代でも、その分類能はつねに発動するばかりでなく、場合によっては思わぬときに〝誤作動〟してしまうリスクをも抱え込んでいることを意味します。ヒトが生得的に「心理的本質主義者（psychological essentialist）」であり、万物をそれぞれ心理的本質をもつ離散的な群にカテゴライズしようとする性向をもつ生き物であることは認知心理学がつとに指摘してきたことです（Gelman 2003, Lakoff 1987）。

化学元素のような無生物ならばある定義条件を本質的定義とする群をカテゴリー化することは何の問題もありません。しかし、「猿」とか「犬」という直感的な分類カテゴリーを私たちが認知するとき、それらのカテゴリー化の背後では「猿であるための本質」や「犬であるための本質」を無意識のうちに形成してしまう私たちの心理的本質主義が〝誤作動〟しています。実際には、時間的あるいは空間的に変化し続ける生物に対して心理的本質主義にもとづく直感分類をすることは、科学的には問題があると言わざるを得ません。ヨーンが描き出した生物分類学の長く錯綜した歴史は、一方では環世界センスという生得的な直感を私たちヒトが現在ももち続けていることと、他方では科学としての発展してきた生物分類学の論理とをいかにすり合わせるかの格闘の歴史でした。

「わたしたちは環世界センスに生物や自然の秩序をはっきりと見ているが、その見方は客観的で

はないし、長年に及ぶ進化を無視しており、科学的検証に耐えるものでもない。そもそも環世界センスは、科学的な正しさを求めていない。実際のところ、環世界センスがわたしたちに見せる自然の秩序は、科学的な分類や進化的分類とはしばしば真っ向から対立する。環世界センスは徹底して感覚的で、乱暴なほど主観的なのだ」（ヨーン 2013, p. 19）

〔1〕数値と分類——統計学と分類学が接するとき

直感的な伝統的生物分類に対してノーを突きつけたのは一九五〇〜七〇年代の「数量分類学派（numerical taxonomy）」でした（ヨーン 2013、第8章）。ロバート・ソーカル（Robert R. Sokal：一九二六−二〇一二）が一九五〇年代末に開発した「クラスター分析（cluster analysis）」の技法（Sokal and Michener 1958）は、多変量データから計算された距離に基づいて対象の群分け（クラスタリング）を数値的に実行するアルゴリズムでした。現在では、クラスター分析は生物分類だけにかぎらず、自然科学から人文社会科学に及ぶ広範な研究分野に浸透し、多変量解析の基本的手法のひとつとみなされています。

数量分類学派は客観的な直感や曖昧さを排除した生物分類体系の構築を目標としました。ヨーンは数量分類学がもたらした帰結を次のように評しています：

「数量分類学派は客観性をすべてに優先させた。その過程で、分類学の暗黒の部分に光を当てた。完全無欠の客観性の目標こそ達成できなかったが、何百年にもわたって分類学を支配してきた個人的な瞑想や直感ではもはや科学としての地位を得ることは困難であることが明らかになった。ソーカルとスニースは核心を突いていた。環世界センスを形づくる主観性は少しずつ禁じ手とみ

なされていった」（ヨーン 2013, p. 247）

このように、環世界センスによる直感分類は統計学に基づく数量分類と対決することになりました。歴史的に見れば、数量分類学派は一九八〇年代には生物分類の方法論としては衰退したのですが、科学としての分類学のたどる道筋を大きく左右することになります。ヨーンはこう述べています。

「わたしたちが知っている分類学の物語は、単に科学の闘争の物語ではない。合理性と理性が勝利する物語でもない。それは、ヒトがもっていた環世界センスを深く考えずに軽々に捨て去ってしまった物語でもある。分類学とヒトの環世界センスはかつては蜜月の契りを結び、運命をともにしていた。しかし、両者はいまや喧嘩別れしてしまった。分類学は近代科学としての地位を求めて前進し始めた。そして、分類学が一歩ずつ前に踏み出すごとに、ヒトがもともと生物界を分類し命名し理解してきたやり方からは遠く離れていった。」（ヨーン 2013, p. 248）

認知カテゴリー化としての分類を科学として構築しようとしたひとつの試みが数量分類学派でした。ここでは数量分類学派が方法論として用いたクラスター分析に焦点をしぼり、その意義と限界について考察しましょう。確かに、現在のクラスター分析は多変量解析の汎用的な一手法として広く用いられています。しかし、他の多くの統計的手法がそうであるように、クラスター分析もまたそれが生み出された科学史的な文脈がありました（Hull 1988, Vernon 2001, Hagen 2001, 2003, 三中 2005, Minaka 2016）。なぜ統計学が生物分類学の世界に足を踏み入れたのかといえば、そこには客観的な分類体系が統計学

とコンピューターにより実現できるのではないかという大きな理想があったからです。しかし、結果としてその理想は達成されず、クラスター分析は生物分類学での栄光の地位をたった二〇年で失うことになりました。しかし、それでもなお、クラスター分析を武器とする数量分類学派はすべての分類の基礎概念である「類似性（あるいは非類似性）」のもつ性質を理論的に明らかにしたという点では評価すべきでしょう。

実用的な記憶術としての分類がもつべき基本特性は以下の通りです：

①互いに類似した対象物を離散的にカテゴリー化することにより名称の数を減らす。
②つくったカテゴリーを階層化し、階層的分類体系として構造化する。
③構築した分類体系はできるだけ大規模な変更を回避し、部分的な改良でしのぐ。

望ましい分類とは覚えやすい分類にほかなりません。効率的に記憶するためのこれら認知的方策（離散カテゴリー・階層構造・安定性）は、いずれも生物分類学者たちが実用的な分類体系のもつべき望ましい特性として挙げてきたものです。

記憶術としての分類の有用性を改良しようと分類学者がもし考えるのであれば、人間による対象物の認知カテゴリー化についてより深く知る必要がきっとあるでしょう。認知心理を抜きにして分類行為を論じてもしかたがないからです。そのためには分類カテゴリー化を行なう主体としての人間の認知構造の仕様（性能・特徴・限界）を探るのが最良の道です。生物分類学が長らく求めてきた自然分類

（natural classification）なるものがもし実現可能だとすれば、それは認知科学の視点のもとに生まれてくるものだと私は考えています。

しかし、生物分類学の現代史を振り返ると、必ずしもそのような道筋をたどってきたわけではありません。一九五〇年代後半から始まった生物分類学における数量分類学派（numerical taxonomy）すなわち数量表形学派（numerical phenetics）の運動は、分類学と分類体系についての本質的な論議をしないまま、数量化への道を驀進してしまいました。多変量解析法としてのクラスター分析はほかならない生物分類学の世界の中で誕生し、新興の数量分類学派によって育て上げられた「剣」でした。

〔2〕クラスタリングの背後にある分類観

数量分類学は、数値化された多変量データに基づいて対象――操作的分類単位（operational taxonomic unit）略してＯＴＵ――の間の近さ遠さを「全体的類似度（overall similarity）」として数値化し、より類似度の高いＯＴＵを群（クラスター）にまとめていくというクラスター分析の手法を用いて生物分類体系を構築しました。数量分類学派の教義は次の四つにまとめられます：

①分類体系の再現性と客観性を目指す。
②等しく重み付けした多数の形質から計算された定量的類似度を用いる。
③形質の相関に基づいて情報量の大きな群を構築する。
④表形的考察と系統的考察とを峻別する。

数量分類学派は、一方では直感的な分類基準を排除するとともに、他方では実証不能な系統という概念をも敵視しました。直感や系統に代わる分類基準として多数の形質に基づく全体的類似度を用いようとしたわけです。彼らは、自然分類とはできるだけ多くの形質を共有する分類群から成るべきであり、そういう分類体系はより多くの予測を可能にする一般的な分類体系（general purpose classification）であるという信念をもって他の分類学派と対立しました（三中 1997）。

数量分類学の別名である数量表形学の「表形（phenetic）」ということばの意味を知っておくことはとても重要です。数量分類学派の古典であるソーカルとスニースの『数量分類学の原理（*Principles of Numerical Taxonomy*）』（Sokal and Sneath 1963）には次のように定義されています：

「『関係（relationship）』という用語は混乱を招きやすい。その言葉は系統に基づく類縁関係を意味することもあれば、生物の属性にもとづく全体的類似性を指すだけで、系統とは何の関係もないこともある。全体的類似性に基づく関係を表すために、ダーウィン以前の時代から広く用いられてきた『類縁（affinity）』という言葉がある。ここでは、系統に基づく関係と全体的類似性に基づく関係とを区別するために、後者に対しては『表形的関係（phenetic relationship）』という便利な言葉を当てよう。この言葉は Cain and Harrison（1960）で用いられている H. K. Pusey による造語であり、系統発生ではなく、生物の表現型（phenotype）に基づく関係を意味する」（Sokal and Sneath 1963, pp. 3-4）

つまり、系統とは無関係に定義される全体的類似性をふまえた「表形的関係」とは、ある時空平面

の中に限定された生物対象（ＯＴＵ）の形質のみによって構築される関係性であるということになります。この立場は、系統的な類縁関係を生物分類から排除する数量分類学がまさに本書が用いる意味での「分類思考」と整合的であることを明確に示しています。

インテルメッツォ（1）で述べたように、かつてヒューウェルが命名した「分類科学（classificatory sciences）」の共通属性が「類似の程度（Degrees of Likeness）」であったことを思い出すならば、数量分類学の最大の成果はその「類似の程度」をデータに基づいて全体的類似度として数値化する手法を洗練させたことにあるといえるでしょう。さらに、この全体的類似度を尺度とするクラスタリングとは、修辞学的には「類似性による表層的な序列づけ」すなわちメタファーの自動生成を実行するアルゴリズムであるということになります。

〔3〕全体的類似度とクラスタリング——いくつかの計算例

ここでは簡単な実例を通して、数量分類学派が目指した分類のイメージをつかんでいただきましょう。いまあるオブジェクトの n 個の形質が数値コード化されているとします。このとき、もっともわかりやすい全体的類似度は、n 変量からなるデータ点 $X=(X_1, X_2, \ldots\ldots, X_n)$ と $Y=(Y_1, Y_2, \ldots\ldots, Y_n)$ に対するユークリッド距離 $d(X, Y)$ でしょう。

$$d(X, Y)=\sqrt{\{(x_1-y_1)^2+(x_2-y_2)^2+\ldots+(x_n-y_n)^2\}}$$

このユークリッド距離が小さいほど全体的類似度は大きいと判定されます。任意のふたつのオブジ

エクト間で計算されたユークリッド距離に基づいて、近い生物どうしを順に群（「クラスター」）を形成（「クラスタリング」）します。

クラスタリングの基本は「近いものどうしをまとめる」ことにあります。とすると、まずＯＴＵ－ＯＴＵ間・ＯＴＵ－クラスター間・クラスター－クラスター間の「近さ」を定量化しなければなりません。ＯＴＵとＯＴＵとの「近さ」は採用された距離尺度によって自動的に決まります。しかし、それ以外のクラスターとの「近さ」をどう定義するかについては別途考える必要があります。

たとえば、もっとも単純なクラスタリングのアルゴリズムである「単連結法（single linkage method）」を例にとりましょう（Sokal and Sneath 1963, Jardine and Sibson 1971）。この単連結法では、あるクラスターと別のクラスター（またはＯＴＵ）との「近さ」を「当該クラスターに属するＯＴＵ間の距離の最小値」によって定義します。したがって、クラスターどうしの「近さ」は、もっとも「近い」ＯＴＵ間の距離と同一になります。

いま、四つのＯＴＵ(a, b, c, d) に関して【図３－５】のようなユークリッド距離がデータとして与えられたとしましょう：

この例での全体的類似度のユークリッド距離による下三角行列は次の通りです：

b	2		
c	6	5	
d	10	9	4
	a	b	c

まず出発点として最小の距離をもつOTUのペアを見つけると、この例では最小の距離 $d[a,b]=2$ をもつ（ab）というクラスターが形成できます。次に、このクラスター（ab）と他のOTUとの距離を調べましょう：

$d[(ab),c]=\min\{d[a,c],d[b,c]\}=\min\{6,5\}=5$

$d[(ab),d]=\min\{d[a,d],d[b,d]\}=\min\{10,9\}=9$

$d[c,d]=4$

ですから、距離行列は：

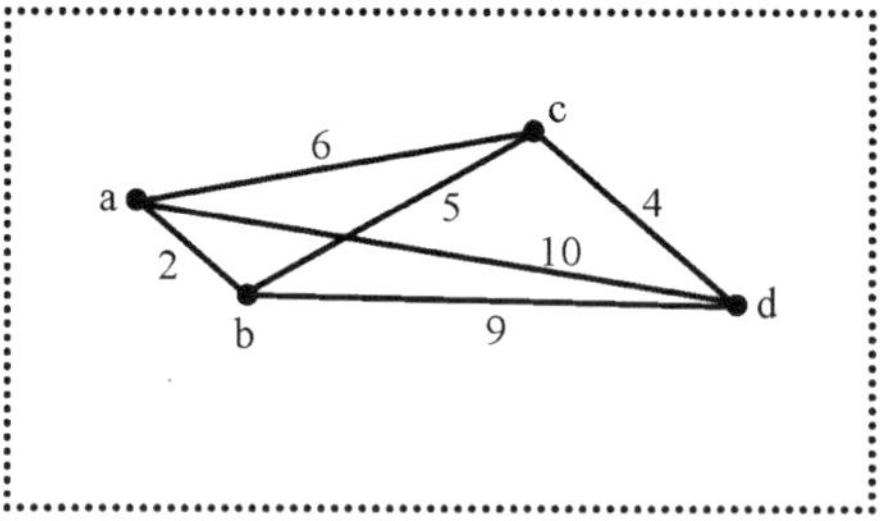

【図 3−5】 4つの OTU a, b, c, d に関する全体的類似度をユークリッド距離で与える。

c	5	
d	9	4
	(ab)	c

となります。この距離行列を見ると、次に小さな距離をもつのはcとdですから、クラスター（cd）が形成されます。すでにあるクラスター（ab）とのクラスター間距離は：

$$d[(ab),(cd)] = \min\{d[a,c],\ d[b,c],\ d[a,d],\ d[b,d]\}$$
$$= \min\{6, 5, 10, 9\} = 5$$

ですから、最終的な距離行列は：

(cd)	5
	(ab)

となります。このクラスタリングの結果を図示したのが【図3－6】です。

一般に、クラスター分析は、第一段階として

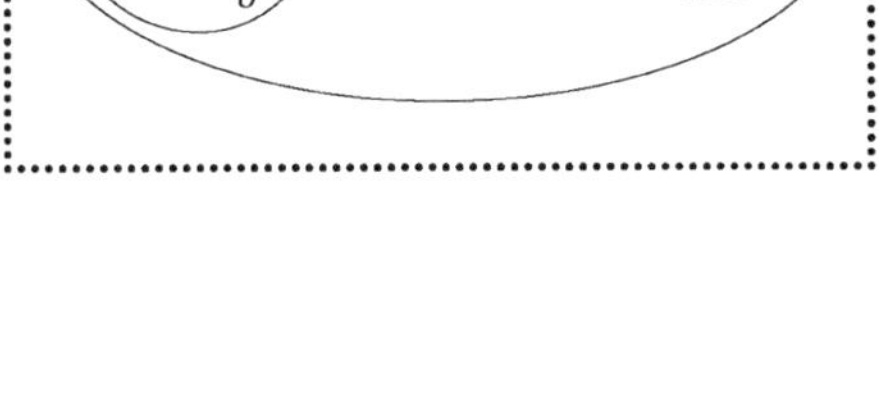

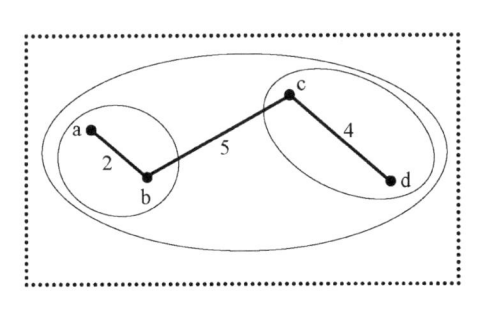

【図3－6】単連結法によるクラスタリングの結果をオイラー図で図示する。

ＯＴＵ間の全体的類似度を計算し、続く第二段階としてクラスタリングを行ないます。ひとつひとつのクラスターはもとのＯＴＵ集合の部分集合です。クラスタリングの結果、複数のクラスターからなる階層的配置が得られますので、その分類構造は【図３－６】に示したオイラー図によって可視化できます。

しかし、歴史的に見ると、オイラー図とは別のダイアグラムである「デンドログラム（dendrogram）」あるいは「表形図（phenogram）」と呼ばれる樹形図を用いた可視化の方がもっと広く用いられてきました（Sokal and Michener 1958, Sokal and Sneath 1963）。【図３－６】のオイラー図をデンドログラムで樹形図表示すると、【図３－７】のようになります。

インテルメッツォ（１）の冒頭でも書きましたが、〝図形言語〟としてのダイアグラムを読むにあたってはヴィジュアルな形の背後にある仮定や規則を知ることがとても大切です。さもなければ、ダイアグラムの外見に惑わされてそこに書かれている情報が

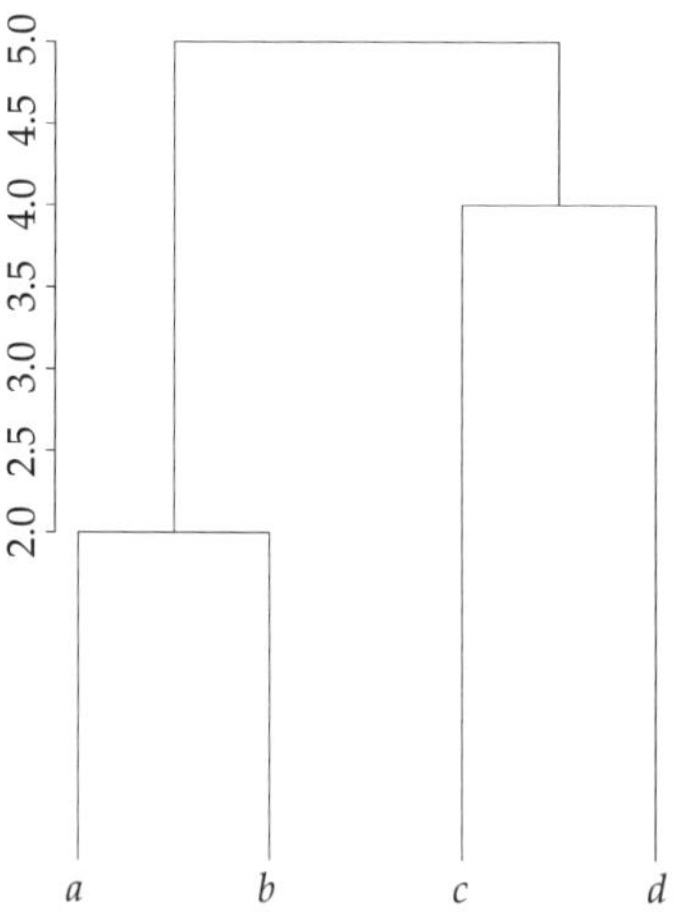

【図３－７】単連結法によるクラスタリングの結果をデンドログラムで図示する。

うまく読み取れなかったり、場合によっては書かれていないものまで誤読してしまうおそれがあるからです。

クラスター分析のデンドログラムもまたダイアグラムのひとつですから、読み間違いをしないよう十分に注意を払う必要があります。以下では、デンドログラムの読み方についてまとめておきましょう。

数量分類学のクラスター分析で伝統的に用いられてきたデンドログラムは、その分岐に位置する内点から派生するすべての末端OTUへの長さが等距離であるという性質をもっています。たとえば【図3－7】のデンドログラムを見ると、クラスター（$a+b$）の根元の内点から末端OTU aとbそれぞれに至る枝の長さは左右等長です。同じことはもうひとつのクラスター（$c+d$）についてもいえます。

デンドログラムのもつもうひとつの特徴は、その内点の〝高さ（height）〟――「クラスター・レベル（cluster level）」と呼ばれます――が全体的類似度（あるいは距離）も値に正確に対応しているという点です。もう一度【図3－7】を見ると、デンドログラムの左側の〝高さ〟の軸に数値が刻まれていることがわかります。たとえば、クラスター（$a+b$）の分岐点の〝高さ〟は「2.0」であり、クラスター（$c+d$）の〝高さ〟は「4.0」です。これらの値は、上で計算した距離$d[a,b]=2$と距離$d[c,d]=4$にそれぞれ対応しています。さらに、部分クラスター（$a+b$）と（$c+d$）からなる全体クラスター（$a+b+c+d$）の分岐点の〝高さ〟「5.0」は$d[(ab),(cd)]=5$に対応しています。

このように、クラスタリングのアルゴリズムが決まれば、それぞれに応じて計算されたクラスター間距離が〝高さ〟として求められることになります。分岐的なデンドログラムの外観だけ見た印象で

はあたかも祖先子孫関係を表す系統樹のように解釈したくなってしまうかもしれません。しかし、そういうデンドログラムの〝系統樹的解釈〟はダイアグラムとしての性格に照らせばまったくのまちがいであるだけでなく、数量分類学の大義名分が従来の伝統的な系統分類を排除することにあったという科学史的事実にも反しています。ダイアグラムの図形言語を誤読することの危険性を戒める教訓としましょう。

数量分類学が目指したのは全体的類似度に基づくクラスタリングでした。クラスターの入れ子構造はオイラー図というダイアグラムで表示するのがベストです。その一方で、クラスターが形成される全体的類似度を示すにはデンドログラムの方がより便利でしょう。【図3－8】ではクラスター分析の結果をオイラー図とデンドログラムの両方で同時に図示しました。

この【図3－8】はオイラー図に示された個々のクラスターの距離がそれぞれデンドログラムの内点

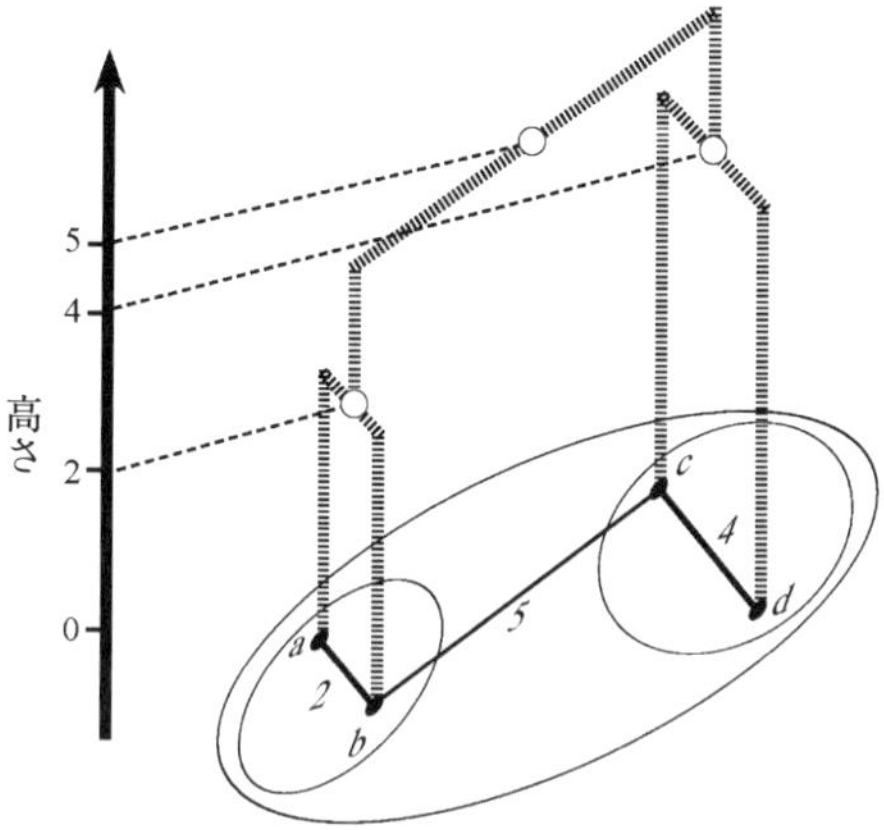

【図3－8】クラスター構造のオイラー図とデンドログラムによる表示。デンドログラムの黒丸は内点を、また縦軸はクラスター・レベル（“高さ”）を表す。

に付与されたクラスター・レベルに一対一対応していることがわかります。つまり、クラスター分析のデンドログラムの意味はオイラー図に照らせばまちがいなく読み取れるということです。

以上の説明は単連結法のもとでのクラスタリングのアルゴリズムを前提としていました。しかし、単連結法以外のアルゴリズムもいくつかあります。たとえば、「完全連結法（complete linkage method）」というアルゴリズムでは、クラスター間の距離を「最大ＯＴＵ間距離」によって定義します。上と同じデータを用いると、最小距離 $d[a,b]=2$ をもつ（ab）というクラスターの形成は単連結法と同じですが、このクラスター（ab）と他のＯＴＵとの距離が異なってきます：

$$d[(ab),c]=\max\{d[a,c],d[b,c]\}=\max\{6,5\}=6$$
$$d[(ab),d]=\max\{d[a,d],d[b,d]\}=\max\{10,9\}=10$$
$$d[c,d]=4$$

したがって、次に小さいクラスター間距離をもつクラスター（cd）が形成されます。最後に全体クラスターが形成され、その距離は次の通りです：

$$d[(ab),(cd)]=\max\{d[a,c],d[b,c],d[a,d],d[b,d]\}=\max\{6,5,10,9\}=10$$

完全連結法のもとでのクラスター構造のオイラー図（【図3－9】）とデンドログラム（【図3－10】）を示します。

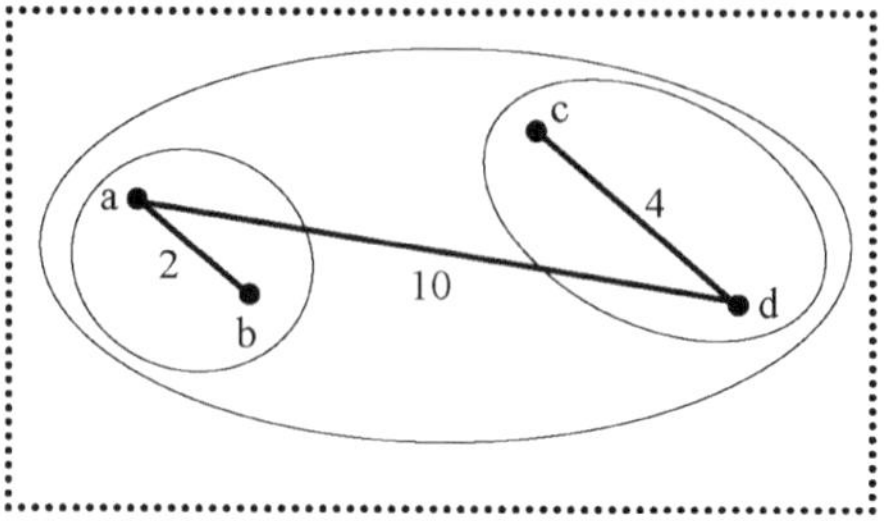

【図 3－9】完全連結法によるクラスタリングの結果をオイラー図で図示する。

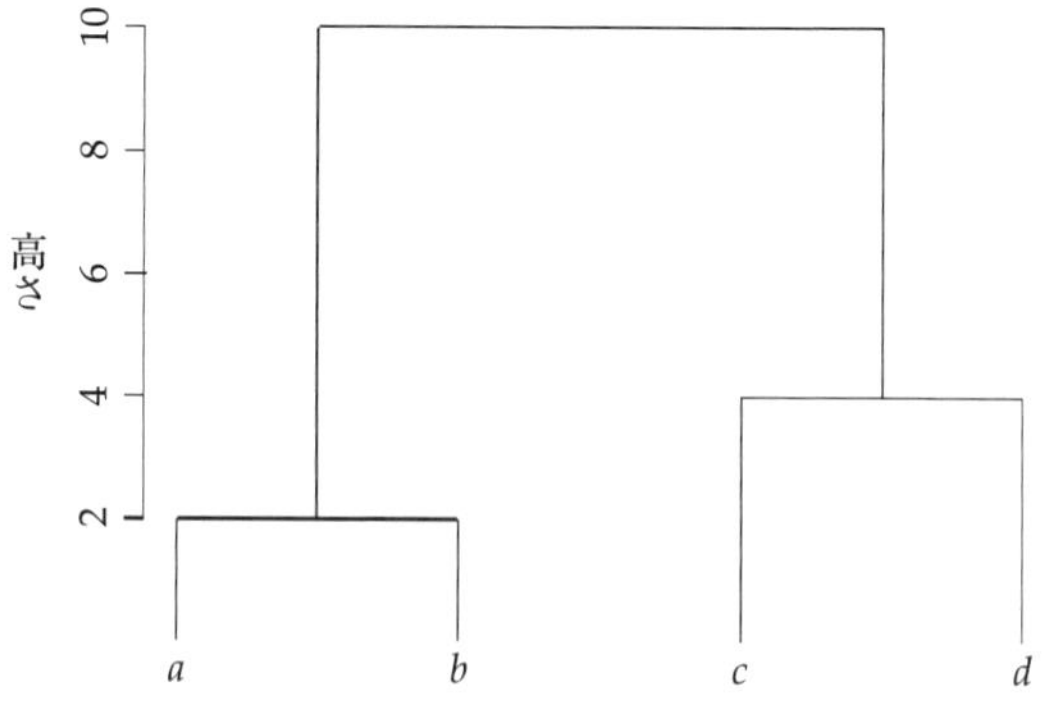

【図 3－10】完全連結法によるクラスタリングの結果をデンドログラムで図示する。

クラスター構造そのものは単連結法でも完全連結法でもちがいはまったくありません。しかし、最小距離に基づく単連結法とは異なり、完全連結法では最大距離を求めるので、クラスター・レベル（高さ）の値が大きくなる傾向がとくに階層の深いクラスターで顕著になります。

もうひとつのクラスタリング・アルゴリズムは「群平均法（group average method）」です。群平均法は「ＵＰＧＭＡ（Unweighted Pair-Group Method using Arithmetic averages）」とも呼ばれ、数量分類学がもっとも肩入れした方法でした。群平均法では、クラスター間の「近さ」をＯＴＵ間距離の平均によって算出します。ふたたび上のデータを用いると、最小距離2をもつ（ab）というクラスターに対して：

$$d[(ab),c] = (1/2) \times \{d[a,c] + d[b,c]\} = (1/2) \times (6+5) = 5.5$$
$$d[(ab),d] = (1/2) \times \{d[a,d] + d[b,d]\} = (1/2) \times (10+9) = 9.5$$
$$d[c,d] = 4$$

と距離が計算されるので、クラスター間距離で次に小さいクラスター（cd）が得られます。全体クラスターの距離は以下の通りです：

$$d[(ab),(cd)] = (1/4) \times \{d[a,c] + d[b,c] + d[a,d] + d[b,d]\} = (1/4) \times (6+5+10+9) = 7.5$$

群平均法によるクラスタリングの結果を上と同様にオイラー図とデンドログラムで示しました

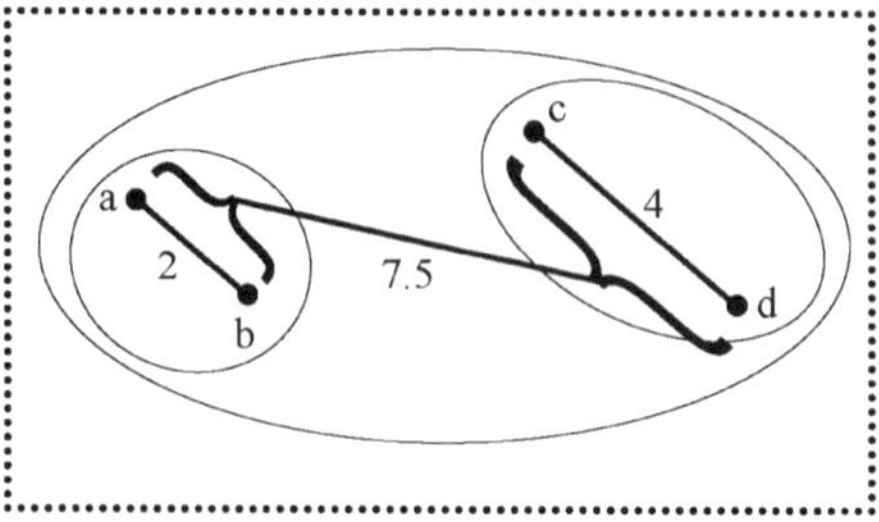

【図 3-11】群平均法によるクラスタリングの結果をオイラー図で図示する。

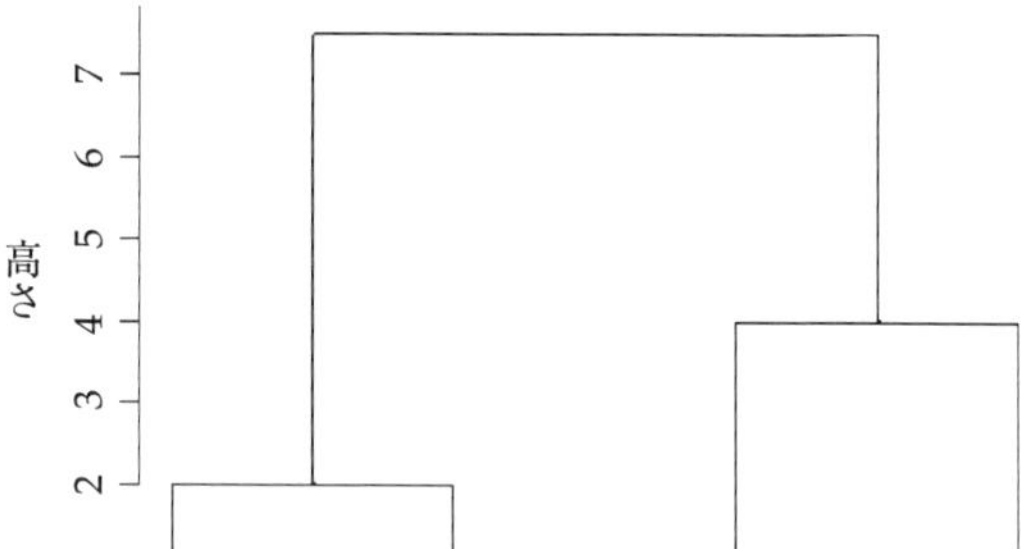

【図 3-12】群平均法によるクラスタリングの結果をデンドログラムで図示する。

（【図3－11】、【図3－12】）。

群平均法によるクラスタリングが計算したクラスター構造は単連結法や完全連結法とまったくちがいがなく、クラスター間距離のみが異なる値になりました。

上で用いた単純な数値例とは異なり、もっと複雑なデータの場合には、クラスタリング・アルゴリズムによってクラスター構造そのものに差異が生じることがあります。たとえば、本章の最初に用いた【図3－1】の例の各対象の座標データが与えられたとしましょう（【図3－13】）。

このデータに対して単連結法と群平均法によるクラスタリングを実行すると、デンドログラムは【図3－14】のようになり、オイラー図は【図3－15】の通りです。

両アルゴリズムを比較すると、同一のクラスターでも〝高さ〟の値が異なることは上で指摘した通りですが、OTU7～12についてはクラスター構造そのものがちがっていることがわかります。

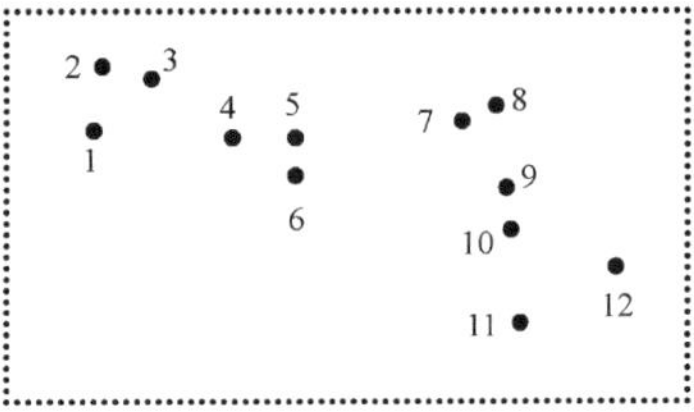

OTU	X 座標	Y 座標
1	10.19	4.04
2	10.34	2.90
3	11.25	3.12
4	12.75	4.17
5	13.91	4.17
6	13.91	4.85
7	17.12	3.82
8	17.76	3.54
9	17.95	5.01
10	18.03	5.75
11	18.11	7.47
12	19.99	6.42

【図3－13】［図3－1］の各対象のx, y座標を示す。

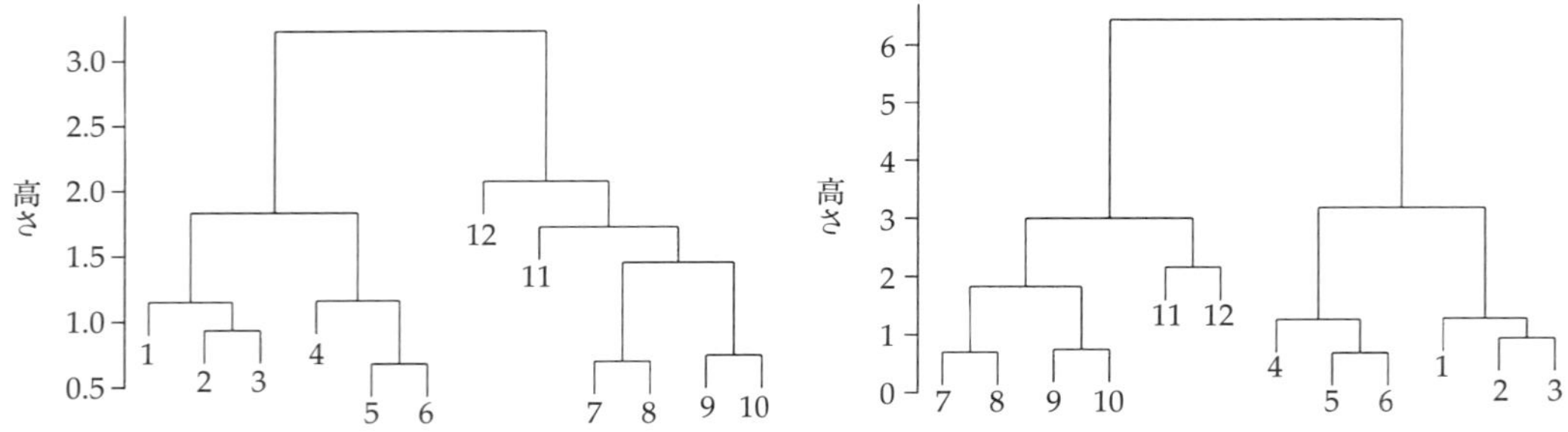

【図 3-14】[図 3-13]のデータを単連結法（左）と群平均法（右）でクラスタリングしたときのデンドログラム。

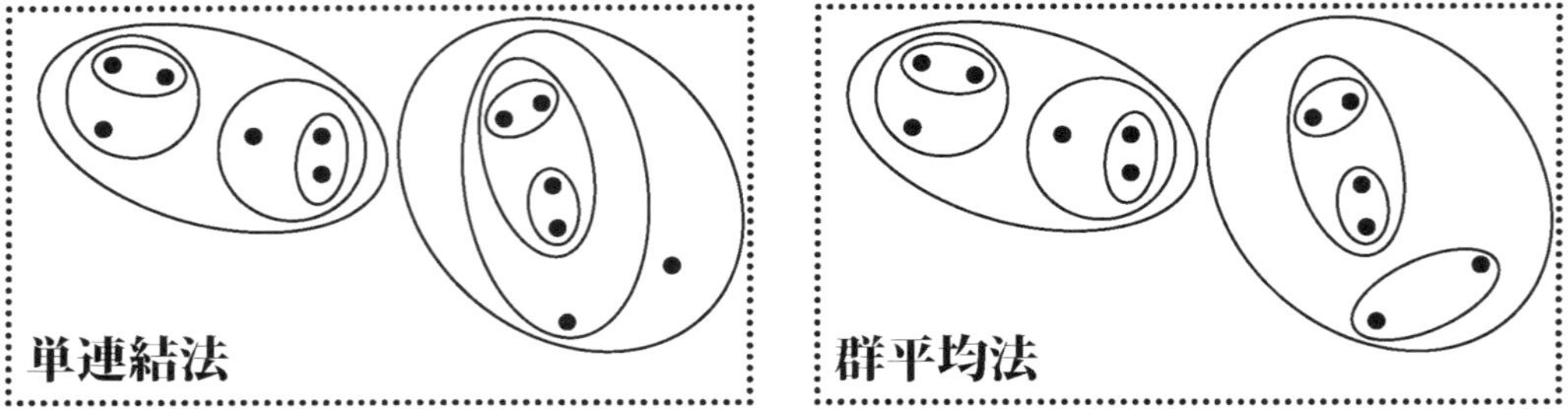

【図 3-15】[図 3-14]をオイラー図として表示する。単連結法（左）と群平均法（右）。

本節では、分類体系構築の客観的方法論としてかつて一世を風靡した数量分類学の原理と方法論を支えた世界観すなわち「分ける」という思考の系譜が時代を超えて現代にまでつながっていることを示しました。クラスター分析は分類の理念と実践を現代統計学とコンピューターを利用して一挙に近代化しようとする目論見でした。全体的類似度によって表形的類縁関係を数値化するという理念はメタファーとしての分類という伝統をそのまま継承したとみなせるでしょう。オイラー図およびデンドログラムというふたつの異なるダイアグラムを用いた図的表現もまた記憶術としての分類の視覚化という観点から興味深い事例となっています。

一九六〇年代以降の数量分類学派の隆盛を思い起こすとき、なぜたった二〇年ほどでこの学派が生物分類の分野から敗退したのか（Hull 1988, 三中 1997, 2005）を考えてみることは本書の中心テーマであるダイアグラム論にとっては意味があります。本章の最後はこの点に目を向けましょう。

〔4〕負けて勝つ——分類思考の方法としての数量分類学

クラスター分析を武器にして生物分類学の世界に殴りこんできた数量分類学派はその後どのような運命をたどったのでしょうか。一九七〇年代半ばから八〇年代はじめにかけて「分類情報量論争」において一つの決着がつけられました。数量分類学派は、分類体系と元データとの一致性を示す尺度として共表形相関係数（cophenetic correlation coefficient）を提唱しました（Sokal and Rohlf 1960, Farris 1969）。この指数は、元データである類似度行列の成分とデンドログラムの上で計測される操作的分類単位（OTU）間の共表形行列（cophenetic matrix）の成分との行列相関係数として定義されます。

この共表形相関係数は、与えられた類似度行列とデンドログラムとの適合性の尺度であり、与えら

れた形質情報がある分類体系の中にどれくらい正確に保存されているのかを反映します。数量分類学派はクラスター分析に基づく表形的分類体系の方が系統に基づく分類体系よりも共表形相関係数が高いと主張しました。進化や系統による分類体系では、分岐情報は別として、生物間の分化の程度を表す類似度（あるいは非類似度）の情報をうまく反映できないだろうというのが数量分類学派の言い分でした。

しかし、実際にこの点をくわしく調べれば調べるほど（Farris 1977）、実は系統的分類体系の方が表形的な分類体系よりも共表形相関係数が高いという皮肉な結果が明らかになってしまいました。その理由は、系統的分類体系では系統樹の枝に沿った距離（経路距離 path-length distance）として類似度情報を保存するのに対し、表形的分類体系ではクラスター分析から出力されたデンドログラムのクラスター・レベルすなわちクラスターどうしが結合する内点の値（高さ）によってしか全体的類似度の情報を保存できないからです。要するに、クラスター分析から出力されるデンドログラムは、そのダイアグラムとしての構造上の特性により、類似度情報をごく近似的な荒っぽいやり方でしか保存できなかったということです。

さらに、時期を同じくした「分類安定性論争」の中でも、数量分類学派は地滑り的勝利をおさめることができませんでした。数量分類学派は、論争の初期から、表形的類縁関係に基づく分類は系統関係に基づく分類体系よりも安定していると主張してきました。しかし、前節でも見たようにクラスタリング・アルゴリズムを変更するだけでクラスター構造は容易に変わってしまいます。表形的分類体系には客観性・安定性・情報量が欠けているのではないかという疑念がしだいに広がってきたことが当時の分類論争の中では数量分類学派にとって大きなマイナス要因となりました。

生物分類学での約二十年にわたる論争は、数量表形学派（およびクラスター分析）にとっては苦い経験だったかもしれません。結果をいえば、数量表形学派は生物分類の世界から足を洗い、過酷な論争から撤退しました。ヨーン（2013）も指摘するように、数学には関心があっても生物学や哲学には疎い数量分類学者にとっては、もともと勝ち目のない勝負といってもよかったでしょう。さらに、表形学派の主たる論点である表形的分類体系の情報量や安定性がことごとく論破されたため、客観的な分類体系を樹立するという同派の目標達成が難しくなってきたことも敗因の一つに挙げられるでしょう。より根本的には、全体的類似度による生物分類体系は、進化的な系統体系学とはもともと相容れなかったという点は無視できません。というのも、数量分類学派が擡頭してきた一九六〇年代後半以降、系統関係に基づく生物体系学を主張する分岐学派（cladistics）が大きく発展し、系統関係を推定する原理と方法が着実に進歩して、精度の高い系統樹が得られるようになったという別の理由も絡んでいました（Hull 1988, 三中 1997）。

数量分類学とクラスター分析は生物分類の世界から消えました。しかし、それは絶滅したことを意味してはいません。第一に、クラスター分析はもともとピュアな数学的手法ゆえその適用範囲は汎用的であるという特徴があります。生物学にかぎっても、生物統計学・生態学・遺伝学・形態測定学など広い分野にクラスター分析が適用されてきました。さらに外に目を向けると、心理学・社会学・認知科学など広い分野でクラスター分析が用いられています。それを考えれば、クラスター分析は何も生物分類学だけにこだわる必要はまったくなかったでしょう。一九八〇年代以降のクラスター分析は生物分類学の外に新たな活動分野を求めて進出しそして成功をおさめたと私は考えています。

クラスター分析の結果を「深読み」してはいけません。クラスター分析は、本章では触れませんで

したが距離や類似度の選択肢はひとつではありません。世の中にはおびただしい数の距離や類似度の尺度が提唱されているからです（Deza and Deza 2013）。もちろん、すでに説明したように、クラスタリング・アルゴリズムを変更すれば、結果が大きく変わってしまうこともあり得るでしょう。どの距離や類似度を選択すればいいのか、クラスタリング・アルゴリズムはどれが妥当なのかを答えることはほとんど不可能でしょう。したがって、クラスター分析の結果に何かしら「真実」が含まれていると信ずるのは楽観的すぎます。クラスター分析によって何かが推定されたりテストされたりしているわけではないからです。分類とはもともとそういうものです。

第4章
分類思考と系統樹思考（2）——分類から系統へ

分類学者（taxonomist）ならぬ〝分類者（classifier）〟である私たちは、日常生活の中で対象物間の類似性を見つけ出してはあくことなく分け続けてきました。ふだんの生活空間の中では、類似性すなわち「似ている／似ていない」は無意識のうちに判定されていることがほとんどです。農産物直売所の店先でかぼちゃのクラスター分析をしたりする人はまずいないでしょうから。しかし、そのような分類的直感はけっして当てずっぽうではありません。対象物の類似性をめぐる認知の背後には数理があり、逆に分類を支える論理は直感を抜きにしては実用的ではないからです。

前章でみたように、一方では分類の背後にある認知心理と直感（環世界センス）をめぐる心理学と文化人類学側の主張があり、他方では対象物間の類似性（距離）に基づく数値的なクラスター分析という統計学の立場があります。私たちは、時としてほとんど無意識のうちに〝環世界センス〟に導かれて、対象物間の類似性（あるいはその裏返しの非類似性や距離）に着目して分類をしてきました。もちろん、日常生活のさまざまな場面で私たちがしている分類のほとんどすべては主観的でしょう。この点

こそが問題だと言い立てた半世紀前の数量分類学派は、対象物の可視的な形質群を数値コード化して全体的類似度を計算し、クラスター分析を実行することにより、主観的な〝環世界センス〟の介入を排除した客観的な分類体系を構築しようと試みました。

一方には直感的な分類があり、他方には論理的な分類がある――これらふたつの視点は分類という行為のもつ二面性に光を当てます。前出のパトリック・トールの言葉を借りれば、互いに似ているものをひとまとめにする「表層的かつ可視的」なメタファーのよりどころとしての類似性は、分類・カテゴリー化・クラスタリングのすべてを支える中核概念であり、「根本的かつ不可視的」なメトニミーと対置されます。以下で論じるように、目に見える類似性に基づくメタファーとしての分類の背後には、目に見えない隣接性（つながり）によるメトニミーとしての系統があります。そして、これらの分類や系統を可視化するダイアグラムの論理もまた類似性（距離）の概念と深く関わっています。

1　距離尺度の計量性条件

前章ではユークリッド距離という幾何学的な距離を類似性の代表例としましたが、ここではより一般的な類似性（距離）が満たすべき条件について考えてみることにしましょう。一般に集合Xに属する任意の対象 x, y 間の「距離（distance）」$\phi(x, y)$ は次の三条件を満たす関数として定義されます（Deza and Deza 2013, p. 4）。

A1　非負性（nonnegativity）：$\phi(x,y) \geqq 0$

A2　対称性（symmetry）：$\phi(x,y) = \phi(y,x)$

A3*　反射性（reflexivity）：$\phi(x,x) = 0$

A1の非負性とは距離は〝マイナス〟にはならないという条件ですから直感的に納得できるでしょう。同様に、A2の対称性も「xからyへの距離」と「yからxへの距離」は等しいと考えればすぐ理解できます。A3*の反射性とは「自分自身への距離はゼロである」という意味です。

上で定義した距離にもうひとつ次の条件A4を追加します：

A4　三角不等式（triangle inequality）：$\phi(x,z) \leqq \phi(x,y) + \phi(y,z)$

A1、A2、A3*、そしてA4の四条件を満たす距離を「擬計量（pseudometric）」と呼びます（Deza and Deza 2013, pp. 4-5）。

A4の三角不等式は三つの対象間に関わるやや複雑な条件式です。たとえば、三対象x，y，zに対して次のように擬計量ϕが与えられているとしましょう。

	x	y	z
x	0	2	6
y	2	0	5
z	6	5	0

上で与えられたϕは、距離の条件A1～A3をすべて満たしているのはもちろんのこと、A4の三角不等式をも満足する擬計量であることが示せます。なぜなら、$\phi(x,y)=2$, $\phi(y,z)=5$, $\phi(x,z)=6$ですから：

$6 \leqq 2+5$　したがって　$\phi(x,z) \leqq \phi(x,y)+\phi(y,z)$

$2 \leqq 5+6$　したがって　$\phi(x,y) \leqq \phi(y,z)+\phi(x,z)$

$5 \leqq 6+2$　したがって　$\phi(y,z) \leqq \phi(x,z)+\phi(x,y)$

となり、三角不等式は確かに満たされているからです。

幾何学的に見るならば、この三角不等式は「三角形の二辺の長さの和は残りの一辺の長さよりも大きい」という三角形の成立条件と同値です。すなわち、三角不等式を満たす擬計量ϕが与えられたとき、三点x，y，zを頂点とする三角形を描くことができます（【図4－1】）。

このように、擬計量性の四条件A1～A4がすべて満たされているならば、直感的なだけでなく幾何学的にも納得できる性質をもつ距離概念を特徴づけることができます。

他方、三角不等式を満たさないような距離ϕをつくることも可能です。次の例を見てください。

	x	y	z
x	0	2	8
y	2	0	5
z	8	5	0

この表で与えられた距離ϕはA1〜A3の三条件をすべて満たしています。ところが、$\phi(x,y)=2$, $\phi(y,z)=5$, $\phi(x,z)=8$なので

$2 \leqq 5+8$　したがって　$\phi(x,y) \leqq \phi(y,z)+\phi(x,z)$

$5 \leqq 8+2$　したがって　$\phi(y,z) \leqq \phi(x,z)+\phi(x,y)$

のふたつの三角不等式は満たされますが、残るひとつの三角不等式については

$8 \nleqq 2+5$　したがって　$\phi(x,z) \nleqq \phi(x,y)+\phi(y,z)$

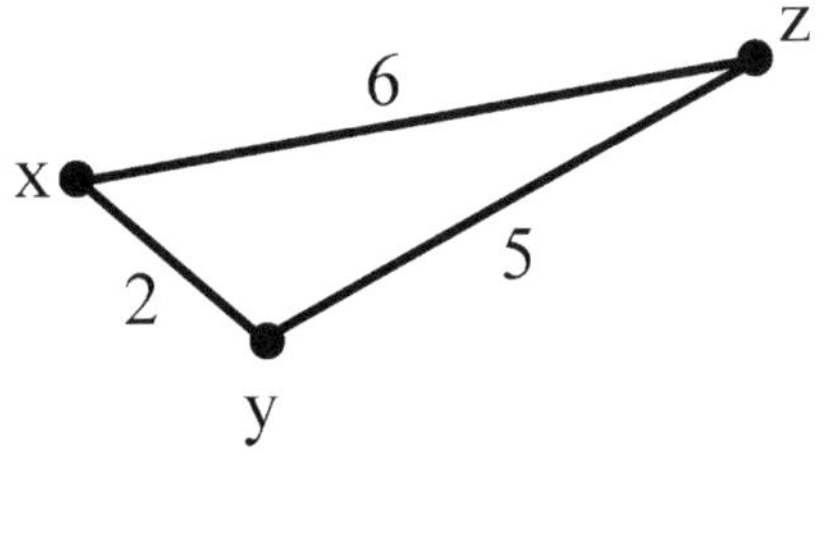

【図4−1】三角不等式を満たす擬計量ϕに基づく三角形xyz。

となるのでA4は満たされません。この場合、「三角形の二辺の長さの和は残りの一辺の長さよりも大きい」という三角形の成立条件に反するので、距離ϕは三角形を描くことができません。二辺の長さが2と5であるとき、長さ8である残る一辺を曲げないかぎり三頂点を結ぶことができないからです（【図4－2】）。

いま、右の反射性条件A3*の代わりに、次の条件を設けます：

A3　確定性（definiteness）：$\phi(x,y) = 0$となる必要十分条件は$x = y$である

確定性条件A3は「距離ゼロ」となるふたつの対象物は〝同一〟であるときにかぎられるという意味で、単に「自分自身への距離はゼロである」と宣言する反射性条件A3*よりも強い条件といえます。なぜなら、反射性条件A3*のもとでの擬計量は「$\phi(x,y) = 0$」か

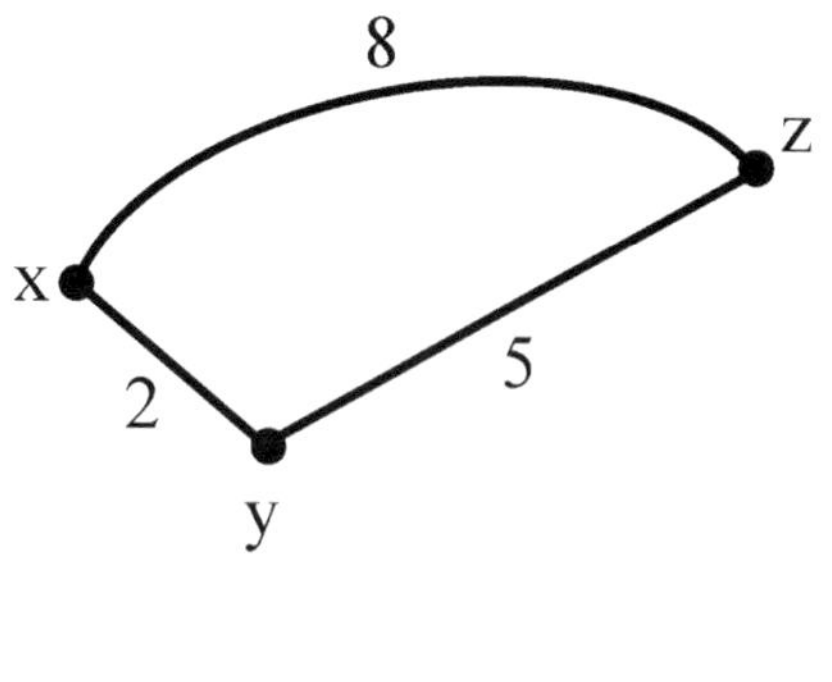

【図4－2】三角不等式を満たさない距離ϕは三角形を描けない。

つ「$x \neq y$」となる場合（すなわち、距離ゼロなのに相異なる対象物がある）があり得るのに対し、確定性条件A3を満たす計量はそれを禁じる（すなわち、距離ゼロならば同一対象物である）からです。確定性が満たされれば反射性は成立しますが、その逆は成立しません。

A1、A2、A3、そしてA4の四条件をすべて満足する距離 φ(x,y) は「計量（metric）」と呼ばれます (Deza and Deza 2013, p. 5)。前章で登場したユークリッド距離は計量の代表例です。

以上述べてきた対象物間の距離という概念がもつ「計量性（metricity）」の諸条件は分類の基礎となる類似性をきちんと論じる上で欠かせない中核部分です。

2 樹形図による距離情報の頂点表現と経路表現

前節では、分類のよりどころとなる距離（類似度）が満たすべきいくつかの条件について考えてきました。与えられた距離尺度にしたがって対象物の群（クラスター）を分けて得られた分類の構造パターンは入れ子状の集合図によって図式表現できることは第3章の第3節第3項で説明した通りです。その際、クラスター構造は、集合図と同義の、樹形ダイアグラムを用いることによっても表現できることを指摘しました（【図3－8】）。分類の基準となる距離尺度が樹形図によってどのように表現できるかについては、過去半世紀に及ぶ理論的研究の蓄積があります (Lerman 1970, Jardine and Sibson 1971, Benzécri 1976, Barthélemy and Guénoche 1991, Semple and Steel 2003, Dress *et al.* 2012)。本節では、それらをふまえて、分類と系統との関係について考えてみましょう。

距離尺度が樹形ダイアグラムによってどのように表示されているかを知るために、前章の【図3－8】の例を取りあげましょう。いま、この樹形図の内点（白丸）をp，q，rと名づけます（【図4－3】）。

このとき、各クラスターと内点との対応関係は次のようになります。

クラスター（a,b）――――p
クラスター（c,d）――――q
クラスター（(a,b),(c,d)）――r

つまり、末端の対象物（OTU）からなるクラスターのそれぞれに、樹形図の分岐点にあたる内点がひとつずつ対応することがわかります。そして、個々のクラスターの〝高さ〟（クラスター・レベル）はそのクラスターの内点に付与された値（距離）として表現されます。このような表現様式を樹形図による距離の「頂点表現（vertex representation）」と呼びます（Semple and Steel 2003, p. 150）。

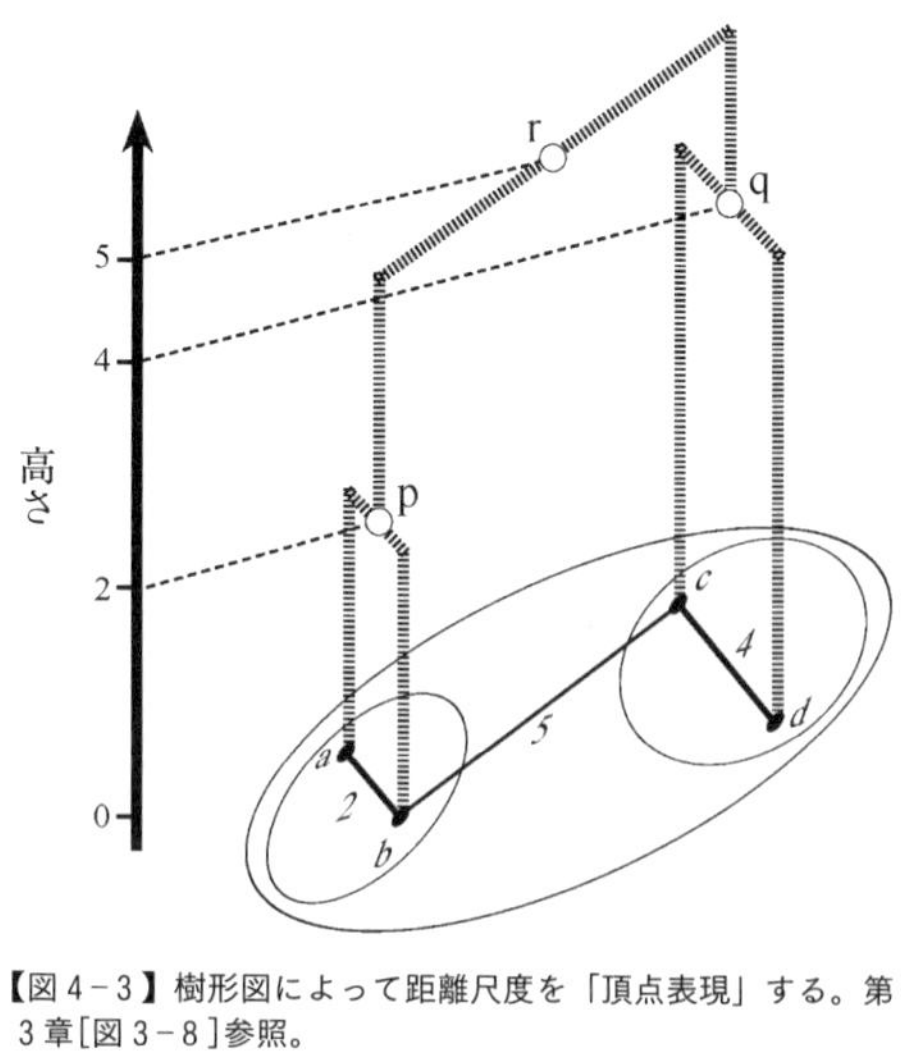

【図4－3】樹形図によって距離尺度を「頂点表現」する。第3章[図3－8]参照。

ダイアグラムとして見るならば、樹形図は「点」と「辺」から構成されています。クラスター分析のデンドログラムは、【図4－3】に示したように、それぞれの内点にクラスター・レベルを対応させる頂点表現を利用して距離情報を保存しています。しかし、「点」が距離情報を有する頂点表現に対して、「辺」に距離情報を付与するもう一つの表現方法があり、「経路表現（path-length representation）」と呼ばれています（Farris 1979, p. 494）。【図4－3】の樹形図の「辺」の長さを【図4－4】のようにギリシャ文字 α〜ζ で指定しましょう。

この例では対象物間の距離がすでに与えられていますが、たとえば a と b の距離 $d(a,b)=2$ をそれを結ぶ樹形図の枝の長さの和（経路長の総和）として表すならば：

$$d(a,b)=2=\alpha+\beta \cdots\cdots \quad (4\text{-}1)$$

となります。同様にして【図4－4】のすべての距

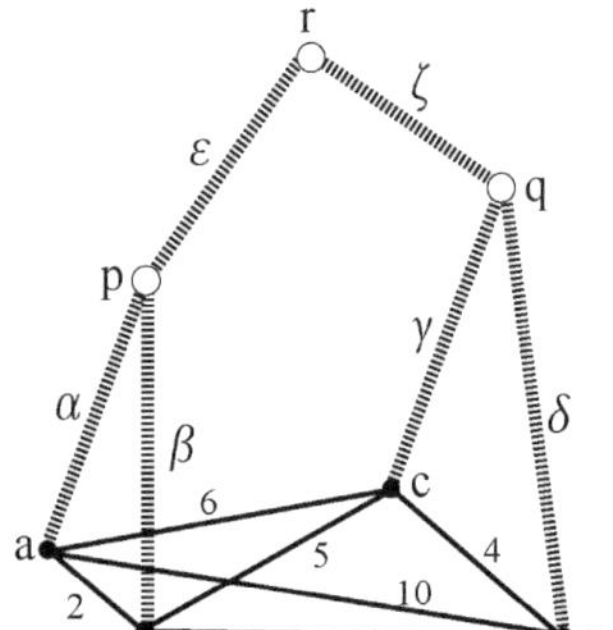

【図4－4】［図4－3］の樹形図の「辺」の長さを α〜ζ とする。

離を対応する経路長の和として表せます：

$d(c,d) = 4 = \gamma + \delta$ ……(4-2)

$d(a,c) = 6 = \alpha + \gamma + \varepsilon + \zeta$ ……(4-3)

$d(a,d) = 10 = \alpha + \delta + \varepsilon + \zeta$ ……(4-4)

$d(b,c) = 5 = \beta + \gamma + \varepsilon + \zeta$ ……(4-5)

$d(b,d) = 9 = \beta + \delta + \varepsilon + \zeta$ ……(4-6)

距離と経路長に関する連立方程式（4－1）～（4－6）を解くことにより、未知数である経路長α～ζの値は次のようになります：

$\alpha = 3/2$

$\beta = 1/2$

$\gamma = 0$

$\delta = 4$

$\varepsilon + \zeta = 9/2$

樹形図上で経路表現された距離は【図４－５】のように図示されます。この図を見れば任意の対象物間の距離が樹形図に沿った辺の経路長の和として表現できることがわかるでしょう。

樹形図による距離の経路表現は、より一般化して言うならば、ある情報を表現するためにダイアグラムが備えている図形言語としての情報保存と検索能力の問題を浮かび上がらせます。従来のクラスター分析のように、デンドログラムの頂点表現によって距離情報の保存をするのであれば、クラスター・レベルを示す「点」の〝高さ〟は重要であっても、内点から伸びる「辺」の長さには実質的な情報は含まれないでしょう。

一方、本節で説明したように、樹形図による距離情報の経路表現をする場合には、端点（すなわち末端の対象物）どうしが内点経由でどのようにつながっているか、それらを結ぶ経路ひとつひとつがどれほどの長さをもっているかが重要になります。ここで初めて私たちは、端点に関する情報を手がかりにして、仮想的な内点を配置しながら端点すべてをつなぐ樹形図を構築する、すなわち可視的な端点から不可視的な内点を含む樹形図をつくるという新たな状況に直面します。

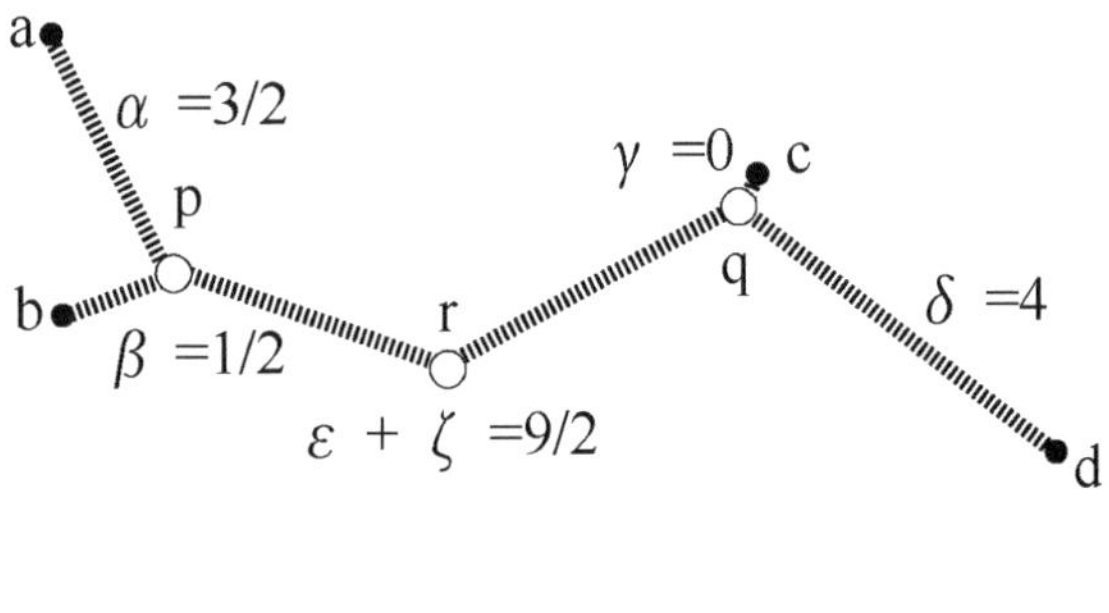

【図4－5】樹形図によって距離尺度を「経路表現」する。樹形図全体の根（r）の両側の経路は和 ε + ζ としての値は確定するが、ε と ζ それぞれの値は不定となる。

3 樹形性定理——三角不等式のチューニング

頂点表現と経路表現という距離に関する二通りの様式は、どちらも分岐的なダイアグラムを用いているという共通点があるので、両者のちがいはすぐには気づかないかもしれません。しかし、頂点表現がクラスター・レベルという「分ける」ための境界値を注視しているのに対し、経路表現はむしろ端点を樹形図によってダイアグラム的に「つなぐ」ことに関心があるという点で、根本的に大きなちがいがあります。

私たちは距離尺度の世界の真っ只中で「分ける」と「つなぐ」というふたつの世界観を同時に体験しているのです。

〔1〕グロモフ積——端点から内点をさぐる

前節では、端点間の距離情報を樹形ダイアグラムの「辺」すなわち「枝」の長さによって表現する方法について説明しました。では、樹形図さえ適切に与えれば距離情報はいつでも経路表現できるのでしょうか？　この点について考える手がかりとして【図４－６】の簡単な例を見てください。

端点間の距離をデータとして与えたとき、未知数である枝長に関する連立方程式が立てられます。三角不等式を満たす【図４－１】の例では $d(x,y)=2$, $d(y,z)=5$, $d(x,z)=6$ なので、以下の三元連立方程式がつくれます。

$$d(x,y) = 2 = \alpha + \beta$$
$$d(y,z) = 5 = \beta + \gamma$$
$$d(x,z) = 6 = \gamma + \alpha$$

これを解くと、$\alpha = 3/2, \beta = 1/2, \gamma = 9/2$ という解が得られ、経路表現が可能であることがわかります。

ところが、三角不等式を満たさない【図4－2】では $d(x,y) = 2, d(y,z) = 5, d(x,z) = 8$ となり、

$$d(x,y) = 2 = \alpha + \beta$$
$$d(y,z) = 5 = \beta + \gamma$$
$$d(x,z) = 8 = \gamma + \alpha$$

を解くと、$\alpha = 5/2, \beta = -1/2, \gamma = 11/2$ という解が得られ、β が負の枝長をもつため経路表現ができなくなってしまいます。

では、三角不等式が満たされていればいいのでしょうか。実はそうではないことは次の例から明らかになります。いま、四対象物 x, y, z, u

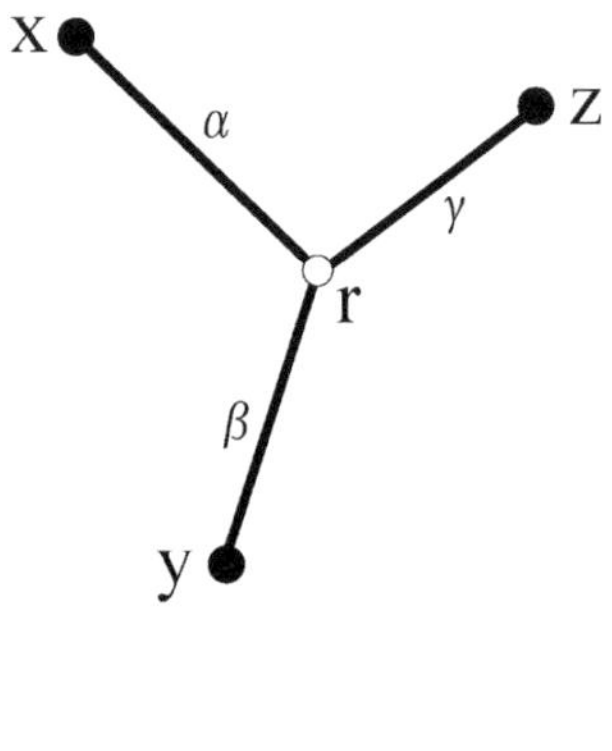

【図4－6】端点 x, y, z と内点 r をもつある樹形図。枝の長さを α, β, γ とする。

の間の距離が次のように与えられているとします：

	x	y	z	u
x	0	9	7	6
y	9	0	6	5
z	7	6	0	5
u	6	5	5	0

これから得られるすべての3対象物の組 $\{x, y, z\}$、$\{x, y, u\}$、$\{x, z, u\}$、$\{y, z, u\}$ に対して三角不等式がつねに成立していることはすぐに確認できます。これらのx，y，z，uを端点とするある二分岐的な樹形図を考え、その内点をp，qとしましょう（【図４－７】）。

【図４－７】の樹形図を構成する5本の枝の長さをα～εを用いた距離dの経路表現による関係式は下記のようになります。

$d(x,y) = 9 = \alpha + \beta$ ……(4-7)

$d(x,z) = 7 = \alpha + \varepsilon + \gamma$ ……(4-8)

$d(x,u) = 6 = \alpha + \varepsilon + \delta$ ……(4-9)

$d(y,z) = 6 = \beta + \varepsilon + \gamma$ ……(4-10)

$d(y,u) = 5 = \beta + \varepsilon + \delta$ ……(4-11)

$$d(z,u) = 5 = \gamma + \delta \cdots\cdots (4\text{-}12)$$

この連立方程式（4－7）～（4－12）を解くと、

$$\alpha = 5$$
$$\beta = 4$$
$$\gamma = 3$$
$$\delta = 2$$
$$\varepsilon = -1$$

となり、負の長さεをもつ枝が出現してしまいます。これは、上で与えた距離のもとでは、たとえ三角不等式が満たされていても、樹形図によって四端点をつなぐことができない場合があるということを意味します。

この四端点x，y，z，uをつなぐ樹形図には【図４－７】に示したもののほかに形が相異なるふたつがあります（【図４－８】）。

【図４－８】の上の樹形図について、距離の経路

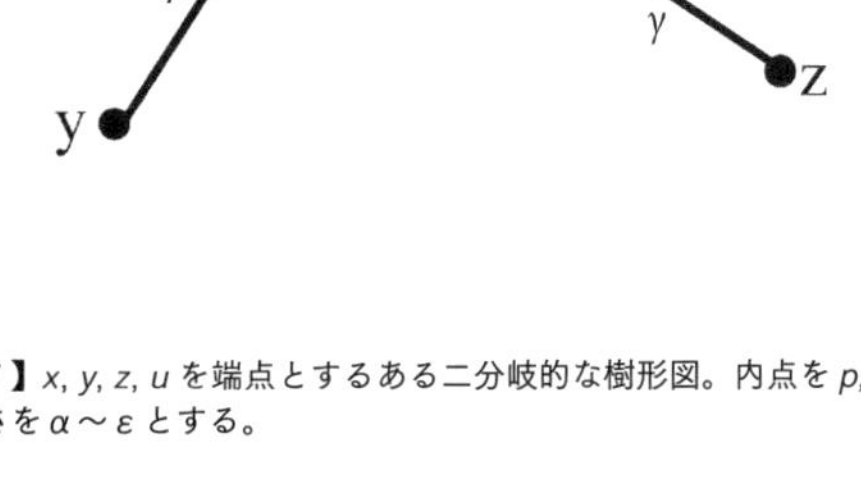

【図４－７】x, y, z, uを端点とするある二分岐的な樹形図。内点をp, qとし、枝の長さをα～εとする。

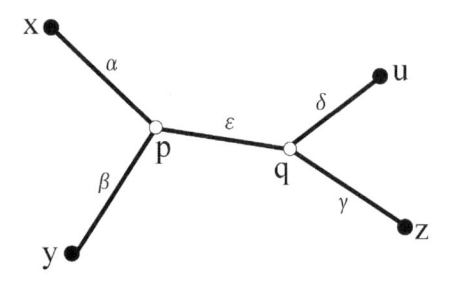

表現の関係式を列挙すると次のようになります。

$$d(x,z)=7=\alpha+\gamma \cdots\cdots (4\text{-}13)$$
$$d(x,y)=9=\alpha+\varepsilon+\beta \cdots\cdots (4\text{-}14)$$
$$d(x,u)=6=\alpha+\varepsilon+\delta \cdots\cdots (4\text{-}15)$$
$$d(z,y)=10=\gamma+\varepsilon+\beta \cdots\cdots (4\text{-}16)$$
$$d(z,u)=5=\gamma+\varepsilon+\delta \cdots\cdots (4\text{-}17)$$
$$d(y,u)=9=\beta+\delta \cdots\cdots (4\text{-}18)$$

この連立方程式（4－13）～（4－18）を解こうとして、（4－14）と（4－15）の両辺を引き算すると

$$\beta-\delta=3$$

となります。ところが、（4－16）と（4－17）の引き算からは

$$\beta-\delta=5$$

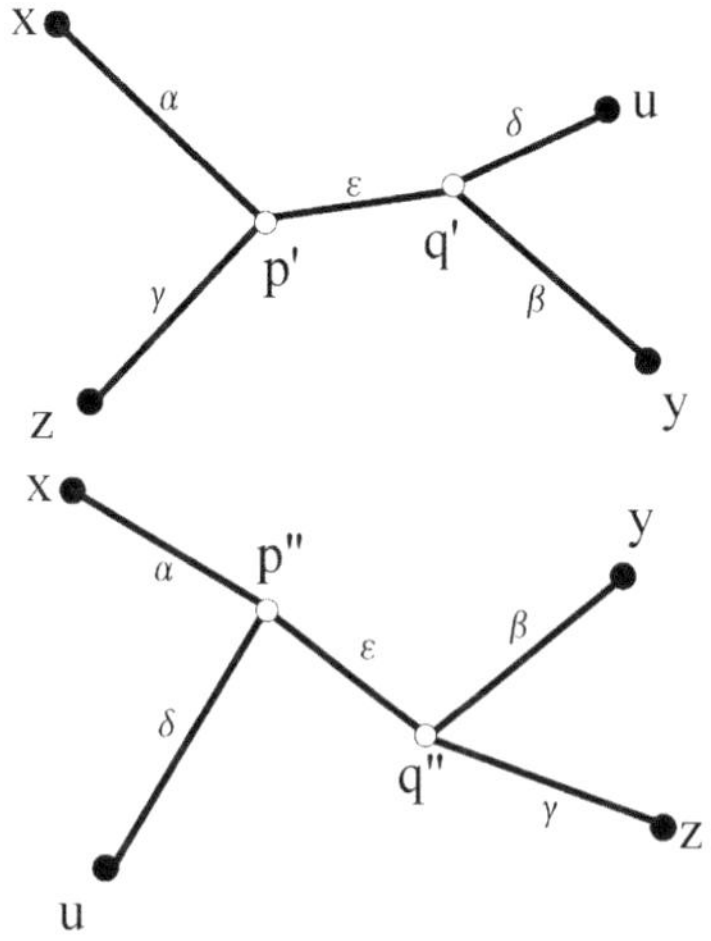

【図 4－8】端点 x, y, z, u をつなぐ他のふたつの樹形図。

が得られます。つまり、これらの式を同時に満たす解は存在しないということです。【図4－8】の下の樹形図についても解が存在しないという同様の結論が導かれます。

以上から言えることは、三角不等式は樹形図による経路表現ができるための必要条件ではあっても十分条件ではないということです。では、三角不等式に加えてどんな条件を与えればいいのでしょうか。

この点について考えるために、上の【図4－7】の例に戻りましょう。その例では樹形図のふたつの内点pとqを結ぶ内枝（internal branch）の長さεが負の値になってしまいました。裏を返せば、この内枝長 ε が非負であれば樹形図を描くことが可能です。そのための条件を導き出しましょう。距離と枝長との関係式は以下の通りです。

$d(x,y) = \alpha + \beta$……(4-19)

$d(x,z) = \alpha + \varepsilon + \gamma$……(4-20)

$d(x,u) = \alpha + \varepsilon + \delta$……(4-21)

$d(y,z) = \beta + \varepsilon + \gamma$……(4-22)

$d(y,u) = \beta + \varepsilon + \delta$……(4-23)

$d(z,u) = \gamma + \delta$……(4-24)

ここでuを含む三端点の組合せをつくります。まずはじめにx, y, uの三端点を取ると、それら

の間の距離 $d(x,u)$, $d(y,u)$, $d(x,y)$ と経路長との関係式（4－19）、（4－21）、（4－23）を用いることにより

$$d(x,u)+d(y,u)-d(x,y)=2(\varepsilon+\delta)$$

$$\therefore\quad \varepsilon+\delta=1/2\{d(x,u)+d(y,u)-d(x,y)\} \quad\cdots\cdots(4\text{-}25)$$

となります。【図4－9】に示したように、経路長 $\varepsilon+\delta$ は x と y に連なる内点 p から端点 u までの距離を表します。

同様にして、別の三端点 x, z, u については（4－20）、（4－21）、（4－24）の三式から

$$d(x,u)+d(z,u)-d(x,z)=2\delta$$

$$\therefore\quad \delta=1/2\{d(x,u)+d(z,u)-d(x,z)\}\cdots\cdots(4\text{-}26)$$

となります（【図4－10】）。δ は x と z に至る内点 q から u への距離です。

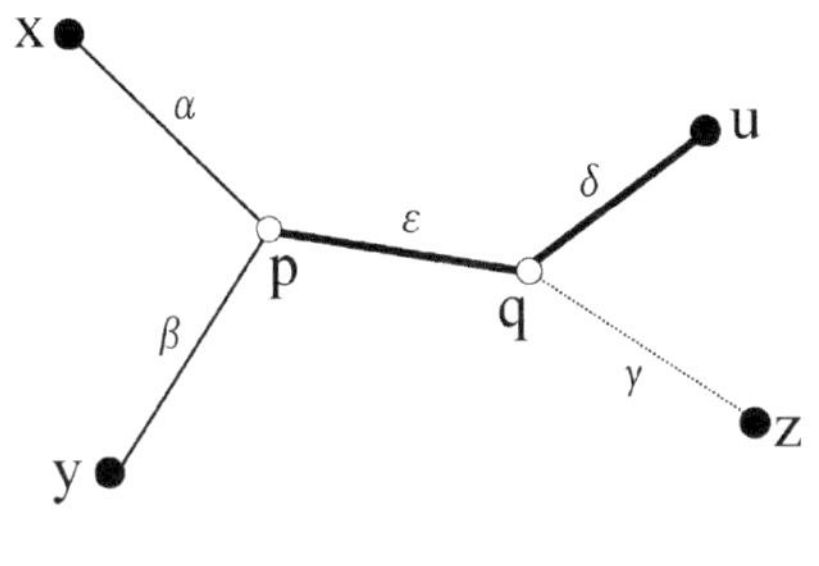

【図4－9】［図4－7］の3端点 x, y, u に関する距離と経路長との関係。太い実線で示される経路長 $\varepsilon+\delta$ は x, y, u 間の距離によって表現できる。

さらに、三端点y, z, uからは

$$d(y,u)+d(z,u)-d(y,z)=2\delta$$

$$\therefore \quad \delta=1/2\{d(y,u)+d(z,u)-d(y,z)\} \cdots\cdots (4\text{-}27)$$

が導かれます（【図4－11】）。ここでのδもまたyとzにつながる内点qからuへの距離です。

このようにして、四端点x, y, z, uから三点ずつ取ることにより上のような関係式（4－25）～（4－27）が得られました。これらの関係式すべての右辺には同一の形式の距離変換式が出現します。この変換式は「グロモフ積（Gromov product）」と呼ばれています（Deza and Deza 2013, p.9）。グロモフ積は次のように定義されます。

【定義4－1：グロモフ積】

距離dが定義されているとき、あるrに関するxとyのグロモフ積（Gromov product）$(x \cdot y)_r$は次のように定義される：

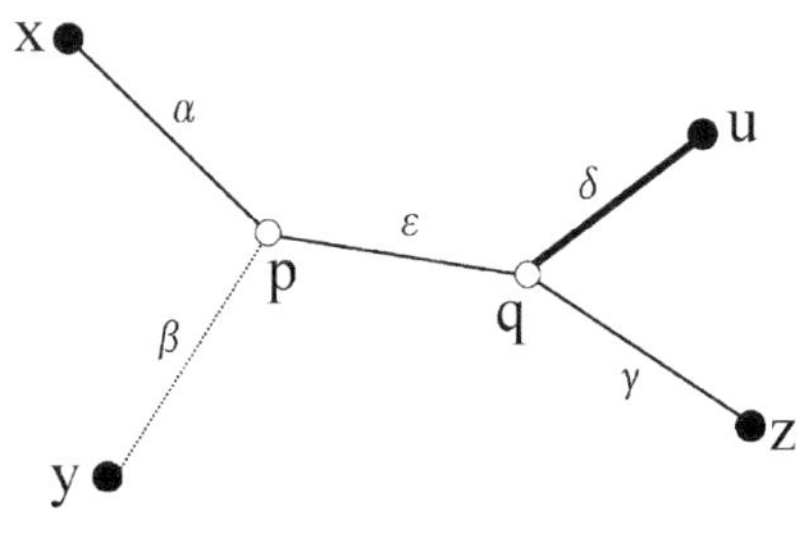

【図4－10】3端点x, z, uに関する距離と経路長との関係。

$(x\cdot y)_r = 1/2\{d(x,r)+d(y,r)-d(x,y)\}$（$x\neq y$ のとき）

$= 0$（$x=y$ のとき）

距離の変換式としてのグロモフ積が具体的には何を意味するかを【図４－12】を用いて説明しましょう。端点であるx，y，rについては距離dが前もって与えられていますが、【図４－12】の内点uに関しては私たちは何一つ情報をもっていません。しかし、グロモフ積を計算することにより、仮想的な内点uから参照点rへの距離をdの線形結合によって計算することが可能になります。つまり、グロモフ積は、端点（x, y, r）を互いにつなぐ樹形図の内点（u）を構築しているという点で、可視から不可視への橋渡しをしているとみなすことができます。私たちに見えているのはx，y，rという三端点だけですが、グロモフ積は枝urの長さを与えることにより、見えない樹形図の内点uの存在を示唆して

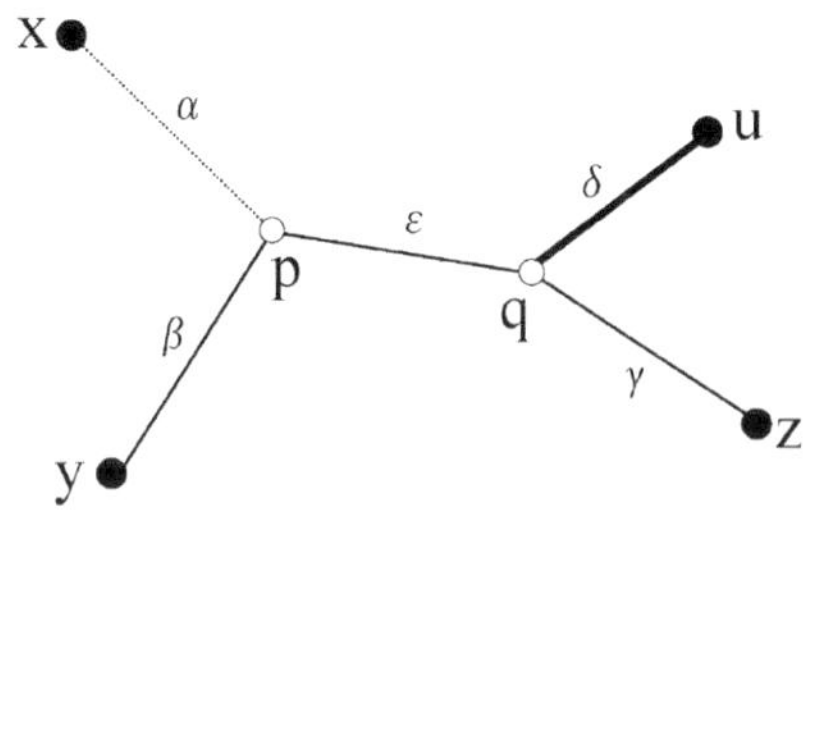

【図４－11】３端点 y, z, u に関する距離と経路長との関係。

いるということです。

〔2〕超計量性と相加性――樹形図が描ける条件とは

前節のグロモフ積は端点を結ぶ樹形図の内点を仮定して計算をしているだけで、そのような樹形図が実際に可能かどうかは別問題です。グロモフ積の定義を用いると、（4－25）～（4－27）の三式は次のように表記できます。

$$\varepsilon + \delta = 1/2\{d(x,u) + d(y,u) - d(x,y)\} = (x \cdot y)_u$$
$$\delta = 1/2\{d(x,u) + d(z,u) - d(x,z)\} = (x \cdot z)_u$$
$$\delta = 1/2\{d(y,u) + d(z,u) - d(y,z)\} = (y \cdot z)_u$$

右で説明したように内部枝の長さεが負の値にならなければ樹形図を描くことができます。そのための条件（ε≧0）はグロモフ積に関して次の不等式が成り立つことです。

$$(x \cdot y)_u \geqq (x \cdot z)_u = (y \cdot z)_u \quad \cdots\cdots(4\text{-}28)$$

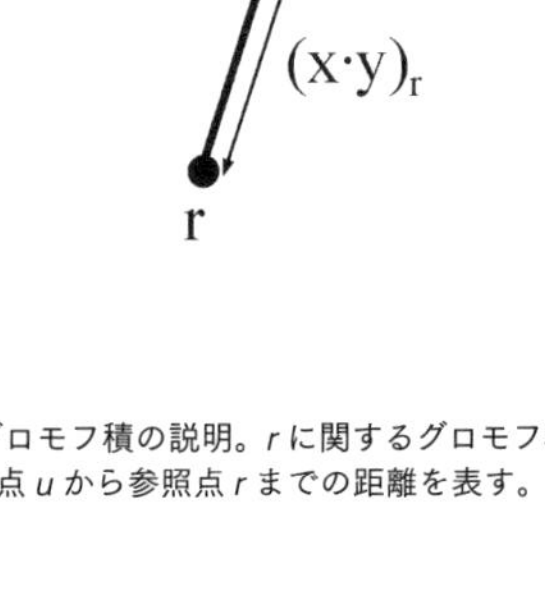

【図 4-12】グロモフ積の説明。r に関するグロモフ積（$x \cdot y$)$_r$ は、x と y の分岐点 u から参照点 r までの距離を表す。

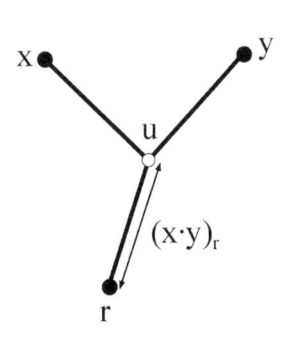

ここで、ある定数Cからグロモフ積を引いた「$C-(x \cdot y)_r$」を「ファリス変換（Farris transform）」と呼びます（Deza and Deza 2013, pp. 81-82）。右の（4－28）式より、樹形図を可能にするファリス変換の条件式

$$C-(x \cdot y)_u \leqq C-(x \cdot z)_u = C-(y \cdot z)_u \quad \cdots\cdots (4\text{-}29)$$

が成り立つことはすぐにわかります。

一般に、次の定理が成り立ちます。

【定理4－1】三実数 X,Y,Z（X≦Y≦Z）の間に $X \leqq \max\{Y,Z\}$；$Y \leqq \max\{Z,X\}$；$Z \leqq \max\{X,Y\}$ が成り立つ必要十分条件は X≦Y＝Z である。

［証明］三数の大小関係により、

$X \leqq \max\{Y,Z\} = Z \; (*)$

$Y \leqq \max\{Z,X\} = Z \; (**)$

$Z \leqq \max\{X,Y\} = Y \; (***)$

仮定により（*）は成立する。（**）と（***）からY＝Zが導かれる。よって、X≦Y＝Zが成り立つ。逆にX≦Y＝Zが成り立つとき、（*）〜（***）の成立は自明である。

この【定理４－１】に関連して、次の「超計量性（ultrametricity）」の定義を与えます（Jardine and Sibson 1971, p. 49; Benzécri 1976, p. 138）。

【定義４－２：超計量性】
任意の三点x，y，zに関する距離dが$d(x,y)\leq\max\{d(x,z), d(y,z)\}$, $d(y,z)\leq\max\{d(x,y), d(x,z)\}$, $d(x,z)\leq\max\{d(x,y), d(y,z)\}$を満たすとき、距離$d$を「超計量（ultrametric）」と呼ぶ。
【定理４－１】により、超計量性条件を満たすとき$d(x,y)$, $d(y,z)$, $d(x,z)$のうち、より大きい距離ふたつは互いに等しい。

超計量性とは$d(x,y)$, $d(y,z)$, $d(x,z)$が長辺を等辺とする二等辺三角形をつくるということです。この【定理４－１】を用いれば、ファリス変換に関する右の（４－29）式は次と同値になります。

$$C-(x\cdot y)_u\leq\max\{C-(x\cdot z)_u, C-(y\cdot z)_u\} \quad\cdots\cdots\quad (4\text{-}30)$$

【定義４－２】によれば、ファリス変換は超計量です。元の距離の関係式に戻すと次の式になります。

$$d(x,y)-d(x,u)-d(y,u) \leqq \max\{d(x,z)-d(x,u)-d(z,u),\ d(y,z)-d(y,u)-d(z,u)\}$$

さらに両辺に $d(x,u)+d(y,u)+d(z,u)$ を加えると

$$d(x,y)+d(z,u) \leqq \max\{d(x,z)+d(y,u),\ d(x,u)+d(y,z)\} \quad \cdots\cdots \quad (4\text{-}31)$$

距離が樹形図によって表現できるかどうかを決めるこの条件式（４－31）は「相加性（additivity）」あるいは「四点条件（four-point condition）」と名づけられています（Buneman 1971, p. 391, 1974, p. 48）。相加性の条件式（４－31）は距離和が超計量であることを意味しているので、次の【定義４－３】のように書くことができます。

【定義４－３：相加性】

任意の四点 x, y, z, u に関する距離 d の和 $d(x,y)+d(z,u)$, $d(x,z)+d(y,u)$, $d(x,u)+d(y,z)$ が超計量性条件を満たすとき、距離 d を「相加的計量（additive metric）」と呼ぶ。

三角不等式が任意の三点に関する条件式だったのに対し、相加性条件は任意の四点に関する二点間距離の和に制約条件を課すのが特徴です（【図４－13】）。

距離和は超計量なので、それらを三辺とする三角形は二等辺三角形になります。しかも、相加性条

件からファリス変換の超計量性（4－30）、さらにはグロモフ積の関係式（4－28）とさかのぼると、二等辺三角形が描けるという条件がつねに満たされていることがわかります。

これら計量性・相加性・超計量性の間には次のような関係があります。

【定理4－2】超計量性が成立すれば相加性は成立し、相加性が成立すれば計量性は成立する。逆は成立しない。

［証明］超計量性が成り立つとき、$d(x,y) \leq \max\{d(x,z), d(y,z)\}$ が成立する。相加性条件式（4-31）で $u=z$ と置くと $d(x,y) \leq d(x,z)+d(y,z)$ となる。$\max\{d(x,z), d(y,z)\} \leq d(x,z)+d(y,z)$ は自明なので相加性は成立する。また、相加性が成立するとき $d(x,y) \leq d(x,z)+d(y,z)$ が成り立つので計量性の成立も自明である。

視覚的に言うならば、超計量性とは距離が二等辺三角形をつくること、より緩い相加性とは距離和が二等辺三角形をつくること、そしてもっとも緩い計量性とは距離が制約のない三角形をつくることです

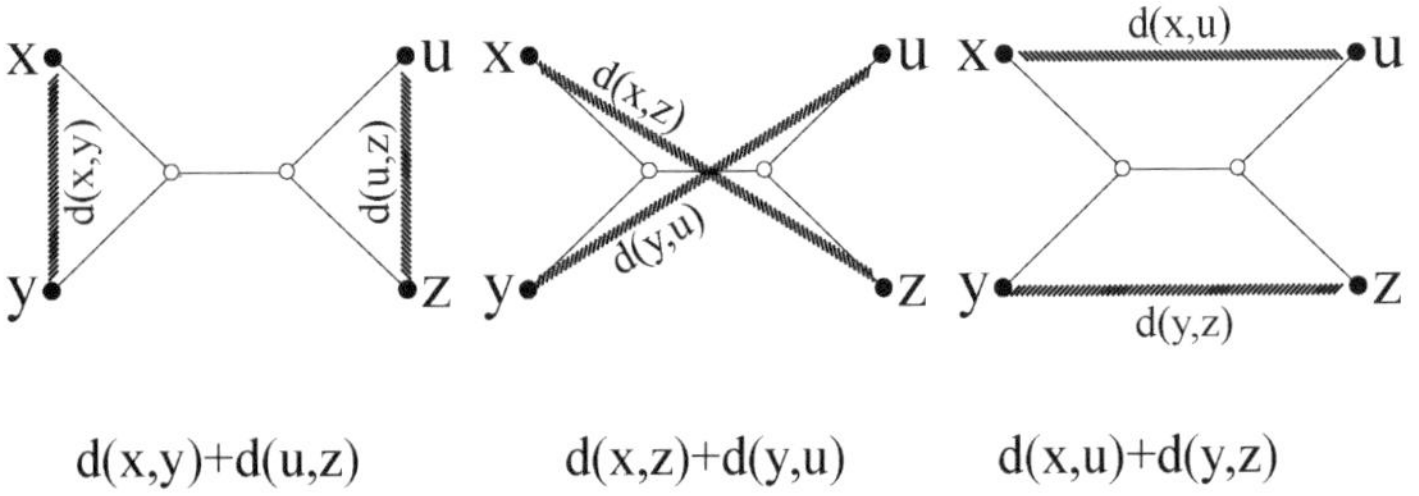

【図4－13】4点 x, y, z, u に関する2点間の距離の和 $d(x,y)+d(z,u)$, $d(x,z)+d(y,u)$, $d(x,u)+d(y,z)$ に関してあるひとつが他のふたつの大きい方を超えないという制約が相加性の条件である。

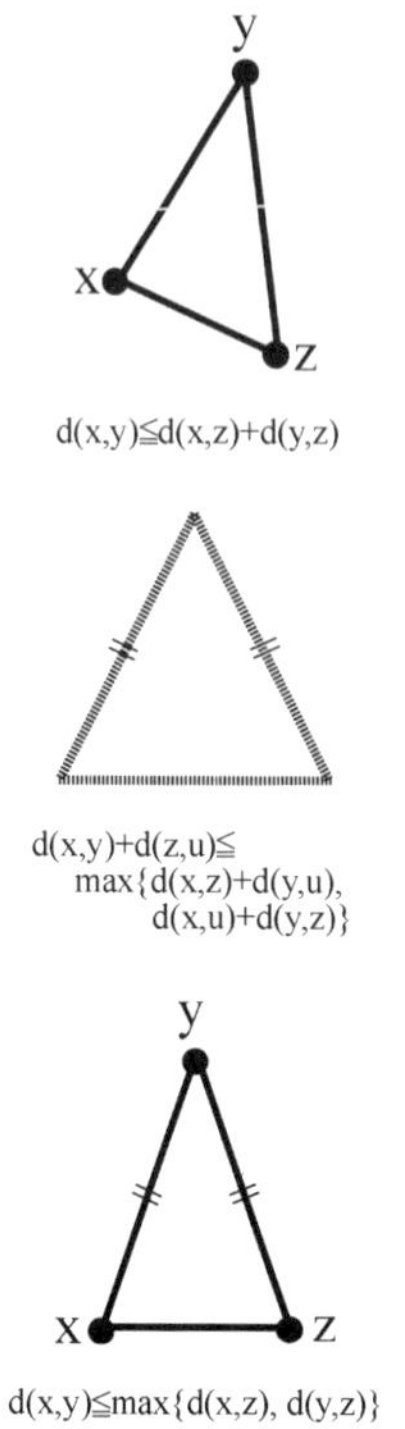

【図4－14】計量性・相加性・超計量性の条件を視覚化する。計量性の条件は端点間の距離 d が単に三角形をつくればいい（上）。相加性の条件は距離和が二等辺三角形（長辺が等辺）をつくるというより強い制約を置く（中）。超計量性は距離そのものが二等辺三角形（長辺が等辺）をつくるというもっとも強い制約を課す（下）。

（【図4－14】）。

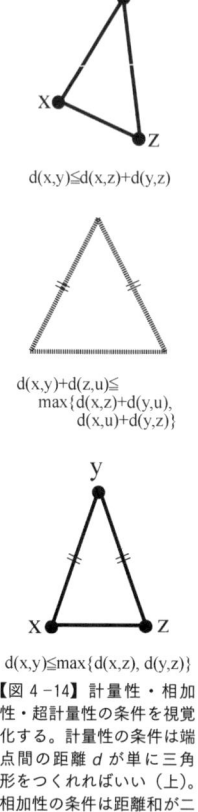

樹形図によって端点をつなぐための必要十分条件がこの相加性であることは一般的な定理として証明されています（Semple and Steel 2003, p. 152, Theorem 7.2.6）。

【定理4－3：樹形性定理（Tree-Metric Theorem）】
端点集合を樹形図でつなぐための必要十分条件は計量が相加性を満たしていることである。

前章で述べたように、数量表形学は端点の全体的類似度に基づく〝分類〟のための技法としてクラスター分析を開発しました。クラスター分析のデンドログラムは内点の高さ（クラスター・レベル）によって距離を表現します（頂点表現）。いま、ある内点から端点への枝に対してクラスター・レベルの半分の長さを距離として距離表現するとき、デンドログラムは超計量を図示する樹形図となることが証明されています（Semple and Steel 2003, p. 151, Theorem 7.2.5）。相加的計量は超計量よりも制約が弱いので、内点から端点への枝の長さはそれぞれ異なってもかまいません。上の樹形性定理は超計量のデン

ドログラムまで含めた一般的な樹形図を構築できる条件を与えていることがわかります。

全体的類似度に基づく数量表形学の方法論に反旗を翻したジェイムズ・スティーヴ・ファリス（James S. Farris）は、一九七〇年に、上述のグロモフ積に相当する全体的類似度の変換式を提唱しました（Farris 1970, Farris *et al.* 1970）。彼の研究によれば、グロモフ積による特殊類似度（special similarity：Farris 1977）に基づく分類体系は、数量表形学の全体的類似度によるクラスター分析よりも分類体系よりも情報量の点で勝っていることを示しました。

ファリスの言うグロモフ積による分類体系とはいったい何でしょうか。【図4-12】のrを系統学的な〝祖先〟であると仮定すると、グロモフ積（$x \cdot y$）$_r$とは端点xとyの仮想共通祖先uからrまでの「共有された進化史」に基づく類似度を意味します。それは、数量表形学派と対立していた分岐学派が支持してきた「共有派生形質（synapomorphy）」に基づく類似度にほかなりません（Hennig 1950, 1982, 三中 1997）。つまり、ファリスは類似度（距離）の観点から見たとき、全体的類似度に基づく超計量的デンドログラムにしたがって端点集合を分けるのではなく、相加性を満たす樹形図をグロモフ積による特殊類似性に基づいて系統推定することにより端点集合を仮想祖先（内点）を経由してつなぐ系統的体系の方がすぐれていることを示しました。

では、仮想的な内点を含む樹形図とはいかなるダイアグラムでしょうか。本章の最後にこの問題について考えてみましょう。

4　X樹——樹形ダイアグラム論の基礎

本章で論じてきた樹形ダイアグラムは、可視的な分類から不可視的な系統への橋渡しをするという大役を担っています。図形言語としての樹形図は「線」というもっとも単純なデザイン要素のみから描かれています。他方、その単純さがあればこそ、さまざまな対象物をつなぐためのツールとして汎用的に利用されてきたこともまた事実です（三中・杉山 2012, Lima 2014）。

樹形図の汎用性を支える基礎はどこにあるのか——本章ではその点に注目し、対象物の類似性（その裏返しとしての距離）の情報が樹形ダイアグラムによってどのように表現されそして保存されるのかに関する論理を展開してきました。あまりにも数学に流れすぎているという感想をもった読者はきっと少なくないだろうと予想します。しかし、類似と差異という私たち人間にとって日常生活に直結する認知と判断は勝手気ままに行なわれているわけではけっしてありません。むしろ、無意識のうちにある論理——いわば〝野生の論理〟——を働かせていると考えるのが自然ではないでしょうか。

人間にとってのこの〝野生の論理〟を明示するためのもっとも基盤となるのは、第2章に登場した順序関係の理論、第3章で展開した分類構築の手順、そして本章で考察した類似度（距離）の概念です。これらは、現代の数学では「離散数学（discrete mathematics）」すなわち対象物の関係性に基づく組合せ論やグラフ理論の分野にすべて含まれています（三中 1993, 1997）。

「数理系統学（mathematical phylogenetics）」の著作『系統学的組合せ論の基礎』（Dress *et al.* 2012）の序言で、著者らは「系統学的組合せ論とは系統樹・進化樹および関連する数学的構造を組合せ論的に究

明する応用離散数学の一分野である」(p. ix)と明言しています。つまり、分類と系統の離散構造(オイラー図や樹形図など)を支えるよりどころは確かにここにあるということです。この離散数学(Davey and Priestley 2002)は、コンピューター科学などの応用数学の分野ではすでに浸透していますが、生物学など他分野では必ずしもよく知られてはいないようです。しかし、生物・言語・写本の系統関係を推定する個別分野の理論的研究では、離散数学をふまえた組合せ論やグラフ理論が〝共通語〟として用いられてきたことはまぎれもない事実でした。

前世紀を振り返れば、少なくとも生物体系学の分野に関しては、離散数学的な概念や理論は紆余曲折はありながらも少しずつ浸透してきました。たとえば、二〇世紀はじめ、哲学者のアルフレッド・ノース・ホワイトヘッド(Alfred North Whitehead:一八六一―一九四七)とバートランド・ラッセル(Bertrand Russell:一八七二―一九七〇)の著作『数学原理(*Principia Mathematica*)』(1910-1913)に代表される「公理化(axiomatization)」の潮流は、さまざまな個別科学に波及しました。生物分類学もその例外ではなく、ジョゼフ・H・ウッジャー(Joseph H. Woodger:一八九四―一九八一)の『生物学の公理論的方法(*The Axiomatic Method in Biology*)』(Woodger 1937)やジョン・R・グレッグ(John R. Gregg:一九一六―二〇〇九)の『分類学の言語:記号論理学の分類体系研究への適用(*The Language of Taxonomy: An Application of Symbolic Logic to the Study of Classificatory Systems*)』(Gregg 1954)では、記号論理学や論理数学などのちに離散数学となる理論が公理化の言語として用いられていました。

しかし、時代に先駆けすぎた彼らの公理論的研究は、同時代の生物学者たちに冷たくあしらわれてしまいます(Smocovitis 1996, 2000, 三中 1997, Cain 2000, Nicholson and Gawne 2014)。たとえば、動物分類学の権威のひとりだったジョージ・G・シンプソン(George G. Simpson:一九〇二―一九八四)は主著『動

物分類学の基礎（*Principles of Animal Taxonomy*）』（Simpson 1961）のなかで、次のように書いています：

「ウッジャーによる生物学の他分野への記号論理学の適用と同じく、グレッグの公理論的な体系にもまた同義反復（tautology）であって、何かを発見することはできないという反対論が出されてきた。第一の同義反復であるとは、彼らの体系は別のことばによって（簡潔さには欠けることがふつうだが）もっと単純に表現されていたことを言い換えているにすぎないのではないかという批判である。第二の批判は、それらの公理論的体系は（今のところ）分類学の実践に対して何一つ有意義な変更をもたらさなかったし、重要な分類学的発見を導いたこともないという点である。」（原書、pp. 21-22）

しかし、シンプソンにとっては、「これらの批判は私の意見によればなるほどある程度の力をもっている。だが止どめをさすほどのものではない」（訳書、p. 25）と述べ、生物分類学の公理論的アプローチがもつ真の問題点についてこう書いています：

「これらの公理論的体系が不完全であって混乱を招く理由は、実際の分類にとってきわめて重要な論理的考察を考慮していないからである。それらの体系は、完全に分割可能な集合すなわち厳密な A 対 not-A という二分岐の存在を仮定あるいは要求しているようである。しかし、進化する生物を扱う場合、そのようなことはたいてい不適切である。……それらの体系は、現代のとりわけ進化的な分類ではなく、一八世紀にはふつうだった類型学的かつ多かれ少なかれ人為的な分

類の記述には向いていただろう」（原書、p. 22）

生物分類のもっとも基礎となる部分の〝公理化〟を生物学者たちが拒絶したもっとも大きな理由は、現場の研究者たちがそれらの著作を〝読むこと〟それ自体ができなかったからでしょう。Buck and Hull（1966）は生物分類学の公理論的アプローチを評して次のように書いています：

「グレッグは、集合論という論理学（すなわち数学）の概念だけでなくその数式を用いて議論を進めた。そのせいで、彼の論文は読むことがほとんど不可能になってしまった。彼の研究が本来持ったはずの読者層とインパクトを実際には持つことができなかった理由はそこにあるとわれわれは考えている」（p. 97）

生物学者たちが〝本能的〟に数学や統計学を忌避する性向があることは一般論としては言えることですが、ウッジャーやグレッグら公理論的生物学者たちは他の生物学者たちが隠してきた数式拒否症の〝傷〟に塩をたっぷり塗りこんだわけです。当然の結末というしかありません。

しかし、シンプソンの翻訳を手がけた発生学者の白上謙一は、ウッジャーやグレッグの研究を紹介した記事（白上 1956a, b）の中で、公理論的方法とともに順序関係や束などの数学理論が生物学にとって有用であると主張しています。「現在の分類学者に必要なのは位相 Topology の勉強ではないかと思う」（白上 1956b, p. 67）という彼のメッセージを私たちは正面から受け止めるべきでしょう。数学の言葉を採用することで理論や概念が明確化できるという長所を考えるならば、可読性の低さはもはや

免罪符にはなりません。

類似性によって分けることは「隠喩（メタファー）」であるのに対し、隣接性によってつなぐことは「換喩（メトニミー）」であるという前章の論議を思い出しましょう。ここでの大きな問題は隣接性をどのように構築するかという点にあります。端点としての対象物は可視的であり、その属性に関する情報を得たり、類似度や距離を数値化することにより分類することができます。他方、分類から系統への橋渡しをする樹形ダイアグラムとして、固定された端点どうしを仮想的な内点を経由してつなぎ合わせる樹形図は〝自由度〟がより高いという特徴があります。つまり、内点が確定しないため、得られる樹形が大きく異なる可能性が生じるということです。

一般に、いくつかの「点」と数本の「線分」をつないだダイアグラムがグラフ理論的な意味での「グラフ（graph）」です。ここでいう「点」を「頂点（vertex）」、「線分」を「辺（edge）」と名づけ、そして、ある頂点に連なる辺の本数をその頂点の「度数（degree）」と呼びます（【図４－15】）。

離散数学では樹形ダイアグラムは「X樹（X-tree）」と呼ばれ、次のように定義されています（Barthélemy and Guénoche 1991, chapter 1; Semple and Steel 2003, p. 17; Dress *et al.* 2012, p. 21）。

【定義４－４：X樹】

空集合ではないある有限集合Xに対する「X樹（X-tree）」とは、下記の条件を満たす頂点集合（V：vertex set）と辺集合（E：edge set）そしてラベリング写像（ϕ：labelling map）の三つによって決まる。

・条件１　頂点集合Vと辺集合Eは樹形グラフTになる。このグラフ$T=(V,E)$を「基底樹（un-

derlying tree)」と呼ぶ。

・条件２　ラベリング写像 ϕ：X→V について、度数２以下のすべての頂点 $v\in$V は $v\in\phi$（X）である。

この定義に含まれる「条件１」は頂点集合と辺集合がひとつの樹形グラフを形成することを要求します。【図４－15】の頂点 v_6 のような孤立点は存在せず、すべての頂点は辺によってつながっているということです。

この「条件１」に比べると、次の「条件２」はやや歯ごたえがあります。まずはじめにラベリング写像 ϕ について理解する必要があります。いま n 個の対象物から成る集合 X＝{1, 2, …, n} を考えましょう。このときラベリング写像 ϕ：X→V とは X に含まれるそれぞれの対象物 $x\in$X を基底樹 T のある頂点 $v\in$V に対応づけます。したがって、この対応づけが可能であるためには X に含まれる対象物の個数と等しいかまたはそれよりも多くの頂点が頂点集合

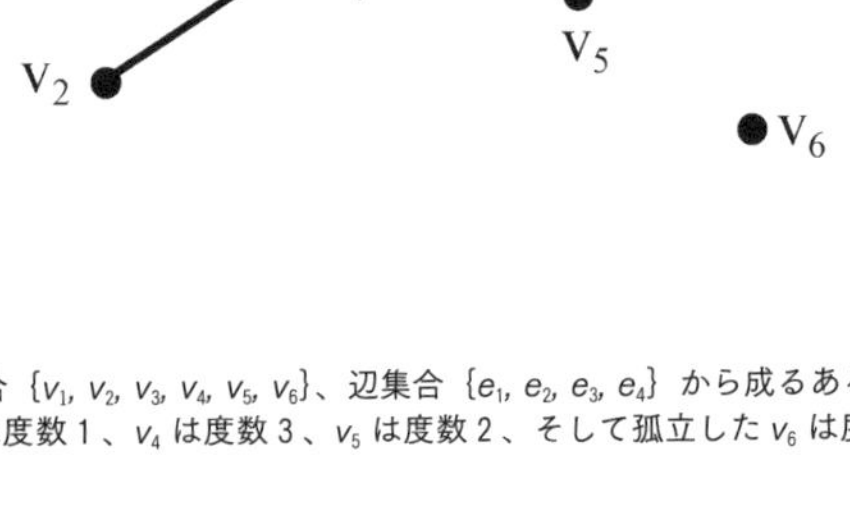

【図４－15】頂点集合 {$v_1, v_2, v_3, v_4, v_5, v_6$}、辺集合 {$e_1, e_2, e_3, e_4$} から成るあるグラフを与えたとき、頂点 v_1, v_2, v_3 は度数１、v_4 は度数３、v_5 は度数２、そして孤立した v_6 は度数０である。

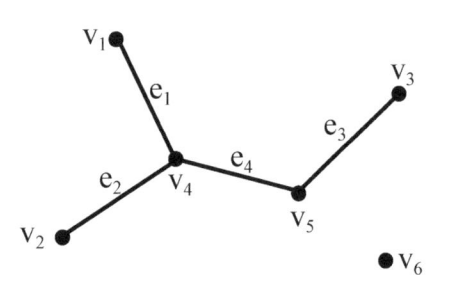

Vに含まれている必要があります。右の「条件2」は基底樹Tの度数2以下の頂点はラベリング写像ϕによってある対象物と対応づけられるということです。

「条件1」と「条件2」を満たすもっとも単純なX樹を【図4－16】に示します。この例は対象物集合X＝$\{x_1, x_2, x_3, x_4, x_5, x_6\}$に対して、基底樹として頂点集合V＝$\{v_1, v_2, v_3, v_4, v_5, v_6\}$からなる直線的なチェインを設定し、すべての$i=1, 2, \ldots, 6$に対して、ラベリング写像$\phi$によって$\phi(i)=v_i$という対応づけをしています。この例では、チェインの両端v_1とv_6は度数1であり、それ以外のv_2, v_3, v_4, v_5は度数2です。

基底樹としてのチェインは〝退化〟したツリーすなわち樹形図であると考えられます。より複雑に分岐するX樹はどのようになるかを【図4－17】に示しました。この例では、対象物集合X＝$\{x_1, x_2, x_3, x_4, x_5, x_6\}$は同じですが、基底樹の頂点集合V＝$\{v_1, v_2, v_3, v_4, v_5, a_1, a_2\}$は端点$v_1$～$v_5$と内点$a_1$～$a_2$から

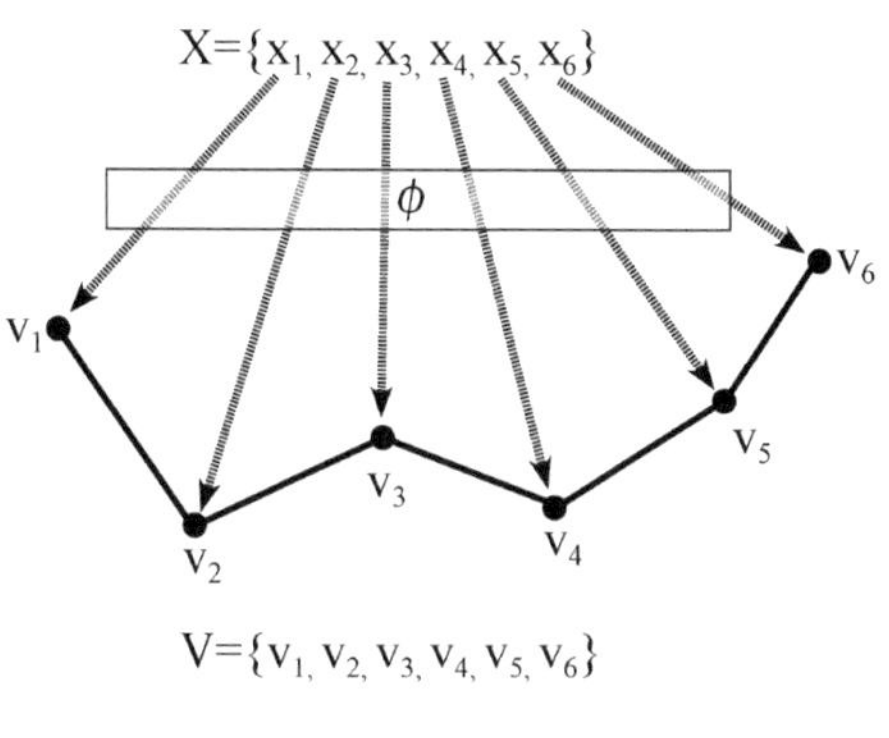

【図4−16】もっとも単純なX樹の例。基底樹（実線）は連鎖状のチェインであり、すべての頂点をつなぐ。対象物集合Xを定義域とするラベリング写像ϕから頂点集合への対応づけを矢印で示した。

構成されています。【定義4－4】の「条件2」は度数2以下のすべて頂点は対象物との対応づけを要求しますが、度数3以上の頂点については何の条件も課していません。したがって、【図4－16】の頂点v_3は度数3ですが、x_3と対応づけられています。また、ラベリング写像ϕは一対一対応であることを求められていませんので、図中の頂点v_4のように異なる対象物x_4とx_5から同一の頂点に対応づけられることも許されます。このように一般のX樹はかなり緩い条件を与えているということができます。

【図4－16】の直鎖チェインでは分岐が含まれないので不都合であり、だからといって【図4－17】に示した一般的なX樹では制約が緩すぎます。なぜなら、私たちが分類から系統への橋渡しのための樹形ダイアグラムとして想定しているのは、前章の【図3－3】のように、すべての対象物がそれぞれ樹形図の相異なる端点に一対一に対応づけられ、それ以外の頂点には対応づけられないと仮定しているからです。そのためには、ラベリング写像ϕにもう

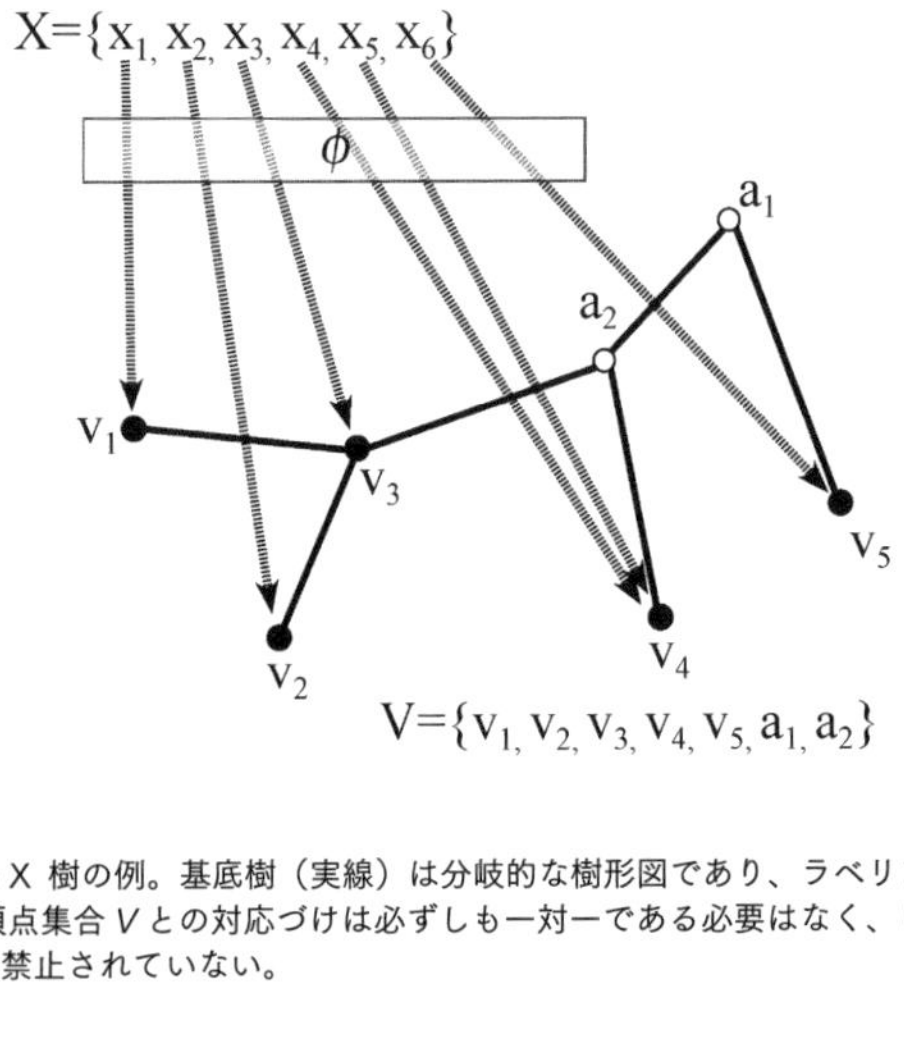

【図4-17】一般のX樹の例。基底樹（実線）は分岐的な樹形図であり、ラベリング写像ϕによる対象物集合Xと頂点集合Vとの対応づけは必ずしも一対一である必要はなく、しかも度数3の頂点への対応づけも禁止されていない。

少し強い制約を課す必要があります。それが、次に示す「系統X樹（phylogenetic X-tree）」の定義です（Semple and Steel 2003, p. 17：Dress *et al.* 2012, pp. 21-22）。

【定義4－5：系統X樹】

空集合ではないある有限集合Xに対する「系統X樹（phylogenetic X-tree）」とは、ラベリング写像ϕが下記の条件を満たすX樹である。

・条件3　ϕの値域$\phi(X)$は頂点集合Vに含まれる度数1の頂点の集合である。

・条件4　ϕは全単射（bijection）すなわち一対一（one-to-one）かつ上への（onto）写像である。

この【定義4－5】の「条件3」は、それぞれの対象物がラベリング写像によって基底樹の端点（辺が一本しかないので度数1）に対応づけられるという意味です。また「条件4」は対象物と端点とはもれなく一対一に対応するということです。【図4－18】

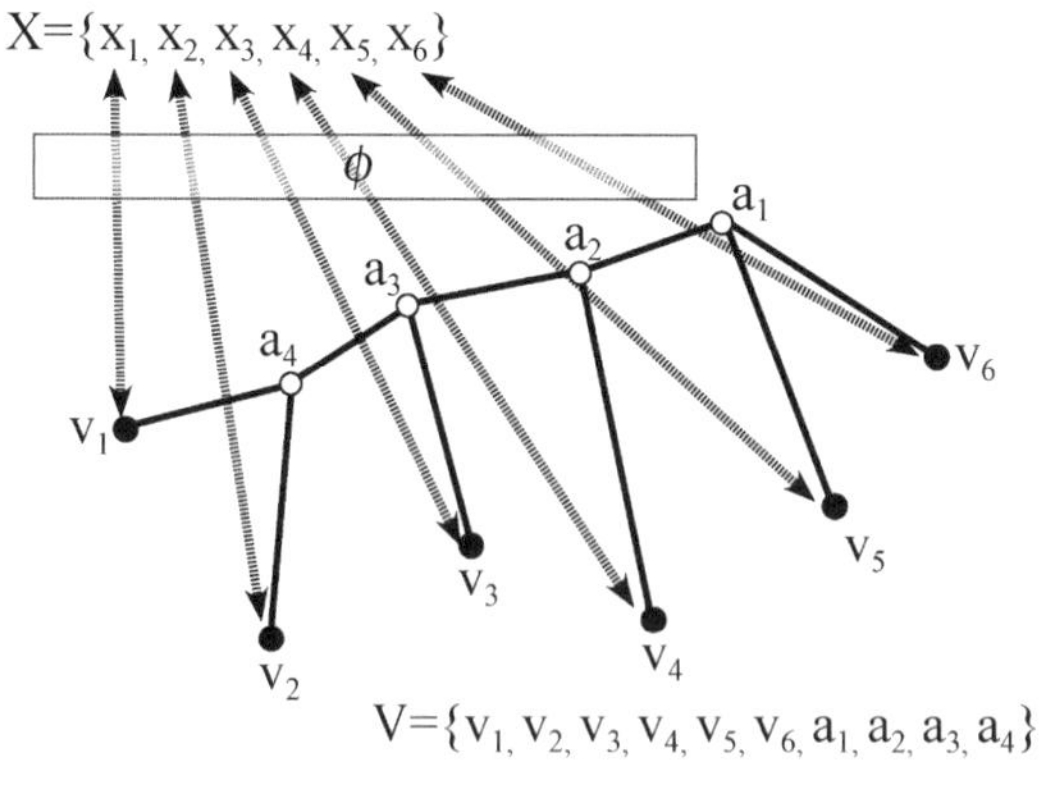

【図4－18】系統X樹の例。基底樹（実線）は分岐的な樹形図であり、ラベリング写像ϕによる対象物集合Xと頂点集合Vとの対応づけは全単射（両矢印で示した）である。

に系統X樹の例を示します。この例では、対象物集合 $X = \{x_1, x_2, x_3, x_4, x_5, x_6\}$ に対して、分岐的な基底樹を与え、その頂点集合 $V = \{v_1, v_2, v_3, v_4, v_5, v_6, a_1, a_2, a_3, a_4\}$ は端点 $v_1 \sim v_6$ と内点 $a_1 \sim a_4$ から成ります。ラベリング写像 ϕ によりすべての対象物 x_i（$i = 1 \sim 6$）は基底樹の端点 v_i（$i = 1 \sim 6$）と全単射で対応づけられます。

この系統X樹の概念を用いることにより、実在する可視的な対象物（端点）集合から、潜在的かつ不可視的な内点を含む頂点集合への樹形ダイアグラムによる橋渡しが可能になります。応用離散数学の一分野として発展してきた数理系統学は、本章で論じてきたように、私たちが日常生活空間で遭遇する「順序関係」や「類似度（差異）」をめぐる論理を出発点として展開されています。ふだんは意識することもないその理屈に光を当てることが分類と系統を考える上では重要な意味をもちます。

可視的な端点どうしの関係のみにとらわれるのではなく、不可視的な内点を補足しながらより大きな体系化を目指すという方向性は、生物学の長い歴史のなかで蓄積されてきた知識の体系化のためのよりよい「モデル」を探求する試行錯誤のなかで生み出されてきました。Penny *et al.*（1994）は生物が進化するという認識の浸透がこの方向性の発見につながったと評価しています。

「生物学が、現存する分類群のみをつなぐ展開樹（spanning tree）ではなく、祖先状態を挿入して構築されるスタイナー樹（Steiner tree）にたどりついたのはおおいなる進展である。樹形図は生物学者が復元しようとするモデルの根幹である。昔の生物学者は他のさまざまなモデルをさしおいてスタイナー樹を復元しなければと考える先験的理由は何もなかった。変化をともなう由来ならびに分岐原理というメカニズムを考えだしたチャールズ・ダーウィンは、種の多様性の起源を

説明する科学的モデル（パターンとメカニズム）を提示することができた。進化のメカニズムは生物学者が求めてきた類縁関係の疑問を解くための鍵となった」（Penny *et al.* 1994, p. 215, figure 12.1）

生物にかぎらず、対象物が時間的ならびに空間的に変化するという仮定は、現在の背後に時空軸が長く伸びているという認識をもたらします。いま見えている端点集合はその背後に隠れている内点集合からの変遷の帰結として存在している――可視と不可視の間を、そして既知と未知の間を行き来することにより、私たちは部分の集積からより大きな全体を見わたす視座を手に入れることができます。本章で論じた系統X樹という樹形ダイアグラムは、私たちが次に進むべき道を照らしているのです。

第5章 分類思考と系統樹思考（3）——系統の断面としての分類

第3章と第4章では「分ける思考」と「つなぐ思考」の背後にある論理について説明してきました。分類思考とは手元の情報に基づいて構造パターンを認識し把握することを目標とするのに対し、系統樹思考とは対象物集合の背後に潜む全体のつながりを見通そうとします。第3章のクラスター分析は、対象物を群に「分ける」ための手順を明示することにより、分類を構築するための手順を定式化しようとしました。そして、続く第4章で登場した樹形図としてのX樹は、対象物どうしを「つなぐ」上で必要な条件を探ることにより、系統を推定するための理論構築を目指しました。このように、対象物に関する知見や情報に基づいて、分類や系統を組み上げるための概念装置はそろったわけですが、それを実践するためにはこれまで論じてきたような一般論だけでは力不足です。本章では個別の分野や領域ごとに異なる背景をふまえた各論にふみこみ、可視的な既知から不可視的な未知への推論のための思考枠についてさらに議論を進めることにしましょう。

一般に言えることですが、あるダイアグラムを図形言語として「読む」ときに注意しなければならない点は、そのダイアグラムの作者がどのような情報を可視化しようとしているかを理解しようとすることです。本章では生物体系学の分野で用いられてきたさまざまな樹形ダイアグラムが登場します。現在の私たちは、樹形ダイアグラムとは生物進化によって生じた系統発生を表現しているという先入観をもって、それらの〝樹形図〟を読もうとします。しかし、場合によってはその読み方はまったくの「誤読」である危険性があります。ダイアグラムのうわべだけの形状あるいは意匠に惑わされると、そのダイアグラムの作者が読者に伝えようとした情報をまちがって読み取ってしまうことにもなりかねません。

系統の「断面（切片）」としての分類という見方についてはこれまで繰り返し考察してきました（三中 1997, 2006, 2009, 2010a, 三中・杉山 2012）。以下では、ダイアグラム論の観点に立って、生物体系学の過去一世紀の歴史を振り返り、分類と系統との関わりに光を当てた五つの事例を通して、見える分類の背後に潜む見えない系統を、生物学者たちがどのように探求してきたかをたどってみましょう。事例ごとに異なる時代背景と学問状況の説明をふまえて、それぞれの樹形ダイアグラムを読んでみてください。かつての生物学者たちが生物の多様性情報をいかにして可視化しようと格闘してきたかをたどることにより、現代に生きる私たちにとって今なお役に立つかもしれない発想の萌芽が見つかるかもしれません。

1　植物分類学者チャールズ・ベッシーの系統分類体系図（1894-1915）

チャールズ・ダーウィンやエルンスト・ヘッケルらによる進化思想の普及により、一九世紀も後半になると、生物分類を進化系統的に再構築しようとする気運が高まりました。植物分類学では、アメリカの植物分類学者チャールズ・エドウィン・ベッシー（Charles Edwin Bessey：一八四五－一九一五）が系統的分類の構築に大きな功績を果たしました。ベッシーはのちに、ドイツのアドルフ・エングラー（Adolf Engler：一八四四－一九三〇）による「エングラー・システム（Engler system）」に対して「ベッシー・システム（Bessey system）」と称されることになる被子植物の高次分類体系を確立しました（Cuerrier *et al.* 1992）。

ここでは、ベッシーの分類体系がどのようなダイアグラムによって図式表現されたかに注目しましょう。一八九四年、アメリカ科学振興協会（AAAS：the American Association for the Advancement of Science）のセクションG（植物学部門）での副会長講演（Bessey 1894）のなかで、ベッシーは生物分類は進化的でなければならないと宣言しました：

「現在のわれわれは生物の類縁関係が何を意味するかを知っていて、自然分類体系により十分な意味を与えることができる。この新たな観点に立つならば、自然分類とは単によく似た生物を秩序正しく配列することではない。それは血縁的（genetic）な類縁関係の表現でなければならない。眼前の二種の生物が似ているからといってそれらの類縁関係すなわち体系の中での位置が決まる

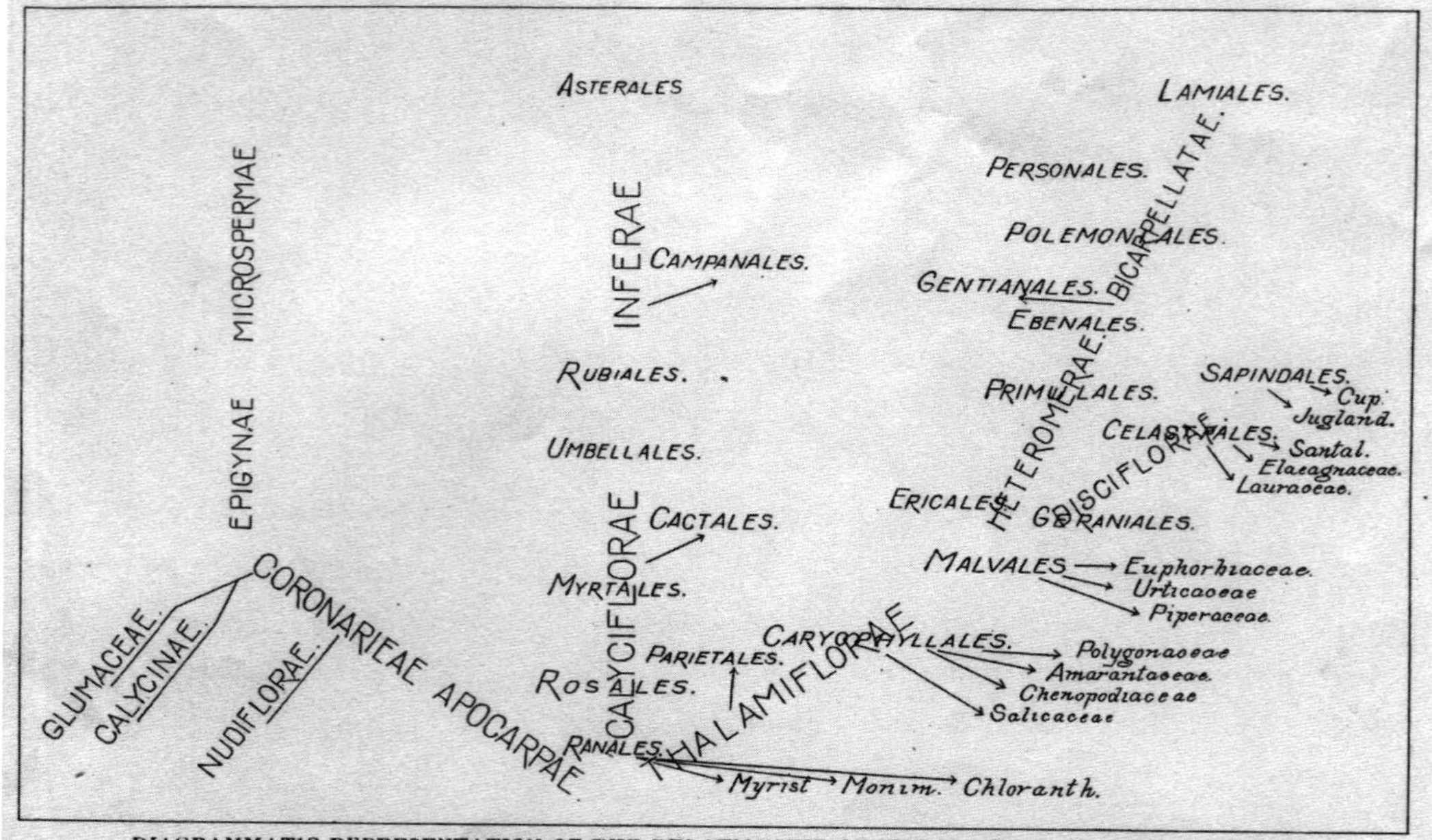

DIAGRAMMATIC REPRESENTATION OF THE RELATIONSHIP OF THE SERIES OF FLOWERING PLANTS.

【図5－1】ベッシーによる顕花植物の系統分類体系図（Bessey 1894, p. 251)。顕花植物の分類群名を樹形的にタイポグラフィック配置することにより、分類群間の類縁関係を示そうとしている。

わけではない。類縁関係が仮定されるためには起源が共有されていることが推定されなければならない」(Bessey 1894, pp. 238-239)

系統分類体系構築への実にみごとな意志表明です。では、ベッシーは植物の系統分類体系をどのように可視化したのでしょうか。この副会長講演の末尾にはベッシー・システムの祖型が示されています(【図5－1】)。

この分類体系図の大きな特徴は、顕花植物の分類群名の文字列を樹形に配置することにより、分類群の系統的な類縁関係を可視化しようとする様式にあります。つまりタイポグラフィックな文字配置をあたかも〝樹形図〟のようなグラフィクスとして用いているという点が印象的です。彼の系統分類体系では全体の〝根〟は「Ranales(キンポウゲ目)」に置かれ、そこから他の顕花植物の分類群――たとえば「Asterales(キク目)」、「Lamiales(シソ目)」、「Sapindales(ムクロジ目)」など――が放射状に分岐しています。ところどころ矢印によって補足されていますが、大きな〝幹〟は主要な高次分類群――「Apocarpae」や今では使われなくなった「Thalamiflorae」「Calyciflorae」「Microspermae」など――の文字列の連鎖として表現されています。

このようなタイポグラフィックな類縁関係の表示様式の使用例は、植物分類学史では一九世紀以降に見出されます(Stevens 1994, chapter 11)。しかし、この様式は生物分類学だけのものではありません。たとえば、イスラームの家系図を集成したフェルディナント・ヴュステンフェルト(Ferdinand Wüstenfeld：一八〇八－一八九九)の図版集(Wüstenfeld 1852)にはアラビア文字のカリグラフィーによって描かれた家系図が収められています(【図5－2】)。

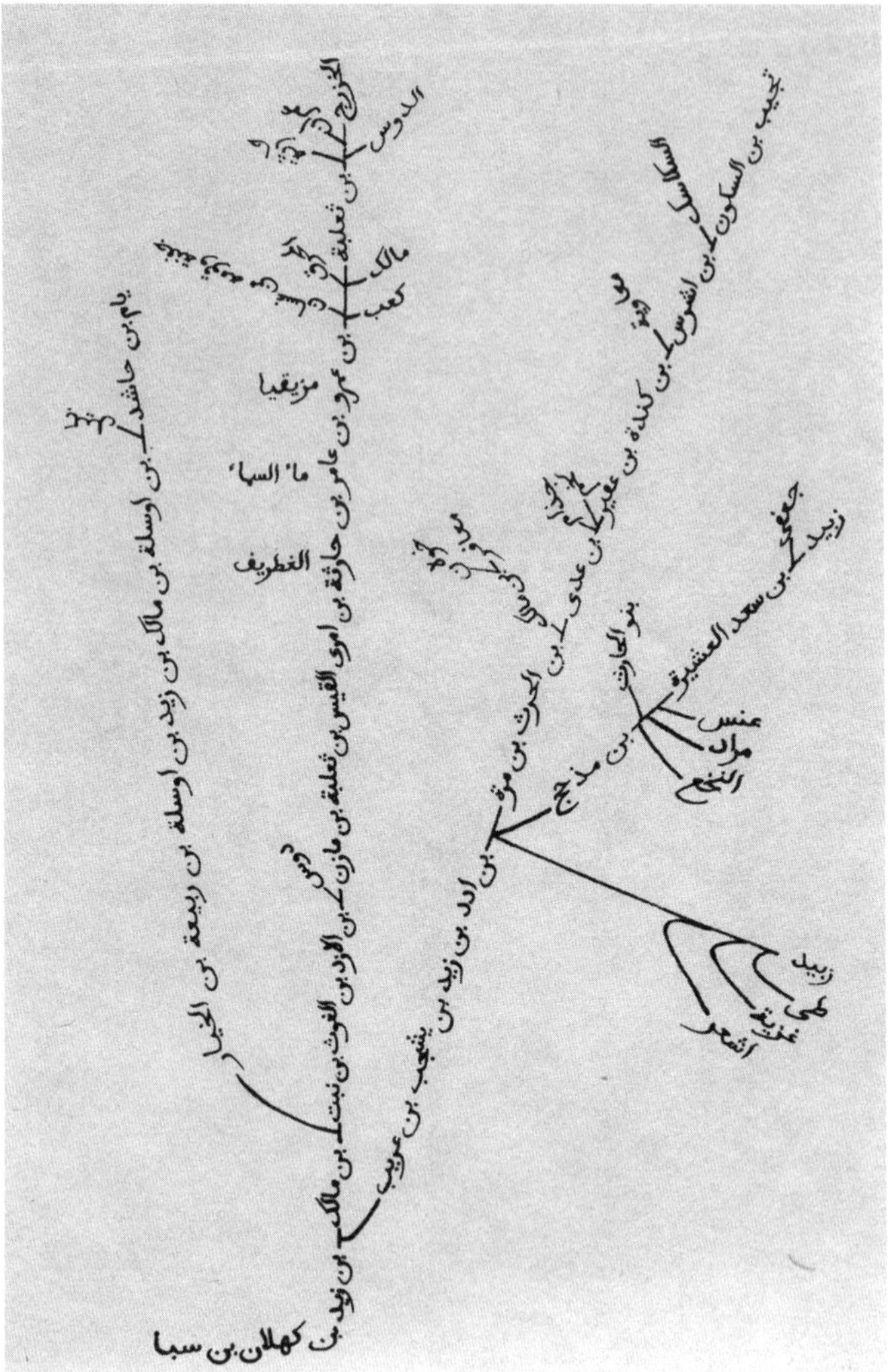

【図５−２】アラブ王家の家系図（Wüstenfeld 1852、口絵）。アラビア文字のカリグラフィーによって描かれたこの家系図の根元から枝先に向かって「〜の息子は〜」と親子関係のつながりが連続して記されている。

イスラーム圏の王家の系譜は紀元前数世紀にまでさかのぼる記録が残されていて（Wüstenfeld 1853）、しかも血縁関係の信頼性も含めて精密に記録されていました。【図5－2】の家系図の根元から先端の枝先に向かって、親子関係がアラビア文字ですきまなく書き込まれています。ある家系への帰属を立証することは実世界での身分的・経済的な実利と結びついていたと考えれば、イスラーム社会で家系図を描くことがきわめて重要な意味をもつ作業であったことは想像に難くありません（新井 2002, 森本 2002）。

活字を使って絵を描くというスタイルは、日本だとたとえば夢枕獏の『カエルの死：タイポグラフィクション』（夢枕 1985）という実験的タイポグラフィー作品が挙げられるでしょう。あるいはジョルジュ・ペレック（George Perec）の文字組版を駆使した文章もこのジャンルに属しているかもしれません（Magné 1985）。しかし、上で見たように血縁関係を写字のカリグラフィーや活字のタイポグラフィーによって系図として描くというスタイルは、生物体系学では少なくとも一九世紀半ば以降、イスラーム系図学ではもっと昔から用いられてきたようです。テクストとしての字がもつ情報とパラテクスト（松田 2010）としての図像がもつ情報を同時表現できるこの表現様式は確かに複雑な知識を体系化する上で役に立つことは明白でしょう。一九世紀末にベッシーが描いた顕花植物の系統分類のダイアグラムもまた、生物学の外まで文脈を広げて検討するならば、私たち人間が多様かつ複雑な情報をいかに効率的に表示して体系化するかという根本問題とつながってくることがわかります。

三年後の一八九七年、アメリカ植物学会の会長退任講演の中でベッシーは被子植物の分類体系の改訂版を提唱しました（Bessey 1897）。当時としては最新の古植物学の知見をも盛り込んでアップデートされた彼の系統分類体系は【図5－3】のように図示されました。

この図の大きな特徴は、一八九四年に彼が提唱した系統的体系の樹形図に情報図示のための新たな技法が使われている点にあります。それは、三つの地質時代——中生代の白亜紀（Cretaceous）、新生代の始新世（Eocene）と中新世（Miocene）——からの植物化石から推定される各分類群の種多様性を三角形の底辺の長さによって表現するというダイアグラム的手法でした。【図５－３】の系統樹の枝を構成する各分類群は地質時代ごとに色分けされた三つの二等辺三角形から構成されています（樹形全体は一八九四年のものを踏襲しているようです）。各三角形の底辺の長さはその分類群の多様化の尺度（種数）に比例しているので、地質時代ごとの分類群の多様度の変遷ぶりが一目で可視化されます。このようにして、ベッシーは分類体系のもとになる系統関係の情報に地質時代的な多様性の情報を付加したわけです。

ベッシーの分類体系のダイアグラム的表示様式はその後も変化し続けます。彼が最晩年に発表した集大成（これが「ベッシー・システム」と呼ばれることになる）の系統樹を【図５－４】に示します。

顕花植物の目（order）を構成単位とするこの系統的体系の骨格となる樹形図は一八九四年あるいは一八九七年に彼が提示したものと本質的には差はありません。しかし、一八九七年版の樹形図は幾何学的なデザインだったのに対し、この最終版の樹形図はまるでウチワサボテンのようなリアルな印象を与えます。各分類群の現在の種多様性はそれぞれの群の〝面積〟によって表示されています。面積的に大きな分類群は種数が多く、小さな群は種数が少ないということです。

さて、ベッシー・システムのもとになるこれらの樹形ダイアグラムははたして「系統樹」と呼ぶべきなのでしょうか。ベッシーのダイアグラムは確かに彼が宣言するように、顕花植物の分類体系を進化や系統に沿って再構築するという目的で描かれたものです。しかし、それらのダイアグラムは現存

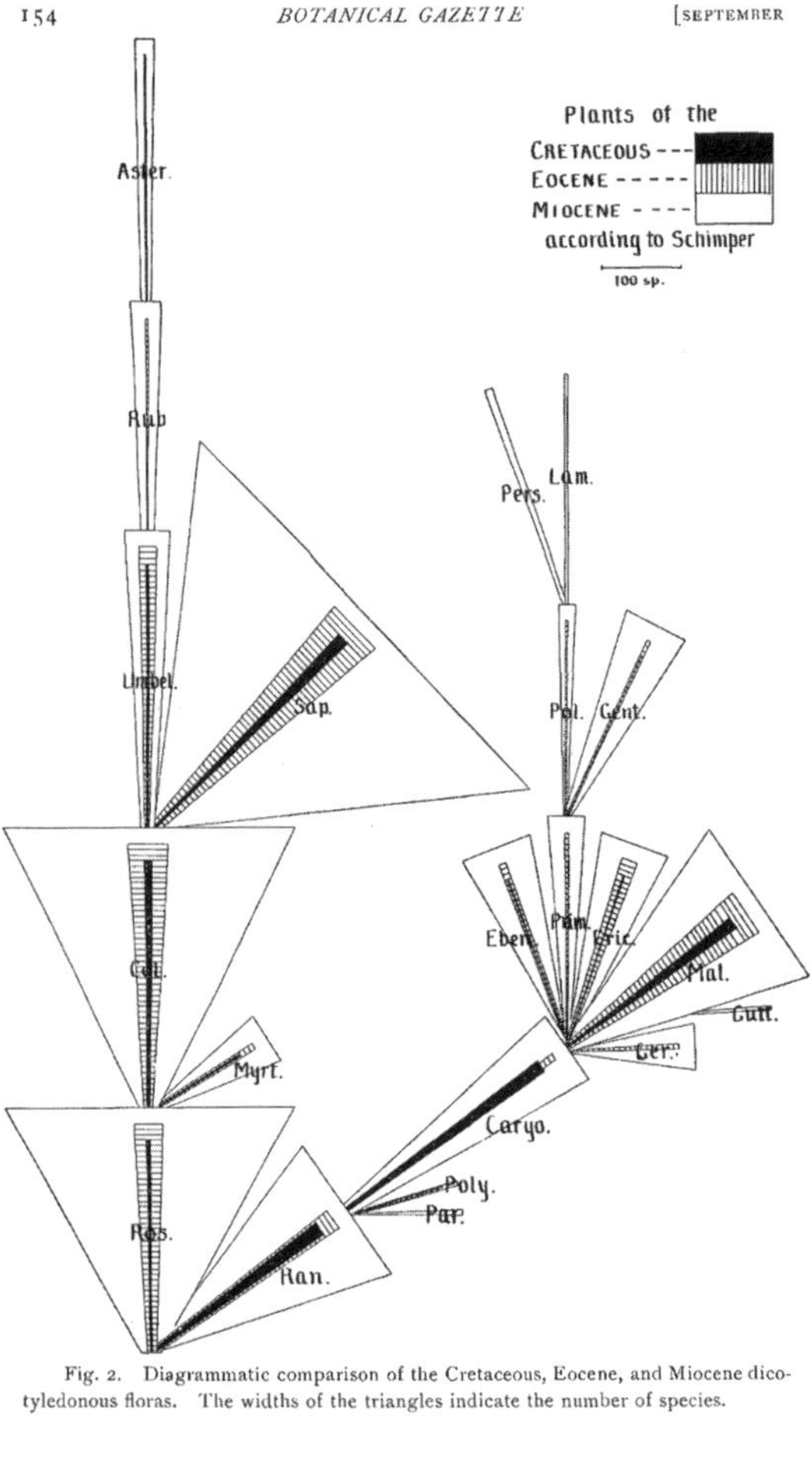

【図５－３】ベッシーによる顕花植物の系統分類体系図の改訂版（Bessey 1897, p. 154, fig. 2)。地質時代ごとの各分類群の種多様性を三角形の底辺の長さによって表示している。

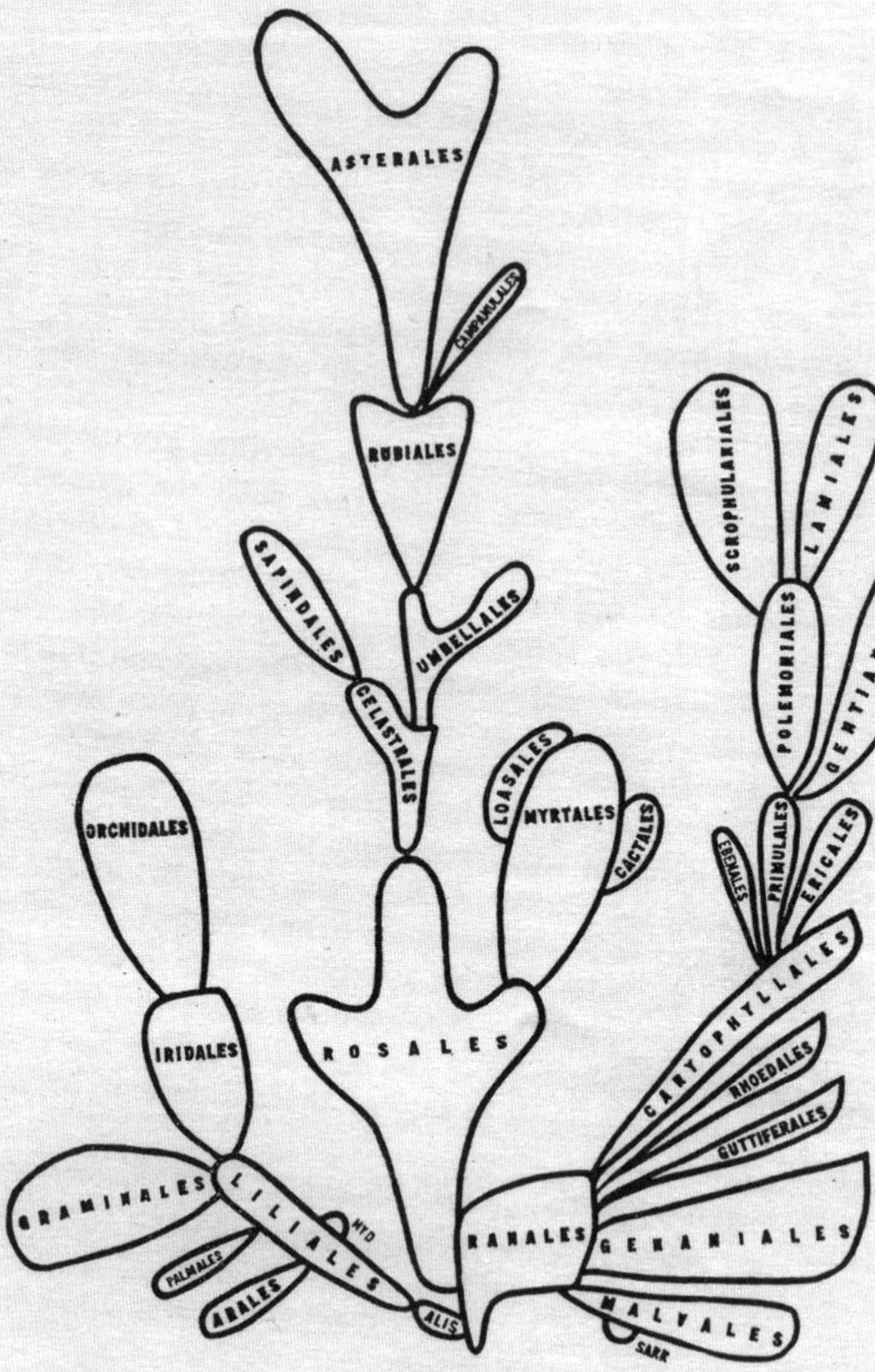

Fig. 1. Chart to show relationship of the orders. Relationship is indicated by position; the areas are approximately proportional to the number of species in the orders.

【図５－４】ベッシーによる顕花植物の系統分類体系図の最終版（Bessey 1915, p. 118, fig. 1）

する分類群を〝祖先的〟なものから〝子孫的〟なものへとつないだだけであって、前章で定義した「系統X樹」のような仮想共通祖先を含む系統関係を表示してはいないのではないかという疑念が湧き上がってきます。確かに、一八九七年のダイアグラムのように、ベッシーは地質時代の古植物学的な知見をも取り込んではいます。にもかかわらず、描かれたダイアグラムそのものは現生の分類群のつながりを表示しているにすぎません。

後年、中米コスタリカの植物学者ラファエル・ルーカス・ロドリゲス（Rafael Lucas Rodríguez：一九一五－一九八一）は、ベッシー・システムは被子植物の系統関係に基づく分類体系であることは確かだが、その樹形ダイアグラムそのものはけっして系統樹ではないと指摘しました：

「ベッシーのもともとのダイアグラムには欠点がひとつある。それは体系分類チャートであると同時に系統樹でもあるように見えるという点だ。このダイアグラムのかたちから学生でも容易にわかることは、それは〝系図〟ではなく、過去から現在にいたる真の系統樹を現時点の時間平面で切り取った切片（cross section）であるという点だ」（Rodríguez 1950, p. 215）

ロドリゲスは彼の主張を説明する図を用意しました。まずはじめに、【図5－5】ではベッシーの最終版の樹形ダイアグラム（【図5－4】の樹形図は図「2」に示されている）を構成する分類群の平面配置の変更を試みます。図「3」と図「4」は「双子葉類／単子葉類」、「合弁花類／離弁花類」、そして「子房上位／子房下位」という分類基準による区別を二通りの描き方で表します（それらの分類基準は直線や曲線で示されています）。このふたつの図を同時表現したのが図「1」です。ロドリゲスは被子植物

の主要な分類形質に着目して、ベッシーの樹形ダイアグラムを分類群の隣接位置関係を保持したままダイアグラムの表示様式を変更したわけです。もっとも重要な変更点は、ベッシーの最終版では根元にあったもっとも原始的な Ranales（キンポウゲ目）を中心に据えて、他の分類群を周囲に放射状に配置することで、中心に近いほど祖先的な群であり、中心から離れるほど子孫的な群であるという系統的派生性を可視化したことにあります。

しかし、【図5－5】のダイアグラムは時間断面としての「切片」にすぎません。ロドリゲスはこの【図5－5】を断面にもつような系統樹を立体的に描き出しました（【図5－6】）。

この立体的な系統樹についてロドリゲスは次のように記しています：

「この系統樹の軸からどれくらい離れているかを見れば、祖先的状態からの発展の度合いを知ることができる。図1と2に示される目どうしのつながりは過去に存在した系統樹のつながりを現在の時間平面に射影したものである」（Rodríguez 1950, p. 217）

前章で定義した用語を使うならば、ベッシーは現存分類群という端点どうしを結びつけただけだったのに対し、ロドリゲスはそのベッシー・システムの背後にある「基底樹【定義4－4】」を描いたと解釈できるでしょう。ベッシー・システムは現在の時間断面での可視的な分類パターンをつくったのに対し、ロドリゲスは時間軸を過去にさかのぼる不可視の系統樹を見通そうとしたということです。ロドリゲスの上の指摘は分類と系統のもつ本質的な「次元のちがい」を明確に示しています。分類によって分けられた構造パターンと系統が構築しようとするつながりは、ともすれば混同されること

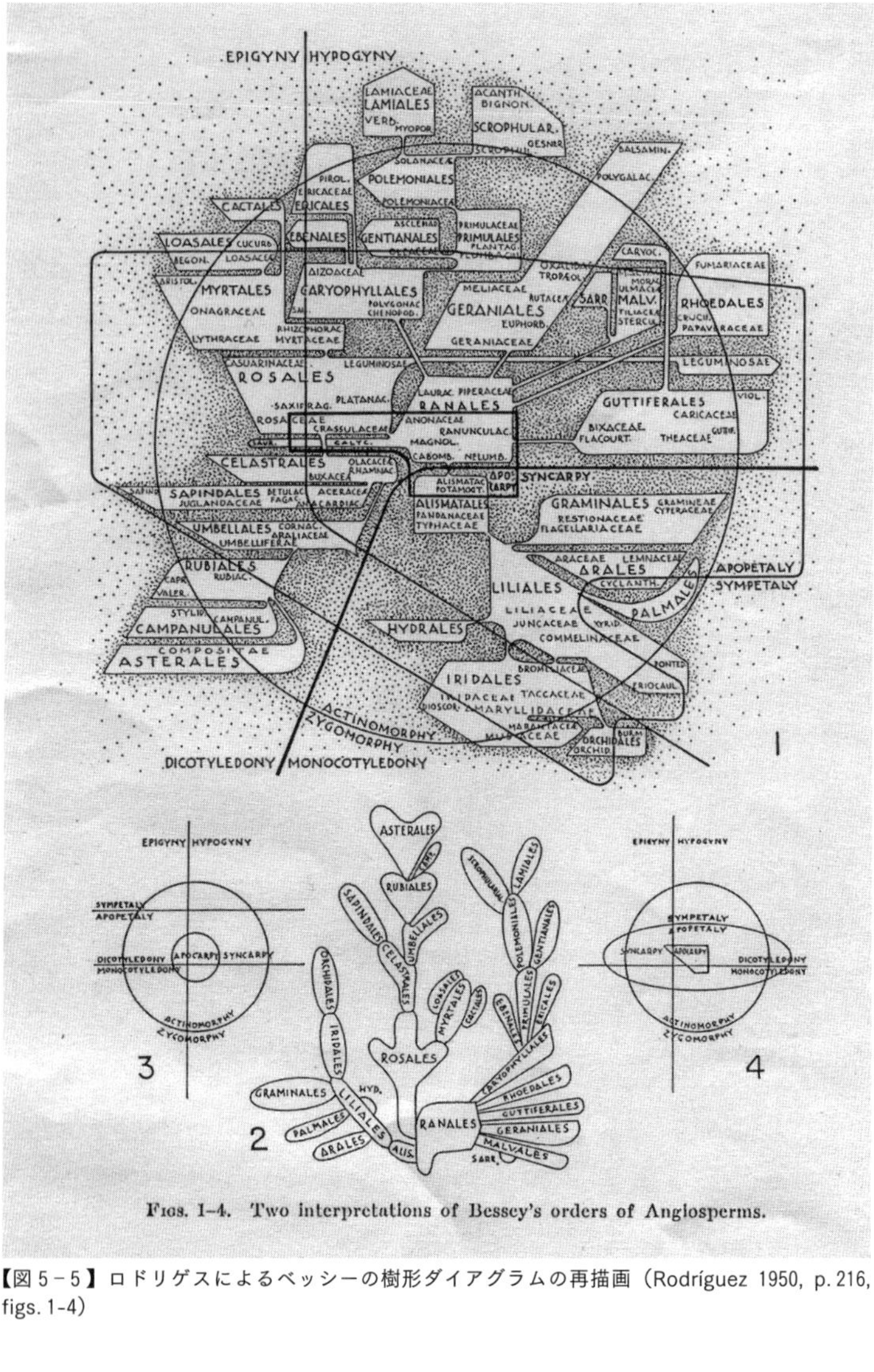

Figs. 1–4. Two interpretations of Bessey's orders of Angiosperms.

【図5－5】ロドリゲスによるベッシーの樹形ダイアグラムの再描画（Rodríguez 1950, p. 216, figs. 1-4）

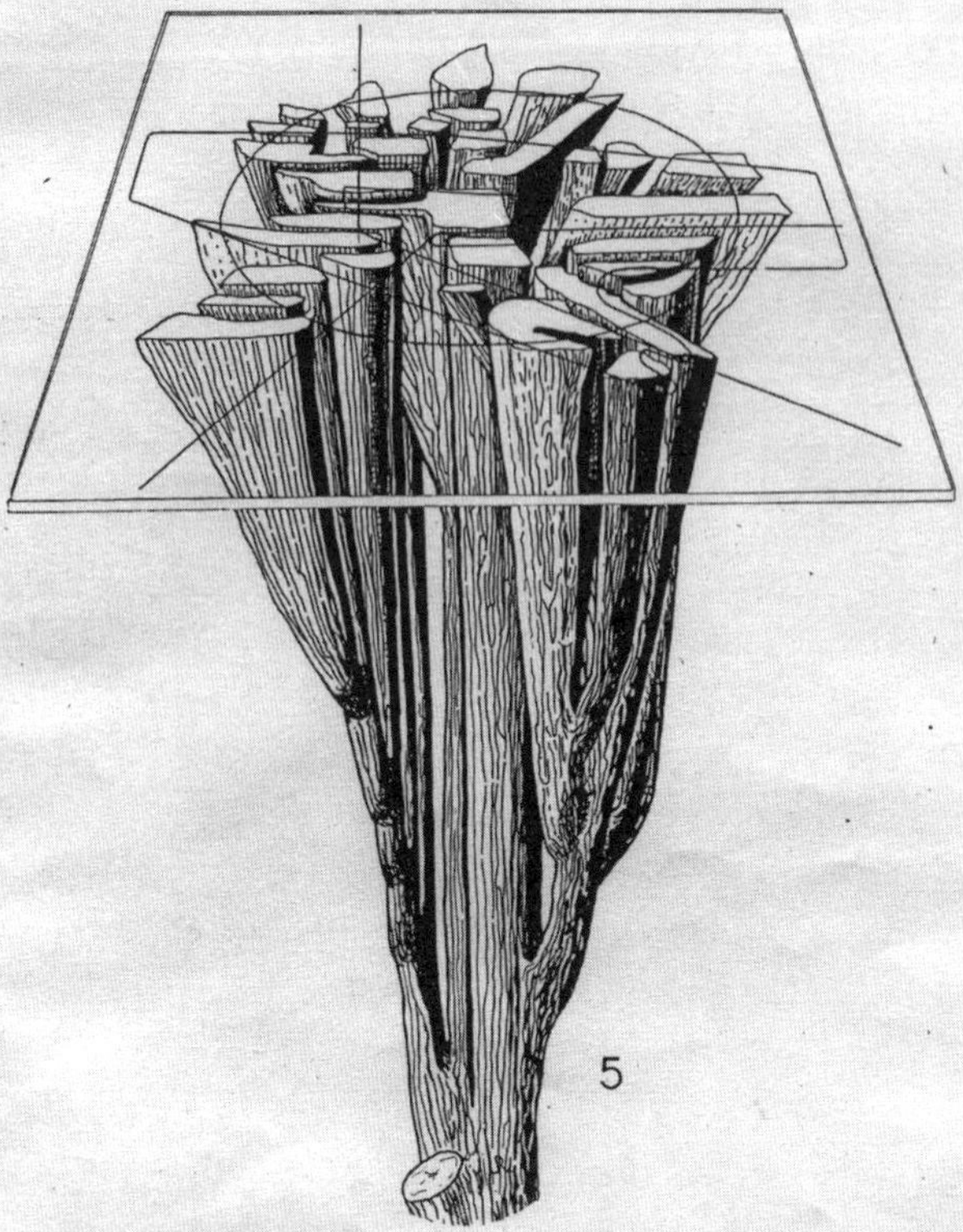

Fig. 5. The diagramatic interpretation of Bessey's system as a cross-section of the Angiosperm genealogical tree. The vertical dimension represents time. No factual value is attached to the relative levels at which the groups branch out from their putative predecessors.

【図 5－6】系統の切片としての分類（Rodríguez 1950, p. 217, fig. 5）

が少なくありません。しかし、彼が実際に描いたように、系統をある時空平面に射影することにより分類が得られるという両者の関係性は以下に示す他の事例でも繰り返し立ち現れます。

2 動物比較形態学者アドルフ・ネフの観念論系統樹（1919–1933）

数学的な説明が続いた第3章と第4章を読まれた読者の中には、けっきょく分類や系統の議論は厳密な論理に支配されているのかと思った人もいるでしょう。確かに、論理や論証で理解できる部分があることはまちがいありません。しかし、実際にどのように分類や系統を理解したり解釈したりするかは状況によってさまざまであり、論理だけではすまないことがあります。上で説明したベッシー・システムの場合は、明らかに生物進化の文脈の中で分類体系を系統関係のもとに構築しようとしました。その点で、一世紀以上も前であるにもかかわらず、現代の私たちにとってはベッシーの主張の内容を理解することはさほど困難ではありません。生物進化という共通の枠組みが共有されているからです。

けれども、思考の枠組みが必ずしも共有されていない場合はそうはいきません。たとえば、世界観としての「唯物論（materialism）」の考え方に慣れている現代の私たちにとっては、そう遠くない前の時代には、唯物論とは対極的な「観念論（idealism）」という考え方が大きな勢力をもっていたということを理解するのはなかなか難しいかもしれません。ここでいう観念論とは、生物学の中では次のような自然観を指しています：

「観念論とは、観念や精神がもっとも根本的な実在であり、物質――物理世界としての自然――は観念に依存する副次的な実在であるとする形而上学的な教義である。この観念論は科学史において長きにわたってとても興味深い経緯をつむいできた」（Rehbock 1983, p. 15）

科学と哲学の両方にまたがる観念論は、一八世紀から一九世紀にかけて活躍した有名な哲学者イマニュエル・カント（Immanuel Kant：一七二四－一八〇四）、文学者ヨハン・ヴォルフガング・フォン・ゲーテ（Johann Wolfgang von Goethe：一七四九－一八三二）、そしてフリードリッヒ・ヴィルヘルム・ヨーゼフ・フォン・シェリング（Friedrich Wilhelm Joseph von Schelling：一七七五－一八五四）によって鼓舞されました。彼らの生きた時代にドイツで隆盛を極めた「自然哲学（Naturphilosophie）」はロマン主義的な「超越論的観念論（transcendental idealism）」と呼ばれ、経験を超越する先験的な直観と観念的な法則による説明を重視しました（Rehbock 1983, Richards 2002）。

観念論をこのように特徴づけてしまうと、私たちはつい「データや証拠に基づかない妄想の成れの果て」のような偏見を抱いてしまいます。しかし、実際はまったく逆であり、「自然哲学者（Naturphilosoph）」は自然と宇宙に関する膨大な経験的知識を何よりも重視し、実際にさまざまな博物学的（自然科学的）な研究を手がけました。たとえば、シェリングと同時代の一九世紀にドイツ自然哲学派を率いたローレンツ・オーケン（Lorenz Oken：一七七九－一八五一）は『自然哲学読本（*Lehrbuch der Naturphilosophie*）』（1809-1811）という自然哲学の主著が有名ですが、実は『博物学読本（*Lehrbuch der Naturgeschichte*）』（1813-1826）や『万人のための一般博物学（*Allgemeine Naturgeschichte für alle Stände*）』（1833-1841）な

どの大部な博物学書の出版に心血を注ぎました（Breidbach *et al.* 2001）。

科学のみならず哲学から文学まで広がった、当時のロマン主義を標榜する自然哲学の観念論的自然観は、その後の生物学の歴史にもさまざまな影響を及ぼし続けました。学生時代の一八三〇年にミュンヘンでオーケンの講義を実際に受けた動物学者ルイ・アガシー（Louis Agassiz：一八〇七－一八七三）も彼の自然哲学の言説から大きな学問的影響を受けた一人でした。アガシーの伝記にはこう書かれています：

「アガシーは、ブラウン［Alexander Brawn］やシンパー［Karl Schimper］とはちがって、自然哲学に帰依することはなかった。ロマン主義的な憶測をめぐらせて自然を論じるアプローチは一九世紀のドイツ思想に典型的だったにもかかわらず、彼［アガシー］にとってその教義が役立ったのは、オーケンのような学者を通じて、哲学的思想を導き出すことと経験的な研究の技法とが両立し得ると彼が知ることができたからである」（Lurie 1960, pp. 50-51）

アガシーは、のちにアメリカにわたり、ハーヴァード大学に比較動物学博物館（Museum of Comparative Zoology）を創設して、動物分類学の研究と教育に尽力することになります（Winsor 1991）。チャールズ・ダーウィンと同時代でありながら、強固な反進化論の立場を死ぬまで堅持したアガシーは、『種の起源』と同年にロンドンで出版された主著『分類論（*Essay on Classification*）』（Agassiz 1859［1962］）のなかで、繰り返しオーケンによる動物分類体系との比較を行なっています。

このように、新しい進化学や系統学が擡頭した一九世紀は、前世紀からの自然哲学の古い知的伝統

をなお引きずっていた時代でもありました。それどころか、自然哲学の観念論の伝統は形を変えながらも生き延びて二〇世紀にも受け継がれていきました。その一つの例として動物比較形態学者アドルフ・ネフ（Adolf Naef：一八八三－一九四九）の観念論的体系学を取り上げましょう（Rieppel *et al.* 2013, Rieppel 2016）。スイスのザンクト・ガレン州に生まれたネフは、海産無脊椎動物とりわけ軟体動物門の頭足類（イカやタコの仲間）の研究者として業績をあげました。彼は動物形態学の立場から分類と系統の関係を理論的に考察し、第一次世界大戦直後の一九一九年に『観念論的形態学と系統学（体系学的形態学の方法論を目指して）（*Idealistische Morphologie und Phylogenetik*（*Zur Methodik der systematischen Morphologie*））』（Naef 1919）という書名の、わずか八〇ページの薄い本を出版しました。

現代の私たちは「観念論的」ということばを見るとそれだけで拒否反応を招いてしまうかもしれません。しかし、二〇世紀に入ってからの思潮としての観念論はさまざまな変容と分岐を重ねてきました。実際、「観念論」という〝禁句〟をあえて書名に入れたネフは、ルイ・アガシーのような反進化論者ではけっしてなく、むしろ生物の進化や系統は当然の事実として受け入れていました。彼の意図は、同時代のエルンスト・ヘッケルが実践したような必ずしも事実に基づかない憶測だけの系統樹構築を排して、もっと確固たる比較形態学的な方法論に基づく生物分類体系の構築にありました。この本の副題にある「体系学的形態学（*systematische Morphologie*）」こそネフの目標だったわけです。

ネフの主張の詳細について知るために、一九三三年の彼の著書『人類形成の前段階（*Die Vorstufen der Menschwerdung*）』の模式図を見てください（【図5－7】）。この図は生物の分類群が示す入れ子状の階層構造パターンを模式的に示したものです。図中の「4」で示される丸印は分類単位となるもっとも低次のランクの対象物です。ランク「4」の丸を包含する集合は一つ上のランク「3」が与えられます。

同様にして、より高次のランク「2」がつくられ、さらに最高のランク「1」をもつ最大群が全体を包括します。最低次ランク「4」から最高次ランク「1」へと次々に包含されることにより全体として階層構造が形成されています。具体的に言えば、最低次ランク「4」は「種（species）」と命名されるランクのカテゴリーであり、ランク「3」は「属（genus）」、ランク「2」は「科（family）」、そしてランク「1」は「目（order）」となります。

このような群の入れ子状の包含関係を表示する図を第3章では「オイラー図」と呼びました。オイラー図を構成する基本単位（【図5－7】でいえばランク「4」のカテゴリーをもつ一九種）を端点とするとき、ネフは次の【図5－8】に示した樹形図を構築し、「観念的系統樹（idealer Stammbaum）」（Naef 1919, p. 20）と名づけました。この観念的系統樹が第4章で定義した「系統X樹」の基底樹であることは明らかです。

ネフの観念的系統樹にはいくつかの内点（分岐点）が含まれています。現代の進化的なものの考え方がすでに刷り込まれている私たちがこのような樹形図を解釈するときには、誤読しないように十分に注意する必要があります。【図5－8】の樹形図の内点はけっして仮想的共通祖先ではありません。ネフは、これらの内点は、階層的体系パターンを構成する各分類群のもつ形態的特徴に基づいて構築された観念論的な「原型（Urtypus）」であると主張しました。

マニュエル・リマ（Manuel Lima：一九七八－）は大小の円の組み合わせによって階層構造を図示するこの視覚化の方法を「円環樹マップ（circular treemap）」と名づけ、現代のインフォグラフィクスではこの様式が広く用いられているとして実例をいくつも挙げています（Lima 2014, chapter 9）。リマの言う円環樹マップは生物体系学の歴史をさかのぼると先行例があって、そのひとつがネフの観念的系

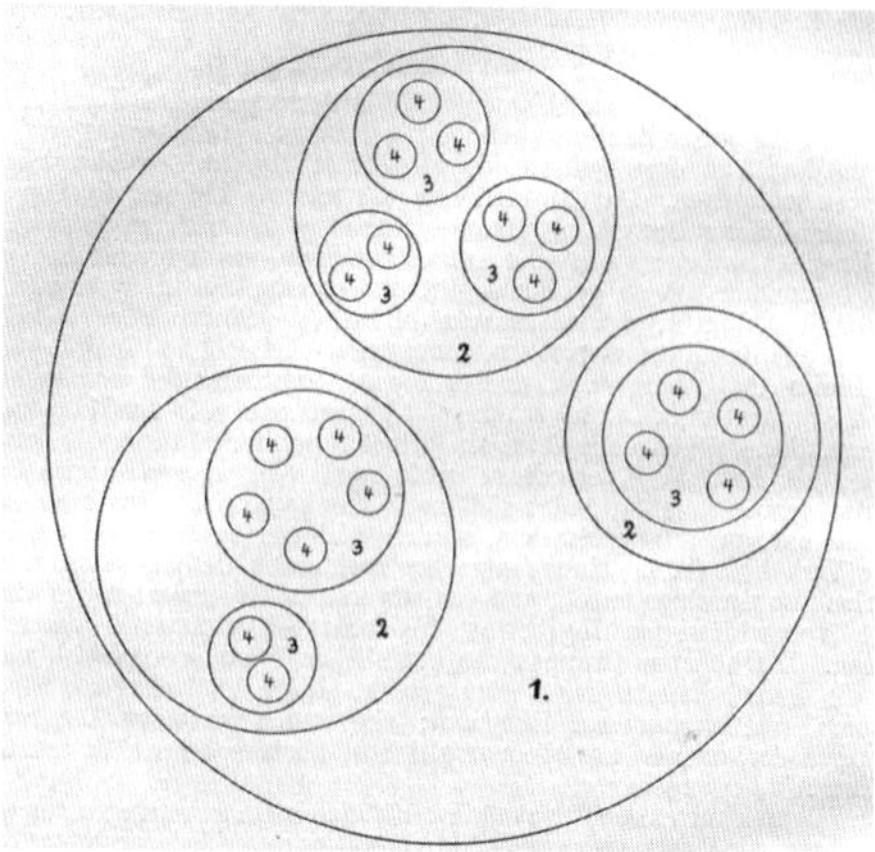

【図５－７】分類群の階層構造パターンの模式図（Naef 1933, p. 16, 図３）。

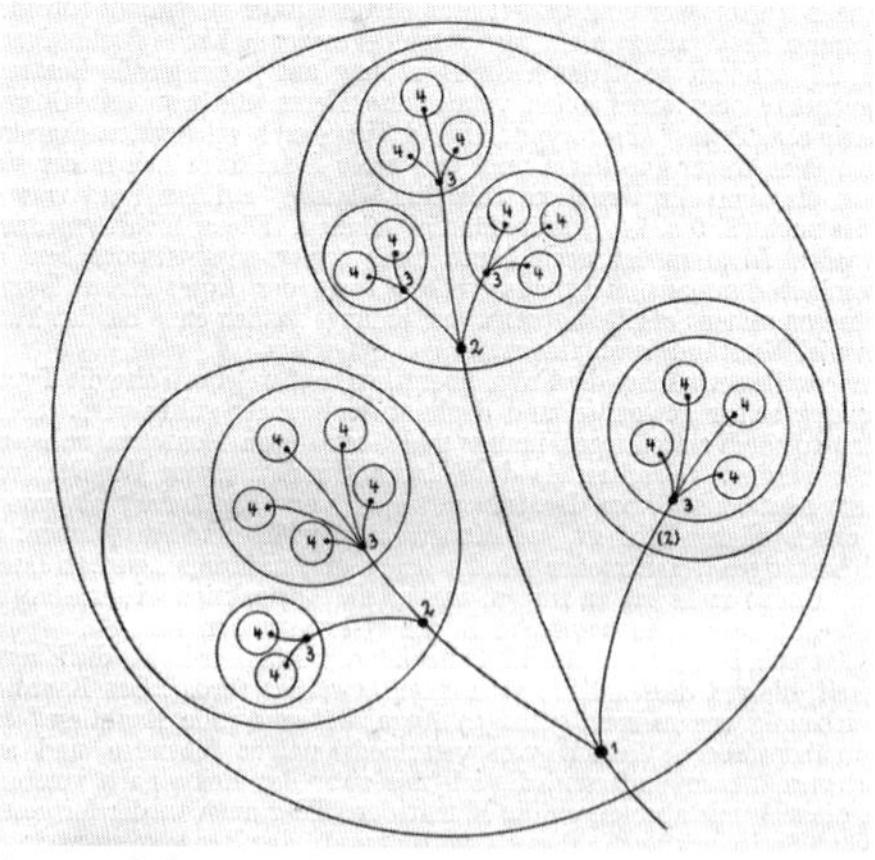

【図５－８】［図５－７］の階層構造パターンを観念的系統樹として表示した（Naef 1933, p. 31, 図14）。

統樹にほかなりません（三中2015a, p. 205）。私たちがデータを可視化し情報を視覚化するための有用な技法は歴史の中で繰り返し〝再発見〟されてきたと考えるのが自然ではないでしょうか。

【図5－9】の例では、もっとも低次の「種（Art）」のランクのカテゴリーに属する端点から出発してネフの観念的系統樹をさかのぼると、内点を経過するごとに「属（Gattung）」・「科（Familie）」・「目（Ordnung）」・「綱（C[K]lasse）」・「門（Stamm）」と一つずつ分類群のランクが上がっていきます。

そして、【図5－10】に示すように各内点に対してはある原型が対応します。この図ではa～lを端点とする観念的系統樹の内点m～sに対してそれぞれある原型を対応づけるための方法をネフは確立しようとします。

生物分類学の歴史の中で、「型（Typus, type）」の概念は悪名高い「類型論（typology）」と結びつけて批判されがちです。ゲーテ以来のロマン主義的自然哲学の歴史を通じて、観念論的な「原存在（Ur-sein）」の〝影〟が現実世界に実在する万物であり、逆に実在する事象の背後には「プランの統一性（unity of plan）」すなわち「型の統一性（unity of type）」があるという考えは脈々と継承されてきました。生物学の世界ではこの原存在のことを原型と称しました：

「この概念によれば、動物界や植物界はそれぞれが単一の一般的なプランすなわち原型（arche-type）に基づいて造られていて、すべての生物種はいずれもこの原型がさまざまに変容して生じたものであるということになる。自然とは〝巨大な音楽の殿堂〟であり、そこではただひとつの主題の変奏曲が延々とはてしなく手を変え品を変えて奏でられ続けているのだ。プランの統一性は内なる精神から発する超越論的パターンなので、その妥当性を実験観察によって示す必要はな

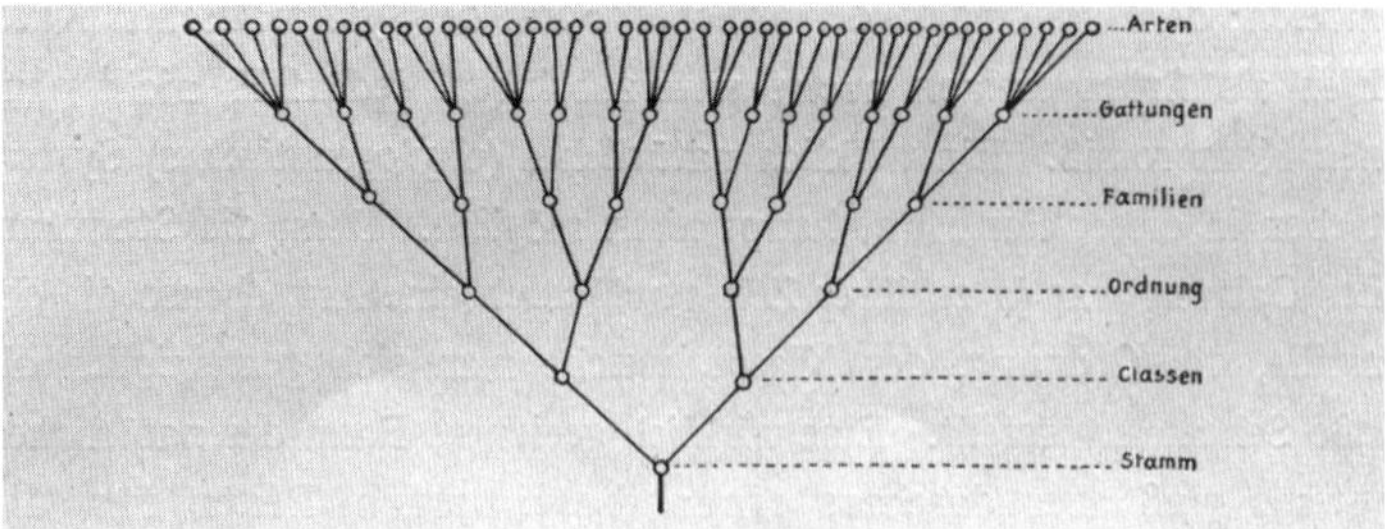

【図5－9】観念的系統樹と分類ランクの関係（Naef 1919, p. 47, fig. 3)。種のランクをもつ端点からさかのぼるにつれて、属・科・目・綱・門とランクが上がっていく。

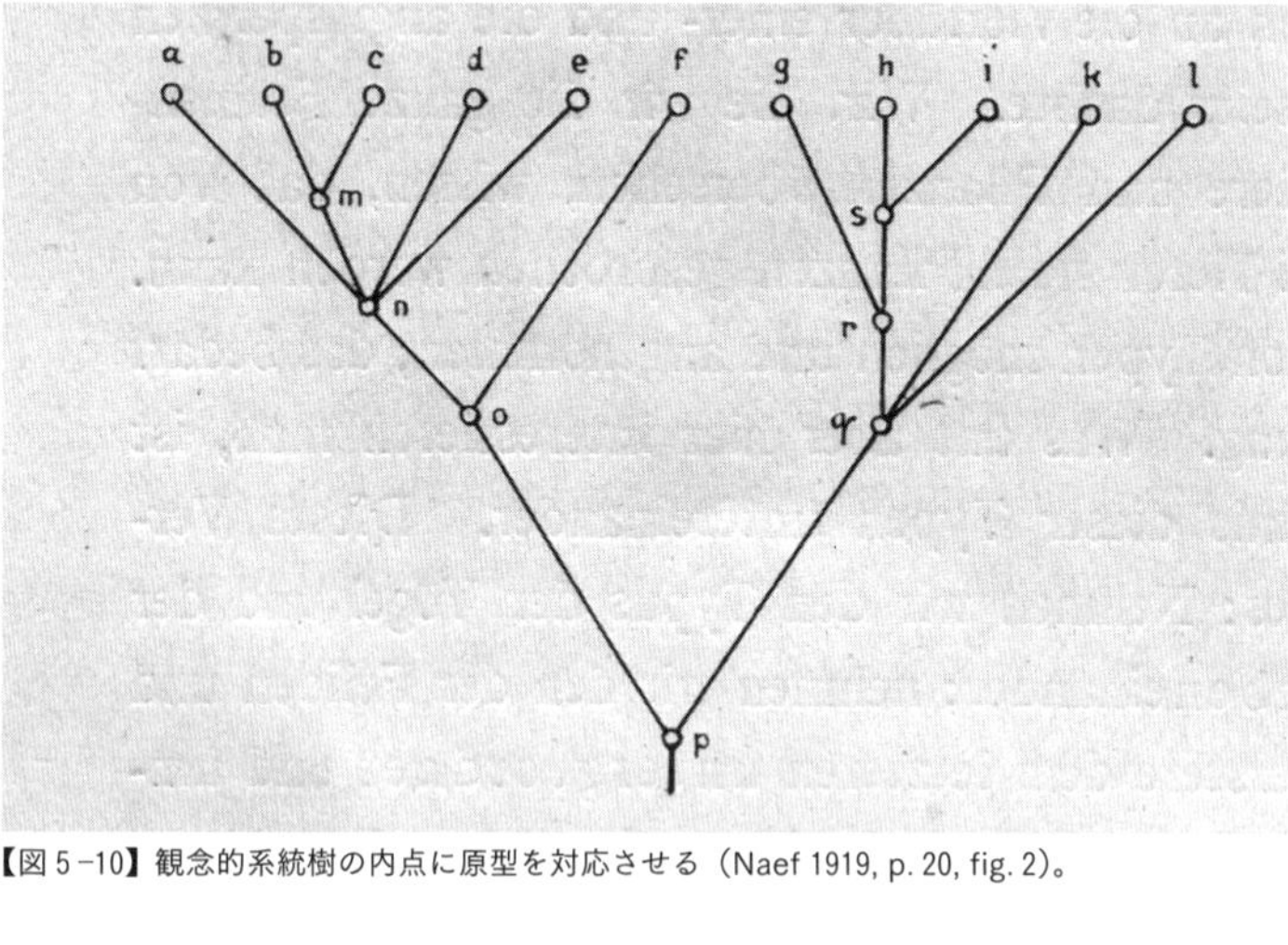

【図5－10】観念的系統樹の内点に原型を対応させる（Naef 1919, p. 20, fig. 2)。

い」（Rehbock 1983, p. 20）

もちろん、このような超越論的・観念論的な「原型」の概念は現代進化学の思想とは根本的に相容れません。しかし、ネフはあえてこの原型を仮定する観念論の立ち位置から、彼の体系学的形態学の理論を展開しました。ネフの見解では、【図5－8】～【図5－10】に示した観念的系統樹の内点は系統発生的な共通祖先ではなく観念論的な原型であり、またそれらの原型どうしを結ぶ「線」は祖先子孫関係ではなく、純粋形態学的に決まる原型間の「型類似性（typische Ähnlichkeit）」（Naef 1919, p. 69）とみなされます。その上で、ネフはこの観念的系統樹を前提として、初めて進化的系統樹としての〃解釈〃が可能になるとみなしました。言い換えれば、観念的系統樹を進化的に「読む」ことがたとえできるとしても、それは型類似性を祖先子孫関係として後知恵的に〃再解釈〃したにすぎないという主張です。

実際、ネフは観念論的形態学の用語体系が系統学の用語体系と正確に対応づけられることを示しました（【表5－1】Naef 1919, pp. 35-36）。

系統的分類体系は観念論的分類体系の〃再解釈〃にほかならな

観念論的概念		系統学的概念
体系学（Systematik）	→	系統学（Phylogenetik）
形態類縁性（Formverwandtschaft）	→	血縁関係（Blutsverwandtschaft）
変容（Metamorphose）	→	系統発生（Stammesentwicklung）
体系学的段階系列（systematischen Stufenreihen）	→	祖先系列（Ahnenreihen）
原型（Typus）	→	祖先形（Stammform）
原型的状態（typischen Zuständen）	→	原始的状態（ursprüngliche Zuständen）
非原型的状態（atypischen Zuständen）	→	派生的状態（abgeänderte Zuständen）
下等動物（niederen Tieren）	→	原始的動物（primitive Tieren）
非原型的類似性（atypischen Ähnlichkeit）	→	収斂（Konvergenz）
派生（Ableitung）	→	進化（Abstammung）

【表5－1】

いというネフの主張は、ドイツを中心にしてその後も根強い反響を及ぼしました（Remane 1956）。この点についてはのちほどまた言及することになるでしょう。

3　植物系統学者ヘルマン・ラムの系統学的ダイアグラム体系（1936）

オランダ出身の植物分類学者ヘルマン・ヨハネス・ラム（Herman Johanes Lam：一八九二－一九七七）は、一九一九年にマレー半島のクマツヅラ科（Verbenaceae）の分類学的研究で学位をとった直後に、当時のオランダ領東インド（現インドネシア）に渡航し、バタヴィア（現ジャカルタ）にあったバイテンゾルク植物園（現ボゴール植物園）でその後一四年間に及ぶ在外研究生活を開始しました。在職中にラムはオランダ領パプア・ニューギニアの探検を行ない、未踏査地域だったニューギニア島中部の生態系と生物相そして先住民の民俗と文化を記録した、多数のモノクロ写真と線画イラストを含む連載記事「パプア断章（Fragmenta Papuana）」を『蘭印博物学雑誌（*Natuurkundig Tijdschrift voor Nederlandsch-Indië*）』に発表しました（Lam 1927-29）。一九三三年に帰国したラムはライデンにある王立植物標本館（Rijksherbarium）の館長に就任し、終生をこの地で過ごすことになります（参照：Jacobs 1984）。

ラムがバイテンゾルク植物園に赴任していた時期は、ちょうど前節で登場したアドルフ・ネフが観念論的形態学の理論を展開していた時期と重なっています。時代的に見ると、二〇世紀初頭は生物の分類学や系統学の研究にとっては学問的な〝逆境〟に直面した冬の時代でした。メンデル遺伝学や実験発生学のような先進的な生物学研究の大きな発展に比べれば、ダーウィン進化学やヘッケル系統学

は人材的にも資金的にも凋落の瀬戸際に立たされました（Bowler 1983）。しかし、生物進化や分類・系統に関わる研究の系譜が途絶えたわけではありません。むしろ、生物群あるいは国ごとの研究傾向の特徴がより顕在化してきたといえるでしょう。たとえば、第一次世界大戦の結果、学問的に孤立したドイツの研究者コミュニティが伝統的な観念論哲学への傾斜を強めましたが、生物進化や系統発生に関するそのようなアプローチは英語圏では廃れていったと指摘されています（Bowler 1996, p. 35）。

しかし、たとえ衰えつつあったとはいえ、ドイツ語圏での観念論の残滓は進化的な系統学の方法論を構築しようとしていたドイツの研究者たちにとっては、行く手をさえぎる障害物でしかありません。実際、一九三〇年代に入るとドイツでも生物系統学の理論研究の兆しが見えてきました。たとえば、植物学者ヴァルター・ツィンマーマン（Walter Zimmermann：一八九二－一九八〇）は植物体系学の方法論を論じた長文の論文の中で、観念論とは切り離された系統樹についてこう述べています：

> 「歴史学的・系統学的に〝系統樹（Stammbaum）〟を図示することの評価は、奇妙なことに、盲従と侮蔑の両極端を行きつ戻りつする毀誉褒貶の運命に翻弄されてきた。自明なことだが、科学的に遂行される系統学にとって、紙に描かれた系統樹は、記された文字と同じく、相互コミュニケーションのための補助手段である図形表現すなわち記号にすぎない」（Zimmermann 1931, p. 1043）

系統樹という図式表現を系統発生を描くための手段とみなしたツィンマーマンは、〝ことば〟としての系統樹がもつ豊かな表現可能性を見抜いていました。

「十分に大きな紙が自由に使えるのであれば、すべての形態の分岐を「二次元」の平面の上にもれなく表現することができるだろう。この平面の次元のひとつは時間をあらわし、もう一つの次元は遺伝的なちがいをあらわす。もし形質の変化がいくつもの方向で生じることに重きを置いて表現したいということであれば、「多次元」の記号を用いなければならないだろう。しかし、系統樹を「三次元」として解釈しなければならない理由は正しく理解されていない。実際に三次元的な樹形の図を描いてみれば、この主張が誤解を招くことはすぐにわかる。とりあえず言えることとは、三次元系統樹には二次元系統樹よりも多くの表現可能性があるということだ」（Zimmermann 1931, p. 1044）

一九三六年に発表されたラムの長い論文「系統学的記号：過去と現在（系統樹の弁明として）（Phylogenetic symbols, past and present（Being an apology for genealogical trees））」は、系統樹の図的表現可能性について科学史と図像学の両面から探究した先駆的研究でした。エルンスト・ヘッケル以後の系統樹の図像表現を例示しながら、ラムは生物進化と系統発生をどのようにすればその実体と実態に即して図的に表現することができるのか、そのためには図的言語としての系統樹というツールをどのように修正すればいいのかについて、さまざまな提案と試行錯誤を行なっています。そのいくつかを以下に取り上げましょう。

最初に【図5－11】を見てください。オランダ語で「生物の分類体系の模式的表現（*Schematische voorstelling van het systeem der levende wezens*）」と銘打たれたこの図は、まるでたくさんの泡がふくらむようなデザインを用いて生物界全体の多様性を可視化しています。細い実線によって区切られたひとつひ

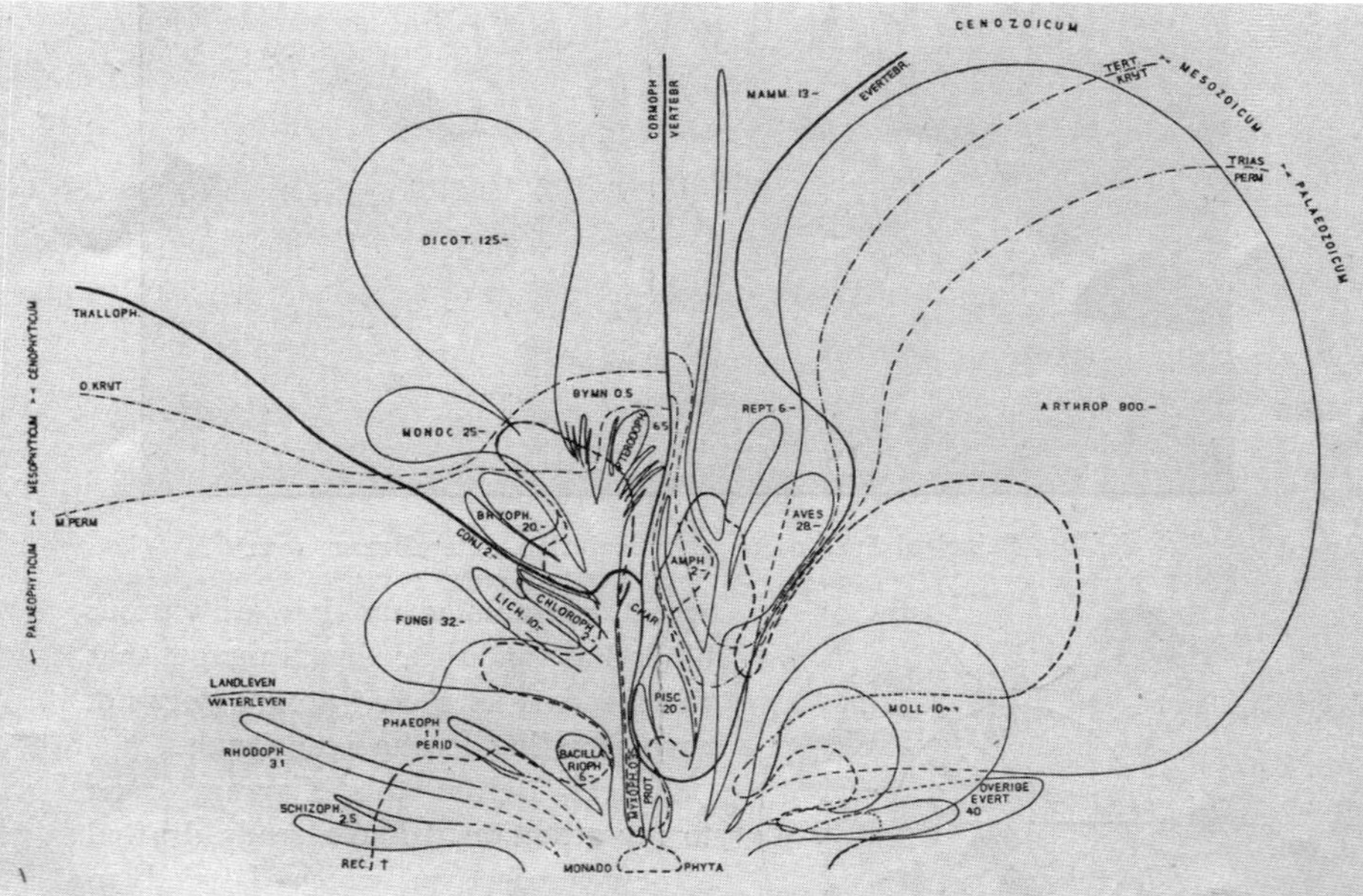

SCHEMATISCHE VOORSTELLING
VAN HET SYSTEEM DER LEVENDE WEZENS.
DUIZENDTALLEN SOORTEN

fig. 18. Schematical diagram of the system of organisms (original).

【図 5-11】生物界の分類体系を模式的に二次元表示する（Lam 1936, p. 171, fig. 18）。

とつの泡は分類群に対応し、泡の大きさ（面積）は種数に比例して描かれ、数字は千種単位（duizend-tallen soorten）です。太い実線は陸生／水生などの生態学的特徴のちがいを、そして一点鎖線は地質時代の境界を表しています。全体としてとても複雑な構造の模式図ですが、生物多様性の実態とその地質学的な変遷を一目で可視化しようとするラムの意図がよくわかる図です。

上の【図5－11】は二次元平面内に描かれた模式図ですが、ラムはさらに次元をひとつ増やした三次元模式図を提案しています（【図5－12】）。ラムの説明によると、この三次元図は透明な球をイメージしていて、球の中心から球面に向かって時間軸が通り、地質時代が経過するとともに、同心球は膨張していきます。球の中心には生命全体の共通祖先が仮定され、時間軸に沿って立体的な系統の枝が球面に向かって伸びていきます。途中で絶滅しなかった系統の枝は最終的に現時点の球面に到達し、その〝切断面積〟が種数に比例します。さらに球面上の同心円の系列は膨張する同心球を現時点の球面に〝射影〟したものです。

おおまかにまとめるならば、左上側に植物界、右下側に動物界が図示されています。いま、この三次元球を子午線に沿った大円で切断した平面に対して〝射影〟した図が【図5－13】です。球の中心から球面に向かって地質時間軸が通り、上半分は植物（「planten」）、下半分は動物（「dieren」）が示されています。この図では植物に関してのみ各分類群の詳細が記入されています。

このように、ラムは分類体系と系統関係を表示するために用いられてきた既存の樹形ダイアグラムの欠点を克服する新たなデザインを求めて試行錯誤しました。これらの三次元系統樹のダイナミックな表現様式は前例がない斬新さを見る者に印象づけます。ラムの時代にはもちろんコンピューター・グラフィクスのような画像処理技術はまったくなかったので、彼は手描きによってこれらの樹形ダイ

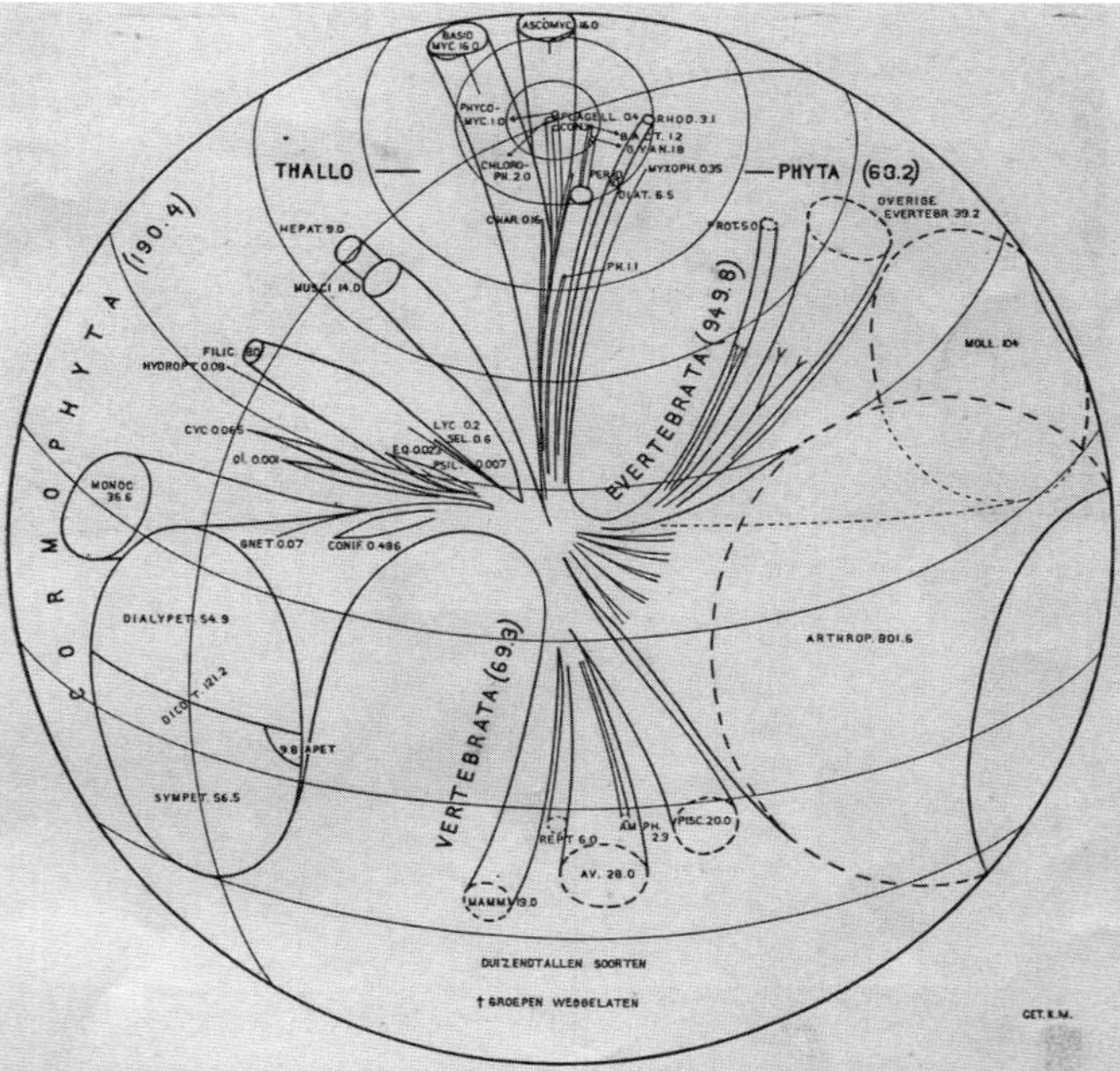

fig. 21. Spherical system of the microcosm, consisting of an infinite number of concentric "Time spheres". Explanation in the text (original).

【図 5-12】生物界の分類体系を模式的に三次元表示する（Lam 1936, p. 173, fig. 21）。

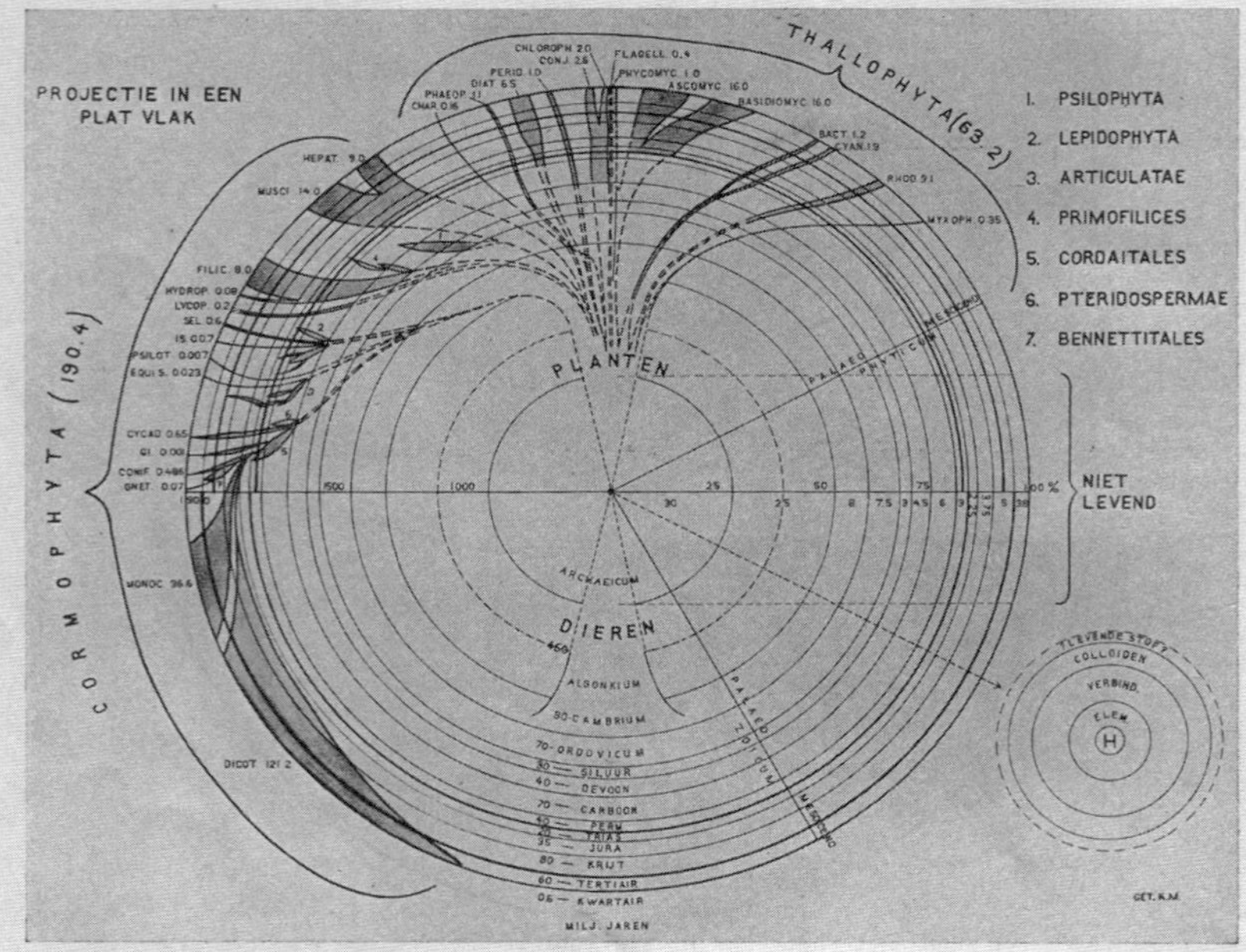

fig. 22. Projection (cross-section) of fig. 21, in order to show details inside. Explanation in the text (original); niet levend = inanimate; levende stof = living matter.

【図 5-13】[図 5 -12]を子午線に沿って切断する（Lam 1936, p. 174, fig. 22)。

アグラムを作成しました。

歴史に「もし」をもちこむことはタブーですが、ラムが二一世紀のいま生きていたとしたならば、三次元データ可視化のための高速コンピューターを用いたインフォグラフィクス技術を存分に駆使していたのではないかと想像したくなります。実際、Lima（2011, 2014）が最先端の技法のひとつとして挙げている空間充填法（space-filling method）に基づく三次元的なオントロジー可視化の事例には八〇年前にラムが描いた【図5－12】とそっくりな図が含まれているからです（たとえば、Lima 2014, 訳書、p. 176）。

樹形ダイアグラムの歴史をたどることは単に昔日を回顧して懐かしむためだけではけっしてありません。むしろ、これまで積み重ねられてきた情報可視化のための試行錯誤の跡をたどることにより、今なお利用価値があるダイアグラムの様式や意匠を〝再発見〟できるかもしれないという積極的な意義があることをここで強調しておきましょう。

4 動的分類学者早田文藏の高次元ネットワーク（1921-1933）

一八九五年、日清戦争の戦勝国となった日本は、清から割譲された台湾を領有化しました。明治政府は台北に台湾総督府を置いて占領体制を確立し、その支配は一九四五年の第二次世界大戦敗戦まで続くことになります。日本が獲得したこの新たな領土には多くの日本人が行き来し、その中には数多くの研究者も含まれていました。東京帝国大学を出た植物分類学者・早田文藏（一八七四－一九三四）

は台湾総督府のもとで台湾の植物相に関する調査研究を長年にわたって手がけ、その成果は全一〇巻に及ぶ『臺灣植物圖譜・臺灣植物誌料（*Icones Plantarum Formosanarum*）』（1911-1921）として刊行されました。台湾植物相に関する網羅的な調査を行なった彼の経歴と業績についてはすでに大橋広好による紹介記事（Ohashi 2009）がありましたが、二〇一六年に台湾で詳細な伝記が初めて出版されたことにより（呉 2016）、早田の生涯の全貌がようやくわかるようになりました。

早田は、台湾での植物相調査が一段落した一九二二年に東京帝国大学理学部植物学教室の教授となり、それ以後は独自の分類学の理論化に傾倒します。当時の植物分類学は上で説明したベッシー・システムやエングラー・システムのような生物進化を前提とする系統分類体系が有力でした。早田はそれに対抗する植物分類体系として「動的分類学（dynamic taxonomy）」と称する代案を提唱しました。上記『臺灣植物圖譜』の最終巻で、彼は「ゲーテの『植物変容論』における「葉」の解釈：自然分類の原理の説明として（An interpretation of Goethe's Blatt in his *"Metamorphose der Pflanzen"*, as an explanation of the principle of natural classification）」という論文を発表し（Hayata 1921a）、その中で彼の動的分類学のイメージを【図５－14】のような高次元ネットワークとして表現します（同上, fig. 1）。

のちに、ドイツ植物学会会報に発表したドイツ語論文「植物の動的分類体系について（Über das "dynamische System" der Pflanzen）」の中で、早田は動的分類学の理論体系を解説しました。上の高次元ネットワークに関して彼は次のように解説しています（参照：三中 2013）。

「ここで、それぞれの種や遺伝子を私がどのように理解しているかを示すためにこんなたとえ話をしてみよう。この宇宙はおびただしいガラス玉がつながってできる広大無辺なネットワークで

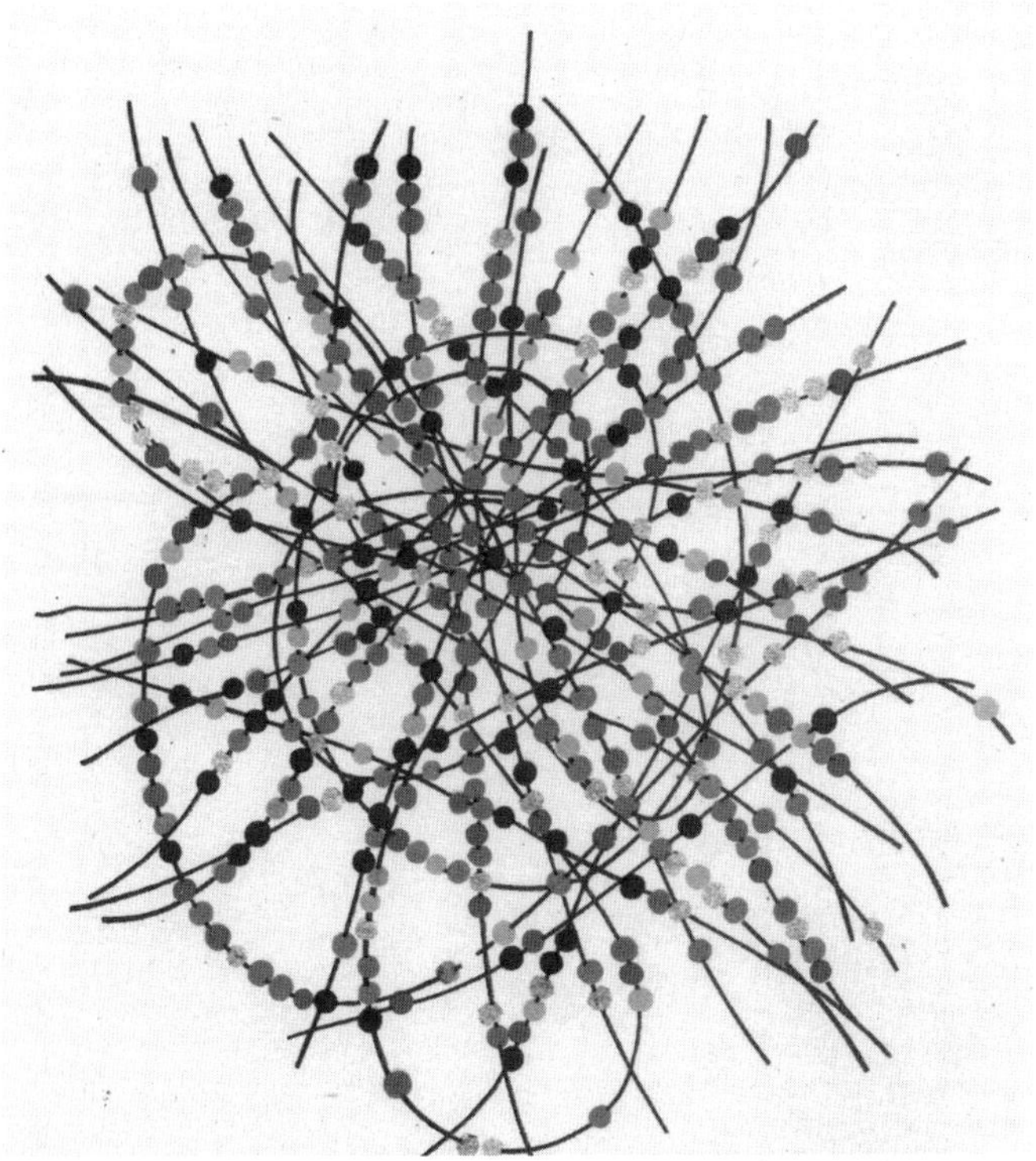

【図 5-14】動的分類学のネットワーク表現（Hayata 1921a, fig. 1）。図中の色分けされた小球は遺伝子であり、それらが互いに関連・協同しあってひとつの複雑なネットワークを形成する。

ある。それぞれのガラス玉は色の異なる網の上にあって、他のガラス玉の像を反射する。その結果、観察者が見る位置によって異なる模様が現れることになる。しかし、それは観察者の目には異なって見えるにすぎない。実際に存在するのはすべて同じ無色のガラス玉だからである」（Hayata 1931, p. 346）

早田がこのネットワーク（「インドラの網」）をどのようにして思いついたかはきわめて私的な宗教的経験によるものだと彼自身が述べています。

「この比喩を読者に示すにいたったのは、私が華厳経という仏典のひとつにあるインドラの網（Indra-nets）という寓話から示唆を得たからである」（Hayata 1921a, p. 84, 脚注）

華厳経は「一切の世界を毘盧遮那仏《びるしゃなぶつ》の顕現とし、どんな小さな微塵も世界を映し、一瞬の中に永遠を含むと説き、一即一切、一切即一の世界観」（日本国語大辞典第二版「華厳経」、小学館）と主張します。早田の描くインドラの網はこの華厳経の「重々無尽の縁起」を可視化したものであると解釈できます。

早田は動的分類の考え方を実際に適用した「動的体系による植物の自然分類（The natural classification of plants according to the dynamic system）」と題する大部の論文の中で、やはり天台宗の華厳経に則った「相即相入」の教義に基づく「因子分配説（participation theory）」を展開し、遺伝子という因子が形成する高次元ネットワークの「相互協力（mutual participation）」と「相互共有（mutual sharing）」によって植物分類体系を構築しようとしました（Hayata 1921b, p. 110）。

晩年のある記事で、早田は次のように述懐しています。

「今日の分類學の體系は、進化論を基礎としてゐると標榜しながら、系統分類は少しも實行されてゐない。のみならず、寧ろ行きづまりの如き觀のあるのは、私の甚だ了解に苦しむところである。是においてか、古來東洋に遺された因子分配説は、遺耀として超東の日本國に起って、将に西方を照らさんとするものではあるまいか」（早田 1933, p. 88）

現代科学の観点から見れば、動的分類学をめぐる早田の宗教がかった（しかも反進化的な）主張ははっきりいってついていけないものを感じてしまいます。ところが、彼が提唱したネットワークによる分類体系は意外にも大きな反響を呼ぶことになりました。

ヴァルター・ツィンマーマンは系統学方法論の長大な論文の中で早田の動的分類学に言及しています：

「早田が提唱する〝動的体系〟もまた観念論的体系と同じく非系統的体系だがここではくわしく論じることができない。系統学者が彼から学ぶべき点があるとしたら、それは〝特殊化混在（Spezialisationskreuzungen）〟がある場合には現生種どうしを明確に結びつけることはほとんど不可能になるという示唆である」（Zimmermann 1931, p. 990, 脚注）

「言い換えれば、遺伝的関係のネットワーク（Netzwerk）による表示は、対象となる種内の変異群

（Formenkreise：形態環）に対しては適しているだろう。変異群が大きくなってくると、系統樹の枝の微細構造はネットワークとみなしてもかまわないだろう。その場合でも、個々の種や属などを全体として見れば明らかに一つの枝の中に収まっている（早田の主張に対する見解は上の９９０ページで述べた通りである。）」（Zimmermann 1931, p. 1044）

つまり、派生的な形質状態と原始的な形質状態が混在する「特殊化混在」（Nelson 2004）が生じる場合――たとえば種内変異群の遺伝的関係を考察するとき――には、端点である現生種をつなぐ系統樹は描けなくなり、早田が提唱するようなネットワークが必要になるだろうとツィンマーマンは示唆しています。逆に言えば、ツィンマーマンにとっては、系統樹があくまでも主であって、系統ネットワークは限定的にしか使いみちがないと考えていたことになります。

前節で紹介したヘルマン・ラムのダイアグラム論文（Lam 1936）の冒頭には、早田の逝去（一九三四年）を追悼する「早田文藏の高貴なる精神の記憶に捧ぐ（Dedicated to the memory of Bunzô Hayata's noble spirit）」という献辞が載っています。ラムはバタヴィア時代に早田と研究上の交流があり、一九二七年に新種記載したオオバアカテツという樹木に *Palaquium hayatae* という早田にちなんだ学名をつけました（呉 2016, p. 154）。

ツィンマーマンとはちがって、ラムは早田の動的分類学とその可視化グラフィックツールとしての高次元ネットワークの意義をもっと高く評価していました（Lam 1936, pp. 180-183）。たとえば、ラムは早田のネットワーク概念図（【図５－14】）を個体と種の階層に置き換えた図を描いています（【図５－15】）。この図では、それぞれ五個体から成る種Ⅰ，Ⅱ，Ⅲがあり、各個体は三つの形質◯、△、＋の

うちいずれか二つの組み合わせをもっているとします。このとき、それぞれの種内の五個体は三形質のうち二個ずつをひとしく共有しています。この形質分布を個体をつなぐ二本の枝で図示するならば、種内の個体間ネットワークが描けます。さらに種間での形質の分布を調べると、種IとIIは◯を、IIとIIIは△を、そしてIとIIIは＋をそれぞれ共有していることがわかります。したがって、図に示したような三種I，II，IIIを一本の枝でつなぐ系統ネットワークが描けることがわかります。

ラムは【図5－15】をさらに拡張し、個体－種－属という分類階層構造に関する早田流の分類ネットワークを提示します（【図5－16】）。この図では、三属I，II，IIIのそれぞれに複数の種*A*，*B*，……が含まれていて、さらに各種内の個体は黒点によって示されています。いま、右の【図5－15】と同じく、種間で共有される形質数に応じて異なる数の枝でつないで図示すれば、種間と属間にまたがるある平面内での複雑なネットワークとして分類パターンが可

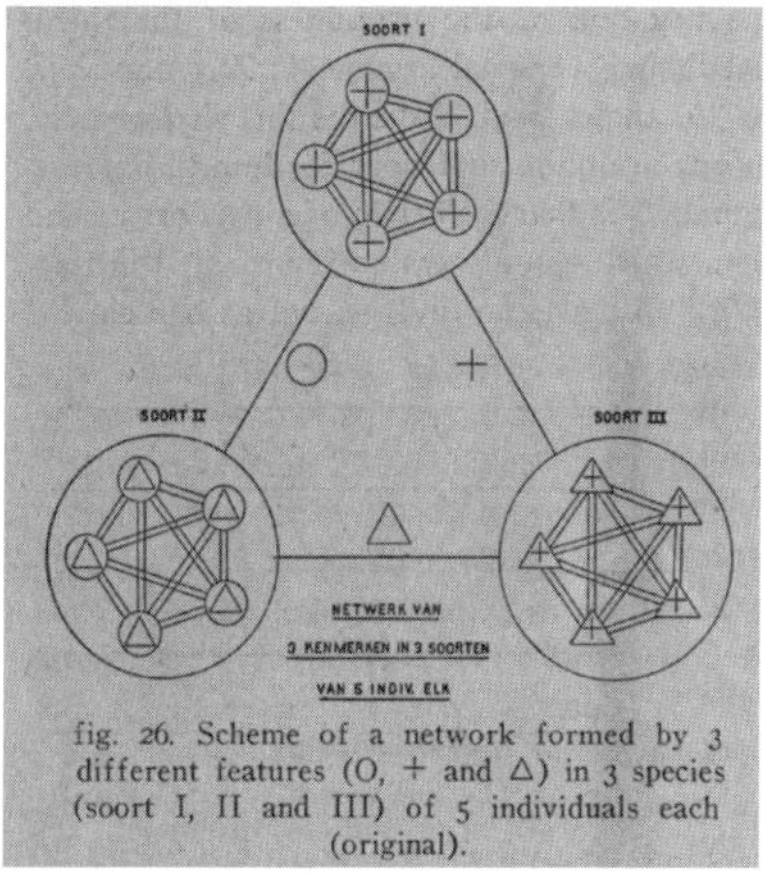
SOORT I
SOORT II
SOORT III
NETWERK VAN
3 KENMERKEN IN 3 SOORTEN
VAN 5 INDIV. ELK
fig. 26. Scheme of a network formed by 3 different features (O, + and △) in 3 species (soort I, II and III) of 5 individuals each (original).
【図5−15】それぞれ5個体から成る種I, II, III の分類ネットワークの模式図（Lam 1936, p. 180,fig. 26）

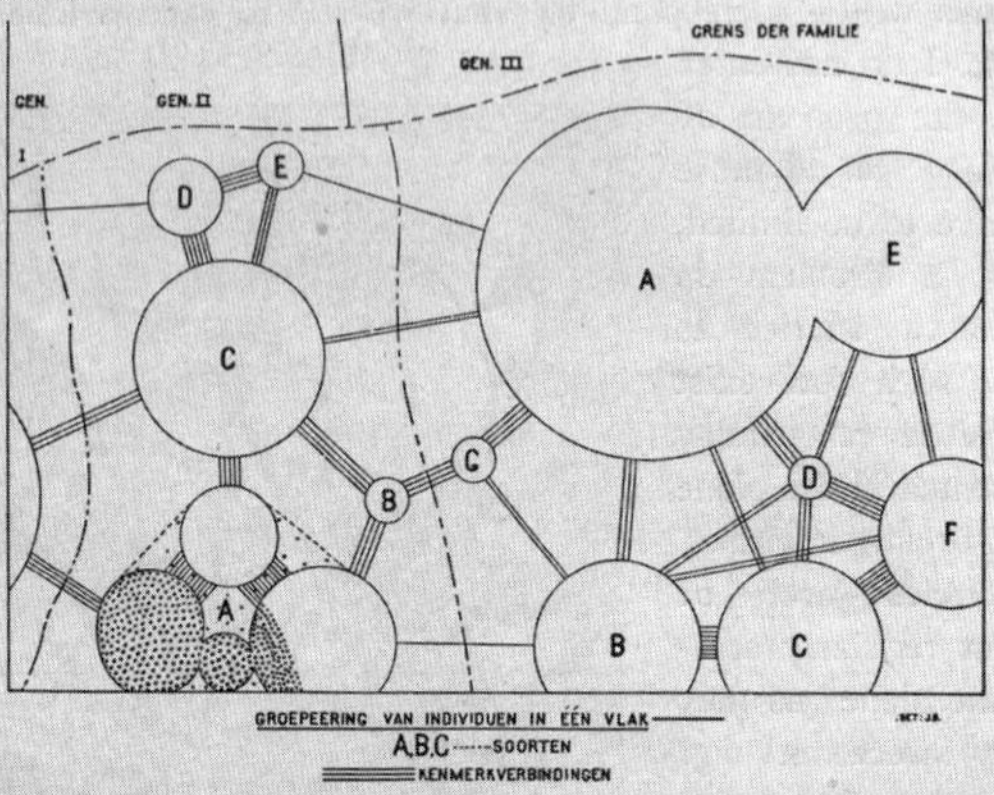

fig. 28a. Arrangement of individuals in a plane; parts of 3 genera I—III are represented, forming a part of the limit of the plant family; A, B, C, etc. are species, connected by a very much simplified system of feature-lines; individuals are represented by dots in a part of the species A of genus II (original) [1]).

【図 5-16】 3 属 I, II, III の種 A, B, ……に関する分類ネットワークの模式図（Lam 1936, p. 182, fig. 28a）

視化できます。

このようにして、ラムは早田の宗教的な動機や背景を注意深く除去しながら、高次元ネットワークのダイアグラムとしての長所（描写力）を種内・種間の複雑な分類パターンの可視化に用いようとしました。早田は華厳経の教義に則る因子（遺伝子）の組み合わせを想定しました。一方、ラムは不可視的な遺伝子を可視的な形質に置き換えることにより、観察可能なデータからネットワークを構築することを念頭に置いていたと考えられます。早田の主張からすれば、ラムによるこのようなネットワークの転用は意図的な〝誤読〟であるのかもしれません。しかし、高次元ネットワークを早田独自のダーウィン進化論に反対する非系統的な（しかも極度に東洋的な）主張から〝解放〟することにより、ネットワーク可視化の新たな価値を見出した点で、ラムによる〝誤読〟は、一般論として、図形言語としてのダイアグラム解釈における〝変異をともなう由来〟の一つの例として注目したいと私は考えています。ダイアグラムはその作者の意図を越えてさまざまな使われ方をする可能性があるということです。

5　動物行動学者コンラート・ローレンツの種間比較系統樹（1941）

歴史を振り返ると、二〇世紀前半の生物体系学は分類と系統をめぐってさまざまな理論や主張が戦わされた時代でした（Willmann 2003, 2016, Rieppel 2016）。現在の生物学者たちはＤＮＡのゲノム情報に基づく系統樹の推定や分類体系の構築に慣れてしまっているので、自分たちのホームグラウンドにほ

んの一世紀ほど前にいったいどのような景色が展開していたのかを想像することすら難しくなっています。しかし、ある学問分野の現在は過去の産物にほかなりません。私たちがいま使っている用語や概念や理論は、過去に戦わされた学問上の論争の帰結として獲得されたものです。分類や系統を論じる枠組みもまた歴史的経緯を背負って現在に至っています。

本章で論じてきた体系学的なダイアグラムの数々は、それぞれに流行り廃れはあるものの、生物の多様性あるいは系統進化を可視化するツールとしてある時代に発祥し、多くのユーザーの手によってさまざまな〝変異〟を経験しながら存続してきました。私たちはダイアグラムがたどってきた道のりをさかのぼることにより、その起源のありかを確認するとともに、科学史の影に姿を消してしまったかもしれない他のダイアグラムの〝化石〟を掘り起こそうとしています。現在使われているダイアグラムは、よりすぐれているから生き残ったのではなく、たまたま偶然が重なって使われ続けているのかもしれません。逆に、消え去ったダイアグラムの中にはもう一度よみがえらせる価値があるものがあるかもしれません。私が思い描いているダイアグラム論にとってそのような歴史的な視座は欠かすことができません。

一九七三年にノーベル医学生理学賞を受賞した動物行動学者コンラート・ローレンツ（Konrad Lorenz：一九〇三–一九八九）の名前は、現代動物行動学を確立した構築者のひとりとして今日では広く知られています。しかし、ローレンツの鳥類の比較行動学についての研究歴をさかのぼると、一九四〇年代という早い時期に彼が動物行動という形質に基づいて系統樹の構築を行なう独自の方法論を編み出していたことがわかります。以下では、彼の論文「カモ亜科における運動の比較研究」（Lorenz 1941：英訳 Lorenz 1951-1953）をふまえ、ローレンツが分類と系統の関係についてどのような思索をした

のかを見てみましょう。

ローレンツは鳥類の行動的特徴を系統学的に考察する先行研究として、鳥類学者オスカー・ハインロート（Oskar Heinroth：1871-1945）によるガン・カモ類の行動研究（Heinroth 1911）を挙げています。形態形質とまったく同列に行動形質を考察することにより、系統関係を究明することができるはずだというハインロートの目標設定は、ローレンツにも確かに継承されています。

「人間および動物に備わった構造の理解にとって、比較系統発生学的な問題設定は、心理学や行動学においても形態学におけるのと同様、不可欠なものである。心的な面においても、生物はすべて系統進化の産物なのであり、系統進化の過程を知らなければ、それら個々の存在がいつになってもまったく解明されないに違いない。（中略）種特異的な行動様式が、関連のある身体的特徴と一致するとなれば、何よりもまず、系統学上の相同概念をこれらの行動様式に適用することの正当性は、あらゆる攻撃に耐えうるものとなり、また言葉の真の意味での比較心理学という仮定が成就したことになろう」（Lorenz 1941, 訳書, pp. 11-12）

ローレンツは、一〇〇ページにも及ぶこの大論文の中で、カモ亜科鳥類の求愛行動やさえずり行動などについてデータを積み上げたのち、最後の第XXI節「まとめ（Zusammenfassung）」では、それらの行動形質と形態形質を系統学的に統合する枠組みを論じます。まずはじめに、彼は現生種のみを並べて分類するだけでは、系統を考慮したことにはならないと指摘します。【図５－17】を見てください。まるで筆先の毛の束のように描かれたこの系統樹の一本一本の毛の先端が現生種であると仮定し

ます。ローレンツはこの模式図により、系統発生が互いに独立に生じて、根元から竹ぼうきのように種分化が起こっている状況を示しています。もし私たちが毛の先端だけを見て類似性にしたがって現生種を分類したとすると、たとえば現生種AからBへの類似度系列（Ähnlichkeitsreihe）を想定することになります。

しかし、そのような類似度系列は必ずしも系統関係としての近縁性を反映した系列であるとはかぎりません。ローレンツはここで類似度による分類を系統と混同してはならないと強調します。たとえば、この〝毛の束〟のうち、現生種AとBを含む一本だけを根元から切り出して示すと、次の【図5−18】のように見えるでしょう。現生種どうしをつなぐ類似度系列はAに始まりBを経由して、反対側のPまで達しています。重要な点は、A〜Pの種群はけっして根元から独立に種分化したわけではなく、二分岐を繰り返すことにより系統発生が進んできたということです。つまり、端点を二つ選んだとき、それらの系統関係の遠近は場合によって異なるということです。

ローレンツは類似度系列で隣接する現生種が互いによく似ている理由は、それらの現生種がどれくらい系統発生の過程を共有しているかによって説明できると考えました。彼の言う「系統発生過程の共有部分（das gemeinsam durchlaufene Teil des Entwicklungsweges）」（Lorenz 1941［1965］, p. 107）とは【図5−18】の系統樹の根から任意のふたつの端点の最近隣共通祖先までの経路を指しているので、第4章で定義した「グロモフ積」に相当します。したがって、ローレンツはグロモフ積に基づく特殊類似性（共有派生形質の類似性）による系統関係の推定を目論んでいたということになるでしょう。

では、どのような手立てによって、端点の種に見られる形質状態の分布から系統関係を推定できるのでしょうか。ローレンツはまずはじめに、系統樹の端点に位置する現生種には原始的な形質状態と

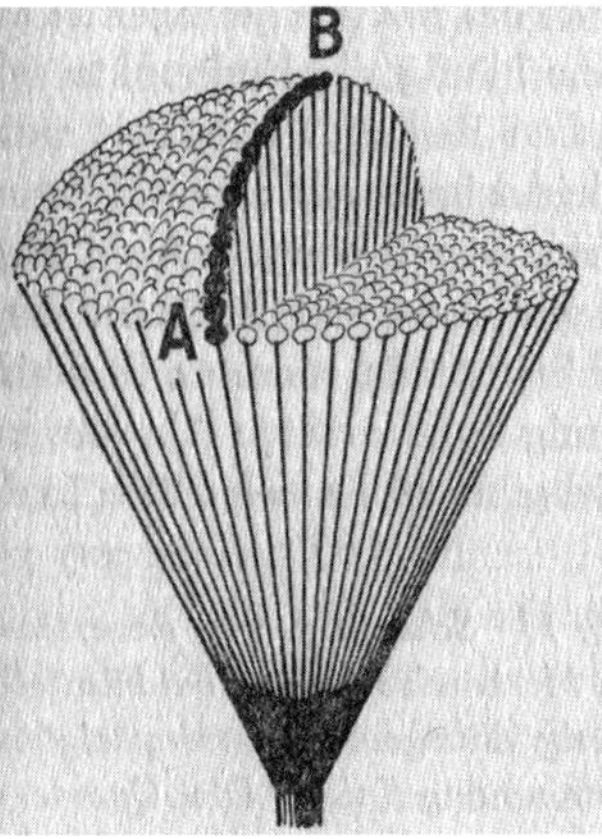

Abb. 51 Schema einer Ähnlichkeitsreihe rezenter Tierformen, deren benachbarte Glieder nicht durch stammesgeschichtlich nähere Verwandtschaft verbunden sind. Bei Ausfall eines Teils der Abstammungslinien können die in der Reihe A-B liegenden Restformen eine phylogenetische Reihe vortäuschen.

【図5-17】ある系統樹を“毛の束”として図示する（Lorenz 1941［1965], p. 107, fig. 51)。束の根元には共通祖先が仮定され、上方に向かって系統進化の分岐が互いに独立に進む。末端のAからBへの太線は現生種どうしを類似性に従って分類した配列である。手前の切断された断面図には現生種をつなぐ系統発生の枝が示されている。

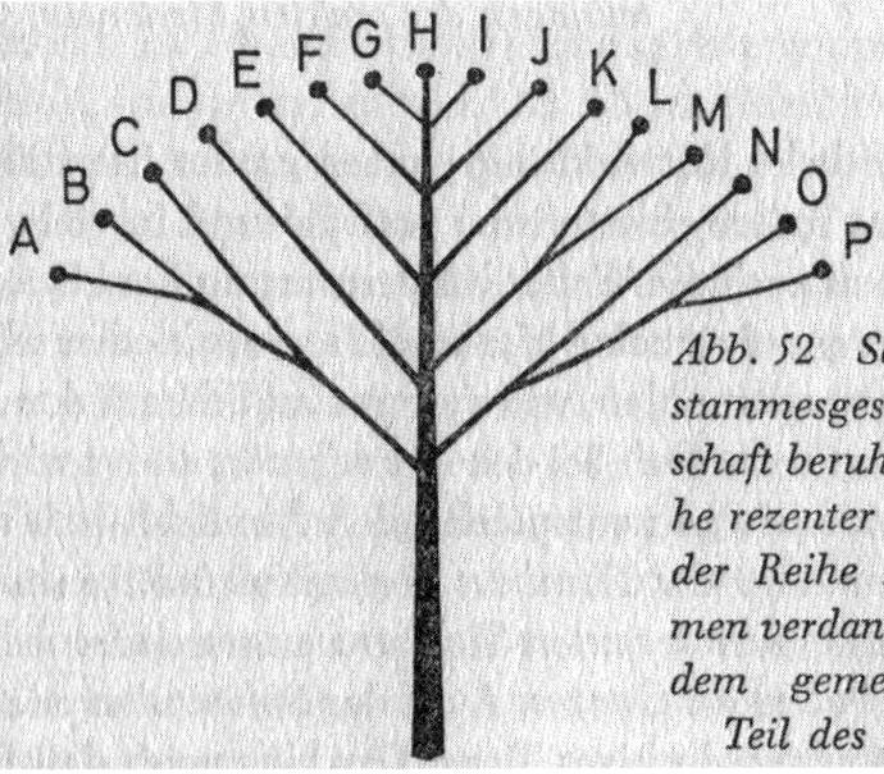

Abb. 52 Schema einer auf echter stammesgeschichtlicher Verwandtschaft beruhenden Ähnlichkeitsreihe rezenter Tierformen. Je zwei in der Reihe A-B benachbarte Formen verdanken ihre Ähnlichkeiten dem gemeinsam durchlaufenen Teil des Entwicklungsweges.

【図5-18】［図5－17]の現生種AとBを含む1本の“毛”だけを取り出して系統関係の程度を示す（Lorenz 1941［1965], p. 107, fig. 52)。

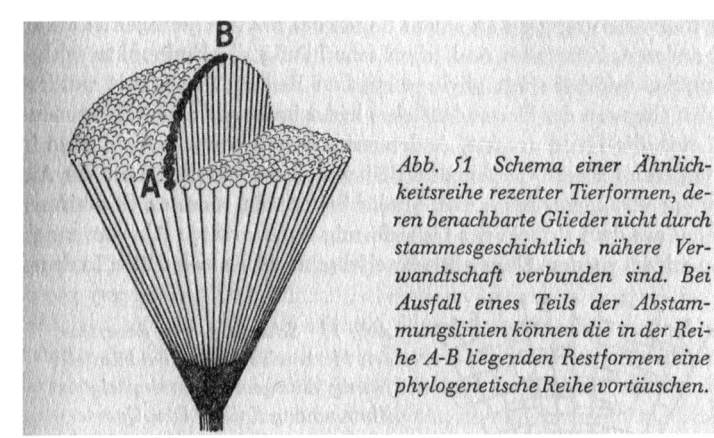

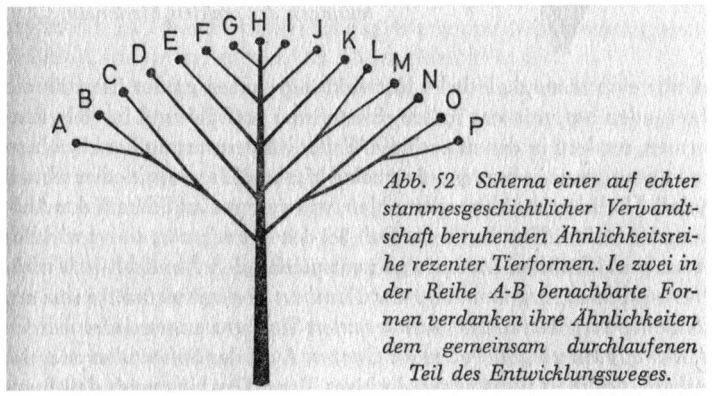

派生的な形質状態が混在していると指摘します（上で言及したツィンマーマンの言う「特殊化混在」）。もし系統分岐が根元から互いに独立に進行し、端点どうしが互いに同程度の系統関係を示す（すなわち疎密がない）とすると、枝ごとに別々に形質進化が生じることになります。このとき、【図５－19】に示されるように、枝間の形質共有は不規則に分布することになるでしょう。

他方、系統分岐がそれぞれの枝で次々に生じて、端点どうしの近縁性の疎密が異なる場合を考えてみましょう。このとき「系統発生過程の共有部分」で生じた派生的な形質状態はその枝に連なる端点の種に共有されることになるので、【図５－20】に示すように派生的形質状態の分布はより規則的に並ぶでしょう。

ローレンツはこの推論の方法を次のように要約しています。

「調査された種グループのどの種も、一つずつ個別の進化過程に沿って歩んできたのではなくて、このグループ単位全体が一つの共通の起源から、ずっと後になってはじめて分岐したものと仮定してみると、当該の下位グループに属する種にとって、一方ではそれぞれの特徴は共通であるが、他方では完全に除外されているということが考えられる。——つまり、これらの特徴は方向は共通しているが、しかし分類上隣接する種からはすでに分離した系統樹のストックから分岐したものである。このような系統樹の二つの枝の方向がすでに相当深い根元よりの部分で互いに分離しているならば、それらはかなり大きなグループのカテゴリーに含まれる相当古い共通の特徴によって互いに結びつけられているという推測と一致するのである」（Lorenz 1941［1965］，訳書、pp. 133-134）

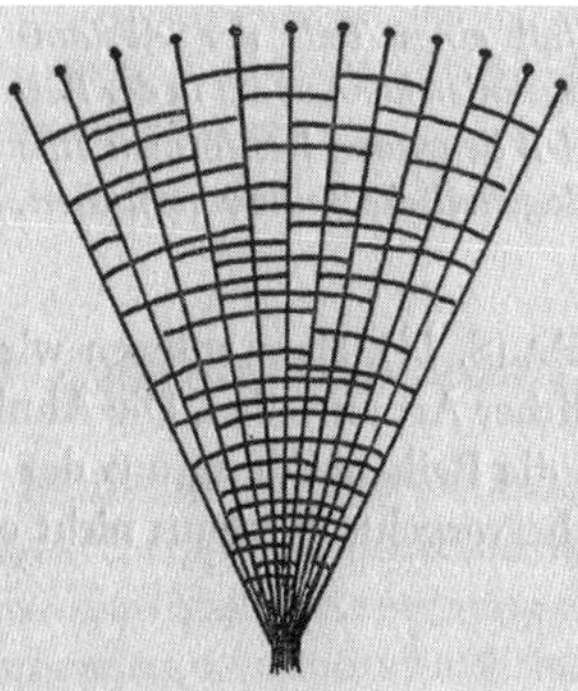

Abb. 53 Schema der zu erwartenden Merkmalverteilung bei büschelförmig divergenten, unverzweigten Abstammungslinien. Die Querverbindungen stellen gemeinsame Merkmale dar. Da die Verschiedenheiten und Gemeinsamkeiten sich nur aus größerer oder geringerer Divergenz erklären, überschneiden sich die Verteilungen der meisten Merkmale.

【図5－19】系統分岐が独立して生じたと仮定した場合の派生的形質状態の分布のようす。枝を横切る線分は形質状態の共有性を示す（Lorenz 1941 [1965], p. 108, fig. 53)。枝ごとに形質進化は別々に進むので、新たに生じた派生的な形質状態の分布は不規則となる。

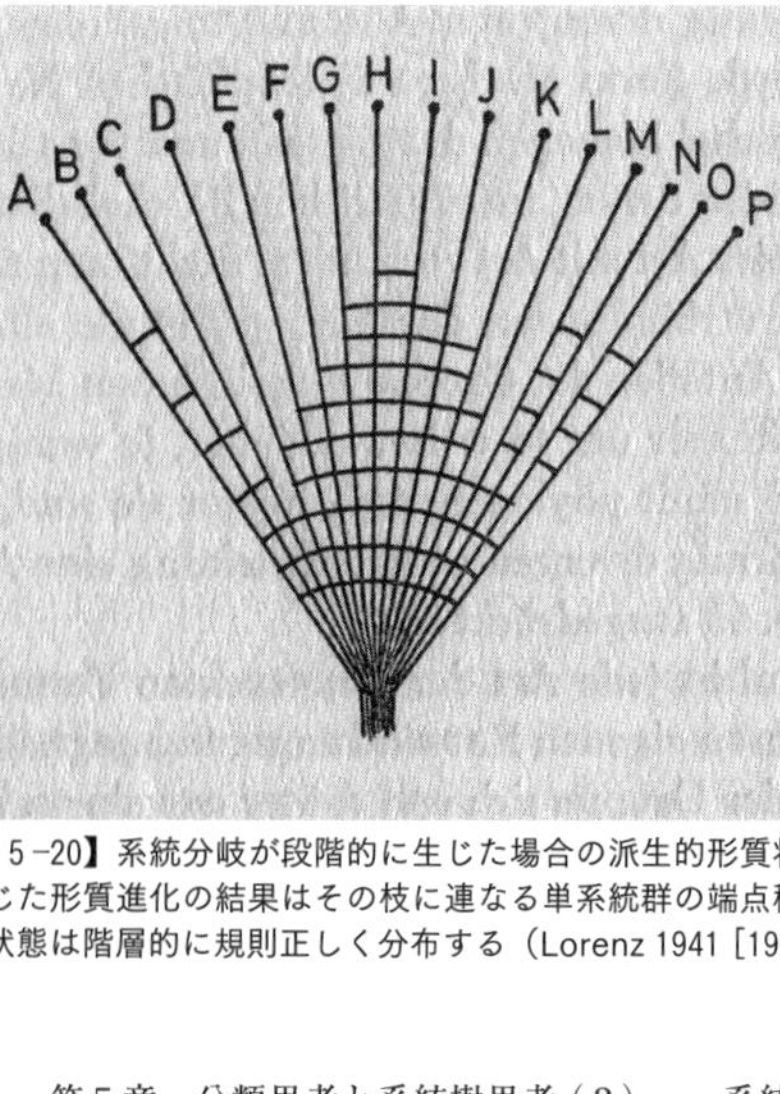

Abb. 54 Schema der zu erwartenden Merkmalverteilung bei baumförmiger Verzweigung der Abstammungslinien. Da die verbindenden Merkmale Folge gemeinsam durchlaufener Entwicklungswege sind, sind sie, von Konvergenzen abgesehen, entsprechend dieser gemeinsamen Abstammung verteilt und überschneiden sich nicht.

【図5－20】系統分岐が段階的に生じた場合の派生的形質状態の分布のようす。ある共有する枝で生じた形質進化の結果はその枝に連なる単系統群の端点種によって共有されるので、派生的な形質状態は階層的に規則正しく分布する（Lorenz 1941 [1965], p. 110, fig. 54)

ローレンツは、端点の現生種のもつ形質状態の派生性と原始性の情報に基づいて、内点の配置を推論し、系統関係を構築するための方法論をここで明確に指摘しています。彼の方法を用いると、【図5－20】の種群A～CやD～Kはそれぞれ単系統群を構成していると推測されるでしょう。実際、彼はカモ亜科鳥類の行動形質に基づく系統推定を行ないました（【図5－21】）。この図は、カモ亜科二〇種に関する四八の行動形質（配偶行動・育児行動・闘争行動など）の形質状態がどのように種間で分布しているかを表しています。このカモ亜科の例からわかることは、行動形質状態の分布はけっしてランダムではなく、共有されている行動形質の多くは系統的に見て共通祖先から継承されてきた相同形質であることが示唆されます。ローレンツが描いたこのダイアグラムは形質分布と系統関係との関わりを可視化し、端点の形質分布情報から系統関係を推論する上でとても役に立つ手がかりを与えています。

観念論的な思潮がまだ色濃く残っていた二〇世紀前半のドイツ生物学界のなかで、系統推定の方法を正面から論じた研究者として、すでに登場したヴァルター・ツィンマーマンとともに、コンラート・ローレンツの名前はいつもあがります（Craw 1992, pp. 74-77, Donoghue and Kadereit 1992, Rieppel 2016, pp. 272-280）。ローレンツはのちに第二次世界大戦に従軍し、戦争捕虜としてソビエトに抑留された一九四四～一九四八年にかけて、捕虜収容所内で彼は比較行動学の教科書の原稿を書きました（Lorenz 1996）。「ロシア草稿（*the Russian Manuscript*）」と呼ばれるこの手書き原稿のある章「生物の個別的歴史起源と系統学的アプローチ（The Unique Historical Origin of Organisms and the Phylogenetic Approach）」（Lorenz 1996, pp. 99-135）の中で、ローレンツは一般論としての形質の相同性と形質状態の原始性と派生性

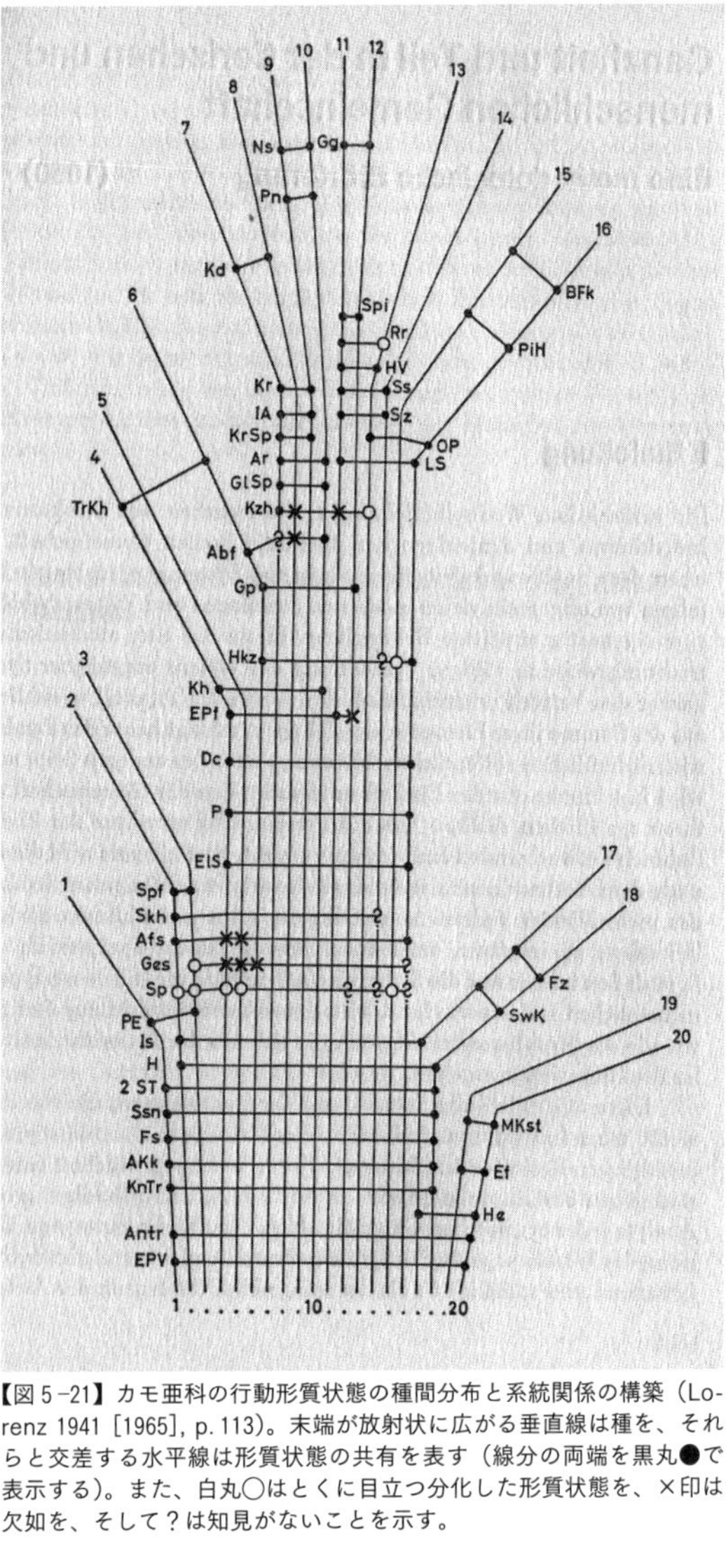

【図5-21】カモ亜科の行動形質状態の種間分布と系統関係の構築（Lorenz 1941 [1965], p. 113)。末端が放射状に広がる垂直線は種を、それらと交差する水平線は形質状態の共有を表す（線分の両端を黒丸●で表示する)。また、白丸○はとくに目立つ分化した形質状態を、×印は欠如を、そして？は知見がないことを示す。

の区別に関して詳細に論じました。

生物の系統関係を推定するひとつの方法論を確立したのはドイツの昆虫学者ヴィリ・ヘニック（Willi Hennig：一九一三－一九七六）でした。ローレンツと同じく第二次世界大戦の戦争捕虜としてイタリアの収容所に送られたヘニックは、収監中に生物体系学の原稿を書き始め、それは大戦後の一九五〇年に『系統体系学理論の基礎（*Grundzüge einer Theorie der phylogenetischen Systematik*）』（Hennig 1950）という書名で出版されました（Schmitt 2013）。のちに「分岐学（cladistics）」という学派に成長することになる彼の理論体系の根幹は、派生的な形質状態を共有する単系統群を発見することにありました。

一九五七年に出版されたドイツ昆虫学会創立百周年記念論文集に寄稿した論文の中で、ヘニックは彼の系統体系学の手順を「論証スキーム（Argumentationsschema）」と呼びました（Hennig 1957, p. 66）。系統推定のためのこの論証スキームを図で説明しましょう。【図5－22】を見てください。種A，B，Cについてある形質を調べたとき、その形質状態が種Aではaであるのに対し、BとCではa'だったとします。このとき、形質状態aが原始的（plesiomorph）であり、a'が派生的（apomorph）であるとすると、種BとCは派生的状態を共有することになります。系統発生的に見ると、BとCはAとは共

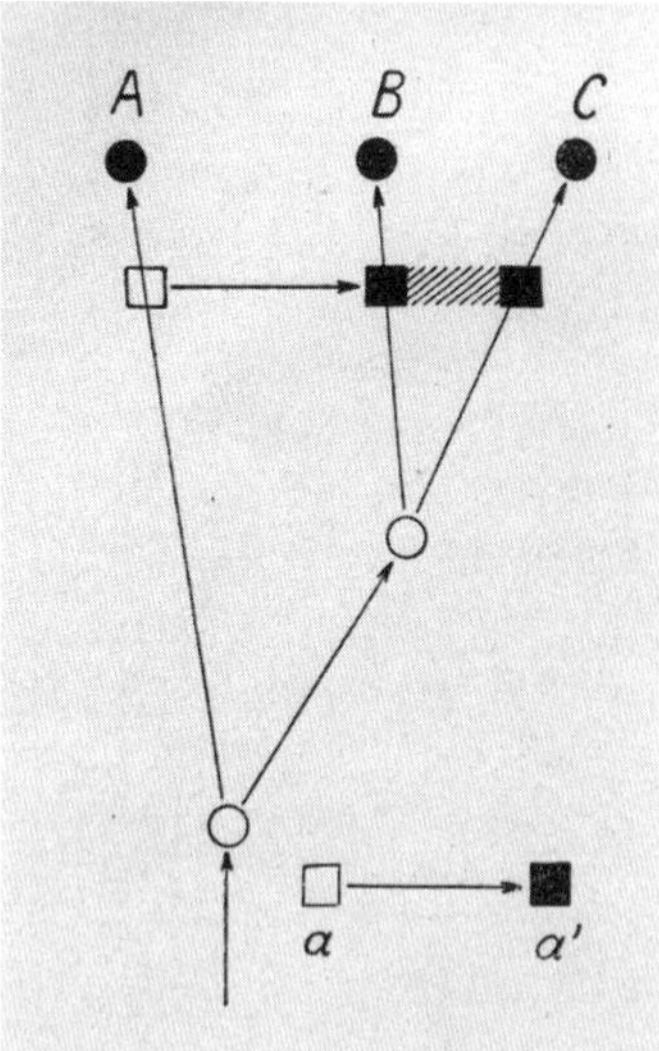

【図5－22】ヘニックによる論証スキームの説明（1）：種A, B, Cでのある形質の形質状態がAではa、BとCではa'とする。状態aが原始的（□）、状態a'が派生的（■）であるとすると、派生的形質状態を共有している種BとCはひとつの単系統群を構成すると推定される（Hennig 1957, p. 66, fig. 9）。

有されない共通祖先（上の○）を共有すると推測されます。つまり、BとCはある単系統群（monophyletische Gruppe）を構成すると推定されます。

この論証スキームを複数の形質に対して逐次的に適用すれば、もっと多くの種を対象とする状況でも系統推定を行なうことができます。【図5－23】の例では、分類群A，B，C，Dを対象として形質1～6の形質状態の分布を調べました。それぞれの形質について□は原始的状態であり、■は派生的状態です。まずはじめに、形質1を見れば、その派生的状態を共有する群B，C，Dはひとつの単系統群を構成します。形質1と2により群Aと単系統群B＋C＋Dとは互いに姉妹群関係（Schwestergruppenverhältnis）にあるとみなされます。同様にして、形質3の派生的状態を共有する群CとDはより小さな単系統群を構成するので、形質3と4は群Bと単系統群C＋Dが姉妹群であることを示します。最後の群CとDについても形質5と6から姉妹群関係であることがわかります。

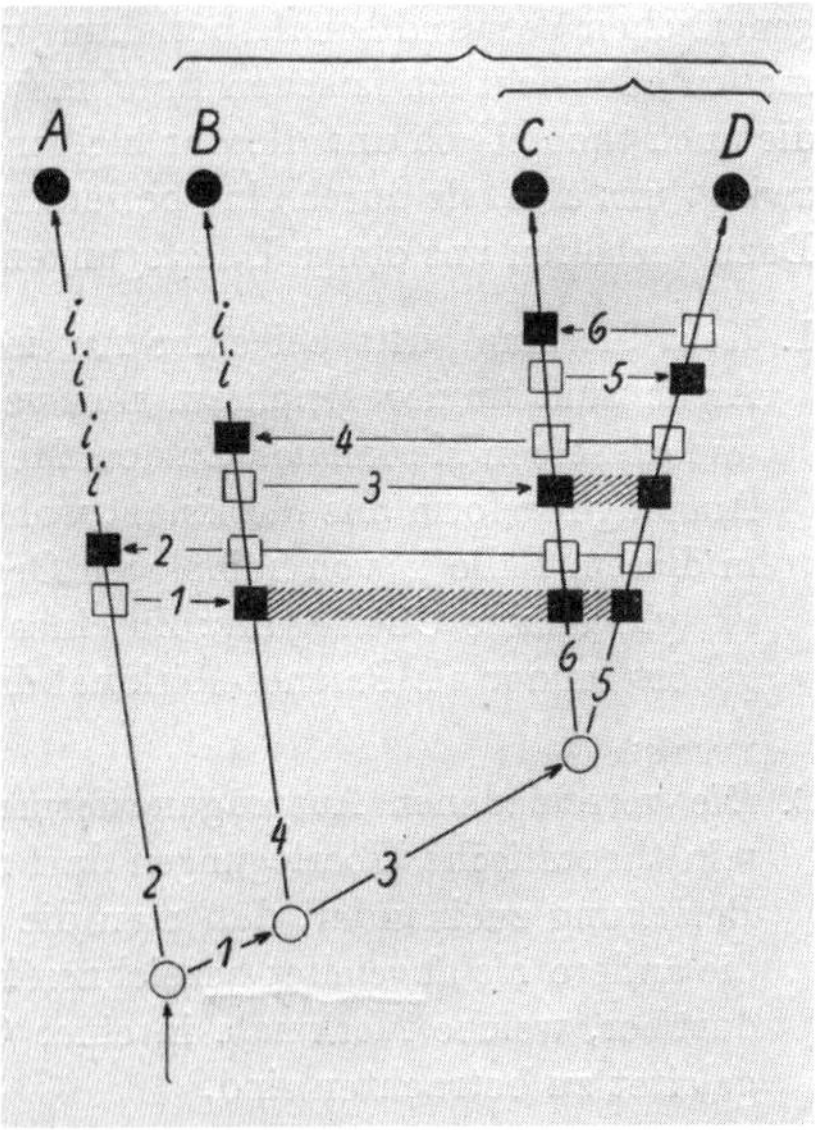

【図5－23】ヘニックによる論証スキームの説明（2）：種A, B, C, Dについて、いくつかの形質の原始的状態（□）と派生的状態（■）の分布を調べることにより、派生的な形質状態を共有する単系統群を逐次的に構築することができる。図中の「i」は該当形質の分布が姉妹群関係の推論とは関係がない（indifferent）という意味である（Hennig 1957, p. 66, fig. 8）。

双《そう》翅《し》目《もく》昆虫（Diptera）を専門とする昆虫学者だったヘニック

は、この論証スキームを実際にハエ亜目の額嚢節《がくのうせつ》（Schizophora）という分類群の系統分類に適用しました（Hennig 1958）。【図5－24】は額嚢節ショウジョウバエ上科（Drosophiloidea）の例です。ヘニックはこのショウジョウバエ上科に含まれる五科の計一七形態形質を調べ、その派生的形質状態が分類群間でどのように分布しているかに基づいて姉妹群関係にある単系統群を構築しました。

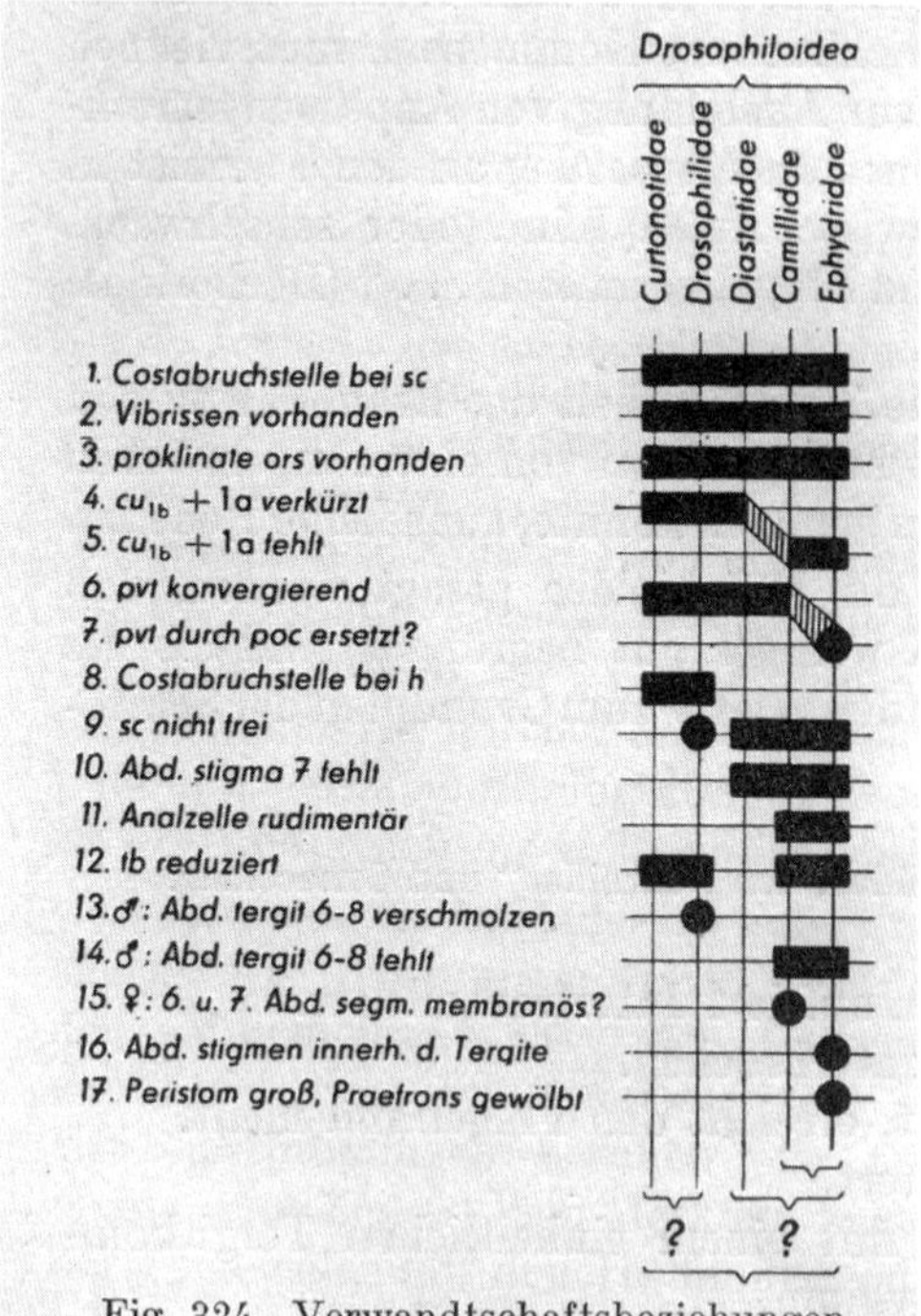

Fig. 324. Verwandtschaftsbeziehungen innerhalb der Drosophiloidea

【図5-24】ショウジョウバエ上科（Drosophiloidea）の系統推定のための論証スキーム。ショウジョウバエ上科を構成する5科について17形態形質の派生的形質状態（黒）の分布に基づいて単系統群を探索した（Hennig 1958, p. 662, fig. 324）。

ヘニックの【図5－24】のダイアグラムは、分類群の「細線」を形質の派生的状態の「太線」によって〝束ねる〟ことで単系統性を可視化しているという点で、ローレンツによる【図5－21】の表現様式と瓜二つです。端点の情報から内点を推定するという共通の問題に対して、ヘニックとローレン

ツが、オスカー・ハインロートという共通のルーツから発して、きわめてよく似た方法論に到達したことは注目すべきでしょう。

6 まとめ——分類と系統の次元のきしみ

本章では、生物体系学の過去一世紀の歴史をさかのぼり、それぞれの時代の研究者たちが生物の多様性と進化の歴史をどのようにダイアグラムとして図示しようとしてきたのかを振り返りました。生物学というたったひとつの分野に限定したわけですが、それでも分類と系統をめぐるさまざまな可視化の試みがなされてきたことがわかっていただけたかと思います。そして、提案された数多くのダイアグラムの表現様式のいくつかは現在もなお使われ続けているのに対し、すでに歴史のかなたに忘れ去られているものも少なくありません。

可視的な分類と不可視的な系統との間でどのように折り合いをつければいいのかをめぐっては、生物体系学のなかで議論が絶えませんでした。たとえば、ヴァルター・ツィンマーマンは【図5-25】に示す例を挙げ、類縁関係の表示方法としての分類と系統とのちがいに言及し、両者の混同がもたらす誤解について考察しました。彼は分類体系は系統関係をそのまま反映すべきであるという立場から、上図（a）の分類体系は下図（b）の系統関係と正確に対応させるべきであると主張しました。

「図172b［【図5-25】b］の基本スキームによって表示できないような系統関係はひとつもない。（中

略）この基本スキームによって表現できない類縁関係があると考える人がいるならば、その人は系統関係ではなく〝観念論的〟すなわち純体系学的な〝類縁関係〟を念頭に置いている」（Zimmermann 1931, pp. 989-990）

同時代の観念論的体系学を排して厳密な系統分類を擁護したツィンマーマンにとってはつねに「分類＝系統」であることが当たり前でした。しかし、前二章で述べたように、分類は可視的な属性から得られた類似度に基づくグルーピング（クラスタリング）であるのに対し、系統は不可視的な内点を含むX樹の推定を目指しています。仮に「より類似していれば、より近縁である（Je ähnlicher, um so näher verwandt）」（Zimmermann 1931, p. 994）のであれば、私たちは【図5－26】に示されるような分類と系統との完全一致を期待することが可能でしょう。しかし、もしも系統樹の枝ごとに形質の進化速度がちがっていたとすると、【図5－27】のように、類似度の大

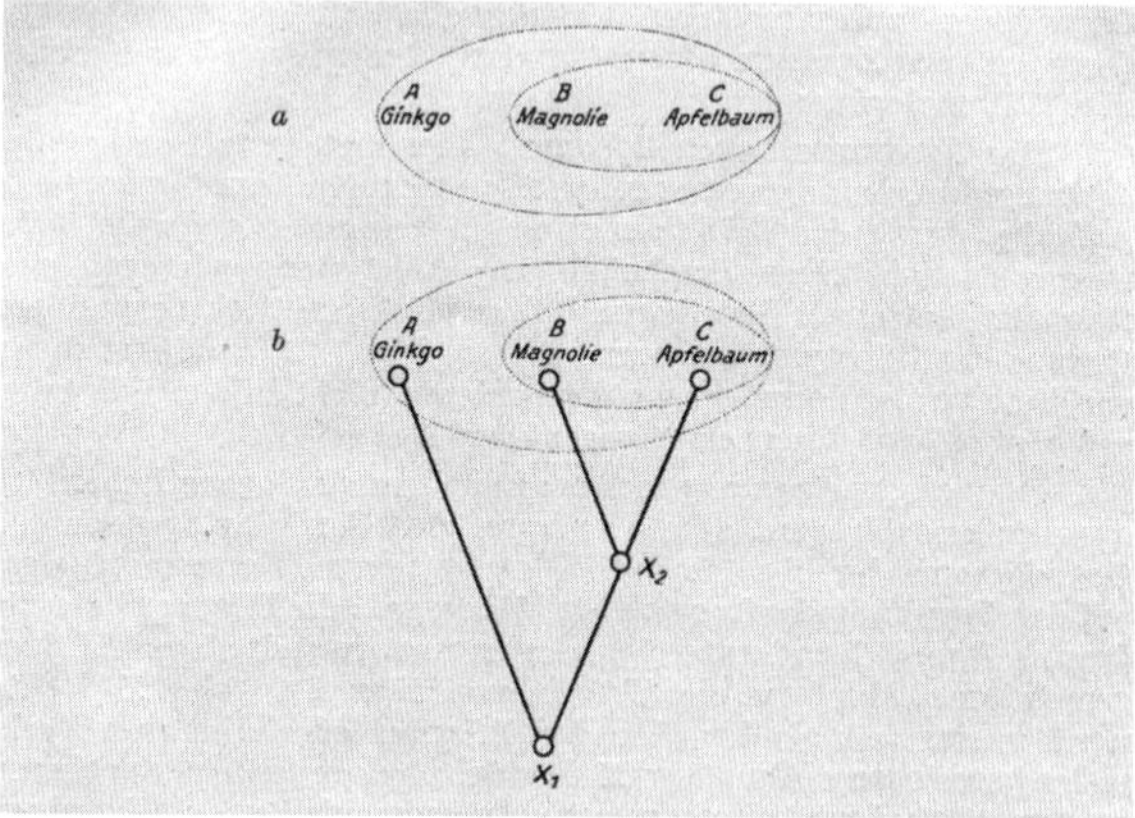

【図5－25】3種の植物A（Ginkgo：イチョウ）、B（Magnolia：モクレン）、C（Apfelbaum：リンゴ）の類縁関係の遠近を図示するための基本スキーム。上図（a）：種A～Cの分類体系、下図（b）：種A～Cの系統関係（Zimmermann 1931, p. 990, fig. 172）。

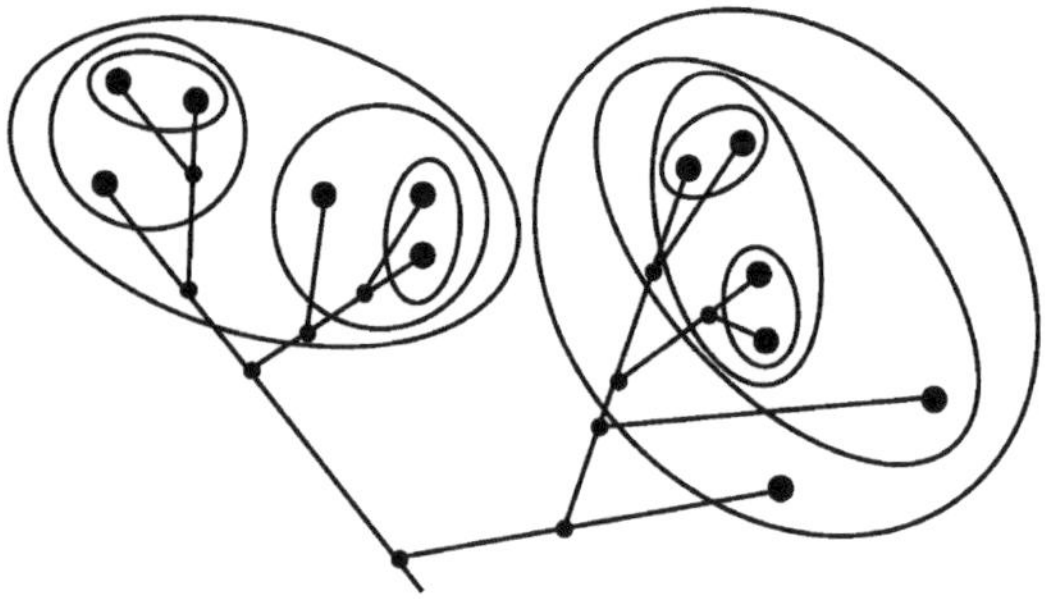

【図５-26】分類と系統が一致する状況。

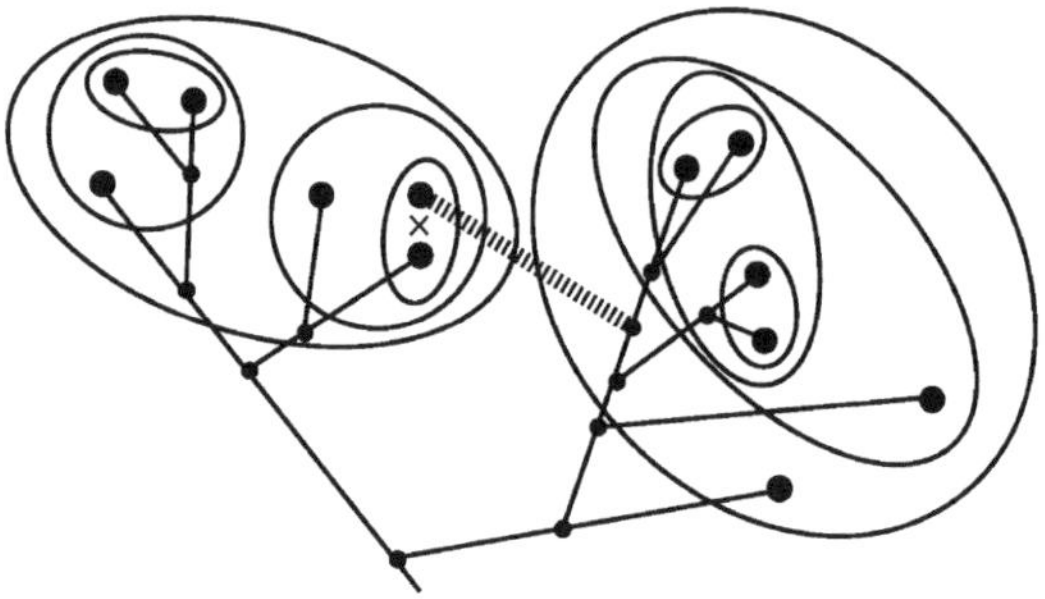

【図５-27】分類と系統が一致しない状況。

小と系統関係の親疎とは必ずしも対応しないでしょう。

これまでとりあげた生物体系学におけるさまざまなダイアグラム表現を通して私たちが学ぶ第一の要点は、分類と系統ではそもそも可視化の〝次元〟が異なっているという点です。私たちが認識できる時空平面には、それらに関する情報を実際に手に入れることができる対象物が実在しています。たとえば、生き物の場合であれば、現生生物であれ化石生物であれ形態や遺伝子などのデータを実際に得ることができるでしょう。これらの対象物はすべて「端点」となります。

クラスター分析による数量表形学は、これらの「端点」に関する全体的類似度から樹形図（デンドログラム）を描いて、分類パターンを可視化します。しかし、数量表形学のデンドログラムは集合論的なオイラー図に従属する図式表現にすぎません。数量表形学の目標はある時空平面に属する端点の集合が、どのような階層的パターンをつくるのかにあるからです。

一方、系統推定は端点集合が存在する時空平面を含むより高次の時空間のなかでの関係性を構築しようとします。たとえ、同じ距離（計量）に基づいていたとしても、全体的類似度によるクラスタリングと特殊類似度による系統推定とは目指す到達点がもともと異なっています。可視できる端点を不可視の内点を仮定しながらつないでいくという作業は「X樹」という新しいダイアグラムの概念を要求します。相異なる目標を目指す分類と系統ではよりどころとなる可視化ツールのタイプもまた異なっています。

本章の事例からわかるもうひとつの要点は、高次元の系統関係をある時空平面で切ったときの〝断面〟が分類構造になるという点です。過去一世紀にわたる生物体系学に関して言えば、いきなり系統関係を構築してそこから分類体系を〝演繹〟するのではなく、すでにある既存の分類体系を〝断面〟

とするような系統関係を第6章で説明する〝アブダクション〟という推論を行う方が多いようです。おそらく認識論的に言えば、既知である低次の「現在」から未知である高次の「過去」を非演繹的に推論するのが妥当でしょう。このとき、どのように非演繹的推論（すなわちアブダクション）をするかにはさまざまな選択肢があることを本章の事例は物語っています。

最後に、多様な対象物（生物）がつくりあげる構造をダイアグラムを通して〝見る〟ためには、理論的な文脈や背景の理解が前提になります。単にグラフィクスとしてのダイアグラムの審美的観点からの評価だけではなく、何が可視化されなければならないかという、より実質的な問題の背後にある科学としての論理的観点をも取り込んだ姿勢が求められています。その意味で、ダイアグラム論はサイエンスとアートの交じり合う難しい立ち位置からつくりあげていく必要があるでしょう。

インテルメッツォ（2）——見えないものを見る

ここまでの第3〜5章では「分類思考と系統樹思考」という共通の章タイトルのもとに、分類と系統をめぐるさまざまな話題を取り上げてきました。多様な対象物の集まりを目にした私たちは、そこに何らかのパターンや規則性あるいは構造を無意識のうちに認知しようとしてしまいます。類似性に基づくメタファーとしての分類は、ある時空平面での可視的な属性に基づいて対象物を部分集合に分けようとします。一方、隣接性によるメトニミーとしての系統は、時空軸に沿って仮定される不可視的な関係の構造を仮定することにより対象物を互いにつなごうとします。

分類と系統を論理的な思考の体系として捉えようとするならば、すでに説明してきた集合や関係の構造についての数理を持ち出す必要があるでしょう。そして、そのような数理は離散数学という名前ですでに私たちの手の届くところにあります。しかし、はたしてそれだけで十分なのでしょうか。このインテルメッツォ（2）では、前三章の内容をふまえつつ、さらに視野を広げることにしましょう。

1　分類するはヒトの常――ブレント・バーリンの民俗分類学の視点

ヒトによるこのような行為は、私たちが人類進化の過程で獲得してきた生得的な能力と考えられています。認識人類学者のブレント・バーリン（Brent Berlin：一九三六－　）は、ヒトのもつ体系化の認知能力の進化的起源について次のように述べています。

「本書を通じて読者に示す民族生物学のデータからいえることは、人間は一般に自然の構造の中にはっきり見える多くのパターンを識別する能力があるが、地域植物相や動物相に関していえば、他のすべてよりも抜きん出た単一のパターンを認知する傾向があるという点である。生物体系学者たちはこの全体的パターンを「自然の体系」（the natural system）と呼んできた。われわれの目にこの自然の体系が見えるのは、おそらく人間が生物形態の全体的特徴すなわち形態的なからだのつくりの類似度にしたがって生物を認知しカテゴリー分けする能力があるからだろう。このパターン認知能力は生得的であると思われる」（Berlin 1992, p. 9）

私たちが事物の体系化をする認知能力を獲得したのは、私たちの祖先が生きていたかつての環境のなかで、動植物の種類や自然現象を〝分類〟することが生死を分ける重大な意味をもっていたからでしょう。手にした植物の実が食用になるのかそれとも有毒なのかを区別することや、向こうからやってきた動物が自分に危害を加える種類なのかそれとも捕まえて食べるとうまいのかを識別する能力は、

人類進化の過程では生存上きわめて重要だったにちがいありません。したがって、自然物を正しく〝分類〟して体系化する認知能力に対しては強い自然淘汰圧がかかったことでしょう。バーリンの言う民族生物学（ethnobiology）あるいはフォーク・タクソノミー（folk taxonomy：民俗分類学）は、私たち現代人にまで脈々と受け継がれている「分類する心」の進化心理的起源を示唆しています。

このような人類進化の心的遺産のひとつが、現代人である私たちが生得的に身につけた体系化の認知能力であると考えたとき、私たちが事物を〝分類〟する様式はヒトの共通祖先から継承されてきた共有派生形質であると想定できるでしょう。バーリンはヒトの認知分類の様式は人類普遍（human universal）であると指摘します。

「民族生物学を行なっている人間は秩序を構築しているのではない。むしろ彼らは秩序を発見しているのである。生物たちがかたちづくる風景の中にあって、人間は生物としての実在性の基本と矛盾する文化的カテゴリーをつくることはできない。自然の世界は、人間がそこから自由に破片を寄せ集めて、勝手気ままに文化的なカテゴリーを作り出せるような継ぎ目のない連続体ではけっしてない。人間という観察者の目には、動植物はそれぞれ不連続な群をつくっていて、その構造と内容はすべての人間に本質的に同じように見えている。この知覚上の生得性は人間が経験する他の分野での文化的決定要因の影響をほとんど受けない」（Berlin 1992, pp. 8-9）

人間の〝分類〟に関わる認知能力が、バーリンの言うように、強力な生得的条件のもとに機能しているとすると、現代に生きる私たちがその制約から解放されていると考える方がむしろ無理があるで

しょう。たとえば、ジェフリー・C・ボウカーとスーザン・レイ・スターの『ものを分ける：分類とその帰結（*Sorting Things Out: Classification and Its Consequences*）』（Bowker and Star 1999）という本があります。現代社会に生きる私たちにとって「分類」という行為がどのような意味をもつかを考察するなかで、著者らは人間によってつくられた分類カテゴリーのもつ文化的な「倫理性」と社会的な「権力性」を強調します。実例としてとりあげられた「国際疾病分類システム（ＩＣＤ：International Classification of Diseases）」やアパルトヘイト時代の南アフリカ共和国における「人種分類システム」あるいは現代の医療看護における事物の分類システムの検討を通して、分類の実践を支えるインフラすなわち社会学的基盤の重要性が論じられます。

ボウカーとレイの本の序論冒頭には「分類するは人の常（To classify is human）」という格言が記されています（Bowker and Star 1999, p. 1）。分類学者（taxonomist）ならざる一般社会に生きる私たち分類者（classifier）にとっても、ふだんの生活の中でいつでもどこでも行なわれている行為である分類の背後にはたとえかすかではあっても過去の人類進化の痕跡が垣間見えます。

2 分類ではなく体系を——ヴィリ・ヘニックによる一般参照体系の復元

本書では「分類（classification）」と「系統（phylogeny）」ということばを一貫して異なる意味で用いてきました。しかし、私たち日本人の多くは、日常生活の中でこの「分類」と「系統」とをあまり厳密には使い分けていないように思われます。たとえば、路線バスの「系統」という言語表現は、意味

の上でかぎりなく「分類」に接近しているのではないでしょうか。専門用語として見たときも、生物の「分類学（taxonomy）」と「系統学（phylogenetics）」とはときに混同されることがあります。事物や概念を区別して整理するという点では、当然私たち日本人も人類普遍としての認知分類能力をもっていることはまちがいないでしょう。しかし、ある分類体系がいかなる原理にしたがって構築されたかまではあまり関心をもつことがないというのもまた事実かもしれません。

日本にかぎらず、国によって学問をとりまく環境や文化のちがいは多かれ少なかれあり、そのちがいは用いられることばの意味や用法の差として現れることがあります。たとえば、分類や系統とよく似たことばとして「体系（system）」がありますが、私が見るかぎり、分類や系統に比べると体系が使われる頻度は格段に低いようです。生物学では「体系学（systematics）」という生物多様性を研究対象とする分野がありますが、昔から「系統分類学」という奇妙な訳語が当てられることがありました。体系ということばには私たち日本人には受け入れにくい心理的な敷居の高さがあるのだと推測されます。

一九七〇年代に生物体系学の方法論をめぐって大きな論争が勃発したとき（Hull, 1988, chapter 4；三中 1997, 第3章）、英語圏とドイツ語圏での用語の意味のちがいが表面化したことがありました。それは「分類」と「体系」の用法をめぐる差異でした。ドイツの体系学者ヴィリ・ヘニックは生物体系学が目指す「体系」とは単なる「分類」とは根本的に異なるという点を次のようなたとえ話で説明しました。

「考古学者がある墓陵の埋葬品の中からうつわのかけらを見つけたとしよう。このとき、まずは

じめに彼はそれらのかけらを何らかの基準にしたがって――材質（土か金属か）・色彩・文様様式などに着目して――整理する（ordnen）すなわち〝分類する〟（"klassifizieren"）ことができるだろう。しかし、彼は一方でそれらのかけらから、もとのうつわ（壺あるいは甕）を復元（"rekonstruieren"）することもできるだろう。この復元するという作業もまたある秩序の再建（Herstellung einer Ordnung）にほかならない。けれども、こうして復元された秩序を〝分類〟（"Klassifikation"）と呼ぶべきかは疑問である。もう一つの例として、ヨーロッパの河川の分類を考えよう。船舶が航行できるかとか水域管理の方法とか流域での生物の生息条件などによって、河川を分類することはできる。しかし、それらの河川がどの水系（Flußsystem）――ドナウ川、ライン川、エルベ川など――に属しているかを調べることも可能だろう」（Hennig 1974, p. 281）

上の引用文の中で、ヘニックは土器のかけらをその属性にしたがって仕分けることと、そのかけらからもとの土器を復元することとは根本的に異なる作業であると指摘しています。前者は「分類」とみなせるが、後者はあるひとつの「体系」の復元と呼ぶしかないと彼は主張しました。特定の基準によって部分をさまざまなやり方で分類することはもちろん可能であっても、それらの部分が構成する系統学的な「体系」は一意的であるとヘニックは言いたかったのでしょう。

「同様に考えるならば、系統体系学（phylogenetische Systematik）の原理にしたがって系統樹（Stammbaum）を構築することもまた復元作業であり、系統体系学によって得られた生物種の秩序は分類とは原理的に大きく異なる」（Hennig 1974, pp. 281-282）

ヘニックは、かけらから土器を丸ごと復元するように、また一本一本の河川から水系全体を構築するように、個々の種から推定された系統樹もまたひとつの「体系」にほかならないとみなします。このような唯一の地位を占める系統的体系は、他のすべての人為的かつ実用的な分類体系の上位に位置する特別な分類体系であるという意味をこめて、「一般参照体系（allgemeines Bezugssystem）」と彼は称しました（Hennig 1950, p. 10, 1982, pp. 14-15）。

では、さまざまな類似度に基づけば人為的に実行できる分類に対して、それらの上位にある一般参照体系はどうすれば構築できるのでしょうか。ヘニックはさまざまな情報の間の「整合性」が一般参照体系をつくる上で重要な手がかりになると考え、次のような比喩を示します（【図1】）。

いま、ちぎれた地図の破片が三枚あるとしましょう。私たちはどうすればこれらの破片をつなぎ合わせて元の地図を復元することができるでしょうか。

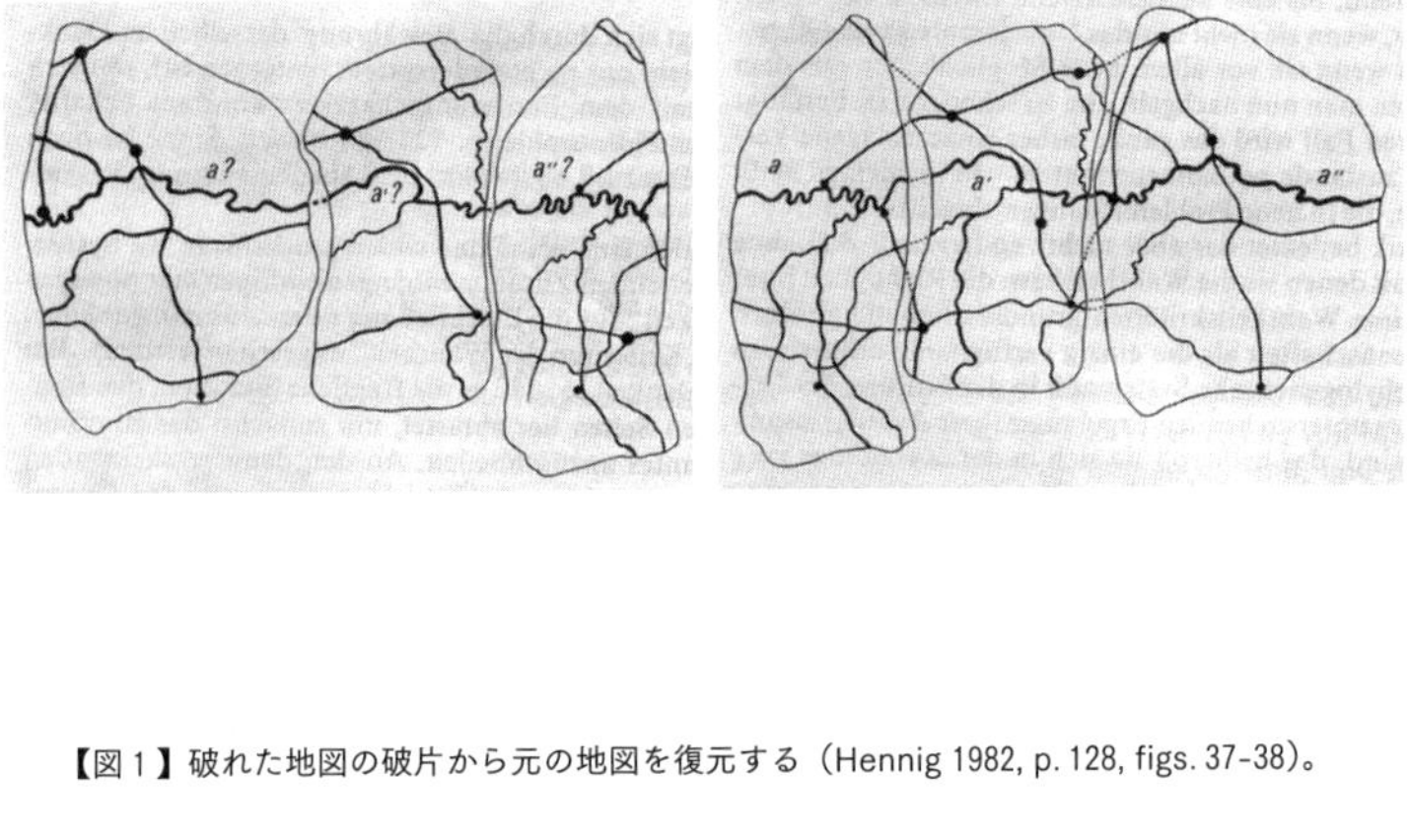

【図１】破れた地図の破片から元の地図を復元する（Hennig 1982, p. 128, figs. 37-38）。

これらの地図の破片には曲がりくねった河川や道路や鉄道などの地図要素の一部が描かれています。左図のような破片の並べ方をしたならば太い曲線で示された河川の本流はつながっているように見えます。しかし、他の支流や道路あるいは鉄道がうまくつながらないので、このような破片の配置ではもとの地図が復元されたとはいえません。一方、右図のように別の並べ方をしてみると、河川の本流がうまくつながるだけでなく、他の地図要素もうまくつながります。この配置ならばもとの地図が復元できたと結論できるでしょう。ヘニックは、残存する部分間の一致度を「真実性基準（Wahrheitskriterium）」（Hennig 1982, p. 128）とすることにより地図全体を復元することができると主張しました。

このたとえ話から、ヘニックにとっての目標は、部分をある基準にしたがって分類することではなく、それらの部分からひとつの全体（すなわち体系）を構築することだったことがわかります。系統的体系が複数の部分から構成されたひとつの全体であるとい

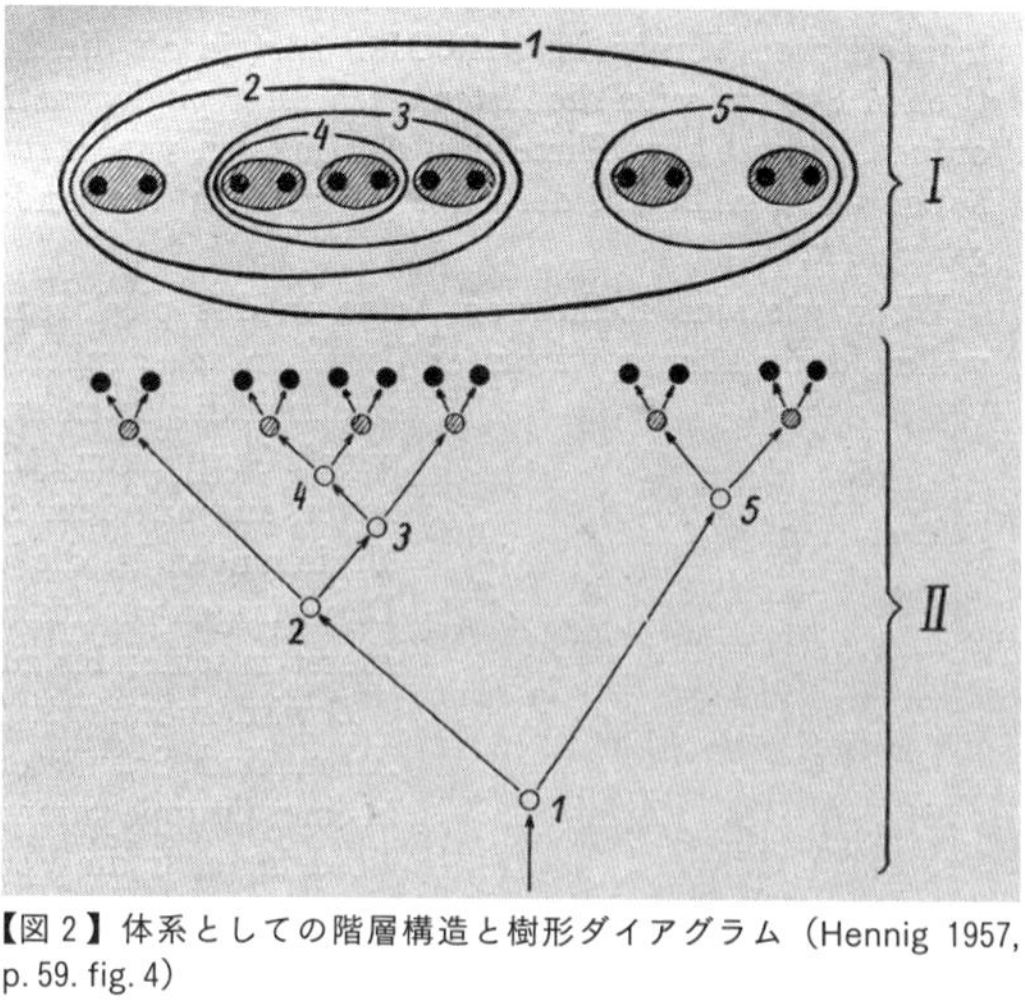

【図２】体系としての階層構造と樹形ダイアグラム（Hennig 1957, p. 59. fig. 4）

う認識はダイアグラムをどのように解釈するかにも関わってきます。ヘニックは、ツィンマーマンの図（第5章の【図5－25】）と同じ様式の図を描いています（【図2】）。

上図は種間の入れ子状の階層構造を示すオイラー図であり、下図はそれに対応する系統樹です。もちろん、離散数学的に言えば、オイラー図は端点集合の部分集合が形成する構造の可視化であり、系統樹は端点に内点を付け加えた系統X樹というダイアグラムです。確かに、ヘニックはジョゼフ・H・ウッジャーやジョン・R・グレッグ（第4章参照）による分類階層構造の公理化は知っていましたが（Hennig 1957, p. 56）、むしろオイラー図や系統樹によって可視化される体系がひとつの「全体性」をもつことの方により深い関心を示しました。

系統樹として可視化される体系が、統一性と全体性を兼ね備えたシステムであるとみなすサイバネティクス的な「システム論（system theory）」の立場は、ヘニックを含めて、かつてのドイツ語圏では広まっていた考え方でした（参照：三中 2009, 第9章）。たとえば、旧共産圏だった東ドイツのマルクス主義生物学哲学者ロルフ・レーター（Rolf Löther：一九三五－ ）の著書『多様性を知りつくす：分類学の哲学的基礎（*Die Beherrschung der Mannigfaltigkeit : Philosophische Grundlagen der Taxonomie*）』（Löther 1972）では、種や高次分類群を含む系統的体系が物理的な「システム」であるというシステム論的見解が展開されています。

「種それ自身は、本質的に生物個体からなる類（Klassen）ではなく、物質的で、時空的に統一され、しかも全体として個体を超えたシステム（ganzheitliche überorganismische Systeme）である。栄枯盛衰をたどるこのシステムは、子孫を残さずに死に絶えることもあれば、古い種から新種が生

じることによって発展していくこともある。種内の個体間類似度は論理的に類をつくることができる尺度ではあるが、種の帰属性を判定する規準ではない」(Löther 1972, p. 261)

レーターによれば、階層的な系統的体系の構成単位である種は個体とは質的に異なる高次の存在様式として実在するということになります。私自身は種の実在性には疑念を抱いていますが(三中 2009a, b, 2010b)、種あるいはより高次の分類群が類似度によって定義される類すなわち集合ではなく、単位あるいは個物として実在するかどうかという議論にはとても関心があります。そもそも、私が本書でダイアグラム論の論理を説明するのに用いてきたグラフ理論や集合論そして順序理論など(第2章)は対象物の集合を出発点としています。また、類似度に基づくクラスター分析(第3章)や系統X樹に関する理論(第4章)もまた端点や内点の集合の上で定義されています。ところが、ヘニックやレーターは構築された体系は単なる集合ではないと明言しています。これはいったいどういうことでしょうか。

3 骨組みと肉付け——集合論とメレオロジーの対立をめぐって

生物の分類体系の構造に関する論理数学(公理論)によるアプローチを先頭に立って推進したウッジャーは、生物という対象物を要素とする集合に関する論理的関係を公理化しました。しかし、それと同時に、彼は生物の種をはたして集合とみなすべきかどうかについて次のように論じました。

「動植物に関するリンネ式分類体系では種は集合（set）あるいは類（class）であり、もともとは分類体系において命名された最小単位という意味だった。しかし、類や集合は抽象的な実体（entity）であって、時間軸の上で始まりもなければ終わりもない。だから、もしわれわれがリンネ的な意味で種を解釈するならば、種の起源を論じることはできない。言うなれば、リンネ式分類体系の上に進化の教義を接ぎ木することはできないということだ。ダーウィンの言う種とリンネの言う種はまったく別物である——前者は時間軸上に起点をもつ具象的実体であるのに対し、後者は無時間的な抽象的実体だからである」（Woodger 1952, p. 19）

ウッジャーは、生物の種を論理学や数学で用いられるような「集合」とみなすと、種の進化や絶滅を論じることが原理的にできなくなってしまうとすなおに認めた上で、分類と系統とは切り離すしかないだろうといささか悲観的な論調で締めくくります。

「分類体系と進化系統スキームとはまったく別のものであり、その働きもまた異なっている。それらを同じものとみなしたり混ぜたりしたら混乱しか生じないだろう」（Woodger 1952, p. 21）

その後、ウッジャーはこの「分類と系統とは別なのか」という問題を晩年にいたるまで引きずることになります（Woodger 1961）が、大団円に至るハッピーエンドを彼自身が見ることはありませんでした。けっきょく、生物分類理論への公理論的方法を採るかぎり、ウッジャーやグレッグが「すでに

そこにある」集合を議論の出発点とすることは避けられないからです。有限個あるいは無限個の要素をもつ集合を公理の最初に置くとき、その要素それ自身は「無定義概念」として置かれます。たとえば、「集合Kは要素a，b，cからなる」という言明があるとき、集合Kはその要素a，b，cによって外延的に「$K = \{a, b, c\}$」と定義できます。しかし、Kの要素a，b，cそれ自身はまったく定義されないままです。それでも、幾何学を公理化するような場合であれば、たとえば点（point）を無定義のままにしておいても問題はないかもしれません。しかし、生物分類学ではそうはいかないでしょう。

ウッジャーの主著のひとつ『生物学の公理的方法』（Woodger 1937）の最終章では生物分類学をとりあげ、その公理化を試みています。種・属・科・目など伝統的な生物分類学にはさまざまな類（クラス）があることを指摘した上で、彼は次のように述べました。

> 「最初に指摘すべきことはこれらの類に含まれる要素はどんな性質をもっているかである。それらの要素は丸ごと全体の生きものなのか、それともスライスされた成体なのか」（Woodger 1937, p. 131）

幾何学的な「点」とは異なり、生身の「生きもの」は無定義のまま公理化を進めるのは無理だろうと考えたウッジャーは、生きものの個体の〝部分〟を分割する関係（部分—全体関係：part-whole relationship）の公理系を新たにつくりあげようとします。そのとき助け舟を出したのはポーランド出身の論理学者アルフレト・タルスキ（Alfred Tarski：一九〇一－一九八三）でした。ウッジャーの本の付録

(Appendix E, pp. 161-172) を書いたタルスキは、同じポーランドのスタニスワフ・レシニェフスキ (Stanisław Leśniewski：一八八六－一九三九) のメレオロジー (mereology) の理論をふまえて、部分—全体関係のひとつの公理系を提示します。これが要素—集合関係 (set-membership relationship) の集合論とは別に、部分—全体関係に関するメレオロジーが登場してきた歴史的背景です。

対象物がつくる構造的パターンの〝骨格〟については、これまでの章で論じてきたような端点および内点の集合の上で定義される離散構造を明確に定義することができ、そのダイアグラムによる可視化が可能です。一九七〇年代の後半以降、ヘニックの系統体系学は主として英語圏の分岐学派のなかでさまざまに変異し、パターン分岐学派 (pattern cladistics) と称される一派は、概念と理論の両面で〝形式化〟を徹底しました (Platnick 1977, 1979, Hull 1979)。とりわけ、ヘニック自身が系統樹を構築するときに仮定したいくつかの系統進化モデルをすべて剝ぎ取って、共有派生形質状態に基づく単系統的な姉妹群関係の〝骨格〟のみを図示する「分岐図 (cladogram)」というダイアグラムを開発したことは大きな進展であると私はみなします (Nelson 1979, Nelson and Platnick 1981, 三中 1997, Williams and Ebach 2008)。ダイアグラムの〝骨格〟だけを残すことで初めてはっきりすることは確かにあります。

しかし、それとはまったく逆に、〝骨格〟だけのダイアグラムでは不十分であって、むしろ積極的に理論あるいは概念によって〝肉付け〟することが望ましい場合もあります。集合論とは別にメレオロジーという形而上学 (存在論) を必要とした上の事例はまさにこれに相当するでしょう。ウッジャーやタルスキはふつうの意味での「生物個体」の部分—全体関係を考察しましたが、ヘニックやレーターは個体を超えるもっと大きな体系 (システム) の個体性を想定しました。一方では集合論に基づく離散数学が対象物の間の関係性を記述し、他方では対象物の存在論の議論を通して対象物がつくる

構造の現実世界での様相を把握する――抽象（〝骨格〟）と具象（〝肉付け〟）の両極を行き来することにより、私たちは多様性のパターンとプロセスについてより深く理解することができるでしょう。

次の最終章では、対象物の多様性を可視化するさまざまなダイアグラムの〝骨格〟の上に、既存の情報に基づく未知への推論を可能にする〝肉付け〟をどのように行なうかを考えてみましょう。その考察は分類学や系統学が長年関わってきた可視化の問題と、プロローグで言及した統計学的データ解析が取り組んできた情報の視覚化の問題とを結びつけることになるでしょう。

第6章

ダイアグラム思考——既知から未知への架け橋として

インドのジャイナ教には「群盲象を評す」というたとえ話があります。盲人が象に触れたとき、手で触れる部分については正しく語ることができたとしても、象全体について何かを語ることはできないだろうという教訓話です。このたとえはジャイナ教の教義である「アネーカーンタヴァーダ（Anekāntavāda）」すなわちあるひとつの部分を見ているだけでは全体としての真理には到達できないという教えを意味するものとされています（Mardia 2015）。「群盲象を評す」の図像は宗教を越えて伝承され日本にも伝わっています（【図6－1】）。私たちが既知の情報に基づいて未知のものを推論する状況はさまざまです。たとえば、統計学的な推論は母集団から抽出された標本から未知のパラメーター（母数）を推定する作業です。あるいは、端点に関するデータをふまえて未知の内点を再構築して樹形ダイアグラムを構築することも推論のひとつでしょう。

これまで説明してきたように、思考の体系化の根幹には「知識の樹」というダイアグラムがあります。そのダイアグラムを支える一般的な論理をどのように構築するかという問いに対して、これまで

の章では対象物の集合を出発点とする数学的な理論体系を示すことにより応えようとしてきました。生物・言語・写本・遺物・文化などさまざまな対象物のいかんを問わず、一般的な理論としての集合論とそれから派生する半順序理論や組合せ論などの離散数学は、対象物の多様性をめぐって私たちが議論するときにしっかりしたよりどころを提供しています（Semple and Steel 2003, Dress *et al.* 2012, Steel 2016）。

対象物の集合の要素間の二項関係（順序関係や同値関係）あるいは距離（計量）を定義することにより、私たちはその集合が示す構造パターン（分類や系統）をダイアグラム（チェイン、ツリー、またはネットワークなど）として可視化することができます。ここでいう可視化とは、端点がもつ情報に基づいて

【図6－1】江戸時代中期の画家・英一蝶（1652–1724）が描いた「衆瞽探象之圖」。盲目の僧たちが巨大な像のいろいろな部分を触ったりつかんだりしている。アメリカ議会図書館所蔵。

端点集合を複数の部分集合に分けたり（分類）、または仮想的な内点を経由して端点どうしをつないだり（系統）することによって構築された階層的あるいは非階層的な構造をダイアグラムを通して〝見る〟ということです。

一般論としてダイアグラム論の基礎をある数学理論として与えることができたとしても、それだけでは必ずしも十分ではないことは、第5章で列挙した生物体系学におけるさまざまな事例が物語っています。たとえば、系統を時空断面によって切断したときの〝断面〟を分類とみなそうという（ヘルマン・ラムのような）進化論的な立場と、分類された階層構造を原型（タイプ）によって結びつけようとする（アドルフ・ネフのような）観念論的な立場とは、生物学史的には真っ向から対立しますが、形式的な離散数学から見れば、いずれもグラフとしての樹形ダイアグラムを描くという点では何のちがいもありません。そこには、抽象的なダイアグラム論ではすくいあげられない背景的な仮定や制約が潜んでいる可能性があるということです。

数学理論が帯びるいい意味でも悪い意味でも〝不偏中立な〟性格は分野横断的な一般論を展開するときにはとてもつごうがいいのですが、逆に個々の分野での各論をする際にはその〝無色透明さ〟が仇になってしまうことがあります。インテルメッツォ（2）で示したいくつかの事例は、一般論としての体系化の理論をある個別分野に当てはめたときに生じる問題点の存在を私たちに気づかせてくれます。それは、集合論に基礎づけられた記号論理学（論理数学）やそれから派生した離散数学には欠けているものがあるということです。その欠如を認識した上で、どのようにすれば穴埋めをすることができるのかを考えることは、個別分野に課された〝宿題〟といえるかもしれません。

本章では、これまでの章での議論を受けて、一般論としてのダイアグラム論が与える〝骨格〟を

個々の分野ごとにどのように個別に〝肉付け〟するかという点を、既知から未知への推論という一般的問題と関連づけて考えてみましょう。

1　集合から個物へ——ネルソン・グッドマンによる類似性批判と個体公理論

集合論に基づく論理数学は最初からある集合が与えられていることが前提です。あらかじめ集合があって初めてその要素である対象物間の関係性や類似性を論じることができるからです。では、その集合はどのようにしてつくられるのでしょうか。残念なことに、論理学や数学はその点については何一つ答えてはくれません。しかし、私たちが現実世界で分類を考えるとき、分類すべき対象物の集合は、天上のイデアの花園から降臨するわけではけっしてなく、地上のリアルな世界で生まれることは明らかでしょう。つまり、一分の隙もない厳密な論理的体系の出発点となる集合をどのようにつくるのかという肝心の点については実は論議されないまま放置されてきました。

『分類ははたして役に立つのか：社会科学のなかでのネルソン・グッドマン（*How Classification Works: Nelson Goodman among the Social Sciences*）』という論文集（Douglas and Hull 1992）を編んだ人類学者マリー・ダグラスと生物学哲学者ディヴィッド・ハルは、序文のなかでこの問題点を次のように指摘します：

「複雑な概念を精緻化し、こみいった事実を発見する上で、記号論理学はきわめて大きな進展を果たした。その進展は論理演算が実行されるカテゴリーがすでにあることを前提としていた。つまり、論理的な推論はすでにつくられた類（class）を出発点とする。論理学にとっては、要素がどのようにしてその類に帰属するようになったかは瑣末なこととして不問に付されてきた。論理学からそれと関わりのないものを削ぎ落とすことで、論理学者たちは分類のしくみに光を当ててきたのだ。（中略）では、記号論理学という新たに生まれた専門的研究分野によって削ぎ落とされる前の分類とはいったいどのようなものだったのか」（Douglas and Hull 1992, p. 1）

要素からなる集合が「ある」ことを前提にして、厳密な数理論理学（記号論理学）の理論を展開するとき、私たちはいったい何が〝削ぎ落とされて〟しまったのかに目を向ける必要があります。この論文集の主役である哲学者ネルソン・グッドマン（Nelson Goodman：一九〇六－一九九八）はまさにそこに着目した研究を行いました。一九七二年に発表された論文「類似性に関する七つの非難（Seven strictures on similarity）」（Goodman 1972）で、グッドマンは記号論理学的に集合の要素間の類似性を考えることはそもそもまちがっているという主張を展開しました。

数量表形学者ならその場で卒倒しかねないグッドマンの主張は、先行する章で私が説明してきた分類に関する理論の隙を突くものです。冒頭から「類似性は油断も隙もない」（Goodman 1972［1992］, p. 13）と彼は攻撃の幕を切って落とし、類似性がはらむ問題点を列挙します：

①類似しているからといって、それだけで実在性が示されるわけではない。(同上、p. 14)

②類似しているふたつのものの一方が他方のコピーなのか、それとも別の共通のもののコピーなのかはわからない。(同上、p. 14)

③類似性からその原因を探ることはできない。(同上、p. 15)

④類似性に基づく隠喩が真実かどうかはわからない。(同上、p. 16)

⑤類似性から予測あるいは帰納をすることはできない。(同上、p. 17)

⑥類似性の関係から共通属性を導けるとはかぎらない。(同上、p. 18)

これら六つの非難はそれぞれ説得力があるのですが、もっとも強力なのは次の七つ目の非難です：

⑦任意のふたつのものの類似性はすべて同一である。(同上、pp. 19-20)

グッドマンはこの第七の命題を次のように説明します。いまa，b，cの三つの対象物(要素)があるとします。ここで、ある二値的な属性の状態0と1の対象物間の分布の論理的な組合せは【表6－1】の通りです：

対象物	a	b	c
1)	0	0	0
2)	1	1	1
3)	1	1	0
4)	1	0	1
5)	0	1	1
6)	1	0	0
7)	0	1	0
8)	0	0	1

【表6－1】3対象物a, b, cに関する二値的状態（0または1）をもつ属性の可能な分布パターン

1～8の属性状態の分布ごとにa，b，cの類似度はちがいます。1と2については$a=b=c$となり同等に類似していますが、他の場合は差が生じます。3と8では$a=b \neq c$、4と7では$a=c \neq b$、そして5と6では$a \neq b=c$となることがわかります。重要な点は、属性ごとに状態の分布はそれぞれ異なりますが、無限の数の属性を考えるならば1～8の状態分布パターンは同一頻度になるだろうから、属性に関して合計すれば三対象物a，b，cの間の類似度はまったく差がなくなる——これがグッドマンの結論です。つまり、論理的に考えるかぎり、すべての対象物の間の類似度は同一になるので、類似度に基づいた分類はあり得ないということです。逆に言えば、類似度に差があるという主張は何らかの意味で論理的ではないということになります。

グッドマンは以上の考察をふまえ、次のように結論します：

「これまでの議論から、類似性はつかみどころのない概念であることがわかる。類似性を哲学の立場から検討すれば煙のごとく消え去るか、あるいは説明したいことを説明しているにすぎない」（Goodman 1972 [1992], p. 22）

客観的な類似性はなくしたがって自然なカテゴリー（すなわち類）もまた存在しないというグッドマンの唯名論的見解は一見しただけではだまされたような感覚に囚われてしまいます。しかし、グッドマンの七番目の非難はまったく別の方向から援護射撃されました。それは、物理学者である渡辺慧（一九一〇－一九九三）による「醜い家鴨の仔の定理（ugly duckling theorem）」でした。

この定理は渡辺慧の著書『認識とパタン』の中では次のように述べられています：

「二つの物件の区別がつくような、しかし、有限個の述語が与えられたとき、その二つの物件の共有する述語の数は、その二つの物件の選び方によらず一定である」ということを結論することができます。また別の言葉でいえば、類似性を共通する述語の数で計ることにすれば、「すべての二つの物件は、同じ度合の類似性を持っている」ということになります。つまり、二つの白鳥の類似性の度合と、一つの白鳥と一つの家鴨の類似性の度合とは同じになるということになります」（渡辺 1978, pp. 90-101）

グッドマンと同じく、渡辺もまた、理論的に考えるならば対象物間の類似度はまったく同じになると結論したことは注目に値します（「醜い家鴨の仔の定理」に関しては次を参照：三中 1997, pp. 23-26)。類似度に対する批判の意味するところを確認しておきましょう。属性をもつ対象物の集合が与えられたならば、私たちは分類の論理を実行することができます。しかし、グッドマンや渡辺が指摘した点は（彼らとは別に、心理学者や認知科学者からの類似性に対する批判もあります：Tversky 1977, Goldstein 1999, Decock and Douven 2012）、私たちが行っている分類は必ずしも厳密な意味で論理的ではあり得ないということでしょう。分類に用いるべき属性（形質）の選び方やつくられるカテゴリー（類）は生得的・文化的・社会的な制約によって条件づけられていることはすでに指摘されている通りだからです（Atran 1990, Hacking 1992, Bowker and Star 1999）。

分類のもつ〝前論理〟的な部分はきれいに数理化（公理化）されてしまうと私たちからは見えなくなってしまいます。しかし、そのような〝削ぎ落とされた〟ものをあえて復元することが、ダイアグ

ラム的な〝骨格〟への〝肉付け〟につながることになるでしょう。そのひとつの足がかりとして、グッドマンのもうひとつの業績である「個体公理論（calculus of individuals）」に目を向けてみましょう。

レナードとグッドマンは、一九四〇年に出版された論文「個体公理論とその使いみち（The calculus of individuals and its uses）」（Leonard and Goodman 1940）で、部分―全体関係に関する公理的体系を構築しました。インテルメッツォ（2）で登場したタルスキの論考（Woodger 1937）とほぼ同時期に書かれたこの論文もまた、論理学者レシニェフスキの「メレオロジー」の着想に触発されて書かれました。集合に関する要素―集合関係（「〜に属している」）と並行的に個体に関する部分―全体関係（「〜の部分である」）を公理化することにより、グッドマンらはもうひとつの目論見を抱いていました。それは中世以来何世紀にも及ぶ形而上学に関する「実在論（realism）」と「唯名論（nominalism）」の対決――いわゆる「普遍論争」――に決着をつけることでした。この論文のエンディングはとても野心的で、グッドマンが世界の経験的構築という大問題へと連なる道として、個体公理論を構想したことがうかがえます。

「さらに、個体公理論のもつ重要な帰結は、個体の論理的な概念を形而上学的にして実践的な先入観から切り離し、類（class）と全体（whole）の区別と相互関係は純粋に形式的定義が可能であって、それらの概念ならびに論理学のすべての概念は世界の構成解析（constructional analysis of the world）のための中立的な道具として利用できるという点である。（中略）実在する実体は個体なのかそれとも類なのかをめぐって唯名論者と実在論者の間で戦わされた論争は、形而上学的な必然性が問題なのではなく、解釈上の便宜性の問題であることがわかる」（Leonard and Goodman

1940, p. 55）

ある実体を集合と見るか、それとも個体と見るかは解釈の問題にすぎないというグッドマンの主張は、生物体系学の世界では、種（speceis）や属以上の高次分類群の存在論的地位をめぐる長年にわたる論争と直接関わってきます。たとえば、マイケル・T・ギゼリン（Michael T. Ghiselin：一九三九－）は初期の著作である『ダーウィン的方法の勝利（*The Triumph of the Darwinian Method*）』（Ghiselin 1969）の中で、伝統的な生物分類学は、プラトンやアリストテレスのギリシャ時代から近世のリンネにいたるまで、一貫して実在論（realism）の形而上学を背負ってきたと言います。

「アリストテレス主義者にとって、類（class）と究極的実在とは同義だった。それゆえ、分類とは、自然界に〝実在〟する秩序を発見し、その秩序と整合的な性質を類の体系として表示することだった。プラトン主義者もアリストテレス主義者と同様の見解だったが、類は不可視（occult）の秩序に対応していると考えられた。プラトン主義者にとっての分類は、目に見えるものの背後に隠れて実在するもの――形相（エイドス、eidos）のようなもの――を発見し、それに基づいて体系を構築することだった」（Ghiselin 1969, p. 52）

この実在論の伝統に抗して唯名論（nominalism）の旗を高く掲げたのがチャールズ・ダーウィンだとギゼリンは指摘します。

「唯名論者はその名の通り普遍の実在性を否定するので、彼らにとって類は実在せず、単に便利な入れ物にすぎない。（中略）類は実在しないが、生物個体（organisms）の群は実在する。哲学の言葉で言えば、関係的性質が〝実在〟するということである。分類とは関係を発見し、それらを理論的知見のひとつの体系としてまとめるということだ。おそらくもっとも重要な点は、生物学が抽象的な類や観念的な形相――たとえば〝馬なるもの〟――に基づく論議をやめ、その代わりに〝この馬〟と〝あの馬〟との関係性を論じるようになったことだろう。この移行が重要であることを示したのはダーウィンによるところが大きい」（Ghiselin 1969, p. 53）

実在論と唯名論とを対比した上で、ギゼリンは生物個体とその関係性しか実在しない唯名論の立場を突き詰めれば、種そのものを個物（individual）とみなす立場があるだろうと提案します。

「唯名論を徹底するならば、種は原理的に存在しないし、変化に関するあらゆる研究は個物を論じるしかない。しかし、もし種を個物とみなすのであれば、種は実在するという立場とある種の唯名論の立場とは両立するだろう」（Ghiselin 1969, p. 53）

ギゼリンがここで提唱する「種は個物である（species-as-indivudual）」という説は、その後の生物体系学の種論争のなかで大きな震源となって波及していくことになります（Ghiselin 1974, 1981, 1997, Hull 1976, 1992, 三中 2009a, b）。しかし、生物個体のある集団が類ではなく何らかの意味で時空限定的な〝まとまり〟として実在しかつ機能するという考えそのものは、インテルメッツォ（2）で引用したよう

に、すでにウッジャーが一九五〇年代はじめに提示していました。私たちにとって重要なことは、むしろ対象物からなる集合が抽象的な類ではなく実在する個物であるという見方を採ることで、ダイアグラム論の観点から見てどのような有意義な帰結がもたらされるのかという点でしょう。

ギゼリンは彼の「種＝個物」説についてさらに説明を続けます。

「この［種個物説の］考え方は現代生物学の生物学的種概念とよく似ている。生物学的種概念とは〝種とは、『その中では実際的または潜在的に交配可能であり、他とは生殖的に隔離されている自然集団の集合である』という考え方である〟。この定義によれば、種とは個別存在（particular）すなわち〝個物（individual）〟であるといえる。ただし、それは個体生物としての個物ではなく、社会的な個物である。個物としての種は、厳密な名辞類（nominal class）ではないので、よく似たものの単なる群あるいはその抽象ではない。なぜなら、個体生物と種とは部分―全体（part to a whole）の関係にあるからである」（Ghiselin 1969, pp. 53-54）

種個物説の説明に「部分―全体関係」という表現が含まれていることに注意しましょう。部分―全体関係をもつ個物とみなすという視点は、集合論に基づく記号論理学へのアンチテーゼ、個体を超える物理的実体を仮定するシステム論、そして唯名論的立場に由来する種個物説といくつかの異なる場面で生じてきたようです。そして、ルーツこそひとつではありませんが、部分―全体関係を基礎とするこれらの個物説はいずれもダイアグラムとして可視化された〝骨格〟に対してメレオロジー（mereology）と呼ばれる形而上学の〝肉付け〟をしていると考えられます。

形而上学者ピーター・サイモンズ（Peter M. Simons：一九五〇－）は、著書『部分：存在論的研究（*Parts: A Study in Ontology*）』（Simons 1987）のなかで、メレオロジーはつねに集合論と対立関係にあると述べています：

「メレオロジーを応用するほとんどの場合に好敵手として立ちはだかるのは何らかの集合論である。そしてメレオロジーに肩入れする側の理由は数学にあるのではなく哲学にある」（Simons 1987, p. 101）

標準的な「外延的メレオロジー（extensional mereology）」（Simons 1987, Part I）の理論は、集合論に基づく記号論理学と同様に、部分―全体関係の半順序関係に基づく公理論的体系として構築されています。レナードとグッドマンが示したように、要素からなる集合かそれとも部分からなる全体かの区別が便宜上の解釈にすぎないとしたら、私たちは厳密な論理数学の外に別の判断基準を求めるしかありません。〝骨格〟としてのダイアグラムは共通であっても、そこに〝肉付け〟される形而上学が異なればまったくちがったものになる可能性があるからです。

2 メトニミーとアブダクション——痕跡解読型パラダイムの進化的起源

第3章の冒頭で説明した「メトニミー（換喩）」は隣接性すなわち事物のつながりに基づく修辞の技

法でした。このメトニミーを用いることで、類似性に基づく「メタファー（隠喩）」とは異なる体系化を行なうことができます。続く第4章ではメトニミーに基づく体系化を「系統X樹」というダイアグラムによって可視化しましたが、そこではある要素（端点）からなる集合の上で定義された半順序関係を出発点とする数理論理学の立場から解説をしました。しかし、前節で述べたように、要素―集合関係（「〜は〜に属する」）と部分―全体関係（「〜は〜の部分である」）は同じ論理形式の半順序関係なので、並行的に定式化すれば、一方を他方に丸ごと〝移植〟することができるはずです。（三中 2009a, 第4章）。

イアン・ハッキング（Ian Hacking：一九三六－ ）は、メトニミーと部分―全体関係とを次のように関連づけています。

> 「メトニミーとはあるものの名前をもってそれが含まれるものを表現する文彩である。言い換えれば、部分をもって全体を指す表徴とすることである。メトニミーがとても効果的な理由は、部分に当てはまる性質は全体にも当てはまると解釈されるからである」（Hacking 1992, p. 219）

ここでは、集合の要素をつなぐメトニミーが全体を構成する部分に関する修辞として〝移植〟されていることがわかります。

要素―集合関係であっても部分―全体関係であっても、ダイアグラムとしてつながりの〝骨格〟を可視化するかぎりは構造上の何のちがいもありません。しかし、いずれの半順序関係に基づいて〝肉付け〟するかによって、要素あるいは部分に関する存在論的な意味は変わってくるでしょう。現実世界のどのような状況に適用するかによって、存在論上の〝オプション設定〟をいくつか用意して使い

分けるというやり方もできるかもしれません。いずれにしても、あるひとつのダイアグラムとして可視化される構造は、相異なる複数の形而上学的背景から導き出される可能性があるということになります。

第4章で要素—集合関係が形成するある構造として「X樹」を定義したとき、既知の端点集合に加えて未知（仮定上）の内点集合を想定しました。集合論的に考えるならば、X樹の端点は可視的でも、内点は不可視的ということになります。では、このX樹をメレオロジー的に解釈して、部分—全体関係を表示するダイアグラムと解釈するとどうなるでしょうか。要素—集合関係をそのまま〝直訳〟するならば、末端の部分は可視的であっても、それが指示する全体あるいはその「真部分（proper part）」は不可視であるということになるでしょう。つまり、メレオロジーの観点から見れば、表層からは見えない全体があって、その断片的な部分だけが私たちに見えているという考えることができます。

「部分は見えても全体は見えない」——このメレオロジー的問題は、第4章で論じた「端点は既知でも内点は未知である」という集合論的問題と並行しています。そして、端点に関する情報に基づいて内点を仮定することで系統X樹を構築するという課題とまったく同じく、部分に関する知見をふまえて隠れた全体を復元するという課題を設定できるでしょう。この課題が第5章で例として挙げたヘニックやレーターによる全体としての系統的体系の復元という問題の立て方と同じであることがわかります。部分から全体を復元する作業もまた、端点から内点を構築する作業と同じく、既知から未知への推論にほかなりません。

第3章で見たように、パトリック・トールによればメタファーは「類似性による表層的な序列づ

け」であるのに対し、メトニミーは「生成的近縁性による隠れた序列づけ」と規定されていたことを思い出しましょう（Tort 1989, p. 16）。後者のメトニミーが仮定する未知の「隠れた（occulté）」構造がいったい何であるかについて、私たちは入手できる既知の情報に基づいて推定しなければなりません。既知から未知への推論は、分類学や系統学にかぎらず、私たちが日々生きていく上でいつでもどこでも必要になる思考過程です。私たちがひとりの人間としてもっている知識や経験はそもそも限られたものでしかありません。その有限の知見を手にして未知の問題を解決したり不確定な状況に対応する能力は、私たちの祖先たちが人類進化の中で生死を賭けて身につけてきたものでしょう（Carruthers 2002, 網谷 2017）。さらには、そのようにして獲得された知識の体系は口承や文字や絵画によって後代に文化的に継承されたかもしれません。

メトニミーをこのように人類進化のひとつの産物として理解するならば、似ているものを分類するメタファーの能力と同程度に、メトニミーもまた根源的であることがわかるでしょう。歴史学者カルロ・ギンズブルグ（Carlo Ginzburg：一九三九－）は、ある論文「徴候。痕跡解読型パラダイムのルーツ（Spie. Radici di un paradigma indiziario）」（Ginzburg 1979）の中で、人間が既知から未知への推論能力をどのようにして身につけたかについてこんな物語を語っています。

「何千年もの間、人間は猟師であった。数限りなく追跡を繰り返す中で、彼は姿の見えない獲物の形姿と動きを、泥土に残された足跡、折れた木の枝、糞の玉、一房の頭の毛、引っかかって落ちた羽根、消えずに漂っている匂いなどから復元するすべを学び取ってきた。よだれの線条のようなごく微小の痕跡を嗅ぎとり、記憶に留め、解釈し、分類するすべを学び取ってきた。密林の

奥や落とし穴だらけの林間の草地にあって、複雑な知的操作を瞬時にして成し遂げるすべを学び取ってきたのであった。（中略）この〔狩猟型の〕知を特色づけているものは、一見したところ何の意味もないように見える実地の経験にもとづくデータから直接には経験しえない或るひとつの総体的な現実にまで遡ってゆける能力である」（Ginzburg 1979［1986］, p. 166：訳文は上村 1986, pp. 361-362による）

ギンズブルグによるこの文章の重要な点は、痕跡や断片としてのみ残されたデータから「直接には経験しえない或るひとつの総体的な現実」にまでさかのぼる推論能力を人間は身につけたのだろうと彼が考えている点です。この認識に立って彼は次のように結論します。

「物語という観念自体、猟師たちの社会のなかで、痕跡の解読の経験をつうじて初めて生まれたのであった。今日でもなお狩猟型解読の言語が立脚している比喩――部分と全体、結果と原因――がいずれも換喩〔metonimia：メトニミー〕という散文軸にまとめることのできるものばかりであって、隠喩〔metafora：メタファー〕を厳しく排斥しているという事実は、この仮説を裏付けてくれるのではなかろうか。猟師こそは「ストーリーを物語る」ことをした最初の者であったにちがいないのである」（Ginzburg 1979［1986］, pp. 166-167：訳文は上村 2009, p. 264による。ただし［ ］内は三中補足）

かつての人類が経験したにちがいない狩猟採集社会という体制のなかで、残された断片的な〝痕

跡〟の情報から未知の全体を復元しようとする思考法を、ギンズブルグはこの論文の副題にあるように「痕跡解読型パラダイム（un paradigma indiziario）」と呼びます。この痕跡解読型パラダイムがメタファーではなくメトニミーにほかならないという彼の指摘は、本書でこれまで論じてきた端点集合からの内点集合のダイアグラム的復元あるいは部分からの全体のシステム構築がメトニミーであるという論点とみごとに呼応しています。これらのメトニミーがいずれの場合も未知から既知への推論を伴っているのは興味深いことです。

「痕跡解読型パラダイム」を生み出したかつての漁師たちが語る「物語」は必ずしも真実を言い当てているわけではなかったでしょう。しかし、たとえその結果が真実でなかったとしても、あえて既知から未知への一歩を踏み出さなければならない状況はあるにちがいありません。ギンズブルグは上の引用文の注として、チャールズ・サンダース・パース（Charles Sanders Peirce：一八三九－一九一四）の「アブダクション（abduction）」に言及しています（Ginzburg 1979［1986］, p. 198, 脚注38）。非演繹的推論であるアブダクションはその論理様式からして必ずしも真実を導くわけではありません（Sober 1988, Josephson and Josephson 1994, 三中・鈴木 2002, Lipton 2004, Walton 2005, Fitzhugh 2006）。メトニミーの思考法は必ずしも無謬ではなく、ある時点で得られた情報に基づいて対立仮説群の中から最良の推論をしたり意思決定を行なうのにとても役立つアブダクションにほかならないということです（三中 2010a、第3章）。

生物体系学での例をいくつか挙げておきましょう。第5章で登場したヘルマン・ラムは体系学的な視覚化のためのユニークなグラフィック・ツールをいくつも発明しましたが、二次元的な分類ネットワークを三次元的な系統発生構造の〝射影〟とするときに、二次元から三次元への〝逆射影〟のアイ

デアを提示しています。【図5－16】は三つの属I，II，IIIに含まれる種A，B，……の分類ネットワークが描かれています。彼は、この二次元平面図を三次元立体図に〝逆射影〟したようすを示しています（【図6－2】）。

この図にはオランダ語で「時間軸に沿った体系学的単位の模式図（*Schematische voorstelling van systematische eenheden in den tijd*）」という表題がつけられています。この図で注目される第一の点は、系統発生によって時空的に変化する〝単位（eenheid）〟すなわち時空限定的な実体があるとラムが認識していたことです。第二に、時空的な〝断面〟がたとえ既知であったとしても、それを〝逆射影〟した系統発生の立体像はあくまでも推測の産物であるという点です。この図の上から左にかけては、時空的な〝断面〟が同一であっても、三次元的な立体構造が異なる場合を列挙しています。たとえば、ある祖先から進化した系統の枝がこの時間面では単一の分類群であっても、将来的にはいくつにも分岐していく場合があります。あるいは、祖先が複数あってそれらの交雑によってこの時間面ではたまたま単一の分類群となっているだけかもしれません。すなわち、目に見えている既知の分類構造から未知の系統発生を推論する際の不確定性がこの図には描かれています。

もうひとつの例を挙げましょう。ヴィリ・ヘニックと同じく双翅目昆虫の研究者だったグラハム・C・D・グリフィス（Graham C. D. Griffiths：一九三七－二〇〇九）は、当時まだ英語圏には知られていなかったロルフ・レーターのシステム論的アプローチを積極的に取り入れ、一九七四年に生物体系学の哲学を論じた長い論文を発表しました（Griffiths 1974）。マイケル・ギゼリンやディヴィッド・ハルによる種個物説が大々的に取り上げられる前夜のこの時期に、グリフィスは種のみならず高次分類群も含めてすべてのランクの分類群は個物であるという主張をこの論文のなかで述べました。論文要旨の

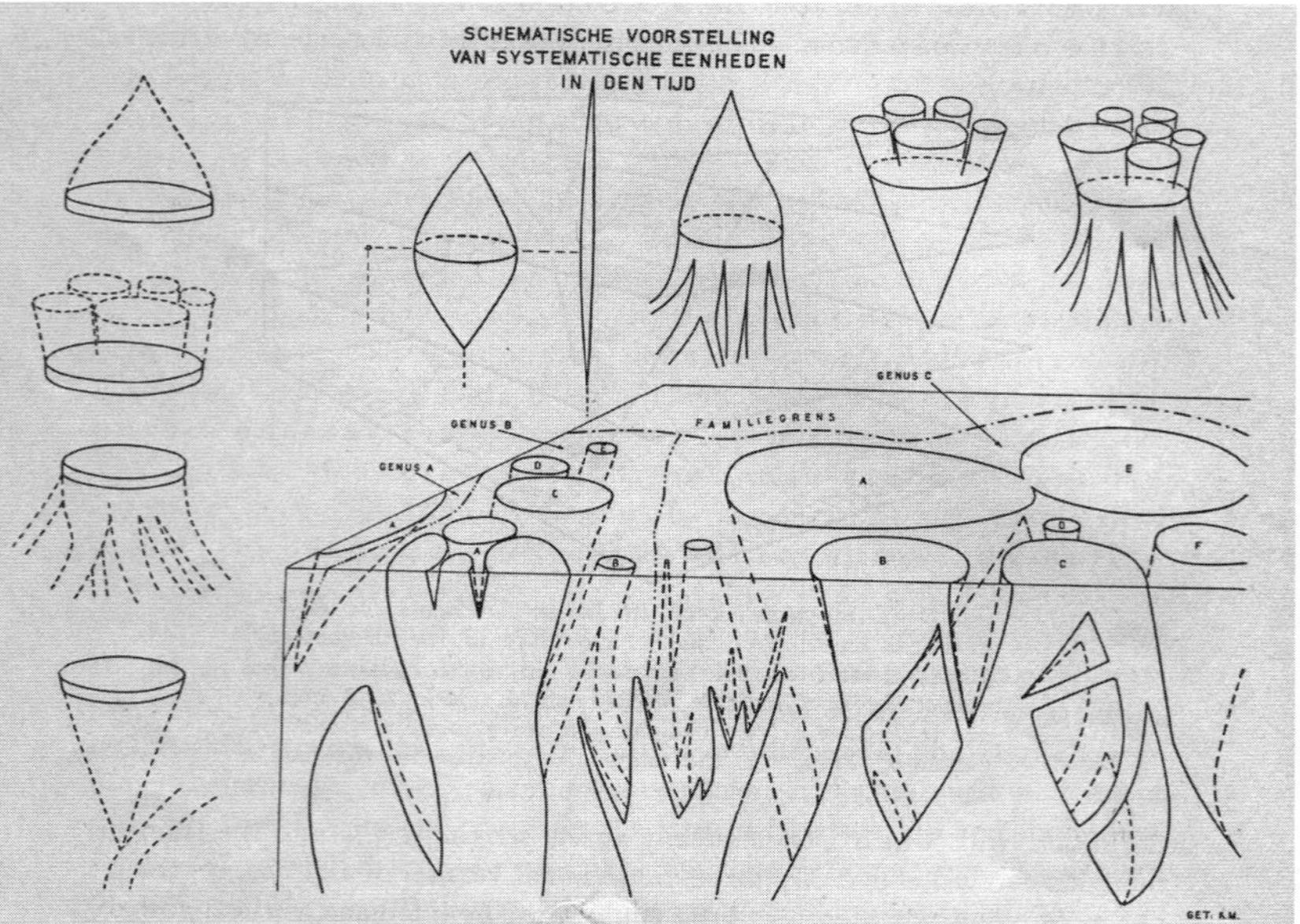

fig. 32. Three-dimensional scheme of the evolution of evolutionary units in time; explanation in the text (original).

【図6－2】二次元分類平面図を三次元系統発生立体図に“逆射影”する（Lam 1936, p. 188, fig. 32）。時間軸が上方に向かっているとしたとき、三次元的な系統発生立体をある時間面で切断すると[図5－16]の二次元的な分類平面図になる。

冒頭には彼の主張がはっきりと現れています。

「体系学の基礎は主観的な認識論ではなく存在論にある。体系とその構成素は、類似性によって形成される類とはちがうものである。分類（classifiaction）という用語は類に分けて秩序づける行為にだけ用いられるべきであり、体系的関係によって秩序づける行為は体系化（systematization）と呼べるだろう」（Griffiths 1974, p. 85）

グリフィスにとっての秩序づけ（ordering）は、類に分けるかそれとも体系を構築するかという存在論が唯一の分かれ目です。類（class）をつくるのが分類（classification）であり、体系（system）をつくるのが体系化（systematization）という対置です。したがって、類が普遍（universals）として実在するかそれとも類に含まれる個体（individuals）だけが実在するかという実在論対唯名論の対立には何の関心も示しません。彼の立脚点は次の一点でした：

「分類群は体系もしくは体系の部分であって、個体からなる類ではない」（Griffiths 1974, pp. 86-87）

ランクを問わず分類群とは物理的（physical）な体系であり、低次分類群は高次分類群の部分（part）であるというグリフィスの主張は、レーターのシステム論をほとんどそのまま踏襲しています。グリフィスのこの対置に賛同するケヴィン・デ・ケイロス（Kevin de Queiroz）は、分類と体系化とが混同されてきたことが、体系学の真の「ダーウィン革命」を阻んできた最大の障壁だと指摘します（de

Queiroz 1988, p. 241）。

グリフィスやラムの主張を検討してみましょう。時空的に変化する実体があって、それは特定の時間面で〝切断〟すれば〝射影〟された分類パターンが見えます。ラムの場合はその〝断面〟は平面上に可視化できるでしょう。一方のグリフィスはそういう〝断面〟がどう見えるかは瑣末な問題だと一顧だにしないかもしれません。その場合でも、時空的に変化する実体とはいかなる性質をもつ全体であり、それを構成する部分とは何かという存在論的問題点には正面から向き合わなければなりません。

グリフィスが擁護するレーターは分類と系統の相互関係を【図６－３】によって説明しています。縦の平面は図の下から上に向かう時間軸に沿っていて、系統発生の段階を示しています。祖先Aから子孫BとCが分かれ、Cから分岐した一方の枝はFになり、他方の枝はさらに分かれてDとEになります。また、Bは分岐せずにそのままB^1に変化しました。この縦の平面と直行する横の平面はある時間面での系統の〝断面〟です。この水平面にはB^1，D，E，Fの四種が認識されますが、レーターはこの水平面での分類構造から、垂直面での系統関係をくわしく知ることはできないだろうと指摘します。なぜなら、時間軸上のどの時点でBからB^1が生じたり、AからCが生じたかを知ることは困難だからだと彼は言います。

もちろん、現時点で得られる既知の情報から未知の系統関係を推定することは、大量のゲノム情報が利用できる現在でもなお難しい問題が残されています。しかし、ここで注意したいことは、【図６－３】によって示されている分類構造や系統発生が表しているものは、単に命名されたA，B，Cなどの〝種〟の間の二項関係（包含関係や系統関係）だけでは必ずしもないという点です。たとえば、この系統発生では祖先Aから子孫Bが生じ、Bはさらなる子孫B^1になりました。したがって、祖先か

ら子孫への半順序関係を「祖先→子孫」によってこの部分のダイアグラムを系統X樹として表せば、A→B→B^1となるでしょう。生物種という対象物の間の二項関係だけが問題であればこれでおしまいですが、レーターは【図6－3】にそれぞれの種の分岐時点と種の存続時間というさらなる存在論的な内容を追加しているように読み取れます。

系統発生の樹形ダイアグラムのもつ意味をどのように解釈するかは、過去一世紀にわたる生物体系学の歴史のなかでずっと議論され続けてきました。第4章で説明した系統X樹のダイアグラムは、それ以外にあり得るさまざまな付加的情報のなかでもっとも重要な「関係性」だけに焦点をしぼって厳密な定義を用意しました。しかし、本章で論じてきたように、その論理的な〝骨格〟への存在論的な〝肉付け〟のやり方は多種多様です。

たとえば、すでにたびたび登場しているラムは系統樹の各枝の内部構造に目を向けました（【図6－4】）。祖先種Aから子孫種BとCが分岐し、Cはさ

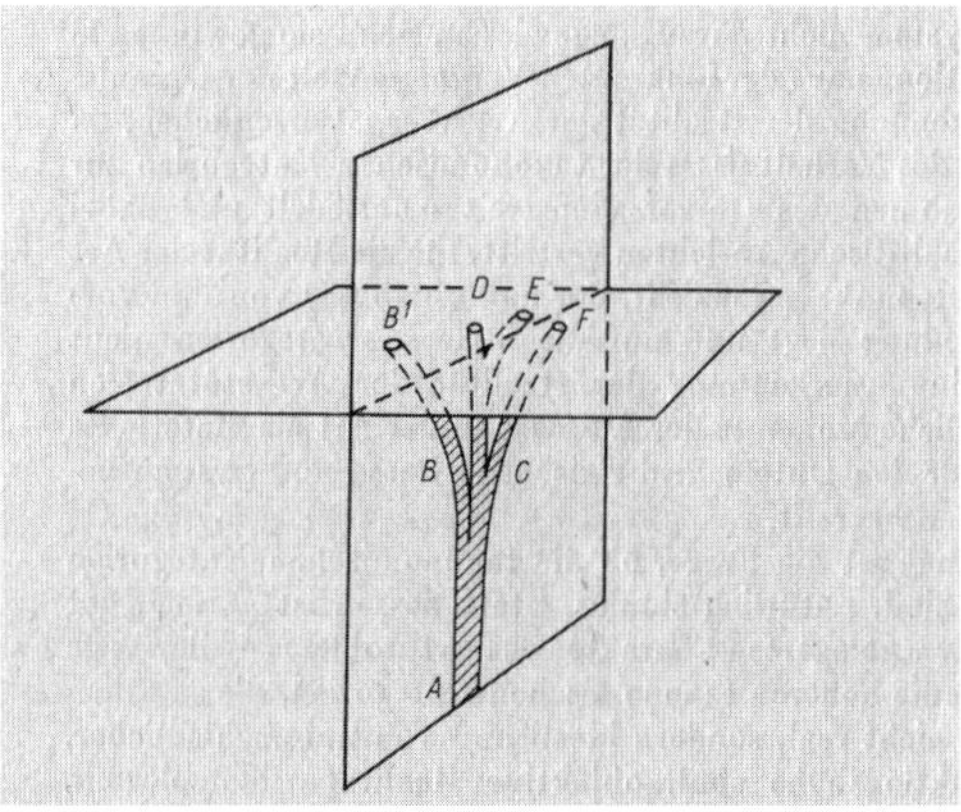

【図6－3】分類と系統との関係図。縦の平面は時間軸に沿った系統発生を示し、横の平面はある時間面で切断された断面を示す（Löther 1972, p. 232, fig. 18）。

らにDとEに分かれます。種のレベルでの祖先子孫関係ははっきりしているのですが、ラムはさらに各枝は種内の地域変異個体群の集合である「品種環（Rassenkreis）」（Rensch 1959, p. 23）によって形成されていると考えました。図の系統樹の各枝はそれぞれの「品種（Rasse）」に対応する小枝の〝束〟として描かれています。それぞれの品種は地域ごとに分岐して生じ、時空的に変異を遂げ、絶滅していきます。このダイナミックな変異の様相が系統発生の素過程として進行しているとラムは考えたわけです。

バタヴィアのバイテンゾルク植物園でラムの同僚だった植物分類学者ベネディクトゥス・H・ダンサー（Benedictus H. Danser：一八九一―一九四三）は、同植物園の年報に発表したオランダ領東インド地域のクマツヅラ科ナガボソウ属（*Stachytarpheta*）の分類に関する論文（Danser 1929）のなかで、一般論として種内の世代間血縁関係をどのように可視化するかを論じました（【図6－5】）。有性生殖による親子間の遺伝的関係は複雑なネットワークを形成しますが、

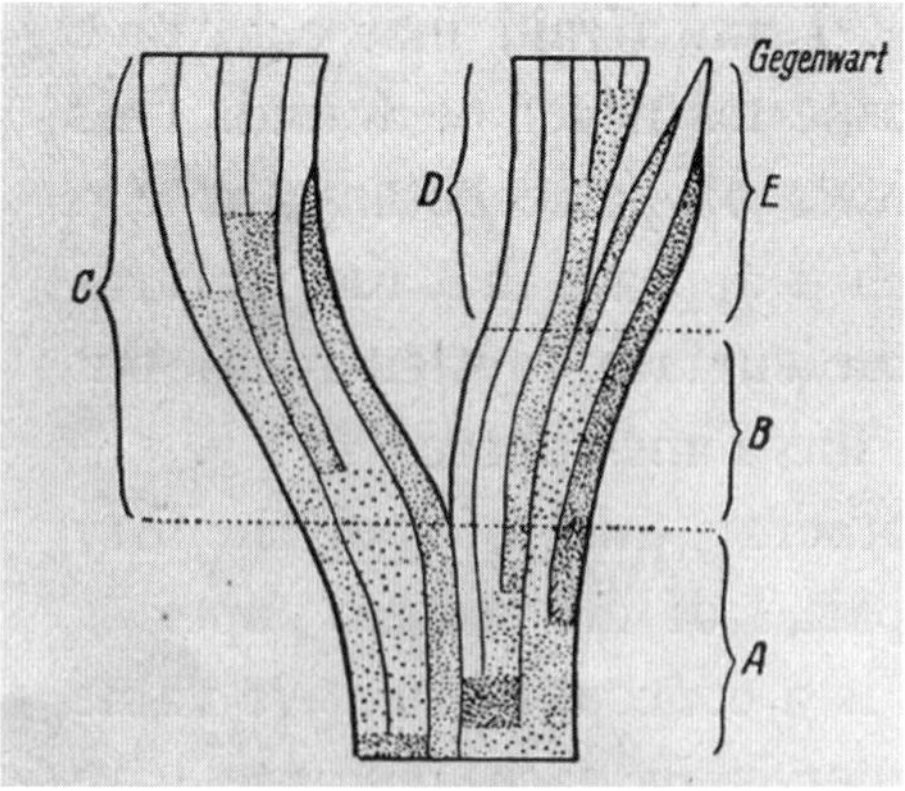

【図6－4】系統樹の枝の内部構造図。一本の枝は複数の品種の集合体であって、それぞれの品種が時間的に分岐・変化・絶滅する。点を打った部分は絶滅した品種を表す（Lam 1936, p. 190, fig. 33)。

ダンサーはその遺伝的ネットワークからどのように種を分類するかを考察しました。

ダンサーの遺伝的ネットワークは、ラムが想定した種内地域個体群（品種）よりもさらに低次のランクの血縁関係です。このように分類学者が種あるいは高次分類群と判定する高次の段階から、種内変異個体群を経て、世代間の低次の遺伝的関係にいたるまで、さまざまなレベルでの「関係性」が考えられ、それぞれのレベルごとにダイアグラムの〝解像度〟は異なることがわかります（O'Hara 1993）。

ダンサーの遺伝的ネットワークに啓発されたヘニック（Hennig 1950, p. 115）は、異なるレベルの「関係性」を明確にするために【図6－6】のような模式図を示しました。この図では、祖先種Aからふたつの子孫種BとCが分岐していることがわかります（上の系統樹）。さらに、系統樹のそれぞれの枝をズームアップすると、枝の内部では異なる性をもつ○と●が有性生殖をすることにより、世代間の遺伝的関係が細い矢印によって示されています。逆三角形印はAからBとCへの分岐を引き起こした分断現象を示しています。ヘニックは、この二分岐的種分化モデルを仮定することにより、祖先と子孫の間の系統関係の背後の進化プロセスを仮定しました。

このように、〝骨格〟としてのダイアグラムだけではすくいきれ

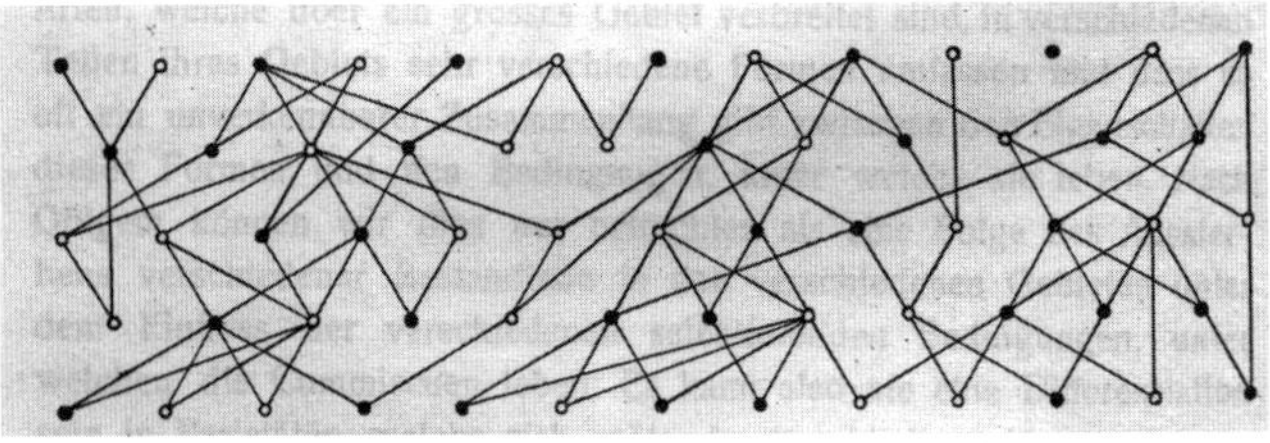

【図6－5】種内の世代間遺伝的関係の図示。丸印は個体を表し、○と●は異なる性を意味する。各行は世代を示し、上の行ほど祖先世代になる。世代間の遺伝的関係は有性生殖による親子関係であり、細線によって親子世代が結ばれている（Danser 1929, p. 32, fig. 1）。

ない多くの付加的内容を〝肉付け〟することが可能であり、その〝肉付け〟は対象物ごとに固有の背景理論や存在論的な仮定によって影響を受けると考えられます。グリフィスは構築された系統的体系の〝部分〟をどのように命名するかという問題について、【図６－７】のような模式図を用いて説明します。第一の案（左図a）はこの系統樹の枝ごとに命名するというやり方です。分岐点に枝を区切ることにより、もっとも根元の枝は祖先「1」と命名され、以下「2」～「11」の計一一本の枝（すなわち種）それぞれに名前がつけられます。第二の案（右図b）は、枝ごとではなく、単系統群（monophyletic group）すなわちクレード（clade）ごとに命名します。たとえば、全体の根からはすべての枝を含むひとつの単系統群がつくれるので、それを「1」と命名します。同様にして、ある枝を祖先としてすべての子孫の枝を含む単系統群ごとに「2」～「11」まで計一一個の単系統群を命名します。

命名の単位は枝ごとかそれとも単系統群ごとか

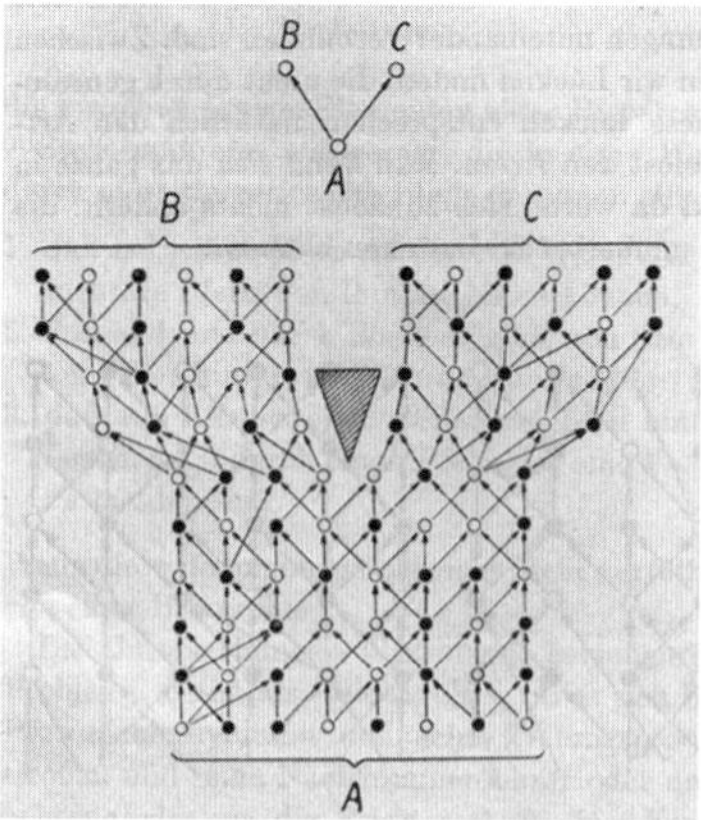

【図６－６】世代間の遺伝的関係が分断される種分化の進化モデル。有性生殖をする祖先Aの遺伝的集団がある分断現象によって、子孫集団BとCに分岐する（Hennig 1957, p. 58, fig. 3）。

——ダイアグラムとしての形状はどちらもちがいはなく、その切り分け方が異なるだけです。ただし、系統樹を〝切る〟とき私たちは暗黙のうちにその系統樹の存在論的な仮定を置いていることに注意しましょう。それは、系統樹を構成する「枝」は時間的に持続するという仮定です。

歴史叙述の存在論的単位として「中心主体（central subject）」という概念があります。この中心主体についてハルは次のように定義します。

「中心主体の概念は歴史叙述の論理構造にとってもっとも重要である。いま歴史の分析をある一群の原子要素（atomic elements）に完全に落としこむことができると仮定するとき、これらの要素を組合せて歴史を構成するやり方はかぎりなくたくさんある。中心主体の役割は歴史的叙述を編み上げる芯となることだ。歴史における中心主体としてはさまざまな実体が過去に用いられてきた。それは個人、家系、社会運動、あるいは理念だったり

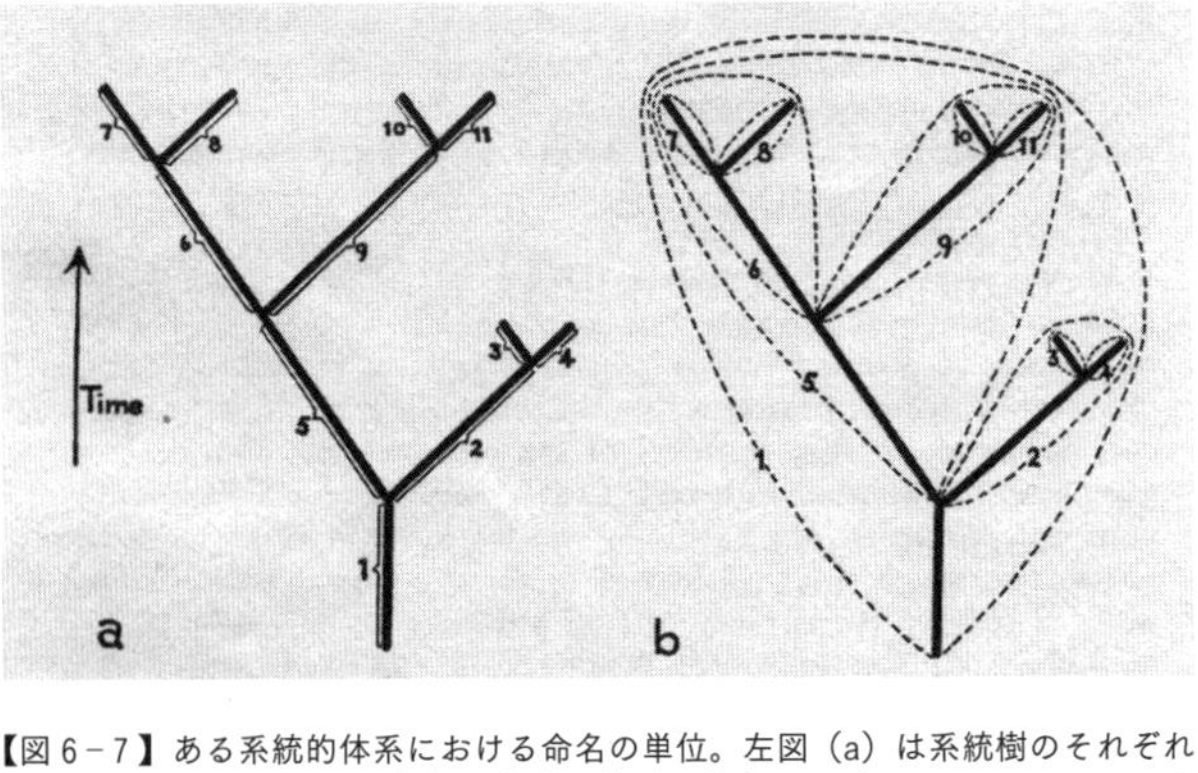

【図６－７】ある系統的体系における命名の単位。左図（a）は系統樹のそれぞれの枝を命名するが、右図（b）は各単系統群を命名する（Griffiths 1974, p. 117, fig. 3）。

した。歴史的叙述の観点から見て中心主体のもっとも重要な特徴は「個物（individuals）」であるという点である。個物としての同一性と連続性は叙述を構成する事象とは独立に決められるしそうでなければならない。中心主体は歴史叙述に基盤的な単一性と連続性を付与する」（Hull 1975, p. 255）

生物体系学における分類と系統とをそれぞれ「分類思考（group-thinking）」と「系統樹思考（tree-thinking）」と名づけて区別したのは鳥類学者ロバート・J・オハラ（Robert J. O'Hara）でした（O'Hara 1988, 1997, 三中 1997, 2006, 2009）。彼は系統的体系の全体を構成する〝部分〟は系統発生の中心主体である単系統群にほかならないと主張します。

「「進化的」叙述の中心主体は、通常の意味での個体生物ではなく、「クレード」すなわち系統樹の枝先である」（O'Hara 1988, p. 152）

グリフィスの第二案である単系統群による切り分けは、オハラの存在論的立場から見れば、系統的体系というひとつの全体を単系統群という部分に分割したことになるでしょう。

第4章で系統X樹の概念を導入したとき、私たちはそのダイアグラムは単に点をつなぐためだけのグラフ理論的な図であって、それ以上の意味を背負わせてはいませんでした。ところが、本章ではダイアグラムに対してさまざまな存在論の意味合いをもたせられることを知りました。〝骨格〟への存在論的〝肉付け〟それ自身は悪いことでも何でもありませんが、それに気づかないままでいることは

描かれたダイアグラムを誤解あるいは曲解してしまう原因になるだろうと私は考えます。

3　ダイアグラム論から見た統計グラフィクス

私たちは大量のデータや複雑な情報をそのまま見せられてもたいていは途方にくれてしまいます。情報源が多変量かつ高次元であることにより通常の人間の理解能力を最初から超えてしまっているからです。統計的データ解析では計算やモデリングをする前に生のデータをよく見るように私はいつも講義しています（三中 2015b, 2018）。統計的思考あるいは統計リテラシーをどうすれば身につけられるのかを考えるとき、データ可視化のためのさまざまな統計グラフィクスの利用はとても効果的です。

しかし、本書のこれまでの部分で論じてきたダイアグラムに関する理論とその用例を思い出してみると、描かれたダイアグラムの意味を読者が誤解や曲解なく読み取れているかどうかは、背景知識がないままだといささか心もとないと言わざるを得ません。この点は生物の分類や系統という狭い分野だけではなく、もっと一般的な「ヴィジュアル・コミュニケーション」の問題——すなわちダイアグラムやグラフィクスのもつ視覚言語としての特性と最適化——として考えてみる必要があるように思われます。

認知心理学者シーモア・エプスタイン（Seymore Epstein：一九二四－二〇一六）は、人間はふたつの異なる思考様式を併用していると指摘しています（Epstein 1994, p. 711, Table 1）。第一の様式は「経験的システム（experimental system）」と呼ばれ、それぞれの人間が自らの経験をふまえて現実世界に関して

思い描く具象的な観念や比喩あるいは物語を介してコード化する思考法です。この経験的システムは、人間が共有する生得的かつ普遍的な認知基盤の上に、各個人ごとの経験史を重ねることによって成立する全体的な思考法です。これに対して、第二の様式は「合理的システム（rational system）」と名づけられ、この世界のすべてを抽象的な記号や術語や数字によってコード化する論理的・分析的な思考法です。私たちが統計的データ解析に対して抱くイメージはこの合理的システムにほかなりません。

エプスタインは、このふたつの思考法——直感を重視する経験的システムと数字を信用する合理的システム——を二者択一的に選べと言っているわけではなく、両者をいかに調和させながら併用していくかが重要だと結論します（Epstein 1994, p. 721）。彼の観点に立てば、データに基づく合理的システムのみを目指してきた伝統的統計学は、個人ごとに成立する経験的システムをむしろ抑圧してきたのではないでしょうか。個人が得た知見や直感に頼る経験的システムと数値情報に基づく厳密な合理的システムをうまく使い分けるすべを私たちはまだ身につけていないのです（Slovic and Slovic 2015, p. 9）。

しかし、現代社会では膨大で複雑な情報と向き合って生きるしかありません。そのとき、多変量・高次元の情報処理能力をもちあわせていない生身の人間である私たちにとって、状況に応じて必要な視覚化ツール（すなわちダイアグラム）が適切に利用できるかどうかは生きていく上で必須のスキルでしょう。グラフィック・ツールをうまく用いて情報を可視化することは、私たちの直感的な理解力を喚起し、現実世界の事物や事象に関する推論を容易にしてくれると期待できるからです。数値データと個人的直感とのバランスを重視するスロヴィック父子は次のように述べています：

「数値は本質的に〝全体像〟を記述するための手段である。そして、われわれは、数量的情報だ

けでは捉えることができない大きく複雑な問題群を物語とイメージの助けを借りて理解することができるのだ」（Slovic and Slovic 2015, p. 21）

私たちがこれまでたどってきた知識の体系化と視覚化をめぐる壮大な試行錯誤の繰り返しの歴史を思い起こすならば（Lima 2011, 2014, 三中・杉山 2012）、本書で展開してきたダイアグラム論のひとつの部分集合が統計学における情報視覚化のためのグラフィクスであると位置づけることができるでしょう。現代社会でますますその重要性を高めている統計科学はダイアグラム論の長大な知的伝統に連なる末裔のひとつとみなされます。

本書のプロローグでは、統計学的なデータ可視化の一例として、植物分類学者エドガー・アンダーソンが独自に開発した視覚化法「メトログリフ」を紹介しました。以下ではこのメトログリフのもうひとつの例を示しましょう。アンダーソンがメトログリフを論文として発表したのは一九五七年のことですが（Anderson 1957）、それに先立つ五年前に出た自伝的著作『植物、人間、生命（*Plants, Man and Life*）』（Anderson 1952）のなかで、メトログリフの〝原型〟にあたる記法「描画的散布図（pictorialized scatter diagram）」について述べています（Anderson 1952, p. 94）。彼はこの記法をその頃に研究していたメキシコ産のアボカドを調べているときに思いついたとのことです。

アンダーソンは、架空の植物「*Planta alba*」と「*Planta rubra*」を用いて説明しました（【図６－８】）。この二種の草は対極的な形質をもっていて、*P. alba* は低い草丈・細い葉・無毛であるのに対し、*P. rubra* は高い草丈・幅広の葉・多毛という特徴があります。

いま、両種の母集団から標本抽出して草丈・葉の平均幅・花の色・茎の毛の多さ・花弁の切れ込み

FIGURE 8. *Planta alba* and *Planta rubra*

【図 6－8】架空植物「Planta alba」と「Planta rubra」の標本（Anderson 1952, p. 95, fig. 8)。

の深さという計五変量の計測をしたとしましょう。たとえば最初の二変量である草丈と葉幅に関する二次元散布図は【図６－９】のようになります。統計学的な散布図ももちろん図式言語としてのダイアグラムのひとつですから、私たちは散布図を〝読む〟ことで、これら二種がきわめて明快に区別できることがすぐにわかります。

しかし、それ以外の変量まで含めると一気に五次元データになってしまうので、そのままでは私たちには理解できなくなってしまいます。そこで、アンダーソンはそれぞれの標本に対応する黒丸に異なる方向の〝突起〟を付加することで、残りの変量を表示する描画的散布図の記法を開発しました（この点はプロローグでも説明しました）。この例では、【図６－10】のように、毛の多さを中央突起、花の色を左突起、そして花弁の切れ込みを右突起の長さで表示することにより、全部で五つの変量を同時に表示しています。

アンダーソンは〝突起〟がついた黒丸の記号を「絵文字（glyph）」と名づけました（Anderson 1952, p. 99）。この絵文字の描画的散布図を用いることにより、二次元の散布図上にさらに三次元分の情報を追加することができます。【図６－９】や【図６－10】の例は種間の差異がはっきりしているわかりやすい場合ですが、種間雑種個体が含まれるともっと複雑になります。たとえば、【図６－11】に示す仮想例では、*Planta alba* の純系は含まれていますが（最初の三個体）、残りの一一個体はすべて *P. alba* と *P. rubra* との交雑個体のみです。各標本の下には【図６－10】の規則にしたがって書き加えられた絵文字を読むと、草丈と葉幅だけでなく、他の三つの形質についても中間的な形質状態が観察されます。交雑個体を含むこの【図６－11】の群について、描画的散布図を描くと【図６－12】のようになります。

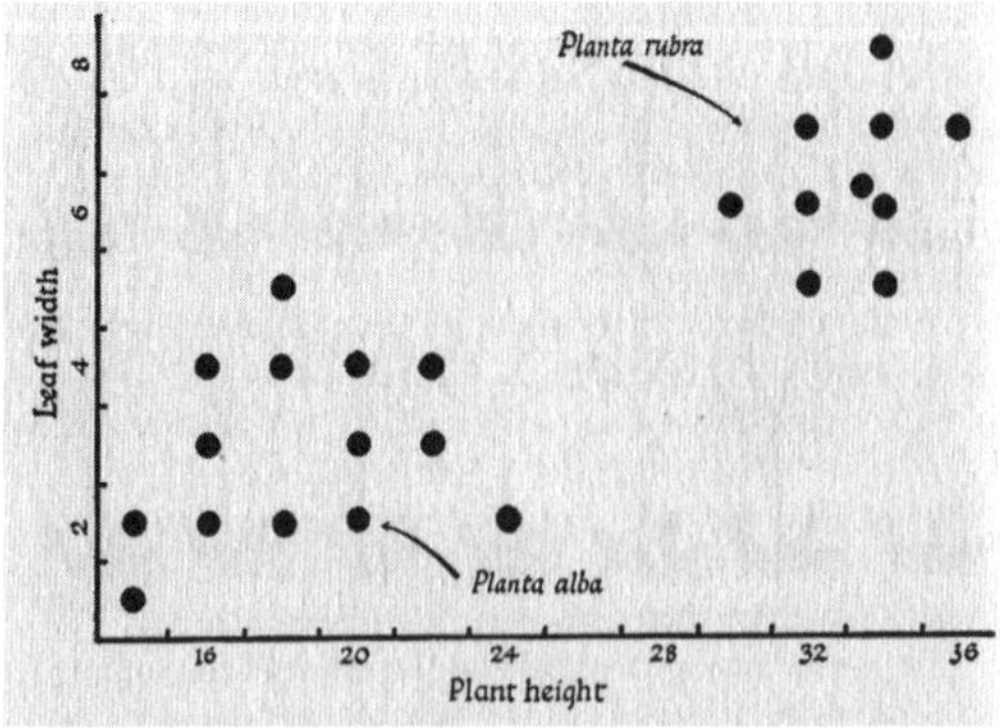

【図 6－9】*Planta alba* 14個体と *P. rubra* 10個体の草丈（横軸）と葉幅（縦軸）に関する 2 次元散布図（Anderson 1952, p. 96, fig. 9）。黒丸は各標本に対応している。

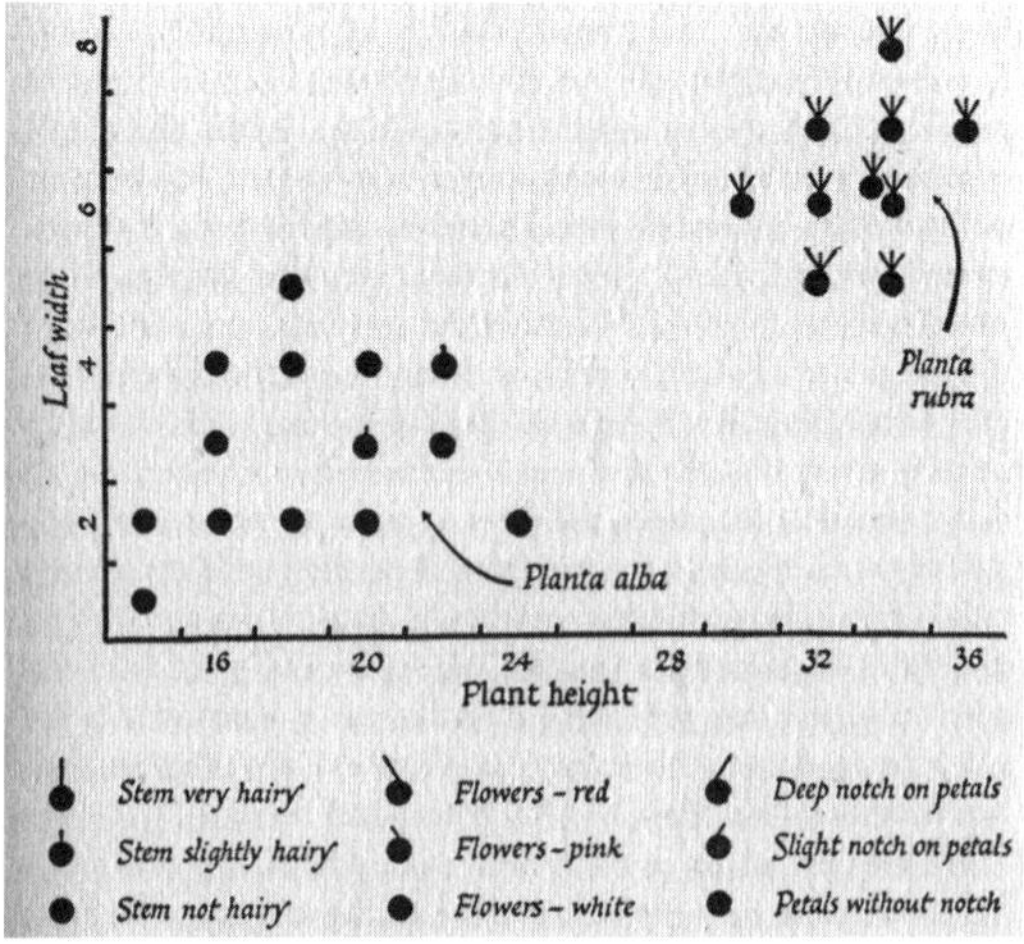

【図 6－10】描画的散布図の記法（Anderson 1952, p. 97, fig. 10）。［図 6－9］に示した各個体の黒丸ごとに、中央突起は毛の多さ、左突起は花の色、そして右突起は花弁の切れ込みを表示する。

【図 6-11】純系個体のほかに交雑個体が含まれる場合（Anderson 1952, p. 100, fig. 11）。最初の3個体は純系の *Planta alba*。残りの11個体は *P. alba* と *P. rubra* との交雑個体である。

このいささか荒削りな描画的散布図法を改良したメトログリフ法を彼はのちに発表することになります（Anderson 1957）。興味深いのは、この新しい手法のダイアグラムを編み出すにあたって、アンダーソンは、一九三〇年代に提案したイデオグラフに始まり、その後も長年にわたり共同研究者たちと試行錯誤を重ねてきた点です（Kleiner and Hartigan 1981参照）。あの時代の統計学コミュニティでは、統計学はあくまでも数学理論に基づく計算が主体であって、データの可視化法を積極的に開発しようとする気運はほとんど見られませんでした。そのなかで、アンダーソンたちは複数の変量データを同時に〝見える〟ようにする簡便な手法を孤軍奮闘しつつもつくろうと努力しました。

統計学におけるデータ可視化の重要性を一貫して説いてきた統計学者ジョン・W・テューキーは、七〇〇ページにも及ぶ大著『探索的データ解析（*Exploratory Data Analysis*）』（Tukey 1977）の冒頭で、ほかならないアンダーソンへの献辞「植物学者にしてデ

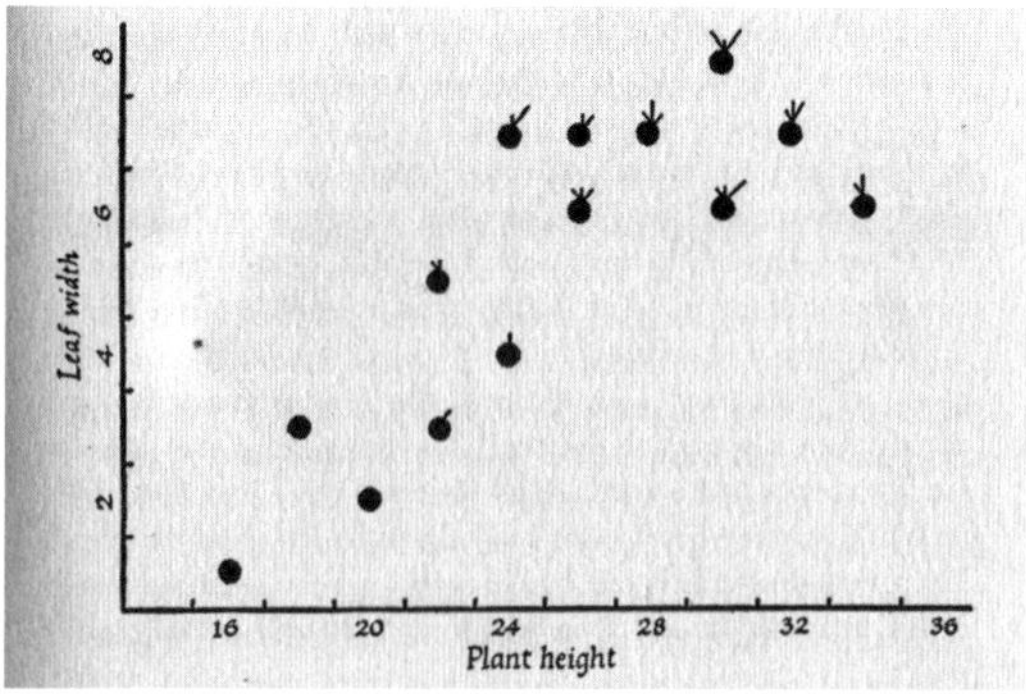

【図6–12】［図6－11］に基づく描画的散布図（Anderson 1952, p. 101, fig. 12）。

ータ・アナリストだったエドガー・アンダーソンへ」を掲げました。しかし、テューキーが口にする「データ解析（data analysis）」ということばを文字通り解釈するのはおそらく誤解のもとでしょう。フランスのジャン＝ポール・ベンゼクリ（Jean-Paul Benzécri：一九三二－）が提唱する「データ解析（L'analyse des données）」ということばをふつうに解釈してしまうとそれが数量分類学と対応分析の理論（たとえばBenzécri 1976）であることを見逃してしまうのと同様に、テューキーにとってのデータ解析は伝統的な本流の数理統計学に対して厳しい批判の立場をとるグラフィック統計学の理論体系だからです（Tukey 1962a, b）。統計の数学理論が支配的だった時代にあっては、統計グラフィクスはけっして暖かくは迎えられませんでした。主流派だった同世代の数理統計学者たちにとっては、テューキーが目指すグラフィカルな「探索的データ解析」の理念は推測統計学から記述統計学への〝先祖返り〟ではないかと警戒されたようです（Church 1979）。そのテューキーからあえて「データ・アナリスト」と呼ばれたアンダーソンは、一匹狼のテューキーにとってのかけがえのない〝同志〟だったにちがいありません。

統計的データを可視化することがいかに重要であるかをテューキーに強く自覚させたという点でアンダーソンの貢献はとても大きかったようです（Kleinman 2002, Hagen 2003）。実際、テューキーらは探索的データ解析の理論を発展させる上で、アンダーソン流の絵文字を使った多変量データの可視化法の可能性を広く探っています（Tukey and Tukey 1981）。そういえば、テューキーが考案し、現在の統計学でも用いられている「箱ひげ図（box-and-whisker plot）」というデータのばらつきを表示するダイアグラムがあります（Tukey 1977, pp. 39-43）。この箱ひげ図は、中央値（メディアン）をはさんで全データの半数が入る区間として「箱（box）」を設定し、さらに箱の両側に「ひげ（whisker）」を伸ばすことで

外れ値を除く大半のデータを包括する区間を構築します（三中 2015b, 2017）。アンダーソンの自伝によれば、彼が考案した描画的散布図（メトログリフ）のプロットにつけられた〝突起〟のことを彼の助手のひとりはまさに〝ひげ（whisker）〟と呼んでいたそうです（Anderson 1954, p. 94）。

ダイアグラムという図形言語をとりまく論理と直感の関わり合いについて、前出のスロヴィック父子はこう述べています：

「哲学者イマニュエル・カント以来の思想家たちは、人間の精神というものが合理的な部分と非合理的な部分をあわせもっていることを知っている。合理的な分析のための数値データとともに、情緒に訴える物語や魅力的な図像を併用することは、個人生活や社会生活で直面するさまざまな状況と情勢が何をもたらすかを評価する最良の方法だろう」（Slovic and Slovic 2015, p. 11）

既知の情報や知見に基づいて未知なる構造や予測に踏み出すことは知的な冒険にほかなりません。安全第一を心がけたいのであれば、まちがいや失敗をともなうかもしれないアブダクションには手を染めない方がひょっとしたらいいかもしれません。しかし、遠くに広がる壮大な光景を体験するには、安全この上ない穴から顔を出し、断崖絶壁から身を乗り出す覚悟が必要です。あえてリスクを飲みこみつつ既知から未知への跳躍を試みるとき、手元にあるデータを可視化するダイアグラムはきっと役に立つでしょう。私たち現代人が、そのダイアグラムを手にすることで、日々生きていく上での有益な知恵を手に入れることができればこんなに幸せなことはないにちがいありません。複雑な情報や大量のデータを適切に可視化することは、私たちの思考を体系化する最良の近道であることを知ってい

ただきたいと思います。

エピローグ

思考・体系・ダイアグラム――科学と時代のはざまで

これまでの章を通して、さまざまな分野で数多くのダイアグラムが描かれてきたことを読者のみなさんにお見せしてきました。それらのダイアグラムのうち、たとえばチェイン、ツリー、あるいはネットワークのように共通する様式をもつ場合には、厳密な論理体系を構築できることも示しました。しかし、総論として〝骨格〟が共有されているとしても、背景となる知識や仮定が異なれば、ダイアグラムが読者に伝えようとする意味や内容にはちがいが生じます。

私たちは通常の意味での「文字」によって書かれたテクスト（文章）を読んだり解釈したりすることには関心を払っても、文字ではないダイアグラムや絵文字の読解にはそれほど大きな関心は払われてきませんでした。文字以外の挿絵や図表は、いい意味でも悪い意味でも、読み手が「見ればすぐわかる」という手軽さが特徴です。そのため、これらの図式表現の読み方や解釈の仕方は読み手に任されてしまい、通常の文字ほどには〝リテラシー〟は重視されなかったのかもしれません。しかし、ダイアグラムのような図形言語がどのように情報伝達の機能を担っているかについてはきちんと考察す

る必要があるでしょう。
以下では、これまでの章の内容を振り返りながら、思考や知識を体系化するダイアグラムがもつコミュニケーション能力に目を向けてみましょう。

1 図像というパラテクストの威力

松田隆美は、著書『ヴィジュアル・リーディング：西洋中世におけるテクストとパラテクスト』（松田 2010）の中で、書かれた文字の「テクスト（text）」に対置して、文字以外の要素を「パラテクスト（paratext）」と呼び、両者の関係について興味深い指摘をしています。

「パラテクストとは、ジェラール・ジュネットによると「テクストを取り囲み延長することによって、まさにテクストを……存在させる……テクストにともなう生産物」「それによってあるテクストが書物となり、それによってあるテクストが読者、より一般的には大衆に対し、書物として提示される」要素であり、ジュネットは、書物のタイトル、副題、前書き、挿絵などをその中に含めている」（松田 2010, p. 29）

このように定義された文字のテクストと文字以外のパラテクストは、ある文脈（コンテクスト con-text）のなかで、互いに関係しあっていると著者は主張します。

「書物という形態を獲得したテクストが実際に読まれるさいには、書物を取り巻くさまざまな文化的文脈、つまり読者の「期待の地平」をあらかじめ形成している文学伝統やジャンル意識、出版や流通をめぐる諸事情などが、読者にとって受容のためのコンテクストとして機能する。その意味で読書行為は、テクスト、パラテクスト、コンテクストの重なりあう三つの層から構成されていると考えられ、挿絵やページ・レイアウトなどの視覚的要素の役割もこの関係性に基づいて検討される必要がある。パラテクストが常にテクストの読みを左右するとはかぎらないが、中世の書物、とくに本書で検討する中世後期の挿絵入り本では、テクストとイメージの間に読者の読みに影響する多様な相関性が見いだされ、読書を通常以上にヴィジュアルな営為としているのである」（松田 2010, p. 30）

松田によれば、非文字パラテクストは必ずしも文字テクストの補助や補足をしていただけではなく、パラテクストが独自の周縁的な意味世界を形成していることもありました。私たちが本書で見てきたさまざまなダイアグラムや絵文字もまたある文字テクストに付随するものとして描かれてきましたが、それらの図像パラテクストが文字テクストを超越してどのような意味を付されてきたのかはそのつど考えなければならないでしょう。

本書第1章の「ダイアグラム博物館」では、いにしえに描かれた家系図をいくつもとりあげました。彩色図版として描かれたそれらのダイアグラムは、本来の目的は親子間あるいは親族間の血縁関係を明記するだけのいわば事務書類にすぎません。もともと家系図は紀元九世紀以降に法律的な血縁関係

を可視化するダイアグラム「法樹（arbor iuris）」として描かれました。しかし、いわば法律的な事務文書の補足であったはずの家系図というパラテクストが、さまざまな絵画的装飾を施されてきた理由は、単に血縁関係の羅列のためだけではなく、家系の末長い繁栄への祈念あるいは称賛という事務記録とはまったく別次元の意味が挿入されていることは明らかでしょう。

たとえば、【図1】に示したカロリング朝王家の家系図は、最上位に先祖を配置し、子々孫々に至る系譜が末広がりに描かれています。家系全体を守っているかのように描かれた王と王妃の姿は「法樹」ということば以上に付随的な意味がこめられていることがわかります。中世写本の家系図を体系的に調査したヘルマン・シャット（Hermann Schadt）の分厚い本をひもとくと（Schadt 1982）、中世家系図のダイアグラムとしての属性に基づく類型化が可能であることがわかります。つまり、かの時代に描かれた数多くの家系図の論理的な〝骨格〟に関しては、シャットの研究によりその詳細が判明しています。その一方で、このような家系図を見た当時の読み手がいったい何を読み取ったのかはそれらのダイアグラムに〝肉付け〟された文化的、社会的、そして宗教的な背景を知らなければはっきりしたことはいえないでしょう。

リナ・ボルツォーニ（Lina Bolzoni）の『記憶の部屋：印刷時代の文学的―図像学的モデル』（Bolzoni 1995）は、中世の「記憶術（ars memorativa）」が図像パラテクストとしてどのように発現したかを数多くの例とともに論じています。記憶術とイメージとの関係について、著者はこう述べています。

「記憶術には長く持続した歴史があり、その中で記憶術は、連続性と変形と差異によって演じられる魅惑的なゲームと化した。古典世界は、弁論家たちが記憶を強化するために用いてきた技術

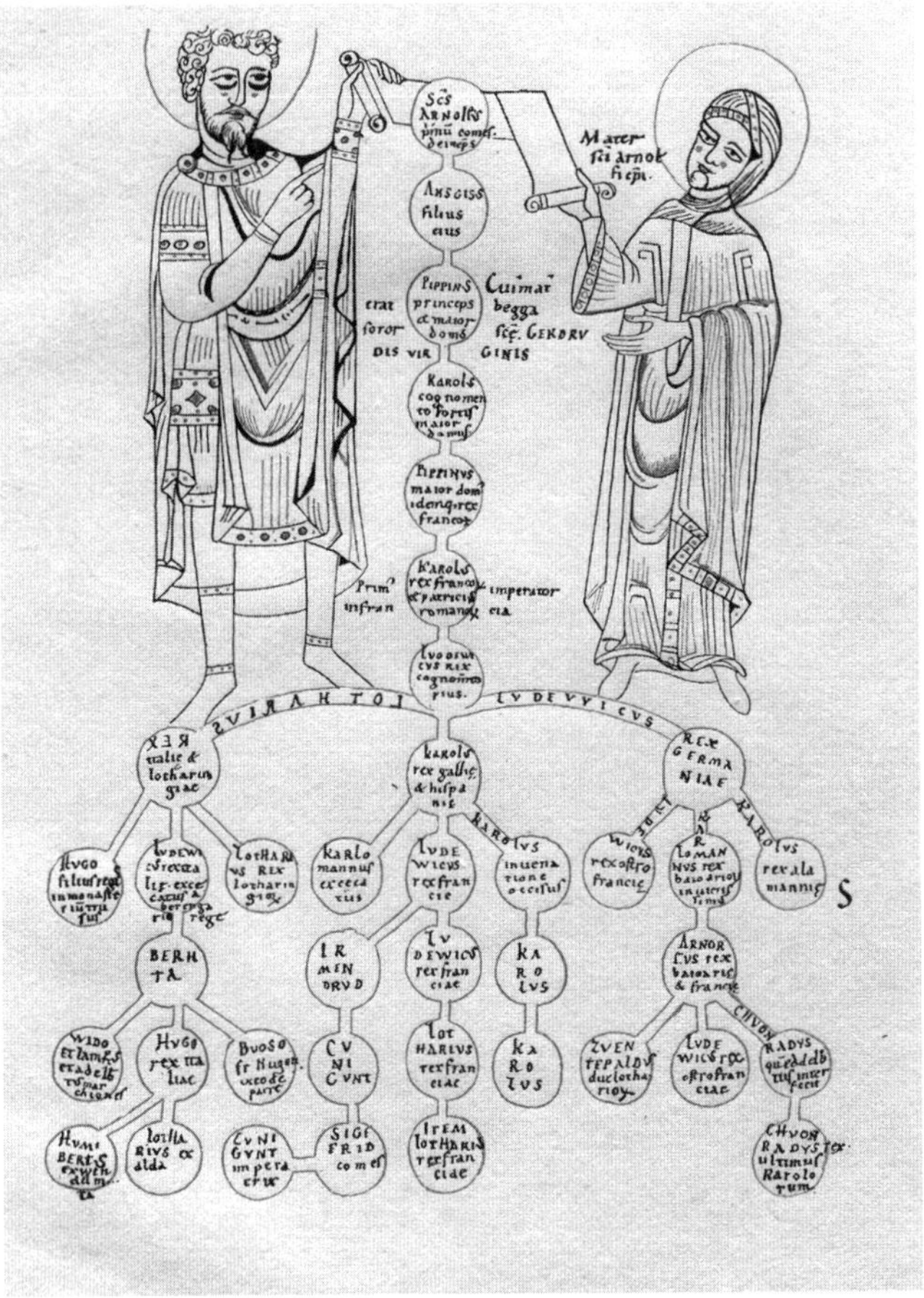

【図１】フランク王国のカロリング朝王家の家系図。西暦1100年頃に描かれたとされる（Wilkins 1923, 図版 XXIII）

を、中世へと継承する。それらの技術は、心の本性の働きの観察に基づくものであり、三つの本質的な構成要素、すなわち場所（「トポス／場所」［loci］）、順序／秩序［ordine］、イメージ（「能動的イメージ」［imagines agentes］）を利用するものであった。実際それは、秩序立てて配置された場所の行程を心の中に固定することである。それらの場所のそれぞれにひとつずつイメージが置かれ、それらのイメージは、連想ゲームを通じて、覚えられるべき事柄に結びつけられている」（Bolzoni 1995, 訳書、p. 13）

中世の記憶術が「場所」を手がかりにして知識を体系化する技法であることはすでに知られています（Rossi 1960, Yates 1966）。この記憶術の中で「能動的イメージ」が果たしてきた貢献を積極的に評価する著者は、テクストとパラテクストの力関係に言及します。

「イメージや視覚的図式［schemi visivi］を軽視する長い伝統があり、この伝統は今も生きている。図示された表／図表［tavole］、「系統樹」［alberi］、様式化された系統樹／系統図［diagramma］の豊かな遺産は、それゆえ、われわれの批評的地平から除かれ、書物のページからも物理的に排除されてきた。詩学と修辞学に関する一六世紀のテクストを復刻する近代の版本は事実、言葉のみを再現しがちである。本書の最初の二つの章は、まさしくこの視覚的遺産を再発見し、テクストが用いているそれらの図式［schemi］は単なる物珍しいだけの付属品などではなく、この時代の正確な文化的設計図［progetto］と知を受け入れ伝達する方法とを表明しているという点で、テクストを構成する有機的な一部であることを明らかにする。」（Bolzoni 1995, 訳書、p. 17）

ボルツォーニは一五世紀末〜一六世紀前半のアカデミア・ヴェネツィアーナにおける知識の「可視化」の試みを評して次のように述べました。

「アカデミアの出版計画でくりかえし語られる「系統樹［alberi］」が指すもの、さらに順序／秩序への還元が指すものについての正確な理解が得られる。その方法はつまりは視覚化すること［visualizzazione］である。系統図［diagramma］を用いることによって、懸案の問題を一般から特殊にいたるまで分割し、心によってそれを順にたどっていく過程を再現するような方法で、印刷されたページの上に言葉が配置される」（Bolzoni 1995, 訳書、p. 44）

長い歴史の中でダイアグラムによる視覚化が知識の体系化の効果的な手法として広く用いられてきたことは、パラテクストの威力を能弁に物語っています。本書の第3〜5章でくわしく論じた分類と系統を可視化するダイアグラムもまた、対象物ごとの名前や記載という文字によるテクストに付随するパラテクストとみなすことができます。生物を対象物とするダイアグラムのもつ〝骨格〟に対して、存在論的にさまざまな〝肉付け〟がなされてきたことは第5章で多くの例を挙げて説明しました。

現代の分子系統学に目を向ければ、系統樹というダイアグラムの〝骨格〟には、存在論ではなく、ダイアグラムの枝に関してDNAの塩基置換やタンパク質のアミノ酸置換に関する確率モデルを仮定する統計学的な〝肉付け〟がなされることがほとんどでしょう（三中 1997, Semple and Steel 2003, Felsenstein 2004, Yang 2014, Steel 2016）。ダイアグラムの端点や内点に関する存在論ではなく、枝に関する形質

状態変化の統計学によって離散構造としての〝骨格〟を〝肉付け〟するとき、それらの分子系統樹の読み手に求められるのは、分子進化学と統計科学に関する新しい背景知識であることは言うまでもありません。どんな場合でも、ダイアグラムを誤解や曲解なく読み取るには、読み手の側にそれなりの〝リテラシー〟が必要となるということです。まったく同様に、統計的データ解析で用いられるさまざまなダイアグラムもまた正しく読み取るためには、統計学に関する理解が読み手に求められます。

図像パラテクストとしてのダイアグラムは読み手に強い印象を残すことができるし、またその視覚的効果を最初から狙って戦略的に描かれることもあるでしょう。しかし、描かれたものが「目に見える」からといってそれらが適切に「読み取れる」かどうかは保証されません。両者の間には大きな溝があります。ダイアグラムの描き手側とその読み手側が〝リテラシー〟に関して互いに歩み寄ることが、有効なヴィジュアル・コミュニケーションを実現する上で不可欠でしょう。

2 能力としてのヴィジュアル・リテラシー

私たちはパラテクストをどれほど読み解く能力をもっているのかについて、中村雄祐は著書『生きるための読み書き：発展途上国のリテラシー問題』（中村 2009）のなかで、この〝リテラシー〟という概念をより広く拡張することを提唱しています。著者は、従来の「リテラシー（literacy）」ということばは「書面の視覚記号を文字を中心に捉える傾向が強く、数字や図的表現に関する研究は二次的な扱いにとどまる」（同書、p. 8）と問題点を指摘します。そして、「文字」の読み書きにとどまらず、数

字や数式の読み書きを「ニューメラシー（numeracy）」、図像表現の読み書きを「ヴィジュアル・リテラシー（visual literacy）」と呼ぶことで、文字テクスト以外の非文字パラテクストをも含む広義のリテラシーを包括的に論じることができるだろうと主張します。文字テクストのリテラシーに加えて、統計学的なダイアグラムを用いることにより数字・数式に関するニューメラシーがどれくらい向上するのか、そして系統樹というダイアグラムによって読み手のヴィジュアル・リテラシーは改善できるのかはそれぞれの分野にとってはとても重要な問題提起となるでしょう。

テクストとしての文字、パラテクストとしての図像、さらに中間的な性格をもつ数字の三者は視覚的にはそれぞれ異なります。しかし、いずれも文化的な存在としての「認知的人工物（cognitive artifact）」であるという点では共通しています。中村は認知的人工物を次のように定義します。

> 「本書で用いる「認知的人工物」とは、人間が「心のパワーを補完し増強するために創り出した人工物」を指し示すために認知科学者［ドナルド・A・］ノーマンが提唱した言葉である」（中村 2009, p. 47）

具体的には、道具・記号・言語・制度・規則などが認知的人工物とみなされますが、とりわけ文字と数字・数式は特別な認知的構築物とみなされます。

「文書の書面上に記された記号は、すべて広い意味では図である。人類史上、書面上には、地図、表、グラフなど多様な図的表現が展開されてきた。それらの中でも（1）言語表現に特化した文

字、（2）数量の表現や変換のために発展した数字や＋や＝などの数学記号（以下、便宜的に「数字」と総称）は、それぞれ人間の認知能力と呼応するように特化した機能を発達させ文書という道具の機能を大いに高めたという理由で、あえて特別扱いにする」（中村 2009, p. 53）

ただし、文字リテラシーと数字・数式ニューメラシーとの間には明白なギャップがあると著者は認めます。

「私たちが第一言語で文字の読み書きを習得する場合、少なくとも文字を対応付けるべき精緻な話し言葉の体系はすでに身につけているが、数学的思考の場合、そのような精緻な体系は一般の人間の側には備わっていない。文字の読み書きを習得するのは簡単ではないが、数字の方がずっとハードルが高く、しかもきりがない。だからこそ、世の中には文字嫌いよりもずっと多くの数字嫌いがいるのであろう」（中村 2009, p. 71）

このリテラシーとニューメラシーとのあらわな隔たりを埋めるのが、図像やダイアグラムを用いたヴィジュアル・リテラシーに期待される役割です。

「少なくとも経験則として「私たちは、自分の経験や知識との間の対応付け（mapping）ができさえすれば図的表現をただちに理解できるようになる」といってよいのではないだろうか。（中略）ここでは、図的表現は、昔も今も、先進国でも途上国でも、私たちの知的活動を支える重要な道

具・方法であり続けていることを確認しておこう」（中村 2009, p. 60）

ダイアグラムのヴィジュアル・リテラシーが有用である大きな理由はそれがもつ修辞的な効果でしょう。すでに論じてきたように、メタファーによる分類やメトニミーによる系統は対象物の知識を体系化する上で大きな役割を果たしてきました。ボルツォーニの前掲書には、一五〜一六世紀の記憶術の実践のなかで図像（図表・系統図・系統樹・円環など）が果たしてきた役割が論じられています。とりわけ興味深い点は、時代を下るにしたがって図像のもつ意味と意義がしだいに変遷していくという点でした。系統樹／系統図という樹形ダイアグラムに関して、著者は次のように述べています。

「たとえば、中世において、分類学、記憶術、さらに神秘学を目的として最も頻繁に用いられたイメージのひとつに系統樹［albero］がある。そして中世の、いわば感覚に訴えるような装飾性が加えられた系統樹［albero］が、一六世紀にその一変種として様式化された系統樹／系統図［diagramma］へと変容したことはよく知られている」（Bolzoni 1995, 訳書, p. 90）

「系統図［diagramma］の威力は、まさに、認識にいたる過程の構造を再現し、それゆえさらに認識された対象それ自体の構造も再現する点にある」（同書, p. 92）

「系統図［diagramma］は――情報科学における隠喩を用いるなら――身体と精神の間をつなぐインターフェースと化すのみならず、定義および部分への分割全体を統べる秩序を再生産するがゆ

えに、分析されたテクストには存在していなかったものさえ直接目に見えるようにする」（同書、p. 94）

これらの指摘は、パラテクストとしての系統樹／系統図は部分から全体へのメトニミー的復元を含意しているので、文字テクスト以上に知識の体系的な習得と教育にとって有用であることがうかがえます。第6章で引用したエプスタイン（Epstein 1994）のことばを借りるならば、文字や数字による「合理的思考」と直感と視覚に頼る「経験的思考」は車の両輪として互いを支え合い、ボルツォーニの研究（Bolzoni 1995, 2002）から、両思考のこの相補的関係は私たちが何世紀も前からの実践を通じて確立されてきたことがわかります。

3　ダイアグラム論――科学と芸術の交わりのなかで

最後に、ダイアグラム論の分野としての位置づけと今後の展開について触れておきましょう。上で述べてきたように、ダイアグラムなど図像表現のヴィジュアル・リテラシーは、私たちにとって役に立ついくつかのリテラシーのなかでもきわめて重要な位置を占めています。しかし、ダイアグラムのもつ性質や応用に関するこれまでの議論は自然科学から人文社会科学あるいはグラフィック・デザインまで既存のさまざまな研究分野に散らばり、互いにほとんど無関係に論じられてきたといっても言い過ぎではありません。そもそも、私が本書で一貫して使ってきた「ダイアグラム論（diagrammat-

ics)」という用語からして、ドイツ語圏で最近用いられている文化図像学の一領域としての「Diagrammatik」（Bauer and Ernst 2010, Schmidt-Burckhardt 2012）を除けば、世界的に広まっているとはまだいいがたいのが現状です。

したがって、現時点での「ダイアグラム論」はひとつのまとまった分野ではなく、いくつかの関連領域の緩い集合体とみなす方が妥当でしょう。私が見るかぎりでは、下記に列挙する諸領域が私の想定しているダイアグラム論に含まれるかあるいは関連する可能性があります。

◯オブジェクト体系学：生物・言語・写本など時空的に変遷するオブジェクトの系譜の図像化（Hoenigswald 1973, Nelson and Platnick 1981, Hoenigswald and Linda Wiener 1987, 三中・杉山 2012, 2014, 中尾・三中 2012, Lima 2014, Minaka 2016）

◯統計グラフィクス：統計学に関連するデータや情報のグラフ化と図表化（Tukey 1977, Tiufte 1990, 1997, 2001, 2006）

◯インフォグラフィクス：データや情報の様態と変化の図示（Lima 2011, Bohnacker et al. 2012）

◯カルトグラフィー：空間データや地理情報の表示（Rosenberg and Grafton 2010）

◯グラフィック・デザイン：図像表現の意匠や形状の議論（杉浦・松岡 1976）

◯図像文化史：図像様式の時代変遷と伝承の追跡（Wilkins 1923, 1926, Watson 1934, Schadt 1982, Weigel 2006, 2015, Ingold 2007, Bauer and Ernst 2010, Schmidt-Burkhardt 2012）

◯離散数学：図的表現の構造に関する理論化あるいは公理化（Greg 1927, Woodger 1937, Gregg 1954, 三中 1993, 1997, Semple and Steel 2003, Dress *et al.* 2012, Steel 2016）

○グラフ記号論：図的表現の記号としての意味論や技術論あるいは心理学・認知科学的考察（Bertin 1983）

これらの領域についてはいずれも本書のなかで紹介あるいは言及しましたが、その全体を見わたすと、個別の自然科学あるいは人文科学はもちろん、数学や統計学にも関連し、科学史・文化史などの歴史学ともつながりをもち、さらにはデザイン論や心理・認知科学ともつながる——さすがに分野横断にも程があるだろうと言いたくなってても無理はありません。しかし、「ダイアグラム」ということばをキーワードとして世界を見回すと、既存の学問分野や専門領域の〝壁〟を意識したのではとても窮屈になってしまいます。いたるところで個別の科学を越えて、あるときは芸術の世界に分け入ったかと思うと、またふたたび今度は別の科学に帰っていくという身軽さが私が考えているダイアグラム論のあるべき姿かもしれません。

データ可視化の理論家として有名なジャック・ベルタン（Jacques Bertin：一九一八－二〇一〇）は、主著『グラフィクスの記号論：ダイアグラム・ネットワーク・マップ』（Bertin 1983［2011］）への補説（2004）のなかで、グラフィクスの効用について次のように述べています。

「グラフィクスは〝データ解析〟の理念に可視的な形式を与える。数式による表現ではなく、グラフィクスによって表現することで、データ解析はより身近なものになる。ある研究から導かれた主張が〝科学的〟であるのはそれがしっかりしたデータ表の厳密な分析によって裏付けられているときだけであることが、グラフィクスを用いればはっきりわかる。その分析なくしては、わ

れわれは私的な感想を口にするのが関の山だ」（Bertin 1983［2011］, p. 434）

数式ではなく図像を用いて可視化することの意義については本書でも繰り返し論じてきました。統計学的なデータ解析のグラフィクスにかぎらず、分類や系統を図示するさまざまなダイアグラムが、多様な対象物に関する私たちの思考を体系化する強力なツールであることを、読者のみなさんはすでに理解していただけたと思います。

しかし、ベルタンはグラフィクスのもつ本質的な限界についても同時に指摘しています。

「数学的な解析は n 次元を論じることができる。しかし、あるデータ表（「XYZ table」）をコンピュータに入力するとき、その計算結果を評価しようとするとき、われわれはたった三次元の図像しか読めない。もし第四の次元があったとしてもそれはできるだけ小さく留めておくべきものである。学際的研究がつねに困難である理由もここにある。変量Xは、たとえば地理学では空間、歴史学ならば時間、心理学にとっては個人、社会学だと社会的カテゴリーにあたる。では、それぞれの学科や研究機関や分野を特徴づけるX，Y，Z成分があるとき、どうすればあるひとつの〝統合的科学（synthetic science）〟をつくることができるだろうか。図像の第四次元が欠如しているために、個々の分野に細分されない統合的な単一の科学を考えることを現実には困難にしている」（Bertin 1983［2011］, p. 434）

確かに、大量の複雑な情報を可視化する技法はコンピューター・グラフィクスとともに進展してき

ました。しかし、送り手側がどれほど洗練された可視化技法を駆使したとしても、受け手側もまた生身の人間であることを考えれば、ベルタンが指摘するように、次元の厳しい制約から解放されることはおそらくこれからもないでしょう。

グラフィクスのもつこのふたつの側面についてベルタンはいささか悲観的に締めくくります。

「以上の点から、合理的思考の限界について言えることがある。情報処理が有用であるのはデータ表という有限集合のなかだけのことである。しかし、有限集合は無限に存在する。われわれは、どれほど合理的思考に努めたとしても、非合理の無限の海に溺れる宿命にある」(Bertin 1983［2011］, p. 434)

ダイアグラムを用いて知識を整理し、さらには思考を体系化することは、人間が昔から実践してきた技法でした。おそらくかつては地面や壁に絵図を描くことがダイアグラムの起源だったにちがいありません。やがて土の板や羊皮紙に文字テクストとともにパラテクストを記す時代が到来して一千年が経過したのち、現代の私たちは手描きではなくコンピューターを用いてさまざまな統計グラフや系統樹をディスプレイ上に当たり前のように表示しています。ダイアグラムの作成や表示の技術は時代とともに確実に進歩してきました。

その一方で、私たちがもっている記憶や認知の能力はこんなに短期間(地質学的タイムスケール)では進化のしようがありません。最新の技術や機器を使っているユーザーの生き物としての〝仕様〟は実は昔からそんなに大幅にアップデートされてはいないのかもしれません。そのようなギャップに悩む

私たち現代人にとって、何世紀にもわたり多くの先人たちによって使いこまれたダイアグラムというツールはまさに「思考の体系学」を支える大黒柱ではないでしょうか。

あとがきにかえて――

先駆者たちの足跡をたどる旅路

こういう本を書き進めるにあたっては、実にさまざまな著作や論文を広く捜しまわらなければなりません。五年前に前著『系統樹曼荼羅：チェイン・ツリー・ネットワーク』（三中・杉山 2012）を出したときも、それに先立つ数年前から自称〝系統樹ハンター〟として網羅的に図像ダイアグラムの蒐集に努めてきました。その〝狩猟記録〟はブログ〈archief voor stambomen〉として今も公開しています（http://leeswijzer.hatenablog.com/）。しかし、本書は分類学や系統学だけではなく、統計学などまで包括する一般的なダイアグラム論を目標に据えたこともあり、新たなハンティングに励む日々が続きました。

データの視覚化や情報の可視化ということばを耳にすれば、いま流行のインフォグラフィクスの成果がまず思い浮かぶのも無理はありません。しかし、それらはダイアグラム論がたどってきた長い歴史のなかでは枝先に位置する〝端点〟にすぎないのです。私が本書で示そうとしたもっとも重要なことのひとつは、図形言語としてのダイアグラムの系譜には、現在ではもう忘れられたかもしれない

〝内点〟としての試行錯誤が積み重なっているということでした。たとえば、マニュエル・リマの『系統樹大全』（Lima 2014）や近刊の『円環大全』（Lima 2017）などを参照すれば、私たちがいま当たり前のように使っているダイアグラムのひとつひとつが歴史を背負っていて、さまざまな試行錯誤の残された跡をたどることができるでしょう。

『系統樹大全』の訳者あとがきで私はこう書きました。

「目は口ほどにものを言い、絵は文《ふみ》ほどにものを言う。本書『系統樹大全』を手にした読者は、われわれ人間が原初的にもっている視覚という感覚を最大限に利用して、肥大し続けるデータや情報を何とか把握し利用しようとする試行錯誤の歴史とその過程であまたのダイアグラムを生み出せた人間の想像力の豊かさに感銘を受けるだろう」（三中 2015a, pp. 205-206）

本書で紹介したり言及したダイアグラムの歴史的事例はほんの一部にすぎません。数多くの先駆者たちが編み出したダイアグラムのうち、あるものは幸いにもユーザーを得て後代に継承され、またあるものはその後使われることもなく忘却の淵に沈んでいったことでしょう。そのなかで、とりわけ私の印象に残ったひとつの事例を最後に示しましょう。

それはドイツの鳥類学者にして比較形態学者だったマックス・フュルブリンガー（Max Fürbringer：一八四六－一九二〇）の描いた三次元系統樹です。鳥類の内部形態を専門とするフュルブリンガーが一三〇年前に書いた巨大な二巻本モノグラフ『鳥類の形態学と体系学に関する研究、ならびに支持器官と運動器官の解剖学への貢献』（*Untersuchungen zur Morphologie und Systematik der Vögel, zugleich ein Beitrag zur*

Anatomie der Stütz- und Bewegungsorgane)』（Fürbringer 1888a, b）が私の手元にあります。上下巻で計一八〇〇ページ超、総重量は一六キログラムというとんでもないこのモノグラフは、ベルリンの古書店から私の本務地があるつくば市に届いたときにはすでに造本が崩壊しており、綴じ糸もちぎれて膨大な〝紙の束〟と化していました。

上巻『第Ⅰ部各論：鳥類の胸部・肩部・翼基部（*I. Specieller Theil: Brust, Schulter und proximale Flügelregion der Vögel*)』（Fürbringer 1888a）では鳥類の骨格・神経・筋肉系の詳細にわたる解剖学的記載が延々と続きます。しかし、私の目的は下巻『第Ⅱ部総論：結果と形態学的観点から考察、ならびに体系学的な結果と推論（*II. Allgemeiner Theil: Resultate und Reflexion auf morphologischer Gebiete; Systematische Ergebnisse und Folgerungen*)』（Fürbringer 1888b）の巻末に付けられた全三〇葉の石版画彩色図版、とりわけ鳥類全体の系統分類体系を描いた最後の四葉（Tafeln XXXVII-XXX）でした。

ここにお見せする「鳥類系統樹の探究（Versuch eines Stammbaumes der Vögel）」と銘打たれたこれら二枚の図版（Tafel XXVII と XXVIII）は、三次元的にイメージされた系統樹の前面と裏面をそれぞれ二次元的に可視化しています（【図1】と【図2】）。この巨大な系統樹は樹皮まで細かく描きこまれたリアルな〝樹木〟で、箒木のように細く伸びた枝にはそれぞれまるで解剖図のように分類群名が記入されています。しかも、紙面の手前に伸びる枝はより太く、向こう側に伸びる枝はより細く描かれているという芸の細かさが際立ちます。この二次元的な前面図と裏面図を貼り合わせると想像上の三次元系統樹——「空間的系統樹（der stereometrische Stammbaum）」（Fürbringer 1888b, p. 1569, 1751）——が構成できるというのがフュルブリンガーの意図でした。現代風にいえば疑似三次元的な〝ステレオグラム〟のように見えたことでしょう。

フュルブリンガーは従来用いられてきたような直線的な「存在の連鎖」や平面的な「系統樹」では鳥類の系統関係・類似性・種数などの情報を表現することはできないと考え（Fürbringer 1888b, pp. 1119-1123）、新しい立体的な系統樹の描画スタイルを考案したと述べています。

「系統樹のグラフィック表示（die graphische Darstellung）について以下に簡単に説明する。自然界にある樹木を手本とする系統樹はどれも空間的な形状（eine stereometrische Form）をもつだろう。すなわち、3次元空間（die drei räumliche Dimensionen）の広がりをもたねばならないということだ。直線上に伸びる体系と同じく、平面上に広がる系統樹はある平面の中だけで枝を伸ばすので、実際の関係性を表現することができない。あらゆる方向に枝が伸びる樹形モデルは立体的な系統樹（der körperliche Stammbaum）を完全に表現できなければならない。しかし、それをグラフィックに再現するには、系統樹の形（バウプラン Baupläne）を考えれば、垂直方向および水平方向の射影（Vertical- und Horizontalprojection）を行なうしかない。垂直射影とは多くの研究者が描いてきた系統樹の形状と合致するが、水平射影は複数の円または名前がつくる構造によって表現される。水平射影は鳥類学の分野では多くの研究者によって、あえて水平射影をしようという意図が彼らになかったとしても、これまで使われてきたものである」（Fürbringer 1888b, pp. 1122-1123, 脚注2）

上の【図1】と【図2】がフュルブリンガーの言う現実の立体的系統樹の「垂直射影」であるのに対し、彼はこの立体系統樹特定を三つの異なる時間平面（下層、中層、および上層）で〝切断〟することにより得られる「水平射影」を描き出しました（【図3】～【図5】）。これらの水平射影はある時代にお

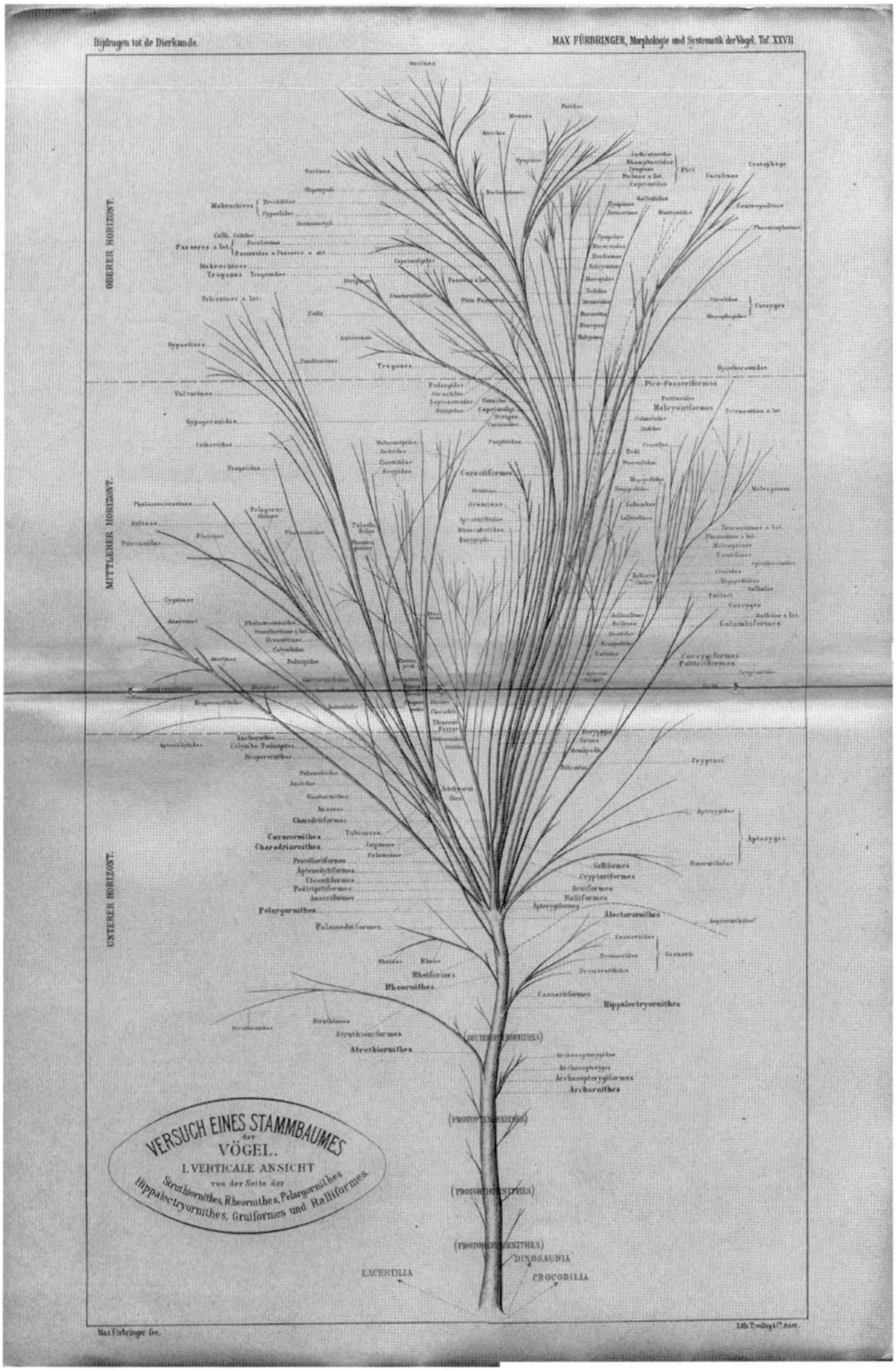

【図 1】三次元的な鳥類系統樹の垂直射影の前面図（Fürbringer 1888b, Tafel XXVII）。

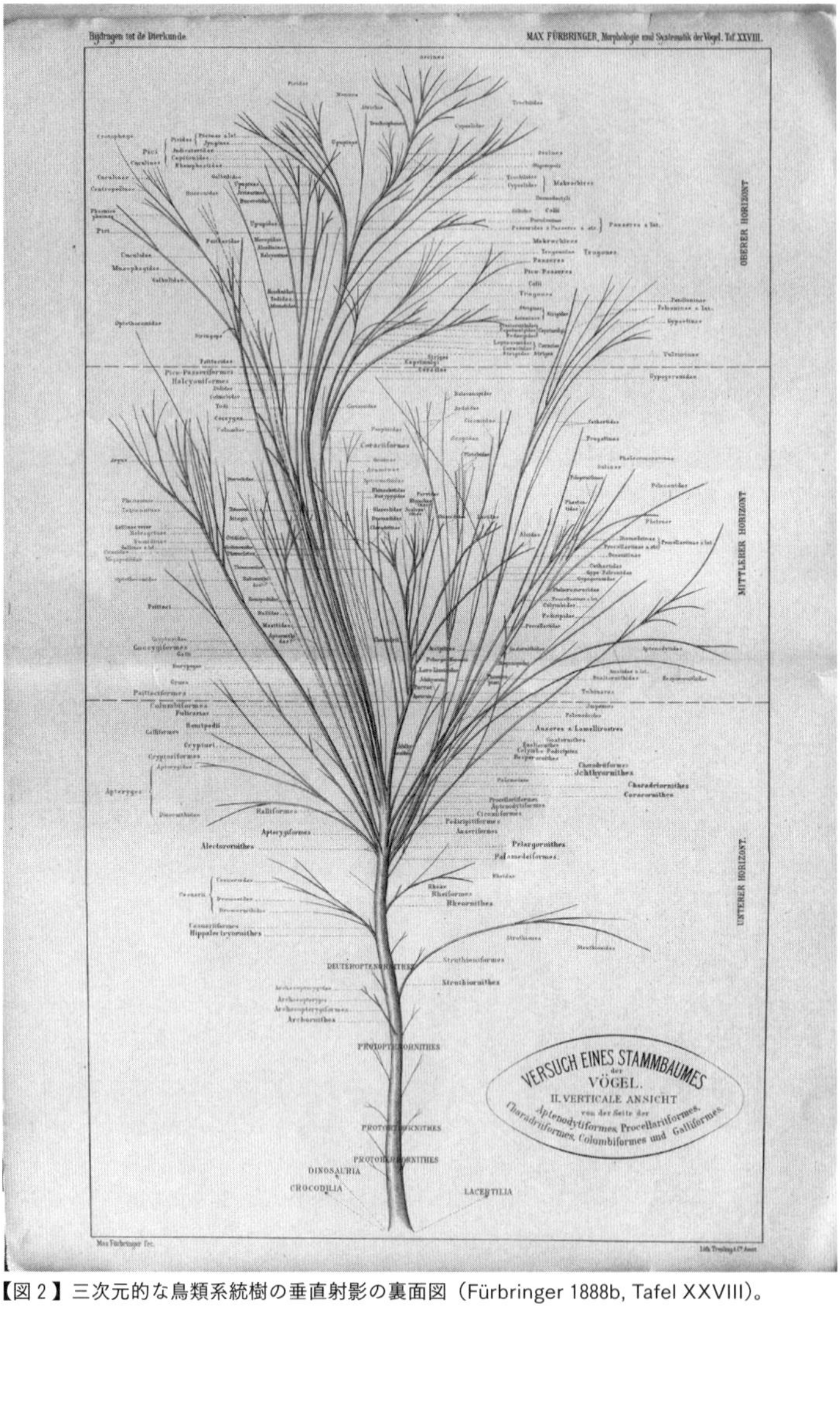

【図 2】三次元的な鳥類系統樹の垂直射影の裏面図（Fürbringer 1888b, Tafel XXVIII）。

ける鳥類の分類群間の相互関係を示す分類パターンであると解釈することができます。

このように、フュルブリンガーは不可視の立体系統樹を互いに直交する垂直方向と水平方向への射影によって平面の上に可視化するという画期的な描画法を開発しました。これだけ詳細にわたる「系統」と「分類」の相互関係をみごとに描き出した例は、今から一三〇年も前のあの時代には他に見当たりません。すべては精密な手作業で行なわれたであろう彼の図版作成の技能の高さもさることながら、もし――歴史学では禁句ですが――フュルブリンガーが現在のコンピューター・グラフィクスを用いて3Dヴィジュアライゼーションの技法を使えたとしたら、いったいどんな〝サイエンティフィック・アート〟を描いてくれただろうかと想像をたくましくしてしまいます。

同じことは、時代を先駆けすぎた早田文藏の動的分類学（第5章第4節参照）にもあてはまるでしょう。晩年の早田は、日本語では動的方法論の宗教的理念を解くだけでしたが（早田 1932, 1933）、ドイツ語では多次元形質因子空間を複数の部分空間に分割して組み合わせるというこれまた当時としては桁外れに先進的で斬新な数学理論を展開しました（Hayata 1931）。もし――ああ、また禁句を――早田があと三〇年長生きできたとすれば、真新しい数量表形学（第3章第3節参照）のクラスター分析など多変量解析の理論と彼の動的分類学との関連性にきっと気がついたのではないかと思えてなりません。

時代や地域や文化による条件や制約はさまざまであっても、ダイアグラムの有名無名の考案者たちは人間の思考を体系化するための努力を惜しみませんでした。「端点をつなぎ合わせる」・「部分から全体を推論する」・「既知から未知へと跳躍する」――本書で繰り返し言及してきたこれらの体系化の基本は昔から今にいたるまで私たちの思考を支えています。見えないものを見えるようにするダイアグラムとそれらを生み出した先駆者たちのたどってきた足跡を振り返りつつ、私にとっての〝狩猟〟

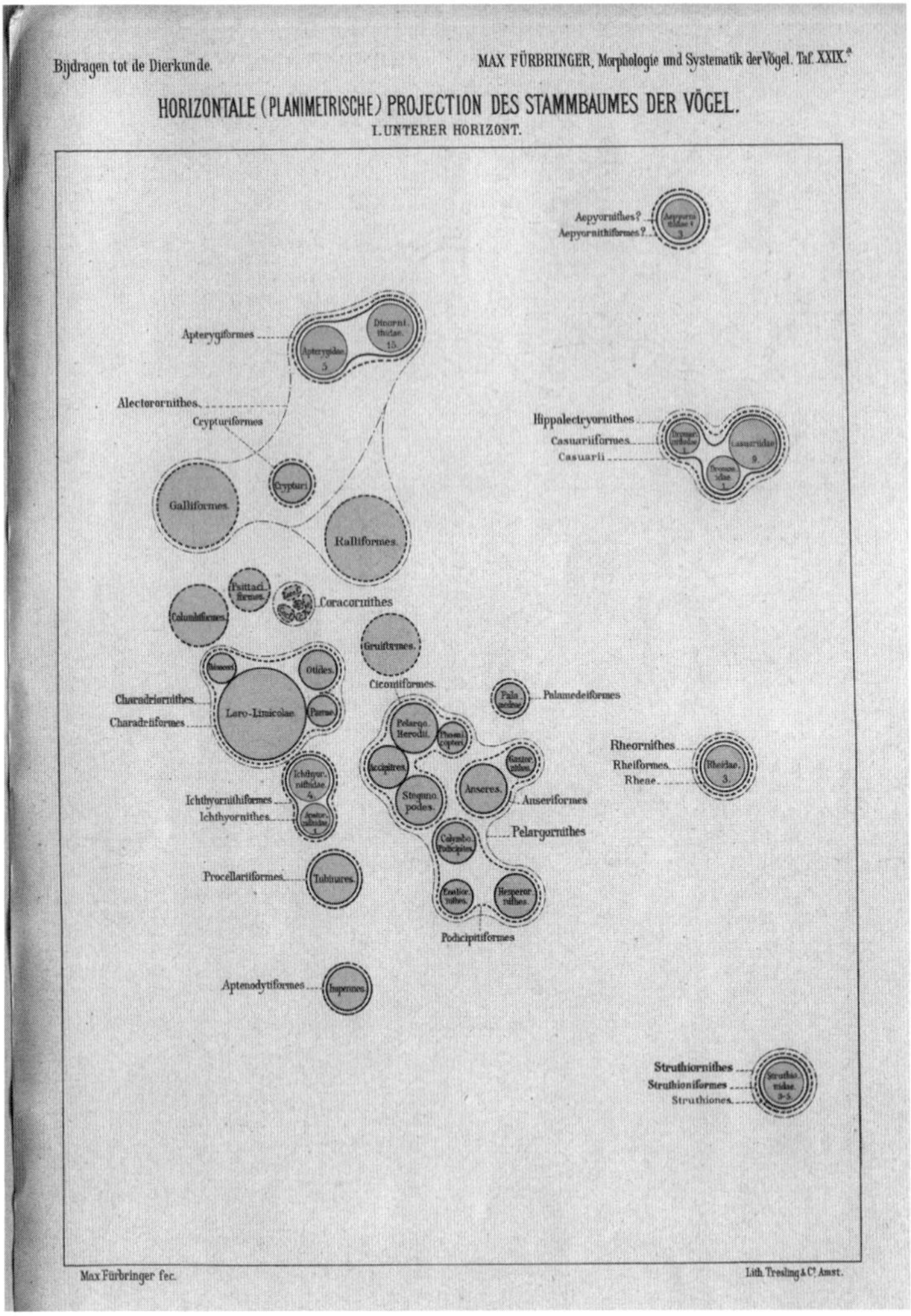

【図 3】三次元的な鳥類系統樹の下層面での水平射影図（Fürbringer 1888b, Tafel XXIXa）。

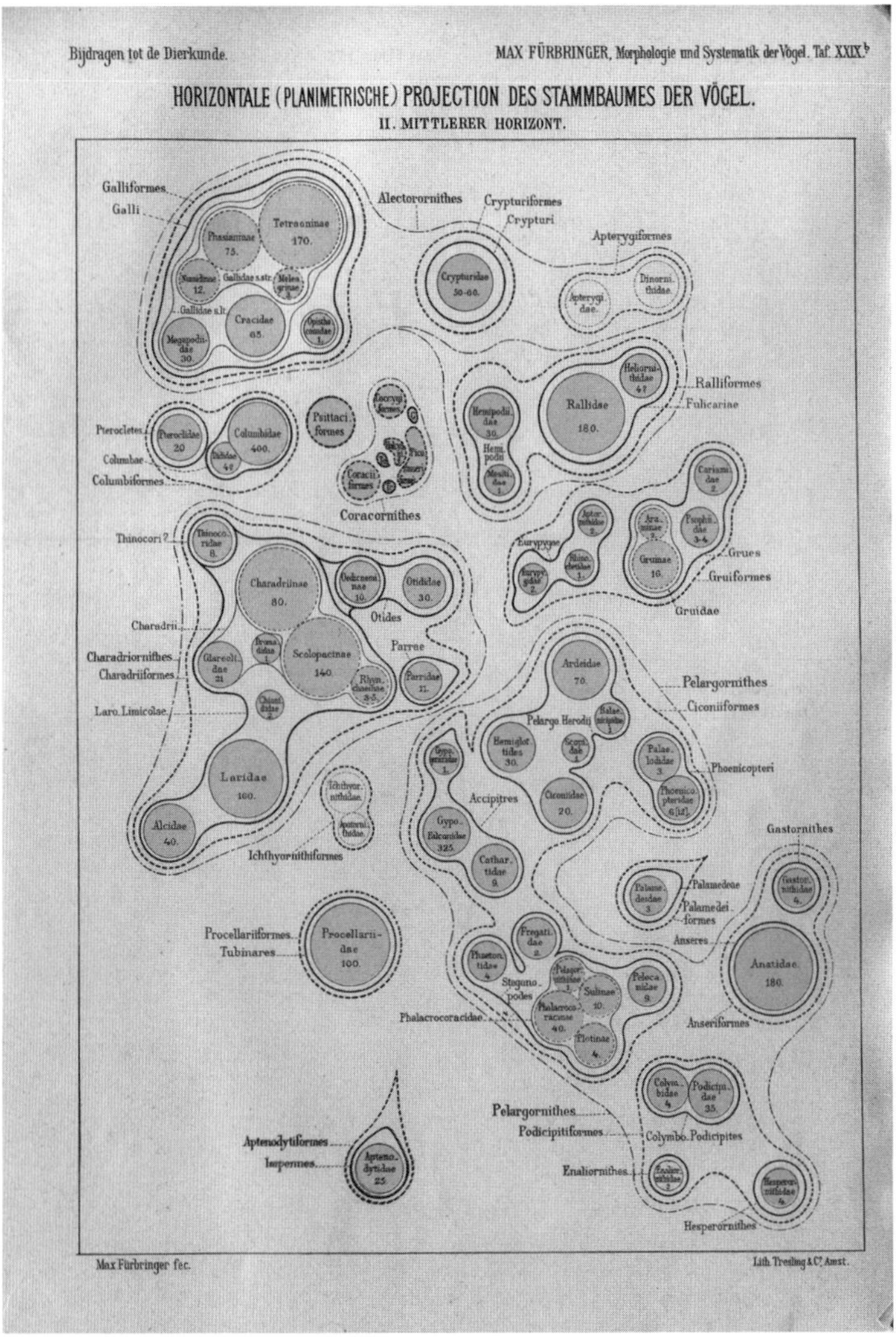

【図 4】三次元的な鳥類系統樹の中層面での水平射影図（Fürbringer 1888b, Tafel XXIXb)。

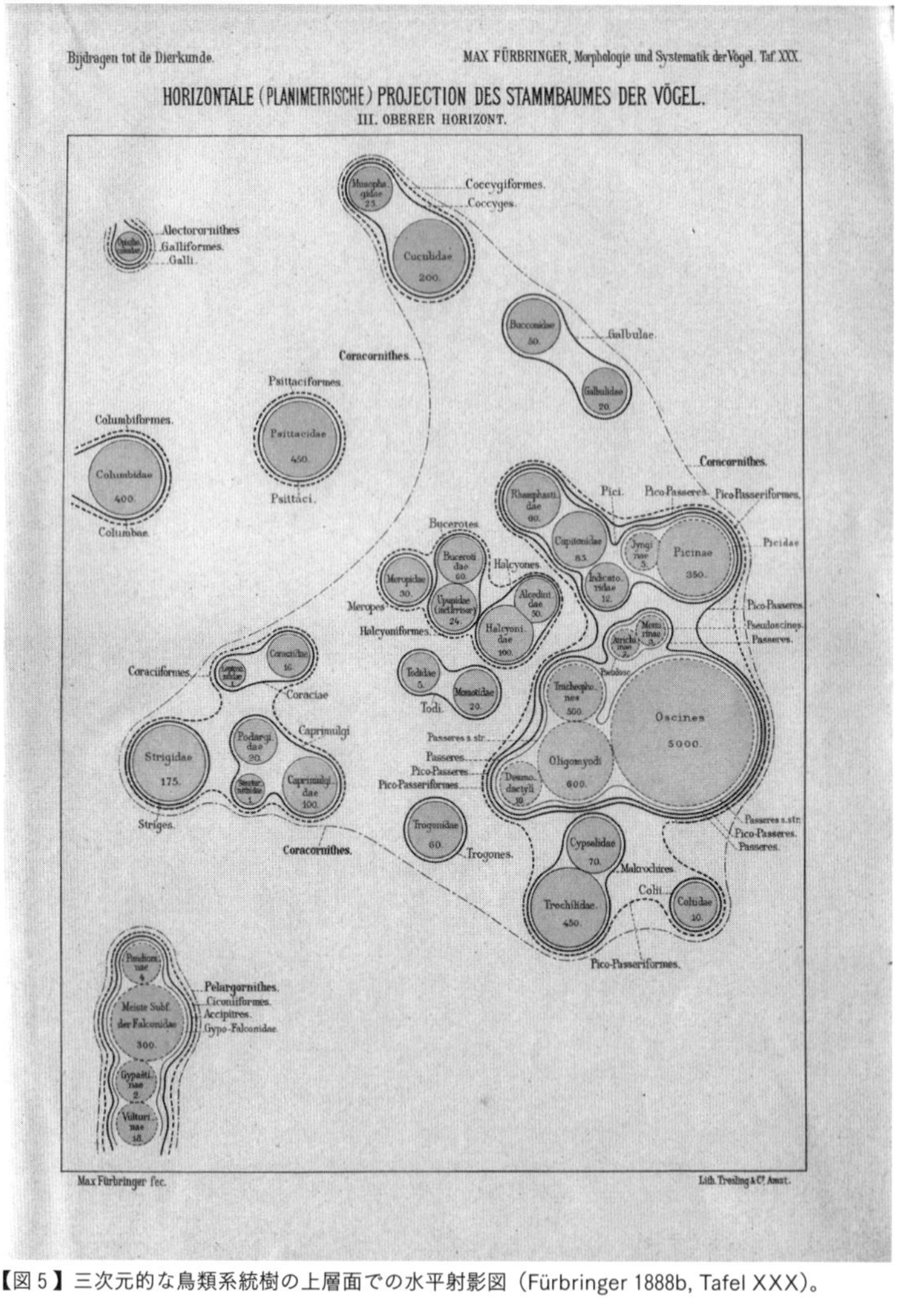

【図５】三次元的な鳥類系統樹の上層面での水平射影図（Fürbringer 1888b, Tafel XXX）。

の旅路はまだこれからも続きます。

最後になりましたが、本書を書くにあたっては前著『系統樹曼荼羅』の共著者である杉山久仁彦さんのアート・ディレクションを利用させていただきました。彼が私の研究室に高精細スキャナーをもちこみ、ときにはしみだらけの古い文献からスキャンした多くの図版を画像処理した系統樹画像データベースが今回も役に立ちました。杉山さんにはここにあらためて謝意を表します。本書の第1章「ダイアグラム博物館」は、*Flower Design Life* 誌（マミフラワーデザインスクール）の二〇一五年一月号〜一二月号まで八月号を除いて毎月連載した記事をふまえて書きました。転載を許可していただいた同誌編集部に感謝いたします。ともすると執筆遅延しがちな私を絶妙なタイミングで〝励起〟し続けた春秋社編集部の手島朋子さんには最後までお世話になりました。どうもありがとうございました。

三中信宏

二〇一七年二月　雪に埋もれる越中富山の巡業先にて

陶淵明「雜詩（其一）」

人生無根蒂、飄如陌上塵。
分散逐風轉、此已非常身。
落地為兄弟、何必骨肉親。
得歡當作樂、鬪酒聚比鄰。
盛年不重來、一日難再晨。
及時當勉勵、歳月不待人。

三中信宏（みなか・のぶひろ）

人間環境大学（松山道後キャンパス）総合環境学部フィールド自然学科特任教授・学科長／東京農業大学農学部生物資源開発学科客員教授。

1958年京都市生まれ。東京大学大学院農学系研究科修了。農学博士。専攻＝生物統計学・生物体系学。さまざまな事物の分類と知識の体系化を人間がどのように実行してきたのかを科学・科学史・科学哲学そして情報可視化の観点から研究している。著書に『読む・打つ・書く――読書・書評・執筆をめぐる理系研究者の日々』（2021年、東京大学出版会）、『系統体系学の世界――生物学の哲学とたどった道のり』（2018年、勁草書房）、『統計思考の世界――曼荼羅で読み解くデータ解析の基礎』（2018年、技術評論社）、『系統樹曼荼羅――チェイン・ツリー・ネットワーク』（2012年、NTT出版）など、訳書にマニュエル・リマ『The Book of Trees－系統樹大全――知の世界を可視化するインフォグラフィックス』（2015年、ビー・エヌ・エヌ新社）、マニュエル・リマ『The Book of Circles－円環大全――知の輪郭を体系化するインフォグラフィックス』（監訳、2018年、ビー・エヌ・エヌ新社）、エリオット・ソーバー『過去を復元する――最節約原理、進化論、推論』（2010年、勁草書房）などがある。

思考の体系学　分類と系統から見たダイアグラム論

2017年4月25日　第1刷発行
2025年4月20日　第3刷発行

著　者　三中信宏
発行者　小林公二
発行所　株式会社　春秋社
〒101-0021　東京都千代田区外神田2-18-6
電話　(03) 3255-9611（営業）
(03) 3255-9614（編集）
振替　00180-6-24861
https://www.shunjusha.co.jp/
印刷所　株式会社　太平印刷社
製本所　ナショナル製本　協同組合
装　丁　鈴木伸弘

ISBN978-4-393-33355-6　C0010　定価はカバー等に表示してあります

索引

文献リスト

索引

あ行

アガシー，ルイ　Louis Agassiz　193-194
アブダクション　abduction　231, 259, 264, 284
アヤメ（*Iris*）属　7-8, 10, 15-16
アリストテレス　Aristotle　37, 42, 73, 256
アレグザンダー，クリストファー　Christopher Alexander　83
アンダーソン，エドガー　Edgar Anderson　7-13, 15, 277, 279, 282-284
『異教の神々の系譜』　23
『生きるための読み書き』　294
一般参照体系　allgemeines Bezugssystem　236
イデオグラフ　ideograph　7-11, 19, 282
因果学　aetiology　95, 98
インゴルド，ティム　Tim Ingold　87
因子分配説　participation theory　210-211
インドラの網　Indra-nets　210
インフォグラフィクス　infographics　53, 90, 195, 207, 299, 305
インフォマティクス　informatics　40
隠喩　⇒　メタファー
ヴィジュアル・コミュニケーション　4, 275, 294
『ヴィジュアル・リーディング』　288
ヴィジュアル・リテラシー　visual literacy　294-297
ウッジャー，ジョゼフ・H　Joseph H. Woodger　167-169, 241, 243-245, 255, 258, 299
ヴュステンフェルト，フェルディナント　Wüstenfeld, Ferdinand　181-182
ヴルラン，ギヨーム　Guillaume Vrelant　20-22
エスタブルック，ジョージ・F　George F. Estabrook　67-68
エッサイの樹　the tree of Jesse　89
エプスタイン，シーモア　Seymore Epstein　275-276, 298
絵文字　glyph　279, 283, 287, 289
円環樹マップ　circular treemap　195
『円環大全』　306
エングラー，アドルフ　Adolf Engler　179, 208
エングラー・システム　179, 208
オイラー図　Euler diagram　105, 112, 125-126, 128-129, 130-135, 195, 230, 241
オーケン，ローレンツ　Lorenz Oken　192-193
オハラ，ロバート・J　Robert J. O'Hara　274
オブジェクト体系学　299

か行

外延的メレオロジー　extensional mereology　259
階層性　hierarchy　85-87
階層分類　105
『カエルの死』　183
下界　lower bound　63-65
確定性　definiteness　144-145
『学問の進歩』　46
下限　greatest lower bound　63-65, 68
仮想的共通祖先　106, 108, 195
型　type, Typus　111, 197
カタッチ，ピエール　Pier Cattaci　34-35
型の統一性　unity of type　197
下半束　lower semilattice　64-66, 68-69, 81, 83
唐草模様　24
カリグラフィー　24, 181, 183
カルトグラフィー　299
環世界センス　umwelt　114-118, 139-140
完全連結法　complete linkage method　129-131, 133
カント，イマニュエル　Immanuel Kant　192, 284
観念的系統樹　idealer Stammbaum　195, 197-199
観念論　191-195, 197, 199, 201, 211, 222, 227-228, 249
観念論的形態学　idealistische Morphologie

194, 199
『観念論的形態学と系統学』 194
換喩 ⇒ メトニミー
幹葉表示 stem-and-leaf display 11
記憶術 ars memorativa 44, 101, 110, 119, 135, 290, 292, 297
『記憶の部屋』 290
擬計量 pseudometric 141-144
記号論理学 167-168, 249, 251, 258-259
擬順序 preorder 58-60, 63
擬順序集合 preordered set 59-61, 63, 67
ギゼリン，マイケル・T Michael T. Ghiselin 256-258, 265
基底樹 underlying tree 170-175, 188, 195
帰納諸科学 inductive sciences 92
『帰納諸科学の哲学』 91-92, 96, 98
『帰納諸科学の歴史』 93-96
キュジャス，ジャック Jacques Cujas 28-30, 71
共表形相関係数 cophenetic correlation coefficient 135-136
共有派生形質 synapomorphy 165, 218, 235, 245
距離 distance 14, 103, 117, 122-125, 127-129, 131, 133, 136, 138-150, 152-153, 155-159, 161-166, 170, 230, 248
ギリシャ・ローマ神話 24
ギンズブルグ，カルロ Carlo Ginzburg 262-264
空間充填法 space-filling method 207
グッドマン，ネルソン Nelson Goodman 250-256, 259
組合せ論 combinatorics 166-167, 248
クラスター cluster 120, 122-125, 127-129, 131, 133, 136, 145-146
クラスター分析 cluster analysis 105, 114, 117-120, 125-126, 128, 133, 135-140, 147, 164-165, 177, 230, 242, 311
クラスター・レベル cluster level 127-129, 131, 136, 146-147, 149-150, 164
クラスタリング clustering 117, 120, 122-123, 125-132, 134, 137, 140, 228
グラフ 3, 58-59, 170-171, 249, 299, 302
『グラフィクスの記号論』 300
グラフィック・ツール 40, 82, 264, 276
グラフィック・デザイン 299
グラフ記号論 300
グラフ理論 56, 73, 77, 90, 166-167, 170, 242, 274
グリフィス，グラハム・C・D Graham C. D. Griffiths 265, 267-268, 272, 274
クリマコス，ヨアンネス Joannes Climacus 73-76
クレード clade 272, 274
グレッグ，ジョン・R John R. Gregg 167-169, 241, 243
グロモフ積 Gromov product 150, 157-160, 163, 165, 218
群平均法 group average method 131-134
経験的システム experimental system 275-276
形而上学 46, 192, 245, 255-256, 258-259, 261
『形象の書』 31-32
形相 256-257
系統X樹 phylogenetic X-tree 174-176, 187, 195, 241-242, 260-261, 269, 274
『系統学的組合せ論の基礎』 166
系統樹 phylogenetic tree 26, 28, 34, 36, 38-40, 46, 48-49, 77, 81-82, 85, 89, 108, 112, 127, 136-137, 166, 184, 187-188, 191, 194, 199, 201-202, 204, 211-212, 215-220, 228, 238-239, 241, 245, 270-274, 292-295, 297-298, 305-315
系統樹思考 tree-thinking 101, 108-109, 114, 139, 177, 233, 274
『系統樹大全』 306
『系統樹曼荼羅』 89-90, 305, 315
系統図 diagramma 292-293, 297-298
系統体系学 phylogenetic systematics 137, 224, 238, 245
『系統体系学理論の基礎』 224
系統分類体系 179-181, 183, 185-186, 208
『系譜論』 31
計量 metric 145, 164, 230
計量性 metricity 140, 145, 163-164
ケイロス，ケヴィン・デ Kevin de Queiroz 267
経路表現 path-length representation 145, 147-152, 155
ゲーテ，ヨハン・ヴォルフガング・フォン Johann Wolfgang von Goethe 192, 197, 208
華厳経 210, 215
顕花植物 180-181, 183-186

原型　archetype, Urtypus　42, 195, 197-199, 249, 277
原始的　plesiomorphic　52, 188, 199, 212, 218, 224-225
現象学　98
原存在　Ursein　197
古因科学　palaetiology　93-96, 98-100
公理化　axiomatization　167, 169, 241-242, 244, 254-255, 299
合理的システム　rational system　276
公理論　167-169, 242-243, 259
個体公理論　250, 255
個物　individual　242, 250, 257-258, 265, 274
痕跡解読型パラダイム　un paradigma indiziario　259, 262, 264
コンテクスト　288-289

さ行

最小元　minimal element　65, 67, 77, 81
最大元　maximal element　65, 67, 77, 81
サイバネティクス　241
細胞内共生　83-85
サイモンズ，ピーター　Peter M. Simons　259
三角不等式　triangle inequality　141-144, 150-153, 155, 162
サン＝トメールのランベール　Lambert de Saint-Omer　26-27, 42
散布図　scatter diagram　11, 279-280
シェリング，フリードリッヒ・ヴィルヘルム・ヨーゼフ・フォン　Friedrich Wilhelm Joseph von Schelling　192
システム論　system theory　241, 258, 265, 267
『自然創造史』　40
自然哲学　Naturphilosophie　192-194, 197
『自然哲学読本』　192
自然の階梯　scala naturae　71
自然分類　natural classification　119, 121, 179, 208, 210
実在論　255-257, 267
姉妹群関係　Schwestergruppenverhältnis, sister-group relationship　225-226, 245
シャット，ヘルマン　Hermann Schadt　290
種　species　10, 15-17, 44, 78, 81-82, 175, 179, 184, 193, 195, 197-198, 202, 204, 208, 211-213, 215, 217-225, 228, 234, 236, 238-239, 241-244, 256-258, 265, 268-272, 277, 279, 297, 308
集合論　105, 169, 230, 242, 245, 248-250, 258-259, 261
充満の原理　principle of plenitude　71, 73
樹形性定理　Tree-Metric Theorem　150, 164
種個物説　species-as-individual thesis　258, 265
樹状下半束　tree lower semilattice　68-69, 81, 83
樹状半順序　tree partial order　68-69
樹状半順序集合　tree poset　68-69
樹状半束　tree semilattice　68-69, 82
樹状律　treeness　68-69, 81-82, 85-87
『種の起源』　37, 39, 78-79, 81-82, 193, 243
『種の大著』　78, 80-81
『主要な科学ならびに芸術の血縁分布論』　48
順序関係　order relation　57-61, 63, 67-68, 89-90, 166, 169, 175, 258-259
順序理論　order theory　63, 67, 69, 77, 85, 90, 242
上界　lower bound　63-65
上限　least upper bound　63-64
上半束　upper semilattice　64-65, 81
情報可視化　information visualization　7, 55, 207
植物体系学　systematic botany　94, 96, 99, 201
『植物、人間、生命』　277
白上謙一　169
親等樹　arbor consanguinitatis　29
シンプソン，ジョージ・G　George G. Simpson　167-169
真部分　proper part　261
心理的本質主義　psychological essentialism　116
『人類形成の前段階』　194
人類普遍　human universal　235, 237
推論　inference　94, 99, 177, 220, 222, 225, 230, 246-247, 250-251, 261-265, 276, 307, 311
『数学原理』　167
数理系統学　mathematical phylogenetics　166, 175

数量表形学　numerical phenetics　120-121, 136, 164-165, 230, 251, 311
数量分類学　numerical taxonomy　114, 117-122, 126-127, 129, 133, 135-137, 140, 283
『数量分類学の原理』　121
数理論理学　251, 260
杉浦康平　90
図形言語　3-5, 13, 90, 126, 128, 149, 166, 178, 215, 284, 287, 305
図像文化史　299
スター，スーザン・レイ　Susan Leigh Star　236
スタイナー樹　Steiner tree　175
『生物学の公理論的方法』　167
『生物の一般形態学』　39
生物分類学　37, 94, 116, 118-120, 135, 137, 167-169, 181, 197, 244, 256
生命の樹　the tree of life　20-21, 23-24, 31-32, 34, 36-37, 42, 77-78, 81-82
『生命の潮流』　50-52
漸次移行の原理　principle of gradation　74
全順序　total order　58-59, 61-63, 67, 69, 74, 77, 83, 85
全順序集合　totally ordered set　59, 61-63, 67, 74
全体的類似度　overall similarity　120-125, 127, 133, 136-137, 140, 164-165, 230
全単射　bijection　174-175
相加性　additivity　159, 162-165
相加的計量　additive metric　162, 164
操作的分類単位　⇒　OTU
『創世記』　21
ソーカル，ロバート　Robert R. Sokal　117, 121
束　lattice　64-67, 169, 217-218, 270
束論　lattice theory　90
祖先子孫関係　ancestor-descendent relationship　85, 127, 199
存在の連鎖　the chain of being　71, 73-74, 83, 89, 308
存在論　ontology　245, 256, 260, 267-269, 272-274, 293

た行

ダーウィン，チャールズ　Charles R. Darwin　37, 39-40, 78-83, 92, 96, 121, 175, 179, 193, 200, 215, 243, 256-257, 267
『ダーウィン的方法の勝利』　256
ダイアグラム　diagram　3-5, 7, 10-11, 13, 17, 19-20, 24, 34, 36, 42, 44, 49, 55-57, 63, 71, 77-78, 81-83, 86, 88-91, 100, 112, 126-128, 135-136, 140, 145-147, 150, 165-166, 170, 173, 175-176, 178-179, 184, 187-189, 200, 204, 207, 212-213, 215-216, 222, 227-228, 230-231, 240-241, 245-249, 258-261, 264, 269, 271, 274-277, 282, 284, 287-290, 293-298, 300-303, 305-306, 311, 315
ダイアグラム論　diagrammatics, Diagrammatik　4, 20, 90, 135, 166, 178, 212, 216, 231, 242, 249, 275, 277, 298-299, 305,
体系　system　11, 29, 39, 40, 42, 46, 49, 55, 89, 92-93, 99, 101, 110, 115, 117-121, 133, 135-137, 140, 165, 168, 179-181, 183-187, 191, 193-195, 199-200, 202-205, 208, 201-211, 215, 224, 227-228, 230, 233, 236-243, 245, 248, 250, 255-257, 259, 261, 262, 267, 272-274, 283, 287, 290, 296, 298, 301-302, 307-308
体系化　systematization　3, 5, 19, 28, 44, 46, 52, 82, 86, 88-89, 109-110, 115, 175, 183, 234-235, 247, 249, 260, 264-265, 267, 277, 284, 288, 292-293, 297, 301-302, 311
体系学　systematics　99, 137, 167, 178, 183, 194, 199, 215-216, 222, 227-228, 230, 234, 237, 249, 256, 267, 269, 274, 303
対称性　symmetry　15, 141
『臺灣植物圖譜・臺灣植物誌料』　208
ダグラス，マリー　Mary Douglas　250
タフティ，エドワード・R　Edward R. Tufte　90
多変量解析　15, 105, 117-118, 120, 311
『多様性を知りつくす』　241
ダランベール，ジャン・ル・ロン　Jean Le Rond d'Alembert　46, 49
タルスキ，アルフレト　Alfred Tarski　244-245, 255
単系統群　monophyletische Gruppe, monophyletic group　221-222, 224-226, 272-274
ダンサー，ベネディクトゥス・H　Benedictus H. Danser　271
探索的データ解析　exploratory data analysis　11, 283

『探索的データ解析』 Exploratory Data Analysis 282
単連結法 single linkage method 123, 125-126, 128-129, 131, 133-134
チェイン 19, 55-57, 67, 69-71, 73-74, 83, 85, 90, 172-173, 248, 287, 305
知識の樹 arbor scientiae 42-49, 55, 82-83, 247
チャーノフ，ヘルマン Herman Chernoff 13
チャーノフの顔 13-17, 19, 55
中心主体 central subject 273-274
超越論的観念論 transcendental idealism 192
超計量 ultrametric 159, 161-164
超計量性 ultrametricity 159, 161-164
頂点集合 vertex set 170-175
頂点表現 vertex representation 145-147, 149-150, 164
『鳥類の形態学と体系学の研究』 306
ツィンマーマン，ヴァルター Walter Zimmermann 201, 211-212, 218, 220, 222, 227-228, 241
ツリー 19, 55-57, 67, 69-70, 77, 83, 85, 89-90, 172, 248, 287
ディドロ，ドゥニ Denis Diderot 46, 48
データ解析 246, 275-276, 283, 294, 300-301
データ可視化 8, 13, 53, 110, 207, 275, 277, 282, 300
『デカメロン』 23
デカルト，ルネ Rene Descartes 46
テクスト 183, 287-289, 292-293, 295, 298, 302
『哲学原理』 46
テューキー，ジョン・W John W. Tukey 11, 282-283
デュマルセ，セザール César Chesneau Du Marsais 109-112
展開樹 spanning tree 175
天気記号 5-7
天台宗 210
デンドログラム dendrogram 126-136, 147, 149, 164-165, 230
『転喩論』 109
同値関係 equivalence relation 60-61, 248
同値類 equivalence class 60-61
動的分類学 dynamic taxonomy 207-209, 211-212, 311
統計学 4, 11, 13, 15, 117-118, 133, 137, 139, 169, 246-247, 276-277, 279, 282-283, 294-295, 299, 300-301, 305
統計グラフィクス 4, 11, 13, 90, 275, 283, 299
動物体系学 systematic zoology 94, 96
『動物分類学の基礎』 167-168
トール，パトリック Patrick Tort 109-112, 140, 261
ド・カンドル，オーギュスタン・ピラム Augustin Piramus de Candolle 99
特殊化混在 Spezialisationskreuzungen 211-212, 218
特殊類似度 special similarity 165, 230

な行

内枝 155
中村雄祐 294
二項関係 binary relation 57-59, 61, 63, 85, 248, 268-269
『西ゴート族のローマ法典』 28-29
ニューメラシー numeracy 295-296
『認識とパタン』 253
認知的人工物 cognitive artifact 295
ネットワーク 19, 49, 52, 55-57, 67, 69-70, 77, 83-86, 89-90, 207-215, 248, 264, 270-271, 287, 300, 305
ネフ，アドルフ Adolf Naef 191, 194-195, 197, 199-200, 249
『農村大全』 23

は行

ハーシェル，ジョン John F. W. Herschel 92
パース，チャールズ・サンダース Charles Sanders Peirce 264
バーリン，ブレント Brent Berlin 234-235
ハインロート，オスカー Oskar Heinroth 217, 227
『博物学読本』 192
箱ひげ図 box-and-whisker plot 11, 283
派生的 apomorphic 199, 212, 220-221, 224-226
パターン分岐学 pattern cladistics 245
ハッキング，イアン Ian Hacking 260
ハッセ図 Hasse diagram 59-63, 65-69, 81, 89

『花の書』 28
早田文蔵 207-208, 210-213, 215, 311
パラテクスト paratext 183, 288-290, 292-295, 298, 302
ハル，ディヴィッド David L. Hull 250, 265, 273
反射性 reflexivity 141, 144-145
反射律 reflexivity 58-59, 61, 63
半順序 partial order 58, 61, 63, 65, 67-68, 77, 248, 259, 260, 269
半順序集合 partially ordered set 61-65, 67-69, 74, 85
反対称律 antisymmetry 58, 60-61, 63
『範疇論』 42
『万人のための一般博物学』 192
判別分析 discriminant analysis 15
非階層性 85-86
比較解剖学 96
比較可能律 comparability 58, 61, 63, 74
被子植物 85, 179, 183, 187
被覆関係 covering relation 58-60, 63
非負性 nonnegativity 141
『百科全書』 46, 48-49
百科全書の樹 48-49
ヒューウェル，ウィリアム William Whewell 91-99, 101, 122
描画的散布図 pictorialized scatter diagram 277, 279-280, 282, 284
表形的 phenetic 120-121, 133, 136
表形的分類体系 135-136
品種環 Rassenkreis 270
ファラデー，マイケル Michael Faraday 92
ファリス，ジェイムズ・スティーヴ James S. Farris 165
ファリス変換 Farris transform 160-161, 163
フィオーレのヨアキム Gioacchino de Fiore 31-33
フィッシャー，ロナルド・A Ronald Aylmer Fisher 15
フォーク・タクソノミー folk taxonomy 234,235
フォーロング，ジェイムズ・G・R James G. R. Forlong 49, 51-52, 83
ブティリエ，ジャン Jean Boutillier 23
『部分』 259
部分―全体関係 244-245, 255, 258-261
普遍論争 255
フュルブリンガー，マックス Max Fürbringer 306-308, 311
プラトン Plato 42, 256
分岐学 cladistics 137, 165, 224, 245
分岐原理 principle of divergence 175
分岐図 cladogram 245
分子系統学 293
分類科学 classificatory sciences 93-94, 96, 98-100, 122
『分類学の言語』 167
分類思考 group-thinking 101, 105, 108-109, 112, 114, 122, 135, 139, 177, 233, 274
『分類思考の世界』 114
『分類する理性』 109
『分類ははたして役に立つのか』 250
『分類論』 193
ベーコン，フランシス Francis Bacon 46, 92
ヘッケル，エルンスト Ernst Haeckel 36-42, 77-78, 81, 83, 179, 194, 200, 202
ベッシー，チャールズ・エドウィン Charles Edwin Bessey 179-181, 183-189, 191
ベッシー・システム 179, 181, 184, 187-188, 191, 208
ヘニック，ヴィリ Willi Hennig 224-226, 236-242, 245, 261, 265, 271
ペルグレンシス，パウルス Paulus Pergulensis 42-43
ベルタン，ジャック Jacques Bertin 300-302
ペレック，ジョルジュ George Perec 183
辺集合 edge set 170-171
ベンゼクリ，ジャン＝ポール Jean-Paul Benzécri 283
ボウカー，ジェフリー・C Geoffrey C. Bowker 236
法樹 arbor iuris 29, 290
ボッカチオ，ジョバンニ Giovanni Boccaccio 23-25
ボネ，シャルル Charles Bonnet 71-74
ボルツォーニ，リナ Lina Bolzoni 290, 293, 297-298
ポルピュリオス Porphyrius 42
ポルピュリオスの樹 arbor porphyrii 42-

44, 89
ホワイトヘッド，アルフレッド・ノース Alfred North Whitehead 167

ま行

松岡正剛 90
松田隆美 183, 288-289
醜い家鴨の仔の定理 ugly duckling theorem 253-254
民族生物学 ethnobiology 234-235
民俗分類学 ⇒ フォーク・タクソノミー
無定義概念 244
メタファー metaphor 109-112, 114, 122, 135, 140, 170, 233, 260-264, 297
メトニミー metonymy 109-112, 114, 140, 170, 233, 259-260, 262-264, 297-298
メトログリフ metroglyph 7-8, 11-13, 19, 55, 277, 282, 284
メレオロジー mereology 242, 245, 255, 258-259, 261
メレシュコフスキ，コンスタンチン・S Constantin S. Mereschkowsky 83, 85
『ものを分ける』 236
モレッティ，フランコ Franco Morretti 82

や行

ヤーコブソン，ロマーン Roman Osipovich Jakobson 109-110
ヤコブの梯子 Jakob's Ladder 73
唯物論 materialism 191
唯名論 nominalism 253, 255-258, 267
ユークリッド距離 Euclidean distance 103, 122-124, 140, 145
ユクスキュル，ヤーコプ・フォン Jakob von Uexküll 114-115
夢枕獏 183
要素—集合関係 245, 255, 260-261
ヨーン，キャロル・キサク Carol Kaesuk Yoon 114-118, 136
四点条件 four-point condition 162

ら行

ライエル，チャールズ Charles Lyell 92
ラヴジョイ，アーサー・O Arthur O. Lovejoy 71, 73
ラッセル，バートランド Bertrand Russell 167
ラベリング写像 labelling map 170-175
ラム，ヘルマン・ヨハネス Herman Johanes Lam 200, 202-207, 212-215, 249, 264-265, 268-271,
『蘭印博物学雑誌』 200
離散数学 discrete mathematics 166-167, 170, 175, 233, 241, 245, 248-249, 299
隣接性 109-112, 140, 170, 233, 259
リマ，マニュエル Manuel Lima 20, 56, 77, 90, 110, 166, 195, 306
リンネ，カール・フォン Carl von Linné 37, 243, 256
類 class 99, 241, 243, 251, 253-258, 267
類型論 typology 197
類似度系列 Ähnlichkeitsreihe 217-218
ルルス，ライムンドゥス Raimundus Lullus 42, 44-46, 49, 82
レーター，ロルフ Rolf Löther 241-242, 245, 261, 265, 267-269
レシニェフスキ，スタニスワフ Stanisław Leśniewski 245, 255
連続の原理 principle of continuity 71, 73
ロート，クレティエン・フレデリック・ギローム Chrétien Frederic Guillaume Roth 46-48
ローレンツ，コンラート Konrad Lorenz 215-218, 220, 222, 224, 226-227
ロシア草稿 222
ロドリゲス，ラファエル・ルーカス Rafael Lucas Rodríguez 187-189
ロマン主義 192-193, 197
論証スキーム Argumentationsschema 224-226
論理数学 167, 242, 249-250, 259

わ行

渡辺慧 253

欧文

OTU 120-121, 123-125, 128-129, 131, 135
UPGMA ⇒ 群平均法
X樹 X-tree 166, 170,172-174, 177, 228, 230, 261

文献リスト

Abe, Jair M. and Nelson Papavero (1992) *Teoria intuitiva dos conjuntos*. Makron Books, São Paulo.

Agassiz, Louis (1859) [Edward Lurie 編 (1962)] *Essay on Classification*. Harvard University Press, Cambridge [Reprinted in 2004, Dover Publications, Mineola]

Alexander, Christopher (1965a) A city is not a tree [part I]. *Architectural Forum*, 122 (1), April 1965: 58-62. [押野見邦英訳 (1967)「都市はツリーではない」(上)『デザイン』, 1967年7月号 : 8-12.]

Alexander, Christopher (1965b) A city is not a tree [part II]. *Architectural Forum*, 122 (2), May 1965: 58-62. [押野見邦英訳 (1967)「都市はツリーではない」(下)『デザイン』, 1967年8月号 : 10-14.]

アレグザンダー, クリストファー (2013)『形の合成に関するノート／都市はツリーではない』稲葉武司・押野見邦英訳、鹿島出版会

網谷祐一 (2017)『理性の起源：賢すぎる、愚かすぎる、それが人間だ』河出書房新社

Anderson, Edgar (1928) The problem of species in the northern blue flags, *Iris versicolor* L. and *Iris virginica* L. *Annals of the Missouri Botanical Garden*, 15: 241-313.

Anderson, Edgar (1935) The irises of the Gaspé Peninsula. *Bulletin of the American Iris Society*, 59: 2-5.

Anderson, Edgar (1936) The species problem in *Iris*. *Annals of the Missouri Botanical Garden*, 23(3): 457-509 with 2 plates.

Anderson, Edgar (1952) *Plants, Man and Life*. Little, Brown and Company, Boston.

Anderson, Edgar (1956) Natural history, statistics, and applied mathematics. *American Journal of Botany*, 43: 882-889.

Anderson, Edgar (1957) A semigraphical method for the analysis of complex problems. *Proceedings of the National Academy of Sciences of the United States of America*, 43: 923-927.

aplpack: Another Plot PACKage: stem.leaf, bagplot, faces, spin3R, plotsummary, plothulls, and some slider functions. https://cran.r-project.org/web/packages/aplpack/index.html

新井和広 (2002)「旅する系図：南アラビア, ハドラマウト出身サイイドの事例より」、所収：歴史学研究会 (編)『系図が語る世界史』青木書店、pp. 213-240

Archibald, J. David (2014) *Aristotle's Ladder, Darwin's Tree: The Evolution of Visual Metaphors for Biological Order*. Columbia University Press, New York.

Atran, Scott (1990) *Cognitive Foundations of Natural History: Towards an Anthropology of Science*. Cambridge University Press, Cambridge.

Atran, Scott and Douglas Medin (2008) *The Native Mind and the Cultural Construction of Nature*. The MIT Press, Massachusetts.

ベーコン, フランシス (1974)『学問の進歩』服部英次郎・多田英次訳、岩波書店、[原書1605年]

Baum, David and Stacy Smith (2013) *Tree Thinking: An Introduction to Phylogenetic Biology*. Roberts and Company, Greenwood Village.

Barsanti, Giulio (1988) Le immagini della natura: scale, mappe, alberi 1700-1800. *Nuncius*, 3: 55-125.

Barsanti, Giulio (1992) *Scala, la mappa, l'albero: immaginie classificazioni della natura fra sei e ottocento*. Sansoni, Firenze.
Barthélemy, Jean-Pierre and Alain Guénoche (1991) *Trees and Proximity Representations*. John Wiley & Sons, Chichester.
Bauer, Matthias and Christoph Ernst (2010) *Diagrammatik: Einführung in ein kultur- und medienwissenschaftliches Forschungsfeld*. transcript Verlag, Bielefeld.
Benzécri, Jean-Paul (1976) *L'analyse des données, Tome I: La taxinomie, Deuxième édition*. Dunod, Paris.
Berlin, Brent (1992) *Ethnobiological Classification: Principles of Categorization of Plants and Animals in Traditional Societies*. Princeton University Press, Princeton.
Bertin, Jacques [William J. Berg 訳] (1983) *Semiology of Graphics*. The University of Wisconsin Press, Maddison. [Reprinted in 2011. Esri Press, Redlands]
Bessey, Charles E. (1894) Evolution and classification. *Proceedings of the American Association for the Advancement of Science*, 42: 237-251.
Bessey, Charles E. (1897) Phylogeny and taxonomy of the angiosperms. *Botanical Gazette*. 24(3): 145-178.
Bessey, Charles E. (1915) The phylogenetic taxonomy of flowering plants. *Annals of the Missouri Botanical Garden*, 2: 109-164.
Bohnacker, Hartmut, Benedikt Groß, Julia Laub and Claudius Lazzeroni (2012) *Generative Design: Visualize, Program, and Create with Processing*. Princeton Architectural Press, New York. [ハルムート・ボーナッカー，ベネディクト・グロース，ユリア・ラウブ著、クラウディウス・ラッツェローニ編 (2016)『Generative Design: Processingで切り拓く、デザインの新たな地平』深津貴之・国分宏樹監修、安藤幸央・杉本達應・澤村正樹訳、ビー・エヌ・エヌ新社]
Bolzoni, Lina (1995) *La stanza della memoria: Modelli letterari e iconografici nell'età della stampa*. Giulio Einaudi editore, Torino. [リナ・ボルツォーニ (2007)『記憶の部屋：印刷時代の文学的ー図像学的モデル』足達薫・伊藤博明訳、ありな書房]
Bolzoni, Lina (2002) *La rete delle immagini: Predicazione in volgare dalle origini a Bernardino da Siena*. Giulio Einaudi editore, Torino. [リナ・ボルツォーニ (2010)『イメージの網：起源からシエナの聖ベルナルディーノまでの俗語による説教』石井朗・伊藤博明・大歳剛史訳、ありな書房]
Bowker, Geoffrey C. and Susan Leigh Star (1999) *Sorting Things Out: Classification and Its Consequences*. The MIT Press, Massachusetts.
Bowler, Peter J. (1983) *The Eclipse of Darwinism: Anti-Darwinian Evolution Theories in the Decades Around 1900*. Johns Hopkins University Press, Baltimore.
Bowler, Peter J. (1996) *Life's Splendid Drama: Evolutionary Biology and the Reconstruction of Life's Ancestry 1860-1940*. The University of Chicago Press, Chicago.
Bredekamp, Horst (2005) *Darwins Korallen: Die frühen Evolutionsdiagramme und die Tradition der Naturgeschichte*. Verlag Klaus Wagenbach, Berlin [ホルスト・ブレーデカンプ (2010)『ダーウィンの珊瑚：進化論のダイアグラムと博物学』濱中春訳、法政大学出版局]
Breidbach, Olaf, Hans-Joachim Fliedner and Klaus Ries (eds.) (2001) *Lorenz Oken (1779-1851): Ein politischer Naturphilosoph*. Verlag Hermann Böhlaus Nachfolger, Weimar.
Buck, R. C. and D. L. Hull (1966) The logical structure of the Linnaean hierarchy. *Systematic Zoology*, 15: 97-111.
Buneman, Peter (1971) The recovery of trees from measures of dissimilarity. Pp. 387-

395 in: F. R. Hodson, D. G. Kendall and P. Tăutu (eds.) (1971) *Mathematics in the Archaeological and Historical Sciences*. Edinburgh University Press, Edinburgh.
Buneman, Peter (1974) A note on the metric properties of trees. *Journal of Combinatorial Theory, Series B*, 17: 48-50.
Cain, Arthur J. and G. A. Harrison (1960) Phyletic weighting. *Proceedings of the Zoological Society of London*, 135: 1-31.
Cain, Joe (2000) Woodger, positivism, and the evolutionary synthesis. *Biology and Philosophy*, 15: 535-551.
Carruthers, Peter (2002) The roots of scientific reasoning: infancy, modularity and the art of tracking. Pp. 73-95 in: Peter Carruthers, Stephen Stich, and Michael Siegal (eds.), *The Cognitive Basis of Science*. Cambridge University Press, Cambridge.
Checklist of Western Medieval, Byzantine, and Renaissance Manuscripts in the Princeton University Library and the Scheide Library 2015. Accessed on August 17, 2016, https://blogs.princeton.edu/manuscripts/checklist-of-western-medieval-byzantine-and-renaissance-manuscripts/
Chernoff, Herman (1973) The use of faces to represent points in *K*-dimensional space graphically. *Journal of the American Statistical Association*, 68: 361-368.
Church, Russell M. (1979) How to look at data: A review of John W. Tukey's *Exploratory Data Analysis*. *Journal of the Experimental Analysis of Behavior*, 31 (3): 433-440.
Climacus, John (1081) *Heavenly Ladder. Byzantine Empire*. Princeton University Library, Garrett MS. 16: Fol. 194r. Accessed on August 17, 2016, https://ica.princeton.edu/images/princeton/ga16.194r.jpg
Craw, Robin C. (1992) Margins of cladistics: Identity, difference and place in the emergence of phylogenetic systematics 1864-1975. Pp. 65-107 in: Paul Griffiths (ed.), *Trees of Life: Essays in Philosophy of Biology*. Kluwer, Dordrecht.
Cuerrier, Alain, Denis Barabé and Luc Brouillet (1992) Bessey and Engler: A numerical analysis of their classification of the flowering plants. *Taxon*, 41 (4): 667-684.
Danser, Benedictus H. (1929) Über die Niederländisch-Indischen Stachytarpheta-Arten und ihre Bastarde, nebst Betrachtungen über die Begrenzung der Arten im Allgemeinen. *Annales du Jardin Botanique de Buitenzorg*, 40: 1-43.
Darwin, Charles R. (1859) *On the Origin of Species by Means of Natural Selection, or, the Preservation of Favoured Races in the Struggle for Life*. John Murray, London. [ダーウィン，チャールズ (2009)『種の起源』(上・下)、渡辺政隆訳、光文社]
Davey, B. A. and H. A. Priestley (2002) *Introduction to Lattices and Order, Second Edition*. Cambridge University Press, Cambridge.
de Candolle, Augustin Pyramus (1813) *Théorie élémentaire de la botanique*. Déterville, Paris. URL: http://dx.doi.org/10.5962/bhl.title.39705
Decock, Lieven and Igor Douven (2011) Similarity after Goodman. *Review of Philosophy and Psychology*, 2 (1): 61-75.
de Queiroz, Kevin (1988) Systematics and the Darwinian revolution. *Philosophy of Science*, 55: 238-259.
デカルト，ルネ (1964)『哲学原理』桂寿一訳、岩波書店、[原書1644年]
Deza, Michel Marie and Elena Deza (2013) *Encyclopedia of Distances, Second Edition*. Springer-Verlag, Berlin.
ディドロ，ドゥニ、ジャン・ル・ロン・ダランベール編 (1971)『百科全書：序論および代表項目』桑原武夫訳編、岩波文庫、[原書1751-1780年]
Donoghue, Michael J. and Joachim W. Kadereit (1992) Walter Zimmermann and the

growth of phylogenetic theory. *Systematic Biology*, 41(1): 74-85.

Douglas, Mary and David Hull (eds.) (1992) *How Classification Works: Nelson Goodman among the Social Sciences*. Edinburgh University Press, Edinburgh.

Douglas, Mary and David Hull (1992) Introduction. Pp. 1-12 in: Mary Douglas and David Hull (eds.) (1992) *How Classification Works: Nelson Goodman among the Social Sciences*. Edinburgh University Press, Edinburgh.

Dress, Andreas, Katharina T. Huber, Jakobus Koolen, Vincent Moulton and Andreas Spillner (2012) *Basic Phylogenetic Combinatorics*. Cambridge University Press, Cambridge.

Edwards, Anthony W. F. (2004) *Cogwheels of the Mind: The Story of Venn Diagrams*. The Johns Hopkins University Press, Baltimore.

Eisendrath, Erna R. (1972) The publications of Edgar Anderson. *Annals of the Missouri Botanical Garden*, 59(3): 346-361.

Epstein, Seymore (1994) Integration of the cognitive and the psychodynamic unconscious. *American Psychologist*, 49(8): 709-724.

Erickson, Sally (1989) The publications of Edgar Anderson: Additions. *Annals of the Missouri Botanical Garden*, 76(3): 942

Estabrook, George F. (1972a) Cladistic methodology: A discussion of the theoretical basis for the induction of evolutionary history. *Annual Review of Ecology and Systematics*, 3: 427-456.

Estabrook, George F. (1972b) Theoretical methods in evolutionary studies. Pp. 23-86 in: Rosen, R. R. and Snell, F. M. (eds.), *Progress in Theoretical Biology, Volume 2*. Academic Press, New York.

Estabrook, George F., C. S. Johnson and F. R. McMorris (1975) An idealized concept of the true cladistic character. *Mathematical Biosciences*, 23: 263-272.

Estabrook, George F., C. S. Johnson and F. R. McMorris (1976a) A methematical foundation for the analysis of cladistic character compatibility. *Mathematical Biosciences*, 29: 181-187.

Estabrook, George F., C. S. Johnson and F. R. McMorris (1976b) An algebraic analysis of cladistic characters. *Discrete Mathematics*, 16: 141-147.

Farris, James S. (1969) On the cophenetic correlation coefficient. *Systematic Zoology*, 18: 279-285.

Farris, James S. (1970) Methods for computing Wagner trees. *Systematic Zoology*, 19: 83-92.

Farris, James S. (1977) On the phenetic approach to vertebrate classification. Pp. 823-850 in: M. K. Hecht, P. C. Goody and B. M. Hecht (eds.), *Major Patterns in Vertebrate Evolution*. Plenum Press, New York.

Farris, James S. (1979) The information content of the phylogenetic system. *Systematic Zoology*, 28: 483-519.

Farris, James S., Arnold G. Kluge and M. J. Eckardt (1970) A numerical approach to phylogenetic systematics. *Systematic Zoology*, 19: 172-189.

Felsenstein, Joseph (2004) *Inferring Phylogenies*. Sinauer Associates, Sunderland.

Fisher, Ronald A. (1936) The use of multiple measurements in taxonomic problems. *Annals of Eugenics*, 7(2): 179-188.

Fitzhugh, Kirk (2006) The abduction of phylogenetic hypotheses. *Zootaxa*, 1145: 1-110.

Forlong, James G. R. (1883) *Rivers of Life, or Sources and Streams of the Faiths of Man in All Lands; Showing the Evolution of Faiths from the Rudest Symbolisms to the Latest*

Spiritual Developments. Two volumes. Bernard Quaritch, London.

Funkhouser, H. G.（1937）Historical development of the graphical representation of statistical data. *Osiris*, 3: 269-404.

Fürbringer, Max（1888a）*Untersuchungen zur Morphologie und Systematik der Vögel, zugleich ein Beitrag zur Anatomie der Stütz- und Bewegungsorgane. I. Specieller Theil: Brust, Schulter und proximale Flügelregion der Vögel.* Verlag von T. J. van Holkema, Amsterdam /Verlag von Gustav Fischer, Jena.

Fürbringer, Max（1888b）*Untersuchungen zur Morphologie und Systematik der Vögel, zugleich ein Beitrag zur Anatomie der Stütz- und Bewegungsorgane. II. Allgemeiner Theil: Resultate und Reflexion auf morphologischer Gebiete ; Systematische Ergebnisse und Folgerungen.* Verlag von T. J. van Holkema, Amsterdam /Verlag von Gustav Fischer, Jena.

Gelman, Susan A.（2003）*The Essential Child: Origins of Essentialism in Everyday Thought.* Oxford University Press, New York.

Ghiselin, Michael T.（1969）*The Triumph of the Darwinian Method.* University of California Press, Berkeley.

Ghiselin, Michael T.（1971）The individual in the Darwinian revolution. *New Literary History*, 3: 113-134.

Ghiselin, Michael T.（1974）A radical solution to the species problem. *Systematic Zoology*, 23: 536-544.

Ghiselin, Michael T.（1981）Categories, life, and thinking. *The Behavioral and Brain Sciences*, 4: 269-313.

Ghiselin, Michael T.（1997）*Metaphysics and the Origin of Species.* State University of New York, New York.

Ginzburg, Carlo.（1979）Spie. Radici di un paradigma indiziario. Pp. 59-106 in: Aldo G. Gargani（ed.）, *Crisi della ragione: Nuovi modelli nel rapporto tra sapere e attività umane.* Giulio Einaudi editore, Torino. [Reprint: Carlo Ginzburg（1986）*Miti, emblemi, spie: morphologia e storia.* Giulio Einaudi editore, Torino［カルロ・ギンズブルグ（1988）『神話・寓意・徴候』竹山博英訳、せりか書房］]

Goldstone, Robert（1999）Similarity. Pp. 763-765 in: Robert A. Wilson and Frank C. Keil（eds.）, *The MIT Encyclopedia of the Cognitive Sciences.* The MIT Press, Cambridge.

Gontier, Nathalie（2011）Depicting the tree of life: The philosophical and historical roots of evolutionary tree diagrams. *Evolution, Education and Outreach*, 4（3）: 515-538.

Goodman, Nelson（1972）Seven strictures on similarity. Pp. 437-447 in: Nelson Goodman（1972）*Problems and Projects.* Bobbs-Merrill, Indianapolis[Reprinted: Mary Douglas and David L. Hull（eds.）(1992）*How Classification Works: Nelson Goodman among the Social Sciences.* Edinburgh University Press, Edinburgh, pp. 13-23]

Greg, Walter W.（1927）*The Calculus of Variants: An Essay on Textual Criticism.* Clarendon Press, Oxford.

Gregg, John R.（1954）*The Language of Taxonomy : An Application of Symbolic Logic to the Study of Classificatory Systems.* Columbia University Press, New York.

Griffiths, Graham C. D.（1974）On the foundations of biological systematics. *Acta Biotheoretica*, 23: 85-131.

Hacking, Ian（1992）World-making by kind-making: Child abuse for example. Pp. 180-238 in: Mary Douglas and David Hull（eds.）(1992）*How Classification Works: Nel-*

son Goodman among the Social Sciences. Edinburgh University Press, Edinburgh.

Haeckel, Ernst (1866) *Generelle Morphologie der Organismen*. Georg Reimar, Berlin.

Haeckel, Ernst (1868) *Natürliche Schöpfungsgeschichte*. Georg Reimar, Berlin.

Hagen, Joel B. (2001) The introduction of computers into systematic research in the United States during the 1960s. *Studies in the History and Philosophy of Biological and Biomedical Sciences*, 32(2): 291-314.

Hagen, Joel B. (2003) The statistical frame of mind in systematic biology from *Quantitative Zoology* to *Biometry*. *Journal of the History of Biology*, 36: 353-384.

林知己夫（1981）「統計学の新しい兆し：データ解析志向としての」『統計数理研究所彙報』29(1): 53-62.［林知己夫著作集編集委員会編（2004）『林知己夫著作集 1 －科学を考える：科学基礎論』勉誠出版、pp. 264-277］

林知己夫（1989）「データ解析の考え方」『科学基礎論研究』72: 81-88.［林知己夫著作集編集委員会編（2004）『林知己夫著作集 4 －現象をさぐる：データの科学』勉誠出版、pp. 232-245］

Hayata, Bunzô (1921a) An interpretation of Goethe's Blatt in his "Metamophose der Pflanzen", as an explanation of the principle of natural classification. 所収：臺灣總督府民政部殖産局（編）（1921）『臺灣植物圖譜・臺灣植物誌料・第拾巻』pp. 75-95.

Hayata, Bunzô (1921b) The natural classification of plants according to the dynamic system. 所収：臺灣總督府民政部殖産局（編）（1921）『臺灣植物圖譜・臺灣植物誌料・第拾巻』pp. 97-234.

Hayata, Bunzô (1931) Über das "dynamische System" der Pflanzen. *Berichte der Deutschen Botanischen Gesellschaft*, 49: 328-348.

早田文藏（1932）「永遠の生命とは如何なるものか」『植物及動物』1 (12): 1743-1750.

早田文藏（1933）「分類學の體系を論ず」『植物及動物』2 (1): 79-88.

Heinroth, Oskar (1911) Beiträge zur Biologie, namentlich Ethologie und Psychologie der Anatiden. Pp. 589-702 in: Herman Schalow (ed.), *Verhandlungen des V. Internationalen Ornithologen-Kongresses in Berlin 30. Mai bis 4. Juni 1910*. Deutsche Ornithologische Gesellschaft, Berlin. [Reprinted in 1990 by Verein für Ökologie und Umweltforschung, Wien]

Hennig, Willi (1950) *Grundzüge einer Theorie der phylogenetischen Systematik*. Deutscher Zentralverlag, Berlin.

Hennig, Willi (1957) Systematik und Phylogenese. Pp. 50-71 in: H. J. Hannemann (ed.), *Bericht über die Hundertjahrfeier der Deutschen Entomologischen Gesellschaft Berlin, 30. September bis 5. Oktober 1956*. Akademie-Verlag, Berlin.

Hennig, Willi (1958) Die Familien der Diptera Schizophora und ihre phylogenetischen Verwandtschaftbeziehungen. *Beiträge zur Entomologie*, 8(5/6): 505-688.

Hennig, Willi (1974) Kritische Bemerkungen zur Frage "Cladistic analysis or cladistic classification?" *Zeitschrift für zoologische Systematik und Evolutionsforschung*, 12: 279-294.

Hennig, Willi (1982) *Phylogenetische Systematik*. Verlag Paul Parey, Berlin.

Hennig, Willi (1984) *Aufgaben und Probleme der stammesgeschichtliher Forschung*. Verlag Paul Parey, Berlin.

Hoenigswald, Henry M. (1973) *Studies in Formal Historical Linguistics*. D. Reidel, Dordrecht.

Hoenigswald, Henry M. and Linda F. Wiener (eds.) (1987) *Biological Metaphor and Cladistic Classification: An Interdisciplinary Perspective*. University Pennsylvania Press,

Philadelphia.
Hull, David L. (1975) Central subjects and historical narratives. *History and Theory*, 14: 253-274.
Hull, David L. (1976) Are species really individuals? *Systematic Zoology*, 25: 174-191.
Hull, David L. (1979) The limits of cladism. *Systematic Zoology*, 28: 414-438.
Hull, David L. (1988) *Science as a Process: An Evolutionary Account of the Social and Conceptual Development of Science*. University of Chicago Press, Chicago.
Hull, David L. (1992) Biological species: an inductivist's nightmare. Pp. 42-68 in: Mary Douglas and David Hull (eds.) (1992) *How Classification Works: Nelson Goodman among the Social Sciences*. Edinburgh University Press, Edinburgh.
Huson, Daniel H., Regula Rupp, and Celine Scornavacca (2010) *Phylogenetic Networks: Concepts, Algorithms and Applications*. Cambridge University Press, Cambridge.
Ingold, Tim (2007) *Lines: A Brief History*. Routledge, London. [ティム・インゴルド (2014)『ラインズ：線の文化史』工藤晋訳、左右社]
伊藤俊治 (2005)『唐草抄：装飾文様生命誌』牛若丸／星雲社
出原栄一・吉田武夫・渥美浩章 (1986)『図の体系：図的思考とその表現』日科技連
Jacobs, Marius (1984) *Herman Johanes Lam (1892-1977): The Life and Work of a Dutch Botanist*. Rodopi, Amsterdam.
Jardine, Nicholas and Robin Sibson (1971) *Mathematical Taxonomy*. John Wiley & Sons, London.
Josephson, John R. and Susan G. Josephson (eds.) (1994) *Abductive Inference: Computation, Philosophy, Technology*. Cambridge University Press, Cambridge.
気象庁「国際式の天気記号と記入方式」http://www.jma.go.jp/jma/kishou/know/kurashi/symbols.html
Klapisch-Zuber, Christiane (2000) *L'ombre des ancêtres : essai sur l'imaginaire médiéval de la parenté*. Librairie Arthème Fayard, Paris.
Klapisch-Zuber, Christiane (2003) *L'arbre des familles*. Editions de la Martinièr, Paris.
Kleiner, B. and J. A. Hartigan (1981) Representing points in many dimensions by trees and castles. *Journal of the American Statistical Association*, 76: 260-269.
Kleinman, Kim (2002) How graphical innovations assisted Edgar Anderson's discoveries in evolutionary biology. *Chance*, 15(3): 17-21.
Kornet, Dina Johanna (1993) *Reconstructing Species: Demarcations in Genealogical Networks*. Instituut voor Theoretische Biologie, Universiteit Leiden, Leiden.
Kuntz, Marion L. and Paul G. Kuntz (eds.) (1987) *Jacob's Ladder and the Tree of Life: Concepts of Hierarchy and the Great Chain of Being*. Peter Lang, New York.
Lakoff, George (1987) *Women, Fire, and Dangerous Things: What Categories Reveal about the Mind*. The University of Chicago Press, Chicago. [ジョージ・レイコフ (1993)『認知意味論：言語から見た人間の心』池上嘉彦・川上誓作・辻幸夫・西村義樹・坪井栄治郎・梅原大輔・大森文子・岡田禎之訳、紀伊國屋書店]
Lam, Herman J. (1927-29) Fragmenta Papuana. *Natuurkundig Tijdschrift voor Nederlandsch-Indië*, 87 (1927): 110-180；88 (1928): 187-227, 252-324；89 (1929): 67-140, 291-388.
Lam, Herman J. (1936) Phylogenetic symbols, past and present (Being an apology for genealogical trees). *Acta Biotheoretica, Series A*, 2(3): 153-194.
Leonard, Henry S. and Nelson Goodman (1940) The calculus of individuals and its uses. *The Journal of Symbolic Logic*, 5(2): 45-55.
Lerman, I. C. (1970) *Les bases de la classification automatique*. Gauthier-Villars, Paris.

Lima, Manuel（2011）*Visual Complexity: Mapping Patterns of Information*. Princeton Architectural Press, New York.［マニュエル・リマ（2012）『ビジュアル・コンプレキシティ：情報パターンのマッピング』久保田晃弘監修／奥いずみ訳、ビー・エヌ・エヌ新社］

Lima, Manuel（2014）*The Book of Trees: Visualizing Branches of Knowledge*. Princeton Architectural Press, New York.［マニュエル・リマ（2015）『The Book of Trees ―系統樹大全：知の世界を可視化するインフォグラフィックス』三中信宏訳、ビー・エヌ・エヌ新社］

Lima, Manuel（2017）(in press). *The Book of Circles: Visualizing Spheres of Knowledge*. Princeton Architectural Press, New York.

Lipton, Peter（2004）*Inference to the Best Explanation, Second Edition*. Routledge, London.

López Grüninger, Paloma（2011）*Diseño y evaluación de diagramas cualitativos y su aplicación al análisis de visualizaciones de la classificación biológica*. Tesis doctoral, Facultad de Bellas Artes, Universidad de Grenada.

Lorenz, Konrad（1941）Vergleichende Bewegungsstudien an Anatinen. *Journal für Ornithologie*, 89（Ergänzungsband 3: Festschrift Oskar Heinroth）: 194-293.［Reprinted: Konrad. Lorenz（1965）*Über tierisches und menschliches Verhalten: Aus dem Werdegang der Verhaltenslehre. Gesammelte Abhandlungen, Band II*. R. Piper & Co. Verlag, München, pp. 13-113.［ローレンツ・コンラート（1980）『動物行動学（第II-上巻）』丘直通・日高敏隆訳、思索社、pp. 9-138］

Lorenz, Konrad（1951-53）Comparative studies on the behaviour of the Anatinae. *Avicultural Magazine*, 57: 157-182（1951）, 58: 8-17, 61-72, 86-94, 172-184（1952）, 59: 24-34, 80-91（1953）

Lorenz, Konrad［Edited by Agnes von Cranach/Translated by Robert D. Martin］（1996）*The Natural Science of the Human Species: An Introduction to Comparative Behavioral Research ―The "Russian Manuscript"（1944-1948）*. The MIT Press, Massachusetts.

Löther, Rolf（1972）*Die Beherrschung der Mannigfaltigkeit: Philosophische Grundlagen der Taxonomie*. VEB Gustav Fischer Verlag, Jena.［Eigenbrod, Renate. and Graham C. D. Griffiths（1973）Die Beherrschung der Mannigfaltigkeit -Translation of author's summary. *Systematic Zoology*, 23: 291-296］

Lovejoy, Arthur O.（1936）*The Great Chain of Being: A Study of the History of an Idea*. Harvard University Press, Cambridge.［アーサー・O・ラヴジョイ（1975）『存在の大いなる連鎖』内藤健二訳、晶文社］

Lullus, Raimundus（1295）*Arbor scientiae*.

Lurie, Edward（1960）*Louis Agassiz: A Life in Science*. The University of Chicago Press, Chicago.

Magné, Bernard（ed.）（1985）*Cahiers Georges Perec 1: Colloque de Cerisy（Juillet 1984）*. P. O. L., Paris.

Mardia, Kanti V.（2015）Cover image. In: Ian L. Dryden and John T. Kent（eds.）（2015）*Geometry Driven Statistics*. Wiley, Hoboken.

松田隆美（2010）『ヴィジュアル・リーディング：西洋中世におけるテクストとパラテクスト』ありな書房

Medin, Douglas and Scott Atran（eds.）（1999）*Folkbiology*. The MIT Press, Massachusetts.

Mereschkowsky, Constantin Sergejewicz（1910）Theorie der zwei Plasmaarten als Grundlage der Symbiogenese, einer neuen Lehre von der Entstehung der Organismen. *Biologisches Centralblatt*, 30: 278-288, 289-303, 321-347, 353-367.

三中信宏（1993）「組合せ論的視点から見た系統推定：最節約法と離散数学の接点」『千葉県立中央博物館自然誌研究報告』2 ：83-98.
三中信宏（1997）『生物系統学』東京大学出版会
三中信宏（1999）「ダーウィンとナチュラル・ヒストリー」、所収：長谷川眞理子・三中信宏・矢原徹一著、『現代によみがえるダーウィン』文一総合出版、pp. 153-212.
三中信宏（2005）「Ernst Mayr と Willi Hennig：生物体系学論争をふたたび鳥瞰する」『タクサ』（日本動物分類学会和文誌）、(19): 95-101.
三中信宏（2006）『系統樹思考の世界：すべてはツリーとともに』講談社
三中信宏（2009a）『分類思考の世界：なぜヒトは万物を「種」に分けるのか』講談社
三中信宏（2009b）「「種」とは何か：いまなお解けない謎の由来」『Newton 別冊ムック〈ダーウィン進化論〉』、pp. 138-141.
三中信宏（2010a）『進化思考の世界：ヒトは森羅万象をどう体系化するか』日本放送出版協会
三中信宏（2010b）「生物多様性と「種」問題：分類する者と分類される物のはざまで」『ビオストーリー』（生き物文化誌学会）、13: 21-27.
三中信宏（2013）「南方曼陀羅：世界を体系化するある思惟の図像的背景」『科学』岩波書店、2013年 8 月号、pp. 906-909.
三中信宏（2015a）［訳者解説］「知識の大いなる樹－千年の時を超えて」所収：マニュエル・リマ『The Book of Trees－系統樹大全：知の世界を可視化するインフォグラフィクス』三中信宏訳、ビー・エヌ・エヌ新社、pp. 202-207.
三中信宏（2015b）『みなか先生といっしょに統計学の王国を歩いてみよう：情報の海と推論の山を越える翼をアナタに！』羊土社
Minaka, Nobuhiro (2016) Chain, tree, and network: The development of phylogenetic systematics in the context of genealogical visualization and information graphics. Pp. 410-430 in: David M. Williams, Michael Schmitt, and Quentin D. Wheeler (eds.), *The Future of Phylogenetic Systematics: The Legacy of Willi Hennig*. Cambridge University Press, Cambridge.
三中信宏（2018）『統計思考の世界：曼荼羅で読み解くデータ解析の基礎』技術評論社
三中信宏（文）・杉山久仁彦（図版）（2012）『系統樹曼荼羅：チェイン・ツリー・ネットワーク』NTT 出版
三中信宏（監修）・杉山久仁彦（著）（2014）『生命の樹から系統樹へ／系統樹の森を逍遥して想うこと』神戸芸術工科大学〈系統樹の森：芸術工学とインフォグラフィックス〉大阪展・公開講座図録
三中信宏・鈴木邦雄（2002）「生物体系学におけるポパー哲学の比較受容」所収：日本ポパー哲学研究会（編）『批判的合理主義・第 2 巻：応用的諸問題』未來社、pp. 71-124.
Moretti, Franco (2005) *Graphs, Maps, Trees: Abstract Models for a Literary History*. Verso, London.
森本一夫（2002）「ターリブ家系譜学の専門用語と記号：用語集史料の記述から」所収：歴史学研究会（編）（2002）『系図が語る世界史』青木書店、pp. 273-302.
Morrison, David A. (2011) *Introduction to Phylogenetic Networks*. RJR Productions, Uppsala.
Naef, Adolf (1919) *Idealistische Morphologie und Phylogenetik* (*Zur Methodik der systematischen Morphologie*). Verlag von Gustav Fischer, Jena.
Naef, Adolf (1933) *Die Vorstufen der Menschwerdung: Eine anschauliche Darstellung der menschlichen Stammesgeschichte und eine kritische Betrachtung ihrer allgemeinen Voraussetzungen*. Verlag von Gustav Fischer, Jena.

永原康史（2016）『インフォグラフィックスの潮流：情報と図解の近代史』誠文堂新光社

中村雄祐（2009）『生きるための読み書き：発展途上国のリテラシー問題』みすず書房

中尾央・三中信宏（編著）（2012）『文化系統学への招待：文化の進化パターンを探る』勁草書房

Nelson, Gareth (1976) Classification. Unpublished manuscript.

Nelson, Gareth (1979) Cladistic analysis and synthesis: Principles and definitions, with a historical note on Adanson's *Familles des plantes* (1763-1764). *Systematic Zoology*, 28: 1-21.

Nelson, Gareth (2004) Cladistics: Its arrested development. Pp. 127-147 in: David M. Williams and Peter L. Forey (eds.), *Milestones in Systematics*. CRC Press, Boca Raton.

Nelson, Gareth and Norman Platnick (1981) *Systematics and Biogeography: Cladistics and Vicariance*. Columbia University Press, New York.

Neurath, Otto [Edited by Matthew Eve and Christopher Burke] (2010) *From Hieroglyphics to Isotype: A Visual Autobiography*. Hyphen Press, London.

Nicholson, Daniel J. and Richard Gawne (2014) Rethinking Woodger's legacy in the philosophy of biology. *Journal of the History of Biology*, 47: 243-292.

野内良三（1998）『レトリック辞典』国書刊行会

Ogilvie, Brian W. (2006) *The Science of Describing : Natural History in Renaissance Europe*. The University of Chicago Press, Chicago.

O'Hara, Robert J. (1988) Homage to Clio, or, toward an historical philosophy for evolutionary biology. *Systematic Zoology*, 37: 142-155.

O'Hara, Robert J. (1991) Representations of the natural system in the nineteenth century. *Biology and Philosophy*, 6: 255-274.

O'Hara, Robert J. (1992) Telling the tree: Narrative representation and the study of evolutionary history. *Biology and Philosophy*, 7: 135-160.

O'Hara, Robert J. (1993) Systematic generalization, historical fate, and the species problem. *Systematic Biology*, 42: 231-246.

O'Hara, Robert J. (1996a) Trees of history in systematics and philology. *Memorie della Societa Italiana di Scienze Naturali e del Museo Civico di Storia Naturale di Milano*, 27 (1): 81-88.

O'Hara, Robert J. (1996b) Mapping the space of time: Temporal representation in the historical sciences. *Memoirs of the California Academy of Sciences*, 20: 7-17.

O'Hara, Robert J. (1997) Population thinking and tree thinking in systematics. *Zoologica Scripta*, 26: 323-329.

Ohashi, Hiroyoshi (2009) Bunzo Hayata and his contributions to the flora of Taiwan. *Taiwania*, 54(1): 1-27.

Papavero, Nelson, Jorge Llorente Bousquets, and Jair M. Abe (1997) *Fundamentos de biología comparada (a través de la Teoria Intuitiva de Conjuntos) Volumen I: De Platón a Haeckel*. Universidad Nacional Autónoma de México, Ciudad Universitaria.

Papavero, Nelson and Jorge Llorente Bousquets (eds.) (2008) *Principia Taxonomica: Una Introducción a los Fundamentos Lógicos, Filosóficos y Metodológicos de las Escuelas de Taxonomía Biológica (Volumen I - IX)* Universidad Nacional Autónoma de México, Ciudad Universitaria.

パトリディーズ, C. A.、G. ボアズ、L. フォルミガリ（1987）『存在の連鎖』村岡晋一・村上陽一郎・高山宏訳、平凡社

Penny, David., P. J. Lockhart, M. A. Steel and M. D. Hendy (1994) The role of models in reconstructing evolutionary trees. Pp. 211-230 in: Robert W. Scotland, D. J. Siebert and David M. Williams (eds.), *Models in Phylogeny Reconstruction*. Oxford University Press, Oxford.

Pergulensis, Paulus (1486) *Compendium Perclarum*. Venice.

Pietsch, Theodore W. (2012) *Trees of Life: A Visual History of Evolution*. The Johns Hopkins University Press, Baltimore.

Platnick, Norman I. (1977) Cladograms, phylogenetic trees, and hypothesis testing. *Systematic Zoology*, 26: 438-442.

Platnick, Norman I. (1979) Philosophy and the transformation of cladistics. *Systematic Zoology*, 28: 537-546.

Ragan, Mark A. (2009) Trees and networks before and after Darwin. *Biology Direct*, 4: 43. https://doi.org/10.1186/1745-6150-4-43

Rainini, Marco (2006) *Disegni dei tempi: "Liber Figurarum"e la teologia figurativa di Gioacchino da Fiore*. Viella, Roma.

R-bloggers 2015. Facing your data. https://www.r-bloggers.com/facing-your-data/ Accessed on 14 August 2016.

Rehbock, Philip F. (1983) *The Philosophical Naturalists: Themes in Early Nineteenth-Century British Biology*. The University of Wisconsin Press, Madison.

Remane, Adolf (1956) *Die Grundlagen des natürlichen Systems, der vergleichenden Anatomie und der Phylogenetik: Theoretische Morphologie und Systematik I*. Geest & Portig K.-G., Leipzig.

Rensch, Bernhard (1959) *Evolution above the Species Level*. Columbia University Press, New York.

Richards, Robert J. (2002) *The Romantic Conception of Life : Science and Philosophy in the Age of Goethe*. The University of Chicago Press, Chicago.

Rieppel, Olivier (2012) Adolf Naef (1883-1949), systematic morphology and phylogenetics. *Journal of Zoological Systematics and Evolutionary Research*, 50: 2-13.

Rieppel, Olivier (2013) Styles of scientific reasoning: Adolf Remane (1898-1976) and the German evolutionary synthesis. *Journal of Zoological Systematics and Evolutionary Research*, 51: 1-12.

Rieppel, Olivier (2016) *Phylogenetic Systematics: Haeckel to Hennig*. CRC Press, Boca Raton.

Rieppel, Olivier, David M. Williams and Malte C. Ebach (2013) Adolf Naef (1883-1949): On foundational concepts and principles of systematic morphology. *Journal of the History of Biology*, 46: 445-510.

Rodríguez, Rafael L. (1950) A graphic representation of Bessey's taxonomic system. *Madroño*, 10: 214-218.

Rosenberg, Daniel and Anthony Grafton (2010) *Cartographies of Time: A History of Timeline*. Princeton Architectural Press, New York.

Rossi, Paolo (1960) *Clavis universalis: Arti mnemoniche e logica combinatoria da Lullo a Leibniz*. Riccardo Ricardi, Milano.[パオロ・ロッシ (2012)『普遍の鍵〈新装版〉』清瀬卓訳、国書刊行会]

佐藤直樹 (2016)「色素体細胞内共生説の源流：メレシコフスキー論文の紹介と再評価」『光合成研究』26(2): 106-117.

佐藤信夫 (1992)『レトリック感覚』講談社

佐藤信夫・佐々木健一・松尾大 (2006)『レトリック事典』大修館書店

Schadt, Hermann (1982) *Die Darstellungen der Arbores Consanguinitatis und der Arbores Affinitates : Bildschemata in juristischen Handschriften*. Verlag Ernst Wasmuth, Tübingen.

Schmitt, Michael (2013) *From Taxonomy to Phylogenetics: Life and Work of Willi Hennig*. Brill, Leiden.

Schmidt-Burkhardt, Astrit (2012) *Die Kunst der Diagrammatik: Perspektiven eines neuen bildwissenschaftlichen Paradigmas*. transcript Verlag, Bielefeld.

Schwartz, Randy (2012) A tall figure in biomathematics. *The Right Angle*, 19(8): 8-12.

Semple, Charles and Mike Steel (2003) *Phylogenetics*. Oxford University Press, Oxford.

白上謙一 (1956a)「生物学と記号論理学：J. H. ウッジャーへの招待，Ⅰ」『生物科学』8 : 34-41.

白上謙一 (1956b)「生物学と記号論理学：J. H. ウッジャーへの招待，Ⅱ」『生物科学』8 : 64-67.

Simons, Peter (1987) *Parts: A Study in Ontology*. Oxford University Press, Oxford.

Simpson, George G. (1961) *Principles of Animal Taxonomy*. Columbia University Press, New York. [G・G・シンプソン (1974)『動物分類学の基礎』白上謙一訳、岩波書店]

Slovic, Scott and Paul Slovic (2015) Introduction —The psychophysics of brightness and the value of a life. Pp. 1-22 in: Scott Slovic and Paul Slovic (eds.), *Numbers and Nerves: Information, Emotion, and Meaning in a World of Data*. Oregon State University Press, Corvallis.

Smocovitis, Vasili B. (1996) *Unifying Biology: The Evolutionary Synthesis and Evolutionary Biology*. Princeton University Press, Princeton.

Smocovitis, Vasili B. (2000) Serious matters: On Woodger, positivism, and the evolutionary synthesis. *Biology and Philosophy*, 15: 553-558.

Snyder, Laura J. (2012) William Whewell. Zalta, Edward N.(ed.) *The Stanford Encyclopedia of Philosophy* (*Winter 2012 Edition*). URL: http://plato.stanford.edu/archives/win2012/entries/whewell/

Sober, Elliott (1988) *Reconstructing the Past: Parsimony, Evolution, and Inference*. The MIT Press, Cambridge. [エリオット・ソーバー (2010)『過去を復元する：最節約原理・進化論・推論』三中信宏訳、勁草書房]

Sokal, Robert R. and Charles D. Michener (1958) A statistical method for evaluating systematic relationships. *University of Kansas Science Bulletin*, 38: 1409-1438.

Sokal, Robert R. and F. James Rohlf (1962) The comparison of dendrograms by objective methods. *Taxon*, 11: 33-40.

Sokal, Robert R. and Peter H. A. Sneath (1963) *Principles of Numerical Taxonomy*. W. H. Freeman, San Fransisco.

Stanley, Richard P. (1986) *Enumerative Combinatorics, Volume I*. Wadsworth and Brooks/Cole, Monterey. [リチャード・P・スタンレイ (1990)『数え上げ組合せ論Ⅰ』成嶋弘・山田浩・渡辺敬一・清水昭信訳、日本評論社]

Stauffer, R. C. (ed.) (1975) *Charles Darwin's Natural Selection: Being the Second Part of His Big Species Book Written from 1856 to 1858*. Cambridge University Press, Cambridge.

Steel, Mike (2016) *Phylogeny: Discrete and Random Processes in Evolution*. Society for Industrial and Applied Mathematics, Philadelphia.

Stevens, Peter F. (1994) *The Development of Biological Systematics: Antoine-Laurent de Jussieu, Nature, and the Natural System*. Columbia University Press, New York.

杉浦康平・松岡正剛（編）（1976）『ヴィジュアルコミュニケーション』講談社
立田洋司（1997）『唐草模様：世界を駆けめぐる意匠』講談社
The Heavenly Ladder of Saint John Climacus, The Sinai Icon Collection, accessed on August 17, 2016, http://vrc.princeton.edu/sinai/items/show/7136. Wikimedia commons: https://en.wikipedia.org/wiki/File：The_Ladder_of_Divine_Ascent_Monastery_of_St_Catherine_Sinai_12th_century.jpg
Tort, Patrick (1989) *La raison classificatoire : quinze études*. Aubier, Paris.
Tucker, Aviezer (2004) *Our Knowledge of the Past: A Philosophy of Historiography*. Cambridge University Press, Cambridge.
Tufte, Edward R. (1990) *Envisioning Information*. Graphic Press, Cheshire.
Tufte, Edward R. (1997) *Visual Explanations: Images and Quantities, Evidence and Narrative*. Graphic Press, Cheshire.
Tufte, Edward R. (2001) *The Visual Display of Quantitative Information, Second Edition*. Graphic Press, Cheshire.
Tufte, Edward R. (2006) *Beautiful Evidence*. Graphic Press, Cheshire.
Tukey, John W. (1962a) The future of data analysis. *Annals of Mathematical Statistics*, 33(1): 1-67.
Tukey, John W. (1962b) Correction. *Annals of Mathematical Statistics*, 33(2): 812.
Tukey, John W. (1977) *Exploratory Data Analysis*. Addison-Wesley, Reading.
Tukey, John W. (1990) Data-based graphics: visual display in the decades to come. *Statistical Science*, 5(3): 327-339.
Tukey, P. A. and John W. Tukey (1981a) Preparation; prechosen sequences of views. Pp. 189-213 in: Vic Barnett (ed.), *Interpreting Multivariate Data*. John Wiley & Sons, Chichester.
Tukey, P. A. and John W. Tukey (1981b) Data-driven view selection; agglomeration and sharpening. Pp. 215-243 in: Vic Barnett (ed.), *Interpreting Multivariate Data*. John Wiley & Sons, Chichester.
Tukey, P. A. and John W. Tukey (1981c) Summarization; smoothing; supplemented views. Pp. 245-275 in: Vic Barnett (ed.), *Interpreting Multivariate Data*. John Wiley & Sons, Chichester.
Tversky, Amos (1977) Features of similarity. *Psychological Review*, 84(4): 327-352.
上村忠男（1986）「訳者解説―ギンズブルグの意図と方法について―」所収：カルロ・ギンズブルグ（1986）『夜の合戦：16-17世紀の魔術と農耕信仰』上村忠男訳、みすず書房、pp. 347-369.
上村忠男（2009）『現代イタリアの思想をよむ：［増補新版］クリオの手鏡』平凡社
Varzi, Achille (2016) Mereology. Edward N. Zalta (ed.), *The Stanford Encyclopedia of Philosophy* (*Winter 2016 Edition*). URL: https://plato.stanford.edu/archives/win2016/entries/mereology.
Vernon, Keith (2001) A truly taxonomic revolution? Numerical taxonomy 1957-1970. *Studies in the History and Philosophy of Biological and Biomedical Sciences*, 32(2): 315-341.
Voss, Edward G. (1952) The history of keys and phylogenetic trees in systematic biology. *Journal of the Scientific Laboratories, Denison University*, 43: 1-25.
Voss, Julia (2007) *Darwins Bilder : Ansichten der Evolutionstheorie 1837 bis 1874*. Fischer Taschenbuch Verlag, Frankfurt am Main. [Lori Lantz（訳）, (2010) *Darwin's Pictures: Views of Evolutionary Theory, 1837-1874*. Yale University Press, New Haven]
Walton, Douglas (2005) *Abductive Reasoning*. The University of Alabama Press, Tusca-

loosa.
Watson, Arthur (1934) *The Early Iconography of the Tree of Jesse*. Oxford University Press, London.
Weigel, Sigrid (2006) *Genea-Logik: Generation, Tradition und Evolution zwischen Kultur- und Naturwissenschaften*. Wilhelm Fink Verlag, München.
Weigel, Sigrid (2015) *Grammatologie der Bilder*. Suhrkamp Verlag, Frankfurt am Main.
渡辺慧（1978）『認識とパタン』岩波書店
Wheeler, Ward C. (2012) *Systematics: A Course of Lectures*. Wiley-Blackwell, Chichester.
Whewell, William (1847)［初版1840］. *The Philosophy of the Inductive Sciences, Founded upon Their History. Second Edition. Two volumes*. John W. Parker, London.［復刻：Frank Cass, New York, 1967］URL: https://archive.org/details/bub_gb_um85AAAAcAAJ［vol. 1］| https://archive.org/details/bub_gb_iR43XKLmsq8C［vol. 2］
Whewell, William (1857)［初版1837］. *History of the Inductive Sciences from the Earliest to the Present Time. Three volumes*. John W. Parker, London.［復刻：Frank Cass, New York, 1967］URL: https://archive.org/details/bub_gb_fKm3VaRUcSkC
Whitehead, Alfred N. and Bertrand Russell (1910-13) *Principia Mathematica. Three volumes*. Cambridge University Press, Cambridge.
Wikipedia「地上天気図」https://ja.wikipedia.org/wiki/%E5%9C%B0%E4%B8%8A%E5%A4%A9%E6%B0%97%E5%9B%B3
Wilkins, Ernest H. (1923) *The Trees of the* Genealogia Deorum *of Boccaccio*. The Caxton Club, Chicago.
Wilkins, Ernest H. (1927) *The University of Chicago Manuscript of the* Genealogia Deorum Gentilium *of Boccaccio*. The University of Chicago Press, Chicago.
Williams, David M. and Malte C. Ebach (2008) *Foundations of Systematics and Biogeography*. Springer-Verlag, New York.
Willmann, Rainer (2003) From Haeckel to Hennig: The early development of phylogenetics in German-speaking Europe. *Cladistics*, 19: 449-479.
Willmann, Rainer (2016) The evolution of Willi Hennig's phylogenetic considerations. Pp. 128-199 in: David M. Williams, Michael Schmitt, and Quentin D. Wheeler (eds.), *The Future of Phylogenetic Systematics – The Legacy of Willi Hennig*. Cambridge University Press, Cambridge.
Winsor, Mary P. (1991) *Reading the Shape of Nature: Comparative Zoology at the Agassiz Museum*. The University of Chicago Press, Chicago.
Woodger, Joseph H. (1937) *The Axiomatic Method in Biology, with Appendices by A. Tarski and W. F. Floyd*. Cambridge University Press, Cambridge.
Woodger, Joseph H. (1952) From biology to mathematics. *The British Journal for the Philosophy of Science*, 3: 1-21.
Woodger, Joseph H. (1961) Taxonomy and evolution. *La Nuova Critica, Series 3*, (12): 67-77.
Wüstenfeld, Ferdinand. (1852)［reprinted in 1966］. *Genealogische Tabellen der arabischen Stämme und Familien*. Otto Zeller, Osnabrück.
Wüstenfeld, Ferdinand. (1853)［reprinted in 1966］. *Register zu den genealogischen Tabellen der arabischen Stämme und Familien*. Otto Zeller, Osnabrück.
Yang, Ziheng (2014) *Molecular Evolution: A Statistical Approach*. Oxford University Press, Oxford.
Yates, Frances A. (1966) *The Art of Memory*. Routledge & Kegan Paul, London.［フランセス・A・イエイツ（1993）『記憶術』玉村八州男訳、水声社］

ヨーン，キャロル・K（2013）『自然を名づける：なぜ生物分類では直感と科学が衝突するのか』三中信宏・野中香方子訳、NTT 出版［Yoon, Carol Kaesuk（2009）*Naming Nature: The Clash between Instinct and Science*. W. W. Norton, New York.］

夢枕獏（1985）『カエルの死：タイポグラフィクション』光風社出版

Zerubavel, Eviatar（2012）*Ancestors and Relatives: Genealogy, Identity, and Community*. Oxford University Press, New York.

ジンマー，カール（2008）「種とは何か」三中信宏訳、『日経サイエンス』2008年 9 月号, pp. 60-69.

Zimmermann, Walter（1931）Arbeitsweise der botanischen Phylogenetik und anderer Gruppierungswissenschaften. In: Emil Abderhalden（ed.）, *Handbuch der biologischen Arbeitsmethoden. Abteilung IX: Methoden zur Erforschung der Leistungen des tierischen Organismus, Teil 3: Methoden der Vererbungsforschung, Heft 6*（Lieferung 356）, pp. 941-1053. Urban & Schwarzenberg, Berlin.

吳永華（2016）『早田文藏：臺灣植物大命名時代』國立臺灣大學出版中心，臺北.